INTERNATIONAL
TRADE
PRACTICE

国际贸易实务

（第十二版）

李勤昌　徐景霖　主编

东北财经大学出版社　大连

Dongbei University of Finance & Economics Press

图书在版编目（CIP）数据

国际贸易实务 / 李勤昌，徐景霖主编. —12版. —大连：东北财经
大学出版社，2024.8. —ISBN 978-7-5654-5312-0

Ⅰ.F740.4

中国国家版本馆 CIP 数据核字第 2024UU9455 号

东北财经大学出版社出版

（大连市黑石礁尖山街 217 号　邮政编码　116025）

网　　址：http://www.dufep.cn

读者信箱：dufep@dufe.edu.cn

大连东泰彩印技术开发有限公司印刷　东北财经大学出版社发行

幅面尺寸：170mm×240mm　　字数：396 千字　　印张：19.5　　插页：1

2024 年 8 月第 12 版　　　　　　　　　　2024 年 8 月第 1 次印刷

责任编辑：李　彬　王芃南　何　群　　　　责任校对：那　欣

封面设计：原　皓　　　　　　　　　　　　版式设计：原　皓

定价：49.00 元

第十二版前言

本教材自 1987 年出版以来，在广大读者的鼓励与陪伴下，作者不遗余力地跟随国际货物买卖领域法律、国际惯例和交易方式新变化以及国际经济与贸易专业本科生培养方案调整，进行了十余次修订，全国有几十所院校选用。

教材的主要内容

教材贯彻党的二十大精神，高举中国特色社会主义伟大旗帜，坚定道路自信、理论自信、制度自信、文化自信，关注作为世界主要经济体、世界最大全产业链制造中心、世界最大贸易中心、世界最大航运中心的我国国际贸易人才需求，牢记为党育人、为国育才历史使命，立志建设一部紧跟时代、特色鲜明的国际贸易实务教材。教材从理论和应用上重点讲述国际货物买卖合同订立程序，国际贸易术语，国际货物买卖合同主要条款，国际货物买卖合同履行，国际货物贸易方式的基本概念、条款内容、法律规则、合同草拟与履行技能等内容。

教材的特色亮点

一是坚持价值引领贯穿始终。为提高专业教育与思政教育协同效应，培养学生为全面建设社会主义现代化国家、全面推进中华民族伟大复兴而发奋学习的理想信念，设计了"查、做、演、赛、融、改"多种方式贯彻思政教育，编制了完备的课程思政大纲和教案，充分发挥课程所承载的育人功能，实现知识传授、能力培养和价值引领的有机统一；主要章节编有引导案例展开，在知识性讨论的同时，激发学生的民族自信、爱国精神和学做祖国外经贸建设接班人的雄心壮志；在介绍国际惯例时始终发出《中华人民共和国民法典》的声音；在讲解合同条款时暗含价值观教育，在训练合同履行技能时培养认真做事精神。

二是坚持应用性自主知识体系。全书按照贸易实务顺序建章，以业务内在逻辑顺序归类编节，按照解释合同的范式讲解合同条款涉及的国际公约与规则、国内法律与规章，以及成就合同和履行合同的实践技能，既具备高阶性、创新性和挑战性，又能保证立竿见影，学以致用。

三是线上线下资源丰富。在线上建设了公开课堂，配置了教学大纲、课程思政大纲、教学方案、课时安排等规划类资源和教学视频、教学课件、教学案例、思政案例、参考资料、线上资源推荐、网络训练等学习类资源，教材使用者用微信扫描二维码即可免费在线获取。为教师配备的教学资料包请登录东北财经大学出版社网站下载。此外还配备了单行本教学案例集，方便问题导向式教学（PBL）。

四是教材品质获得广泛认可。编写团队经验丰富，跨界融合，主编具有20多年本领域教学经历和10余年的国际贸易和国际海运企业高层管理经验，特聘撰稿和审稿人有来自国内高校的教授、科研院所研究员、银行和头部企业的高层管理人员，保证了教材的科学性、前沿性和应用性。

教材的与时俱进

教材持续关注国际货物贸易前沿、相关法律规则变化及最新研究成果，并及时吸收，保证了教材适用于国际贸易最新人才培养需求。

国际贸易术语是国际货物买卖合同中的重要内容，国际商会的《国际贸易术语解释通则》是解释国际贸易术语的重要国际惯例。该国际惯例已经实施多年，围绕该惯例也形成了新的法院判例，成为解释该规则的司法指引。

2023年，《关于审核跟单信用证项下单据的国际标准银行实务》（ISBP）第821号修订出版物正式发布，将2013年（即《ISBP745》出版以后）以来的历年商会意见中较为典型、没有争议的分析结论增补其中，以便保持惯例与意见的一致性，确保标准实务与时俱进，也为信用证审单明确了新的标准。

随着数字经济的深入发展，跨境电子商务交易规模不断扩大。跨境电子商务对传统贸易方式产生了巨大冲击，它使消费者能够轻松地通过网络获取其他国家物美价廉的商品，使得国内企业能够在开放、多维、立体的多边经贸合作模式中参与国际市场，跨境电子商务已经成为国际货物买卖的重要方式之一，在电商营销、电商管理、电商支付、电商物流、电商纠纷处理等方面，也不断呈现出新的形式。

近年来，随着共建"一带一路"倡议的进一步推进、自由贸易试验区的不断升级和《区域全面经济伙伴关系协定》生效等制度性对外开放措施的实施，国家在贸易便利化进程中对进出口手续、海关监管制度、外汇管制等方面做了深度调整。

上述情况是本次教材修订的主要内容和推动力，根据知识体系的内在逻辑，也对部分章节顺序做了调整。

线上资源支持

为教师和学生准备的本课程线上公开课堂中设置了由知识点回顾、拓展阅读材料、习题、PPT、案例分析等若干元素构成的【知识拓展资源】、【能力提升资源】和【素质培养资源】，教材使用者用微信扫描相应的二维码即可免费获取。

线上公开课堂

公共班级

邀请码：96546073

手机 App 首页右上角输入

致谢

第十二版教材由李勤昌和徐景霖主编，曾莉婷、白雪、柴虎虎、许唯聪和刘爽参与部分编写工作。特别感谢广州空港综保区投资运营有限公司马俊高级经济师对第一章修订的贡献，国家铁路局崔艳萍研究员对第七章的贡献，中国交通银行总行审单中心常崑女士对第九、十、十一、十二章修订的贡献，阿里巴巴（广州）网络技术有限公司郑晓楠先生和赖姿璇女士对第十八章修订的贡献。

衷心感谢东北财经大学出版社长期以来对本教材出版倾注的热情与不懈支持。

衷心感谢众多院校师生对本教材的长期信赖与支持，你们的选用是本教材建设的不竭动力。

衷心感谢广州工商学院对本书出版给予的资助。

本书修订参考了国内外有关书籍和研究成果，谨向这些书籍和文章的作者表示诚挚的谢意。

联系作者

囿于作者水平，不妥之处在所难免，恳请专家学者及广大读者批评指正。

联系邮箱：liqinchang9@163.com

李勤昌

2024年4月

课程思政总图

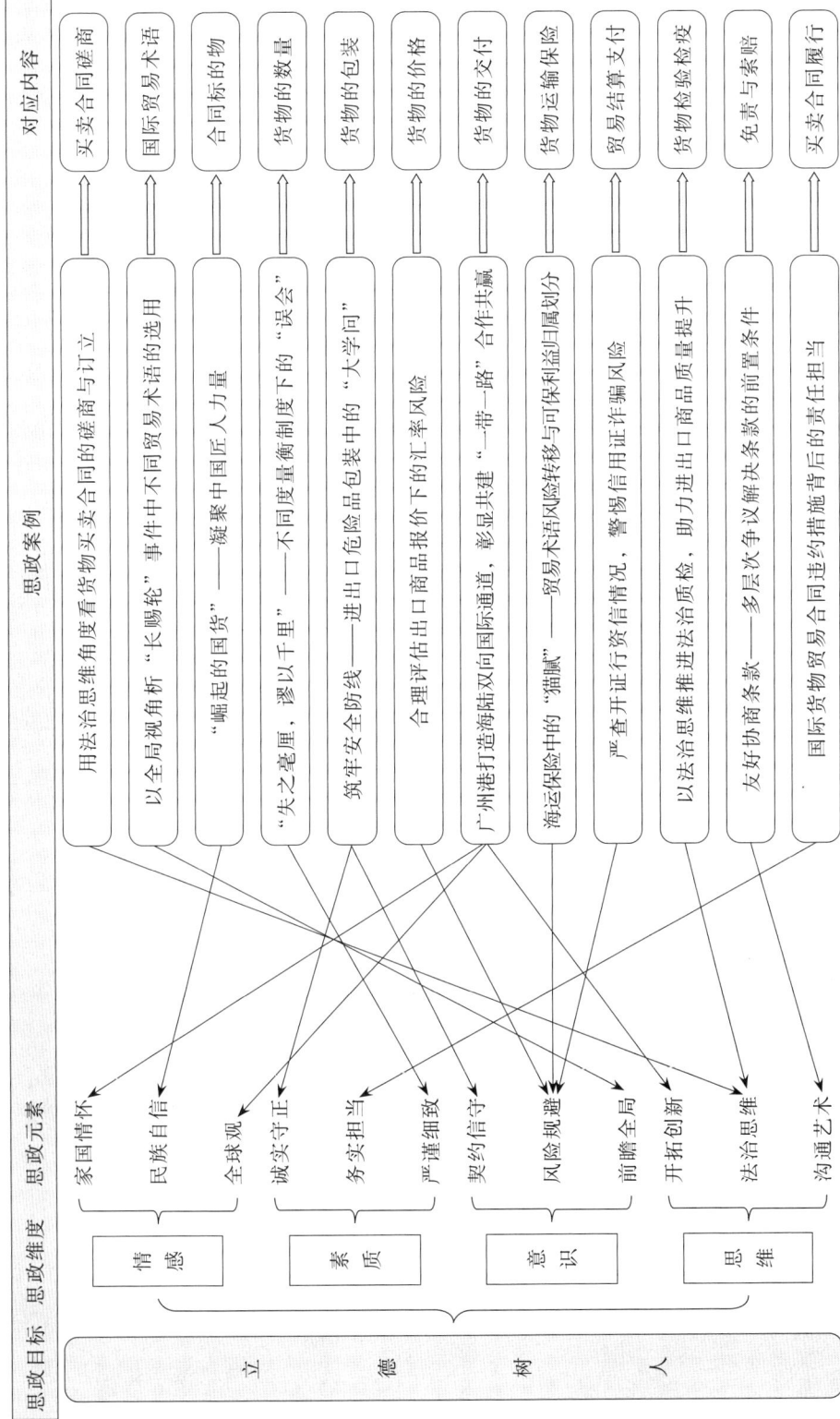

思政目标	思政维度	思政元素	思政案例	对应内容

思政案例（从上到下）：
- 用法治思维角度看货物买卖合同的磋商与订立 → 买卖合同磋商
- 以全局视角析"长赐轮"事件中不同贸易术语的选用 → 国际贸易术语
- "崛起的国货"——凝聚中国工匠人力量 → 合同标的物
- "失之毫厘，谬以千里"——不同度量衡制度下的"误会" → 货物的数量
- 筑牢安全防线——进出口危险品包装中的"大学问" → 货物的包装
- 合理评估出口商品报价下的汇率风险 → 货物的价格
- 广州港打造海陆双向国际通道，彰显共建"一带一路"合作共赢 → 货物的交付
- 海运保险中的"猫腻"——贸易术语风险转移与保利益归属划分 → 货物运输保险
- 严查开证行资信情况，警惕信用证诈骗风险 → 贸易结算支付
- 以法治思维推进法治质检，助力进出口商品质量提升 → 货物检验检疫
- 友好协商商务条款——多层次争议解决条款的前置条件 → 免责与索赔
- 国际货物贸易合同违约措施背后的责任担当 → 买卖合同履行

思政元素：
- 情感：家国情怀、民族自信、全球观
- 素质：诚实守正、务实担当、严谨细致
- 意识：契约信守、风险规避、前瞻全局
- 思维：开拓创新、法治思维、沟通艺术

思政目标：立德树人

国际贸易实务课程思政与专业教育融合路线图

目　录

第二篇　国际货物买卖合同的履行

第三篇　国际贸易方式

绪　　论

一、本课程的专业地位

国际经济与贸易本科专业人才培养的国家标准要求学生了解从事国内外经济与贸易活动的法律法规和惯例，掌握国内外经济与贸易活动专门知识的基本原理，熟悉商务活动的业务内容、业务流程以及商务文书的中外文写作规范。其中，"国际贸易实务"课程被列为必修核心课程，内容涉及与国际贸易实务相关的法律和惯例、国际货物贸易实务操作内容和国际货物贸易流程，是理论性和实践性都很强的一门课程。

二、学习本门课的目的和要求

开设本门课的目的是使学生不仅掌握与国际货物买卖合同订立与履行相关的法律、国际贸易惯例与基本原理，还必须让学生掌握国际货物买卖合同订立与履行的基本内容、流程、技能，以及处理各种业务纠纷的综合能力。

根据本门课程的教学目的与特点，在教学与学习中应做到以下几点：

（1）以马克思列宁主义基本原理和我国对外经济贸易各项方针政策为指导，主动将在本专业先行课中学到的国际贸易理论、方针、政策运用于本课程的教学和学习实践中。

（2）注重国际贸易法律及国际贸易惯例知识学习，培养国际视野和法律意识，提高专业素养。

（3）注重实际业务操作能力培养。通过案例教学和到外贸公司、检验检疫、保险、银行、铁路、船公司、港口等单位参观学习，进一步消化理解本课程所学知识。

三、本书的主要内容

本书共18章，其内容分为国际货物买卖合同的订立、国际货物买卖合同的履行及国际贸易方式三篇。

第一篇　国际货物买卖合同的订立

《中华人民共和国民法典》（以下简称《民法典》）第四百六十四条规定："合同是民事主体之间设立、变更、终止民事法律关系的协议。"第四百六十五条规定："依法成立的合同，受法律保护。"

国际货物买卖合同是指营业地在不同国家或地区的当事人签订的货物买卖协议。《民法典》第五百九十五条规定："买卖合同是出卖人转移标的物的所有权于买受人，买受人支付价款的合同。"第五百九十六条规定："买卖合同的内容一般包括标的物的名称、数量、质量、价款、履行期限、履行地点和方式、包装方式、检验标准和方法、结算方式、合同使用的文字及其效力等条款。"

但由于不同国家对这些合同条款的内涵及其在法律上的地位和作用理解和规定不尽相同，所以，准确约定每个合同条款的基本内容对买卖双方当事人十分重要。

买卖双方就合同的基本内容，在法律框架下进行磋商，达成意思一致时，买卖合同就成立了，合同通常就开始生效了。如果附带特别生效条件，则条件成熟时，合同开始生效。本篇将按章对重要合同条款的概念、法律地位、条款内容、拟定技能、注意事项等进行详尽的讲解。

第二篇　国际货物买卖合同的履行

国际货物买卖合同的履行是实现货物与资金按合同约定条件转移的过程。在此过程中，环节较多，程序复杂，情况多变，需要很强的专业知识和业务技能来处理。此外，在复杂多变的履行合同过程中还可能出现理解偏差或违约情形，从而引起业务纠纷。因此，要求业务人员既要业务技能精湛，又要懂得相关法律和惯例，还要具备处理复杂问题的综合能力。

比较典型的CIF出口合同以即期信用证支付，合同的程序大致包括：催证、审证、改证、租船订舱、购买保险、报验、报关和装运。装运之后，应按信用证要求缮制单据，在信用证有效期之内，交银行议付收汇，还要办理出口退税等。如果在履约中产生争议，还要索赔或理赔。

进口合同的履行一般经过办理对外付款保证手续、催装、审单、付款和接货等阶段。如果货物到达之后，经检验机构检验存在质量、数量、包装或其他方面问题，还须收集证据对外索赔。

本篇将分章对上述内容进行详尽讲解。

第三篇　国际贸易方式

国际贸易方式主要包括单边出口、单边进口、包销、商业代理、寄售、拍卖、招标与投标、商品交易所的期货交易、对销贸易、补偿贸易、加工装配贸易等。

跨境电子商务已经成为当今国际货物买卖，特别是轻工业品跨境买卖的重要方式。本篇介绍了跨境电子商务的概况、操作流程、操作方式和物流。

本教材的上述编排体现了国际货物贸易的业务逻辑，有利于读者由浅入深地按照国际货物买卖业务的流程学习和掌握本书内容。

第一篇

国际货物买卖合同的订立

第一章

买卖合同的磋商

[学习目标与要求]

了解进出口交易洽商的一般程序，特别要掌握发盘的含义；构成发盘的条件；发盘的撤回和修改；发盘的撤销和发盘的失效等内容，并在实际业务中灵活运用。还要掌握接受的构成条件、逾期接受和接受撤回等内容。了解《民法典》有关合同的内容与《联合国国际货物买卖合同公约》（以下简称《合同公约》）对买卖合同订立的时间和条件的规定。

开篇案例

【案情】

新加坡中间商 A，就某商品买卖以电子邮箱方式邀请我国 C 公司发盘，C 公司于 6 月 8 日向 A 发盘并限 6 月 15 日前回复有效。12 日 C 公司收到美国 B 商人按我方发盘规定的各项交易条件开来的信用证，同时收到 A 中间商的来电称："你 8 日发盘已转美国 B 商。"随后该商品的国际市场价格猛涨，于是 C 公司将信用证退回开证行，又按最新市价直接向美商 B 发盘，而美商 B 以信用证于发盘有效期内到达为由，拒绝接受新价，并要求我方按原价发货，否则将追究我方的责任。

【涉及的问题】

上述问题在国际货物买卖合同订立与履行过程中是否为关键性问题，应当如何处理？我们在国际货物买卖中常常会遇到哪些问题？我们应该学习哪些专业知识，培养什么能力才能成为合格的外贸人才？

● 第一节 买卖合同磋商的一般程序

我国进出口公司在做好进出口交易的前期准备工作之后，即可对外进行交易洽商。交易洽商是指买卖双方以一定的方式通过一定的程序就交易的货物及各项交易条件进行协商,最后达成协议的整个过程。

买卖双方交易洽商的内容一般分为两部分:一部分是带有变动性的主要交易条件,如货物品质、规格、标准、数量、包装、价格、交货、支付等。这些交易条件,因货物、数量、时间等因素不同,每笔交易也不尽相同。另一部分是相对固定的交易条件,称为一般交易条件,如检验、异议索赔、仲裁和不可抗力等。当然,主要交易条件与一般交易条件的区分也不是绝对的。在实际业务中,买卖双方在初次接触时互相或单方面介绍一般交易条件,经双方共同确认后,作为将来交易的基础,在洽商具体交易时则不必逐条重复这些条件,只洽商主要条件即可,这样可以节省来往函电的费用和交易洽商时间。

交易洽商的方式有两种:一种是谈判洽商方式,是指买卖双方面对面地直接进行业务协商,或通过电话协商;另一种是书面形式的洽商方式,是指买卖双方通过信函、电传、电报等方式进行业务洽商。在我国进出口交易中,也是按照上述方式和原则进行业务洽商的。从洽商的方式来说,除主要以日常函电方式进行交易洽商外,还通过邀请客户来华、派遣出国推销小组、在国外举办展销会、在国内举办交易会或洽谈会等方式,同国外客户当面进行谈判。这两种洽商方式,我们都不能忽视,可针对具体情况,灵活运用,以达到扩大销售的目的。

买卖双方交易洽商的程序,一般来说,从询盘开始,经过发盘、还盘、接受几个环节,最后达成买卖合同。某些特殊合同,根据相关法律规定或双方约定,还需签订书面合同。

一、询盘

(一)询盘的含义

询盘(inquiry),也称询价,是指交易的一方欲出售或购买某种货物,向另一方发出的探询买卖该项货物有关交易条件的一种口头或书面的表示。询盘在法律上又称为要约邀请(invitation to offer)。我国《民法典》第四百七十三条规定:"要约邀请是希望他人向自己发出要约的表示。拍卖公告、招标公告、招股说明书、债券募集办法、基金招募说明书、商业广告和宣传、寄送的价目表等为要约邀请。"询盘因发出人的地位不同,可分为两种:

(1)买方发出询盘,也称邀请发盘(invitation to make an offer)。例如,国外客户给我纺织品进出口公司来电:"请报南山府绸(炼)33×49,1 000千克,5/6月份装运,FOB大连"(PLEASE OFFER NANSHAN PONGEE 33×49,1 000kg,5/6 SHIPMENT FOB DALIAN)。

(2)卖方发出询盘,也称邀请递价(invitation to make a bid)。例如,我粮油进出口公司向日本某客户发出询盘:"可供中国东北大豆,请递价"(CAN SUPPLY NORTHEAST SOYABEAN PLEASE BID)。

(二)询盘应注意的问题

(1)询盘虽然同时可向一个或几个交易对象发出,但不应在同时期集中对外询盘，以防止暴露我方销售或购买心切。

（2）在询盘时，不仅限于询问价格，也可以询问其他交易条件。

（3）询盘是交易洽商的第一步，在法律上对询盘人和被询盘人均无约束力，即买方询盘后无购买货物的义务和卖方询盘后无出售货物的责任。但是在交易习惯上，应该避免出现只询盘不购买或不售货的现象，以维护我国外贸企业的信誉。

（4）被询盘人可以及时发盘回答询盘，也可以拖延一段时间发盘，还可以拒绝回答询盘。不过在交易习惯上要尊重对方，无论是否出售或购买均应以及时回复为宜。

（5）询盘虽然对双方无约束力，但是，双方在询盘的基础上经过多次洽商，最后达成交易，如履约时发生争议，那么原询盘的内容也成为洽商成交文件的不可分割部分，同样可作为处理争议的依据。

二、发盘

发盘（offer），又称发价，法律上称要约，是指交易的一方向另一方提出一定交易条件，并愿意按照提出的交易条件达成买卖该项货物的交易、签订合同的一种口头或书面的表示。发盘通常由卖方发出，习惯上称为卖方发盘（selling offer）。例如，"可供青岛柞丝绸450千克，28.5×49，每千克8美元，FOB青岛，5/6月装运，不可撤销即期信用证付款"（CAN SUPPLY TSINGTAO PONGEE 28.5×49 PER KG USD 8.00，450KG FOB QINGTAO.MAY/JUNE SHIPMENT IRREVOCABLE SIGHT L/C）。

买方主动发盘，习惯上称为买方发盘（BUYING OFFER）。例如，"订货，大同煤干态发热量6 900大卡以上，每千克水分8%以上，50 000公吨，5/6月份装运，每公吨FOB秦皇岛45美元，不可撤销即期信用证支付，5日内复到有效。"（ORDER DA TONG STEAM COAL THERMAL VALUE 6 900 KCAL/KG WATER 8% PER KG 50 000M/T，FOB QINHUANGDAO，USD 45 PER M/T.MAY/JUNE SHIPMENT IRREVOCABLE SIGHT L/C REPLY HERE 5TH.）。

三、还盘

还盘（counter offer）也称还价，法律上称"反邀约"，是指受盘人收到发盘之后，对发盘的主要内容不完全同意，向发盘人提出修改建议或新的限制性条件的口头或书面表示。

还盘行为的性质：还盘是一项新的发盘，是对原发盘的拒绝。原发盘因被还盘而失效。

在进出口业务中，买卖双方不仅可以就价格进行还盘，也可以就数量、包装、装运期、支付方式等其他交易条件进行还盘洽商。还盘时应注意以下问题：

（1）要识别还盘的形式，有的明确使用"还盘"字样，有的则不使用。

（2）接到还盘后，要与原发盘进行核对，找出还盘中提出的新内容，然后结合市场变化情况和销售意图，认真对待。

（3）还盘是对发盘的拒绝，原发盘人可以就此停止洽商。如果原发盘人有意继续与受盘人进行磋商，可以相互继续还盘。还盘可以在买卖双方之间就某个或多个交易条件你来我往多次进行。

（4）还盘一般只针对原发盘提出不同意或修改部分内容，已同意的内容在还盘中可以省略。一旦双方就还盘中的新条件达成一致，这些新条件连同原发盘中未被还盘的那些条件，共同构成合同内容。

四、接受

接受（acceptance）在法律上称为承诺，它是指受盘人在发盘有效期之内无条件同意发盘的全部内容，并愿意签订合同的一种口头或书面的表示。接受可以由卖方表示，也可以由买方表示。例如，"你10日电接受（YC10th accepted）"。

五、合同成立

《民法典》第四百八十三条规定："承诺生效时合同成立，但是法律另有规定或者当事人另有约定的除外。"第四百九十条规定："当事人采用合同书形式订立合同的，自当事人均签名、盖章或者按指印时合同成立。在签名、盖章或者按指印之前，当事人一方已经履行主要义务，对方接受时，该合同成立。"

上述五个环节是订立合同的一般程序，在具体业务中，并非每笔合同的订立都须经过这五个环节，简单的交易可能从发盘到接受，只经过两个环节即达成合同，发盘和接受是合同达成的两个基本要素。英美法系认为合同成立要有对价、发盘和接受三个要素。

● 第二节　发盘和接受

如上所述，发盘和接受是合同成立的两个基本要素，本节根据法律规定作进一步阐述。

一、发盘

《合同公约》第十四条对发盘的解释为：向一个或一个以上特定的人提出的订立合同的建议，如果十分确定并且表明要约人在得到接受时承受约束的意旨，即构成要约。从上述发盘定义中可以看出，发盘对发盘人具有约束力。

（一）构成发盘的条件

构成发盘的条件主要包括如下四种：

1.发盘必须向特定人发出

凡是发盘必须指明特定的受盘人，被指明的特定受盘人可以是一个或一个以上。这一点，发盘区别于向社会广大公众发出的广告。

2.发盘必须是订立合同的建议

所谓订立合同的建议是指发盘人应该具有与受盘人达成交易、订立合同的诚意。

3.发盘的内容必须是十分确定的

所谓十分确定（sufficiently definite），是指发盘必须列明货物品名、价格、数量或者决定价格或数量的方法。《合同公约》第十四条规定，发盘只要具备上述三个内容，就符合"十分确定"的要求，至于其他没有列明的主要交易条件，则可以依据《合同公约》的有关规定解释。但是，上述"十分确定"的三个条件只是最低要求。在我们的实际业务中，一项交易如果只按这三个条件而不提及其他，很容易给履行合同带来困难，也容易产生纠纷。为了慎重起见，在我们对外报价时，应该将货物品名、规格、数量、价格、包装、交货期和支付方式等列明。

4.发盘必须送达受盘人

发盘在送达受盘人之前，即使受盘人通过其他渠道已获悉该发盘，他也不能接受该项发盘。送达（reaches）是指将发盘内容通知特定的受盘人或送交受盘人。送达是将发盘送交特定受盘人的营业场所或通信地址，如无营业场所或通信地址，则送交受盘人惯常居住地。我国《民法典》第一百三十七条规定："以对话方式作出的意思表示，相对人知道其内容时生效。"该条还规定："以非对话方式作出的采用数据电文形式的意思表示，相对人指定特定系统接收数据电文的，该数据电文进入该特定系统时生效；未指定特定系统的，相对人知道或者应当知道该数据电文进入其系统时生效。当事人对采用数据电文形式的意思表示的生效时间另有约定的，按照其约定。"第四百七十二条规定："要约是希望和他人订立合同的意思表示，该意思表示应当符合下列规定：（一）内容具体确定；（二）表明经受要约人承诺，要约人即受该意思表示约束。"

（二）发盘的撤回和修改

发盘的撤回和修改（withdrawal and modification）是指发盘人因某种原因在发盘发出后，向收盘人发出通知，取消该发盘或修改该发盘内容的行为。对于一项发盘可否在有效期内撤回和修改，《合同公约》第十五条作了如下规定：（1）发盘于送达受盘人时生效。（2）一项发盘，即使是不可撤销的，得予撤回，如果撤回通知于发盘送达受盘人之前或同时送达受盘人。按照上述规定，一项发盘是在送达受盘人时才发生效力。因此，在受盘人接到该项发盘之前，发盘人可以用更为迅速的传递方式，声明撤回和修改发盘的内容。只要该项声明是早于或与发盘同时送达受盘人，撤回和修改即可生效。我国《民法典》也作出与《合同公约》相同的规定。

（三）发盘的撤销

发盘的撤回（withdrawal）涉及的是发盘人对其发盘在送达受盘人之前是否可以更改或取消。而发盘的撤销（revocation）涉及的是已送达受盘人的发盘，也就是已经生效的发盘，能否取消。

《合同公约》第十六条对上述问题作了如下规定：（1）在订立合同之前，要约得予以撤销，如果撤销通知于受要约人发出接受通知之前送达受要约人。（2）但在下列情况下，要约不得撤销：（a）要约写明接受要约的期限或以其他方式表示要约是不可撤销的；或（b）受要约人有理由信赖该项要约是不可撤销的，而且受要约人已本着对该项发盘的信赖行事。

我国《民法典》第四百七十六条规定："要约可以撤销，但是有下列情形之一的除外：（一）要约人以确定承诺期限或者其他形式明示要约不可撤销；（二）受要约人有理由认为要约是不可撤销的，并已经为履行合同做了合理准备工作。"第四百七十七条规定："撤销要约的意思表示以对话方式作出的，该意思表示的内容应当在受要约人作出承诺之前为受要约人所知道；撤销要约的意思表示以非对话方式作出的，应当在受要约人作出承诺之前到达受要约人。"

要约的内容中规定了承诺期限，可以视为在规定的期限内要约人放弃了撤销权利，以其他形式明示要约不可撤销是指要约人在要约中有"不可撤销"或类似文字，明示要约人放弃了撤销权，因此，在要约人放弃撤销权的情况下，要约人是不能撤销要约的。

在要约没有规定承诺期限或者没有以其他明示形式表明要约不可撤销，但从要约的内容中可以推断出要约人不撤销要约的意思表示的情况下，如果受要约人为履行合同做了准备工作，如买方是受要约人，已经申请开立信用证或在 FOB 条件下，买方已办理订舱手续等，要约人也不能撤销要约，其理由是：（1）经推断要约的内容表明要约人已经放弃了撤销权，即使要约人内心并无放弃撤销权的意思，要约人也要对自己的要约意思表达不清的后果负责；（2）受要约人已经为履行合同做了准备工作，如果要约人撤销要约，受要约人为做准备工作所付出的代价，显然要受到损失。

（四）发盘的失效

我国《民法典》第四百七十八条规定："有下列情形之一的，要约失效：（一）要约被拒绝；（二）要约被依法撤销；（三）承诺期限届满，受要约人未作出承诺；（四）受要约人对要约的内容作出实质性变更。"

发盘失效意味着该项发盘不复存在。如果发盘人还想与受盘人订立合同，只能重新发盘；如果受盘人反悔之前的还盘，改为向发盘人表示承诺，原发盘已经丧失效力，因而也不能导致合同成立，除非他向发盘人发出撤回之前的还盘通知，但该通知必须于还盘到达发盘人之前或者同时到达，才能发生撤回之前还盘的效力。

（五）发盘应该明确和注意的问题

1.对外发盘应该遵守相关法律或贸易协定

我国有关法律规定，凡我国缔结的国际公约或贸易协定，除保留条款外，应该适用该项国际公约或贸易协定的规定。因此，在进出口业务中，凡与缔约国之间的贸易，对于发盘能否撤销的问题应按《合同公约》规定处理，即凡对外报价，并规定有效期限的，在有效期限内不得撤销。这对于稳定客户经营我国出口商品的信心和发展我国出口贸易是有利的。如果对外报价未规定具体的有效期限，则可参照国际贸易习惯，应视为合理时间（reasonable time）内有效，在受盘人接受之前，也可以通知撤销。

2.要正确掌握和理解发盘的有效期

如果一项发盘中规定了有效期，应在规定的期限内有效；如未规定有效期限，则应视为在合理时间内有效。《合同公约》第十八条第（2）款规定：……如未规定时间，在一段合理时间内，未曾送达要约人，接受就变得无效，但须适当地考虑到交易情况，包括要约人所使用的通信方法的迅速程度。为了避免双方产生误解，一般都应规定一个具体有效期限。在规定有效期时，一是要根据货物情况、市场情况和双方的距离以及通信方式等，慎重而合理地作出规定；二是要考虑国外法律的不同规定和所在国与我国的地理位置和时差，明确规定有效期限的起止日期和到期地点。例如，我方时间×月×日复到（reply here ×/× our time）或我方时间5日内复到有效（subject to 5th reply here our time）。该时间的起算，根据《合同公约》的规定：从发盘人电报交发时刻或信上载明的发信日期起算，如信上未载明发信日期，则从信封上所载日期起算。发盘人以电话、电传或其他快速通信方法规定的接受期间，从发盘送达受盘人时起算。我国《民法典》第四百八十二条也作出了同样的规定：要约以信件或者电报作出的，承诺期限自信件载明的日期或者电报交发之日开始计算。信件未载明日期的，自投寄该信件的邮戳日期开始计算。要约以电话、传真、电子邮件等快速通信方式作出的，承诺期限自要约到达受要约人时开始计算。

3.发盘要慎重，不能盲目对外报价

在我们对外洽商时，究竟用发盘还是用询盘，一定要根据洽商交易的实际情况、市场变化和受盘人的特点来灵活运用。询盘与发盘的主要区别是两者的法律效力不同。发盘具有法律约束力，易引起受盘人的注意，有利于迅速达成交易，但缺乏灵活性。在发盘时，一旦市场情况估计有误，发盘内容不当，容易陷于被动局面。特别是不宜千篇一律地对外发盘，这会暴露急于购买或销售的心理，对发盘人不利。询盘不具有法律约束力，或因保留了最后确认权，所以当情况有变化时，可以修改交易条件或不确认，比较灵活，有充分回旋余地。正因为如此，受盘人往往不予重视，不易迅速达成交易。

4.要掌握发盘的技巧和策略

发盘人为了了解市场情况可以对外询盘，将市场情况摸清后，可以根据情况再对外发盘，争取有利条件成交。摸清对方的底数，做到适时成交。

5.要慎用报价单、价目表和形式发票

对外发盘时，除采用谈判和函电方式以外，还可采用报价单、价格表和形式发票等方式对外发盘，但应在这类文件上明确该信息是正式报盘还是发盘邀请。

（1）报价单（quotation sheet），是出口人事先印好的固定格式，其中包括货物名称、品质规格、数量、包装、单价、交货期、支付条件、备注等项目，并留有空白地方，供出口人在报价时填写。报价单多适用于规格复杂或花色品种繁多的货物，如机械零配件、轻工日用品、纺织品、五金工具等。由于此类报价单具备了发盘的必要项目，应当视为正式报盘。

（2）价格表（price list），也称价目表，是出口人印好的固定格式，其中包括货物名称、品质规格及单价等项目。价格表多适用于轻工日用品的交易，由出口人定期寄送给国外客户，供国外商人订货时参考。价格表除买卖双方另有规定外，一般不具有约束力。

（3）形式发票（proforma invoice），也称预开发票，是出口人事先印好的固定格式。目前有些国家，特别是一些亚非地区的国家，为了管制进口，严格控制外汇支出以及掌握出口人和出口国，常明文规定：进口商必须凭外国出口人提供的形式发票才能申请进口许可证或以形式发票办理进口报关和接货手续。为了适应这一情况，在实际业务中可以用形式发票对外报价，但其不能作为出口人结汇的单据。形式发票的格式与商业发票相似，主要内容包括：发票抬头人的名称和地址，货物名称、数量、规格、包装、单价、总值、交货期以及支付方式等项目。此外，在形式发票中，一般还规定有效期，并列有"以我最后确认为准"或"仅供申请进口许可证之用"等文字。由此可见，形式发票一方面内容明确、条件完整，并规定了有效期；另一方面它又规定有以出口人"最后确认为准"的保留条件，因此，从法律观点分析，形式发票是无约束力的，但在实际业务中，我们应考虑到需要形式发票的客户大多是发展中国家的商人。为了加强同这些国家的贸易往来，凡凭我方形式发票向该国申请进口，并在有效期限内获得进口许可证的国外客户，我们尽可能按形式发票要求，同对方达成交易，签订合同。我们采取这种灵活的做法，不仅符合我国对外政策的要求，也有利于我国出口贸易的发展。

二、接受

（一）接受的含义

接受是指受盘人（法律上称受要约人）在发盘有效期之内无条件同意发盘的全部内容，并愿意签订合同的一种口头或书面的表示。《合同公约》第十八条第（1）款对接受的定义是：受要约人声明或作出其他行为表示同意一项发盘，即为接受。缄默或不行为本身不等于接受。我国《民法典》的接受定义是："承诺是受要约人同意要约的意思表示。"

（二）构成接受的条件

作为一项有效的接受，必须具备以下条件：

1.接受必须是由受盘人作出的

通常情况下，一项发盘应发往具体的受盘人，即特定的个人或团体（a particular person or group of persons），只有这个特定的人表示接受才有意义，任何其他第三者表示接受，均无法律效力，发盘人不受约束。但在个别情况下，属于公开发盘，在发盘中没有规定特定的受盘人，任何人都可以凭发盘通知或招标书（公告）等，并按其规定的投标程序和办法进行投标，争取中标，签订合同。

2.接受必须是无条件同意发盘的全部内容

原则上，当接受函电中含有对发盘内容的增加、限制或修改，应作还盘，而不是接受。在某些国家法律中，把这种对发盘内容作出了实际的（actual）、重要的（material）修改后的接受，称为有条件的接受（conditional acceptance）。

在实际业务中，有时对方在答复我方发盘时虽然使用了"接受"这个词，但却附加了某种条件，或者在复述我方发盘的内容时对其中的某些条件作了修改。例如，把我方发盘中规定的包装条件从散装改为袋装；把支付方式由即期信用证改为即期托收；把 FOB 条件改为 CIF 条件等等。这种做法在法律上称为有条件的接受。有条件的接受不是真正有效的接受，而是还盘的一种形式，实际上是对发盘的拒绝。其法律后果同还盘是完全一样的，发盘人可以不受约束。《合同公约》第十九条规定：

（1）对要约表示接受但载有添加、限制或其他更改的答复，即为拒绝该项要约，并构成反要约（还盘）。

（2）但是，对要约表示接受但载有添加或不同条件的答复，如所载的添加或不同条件在实质上并不变更该项要约的条件，除要约人在不过分迟延的期间内以口头或书面通知反对其间的差异外，仍构成接受。如果要约人不作出这种反对，合同的条件就以该项要约的条件以及接受通知内所载的更改为准。

（3）有关货物的价格、付款、货物质量和数量、交货地点和时间，一方当事人对另一方当事人的赔偿责任范围或解决争端方式等的添加或不同条件，均视为在实质上变更要约的条件。

根据上述规定，应当把有条件的接受与在肯定接受的前提下提出某种希望或建议（mere suggestions or requests or expression of hope）区分开来。前者是指对发盘提出了新的附加条件（condition），是对发盘的拒绝，其法律后果等于还盘。如果发盘人不同意这种附加的条件，就不能达成交易。后者只是在表示接受的前提下提出某种希望（hope），这种希望不是一项条件，无论发盘人同意与否，都不影响交易的达成。

3.接受必须在一项发盘的有效期限以内表示

这是一项有效接受必须遵守的原则。如果一项发盘明确规定了有效期限，受盘人只有在此期限内表示接受才有效。如果一项发盘未规定具体的有效期限，根据国际贸易习惯，应在合理时间内表示接受才有效。

4.接受应由受盘人采用声明（statement）或作出其他行为（conduct）的方式表示，并且这种表示传达给发盘人才有效

缄默（silence）或不行动（inactivity）本身不是接受。所谓声明是用口头或书面形式表示接受；所谓行动是根据发盘的意思或依据当事人之间已约定或确立的习惯做法和惯例所作出的行为。例如，出口人用发运货物或进口人以开出信用证等行为来表示接受。采用作出某种行为的方式来表示接受，这种行为并不是任意的行为，而是符合一定限制条件的行为。

（三）逾期接受的问题

所谓逾期接受（late acceptance）是指接受通知超过发盘规定的有效期限或发盘未具体规定有效期限而超过合理时间才传达到发盘人。逾期接受在一般情况下，不能视为法律上有效的接受，而是一项新的发盘。因而须经原发盘人及时地表示接

受，才能达成交易。《合同公约》第二十一条第（1）款规定：逾期接受仍有效力，如果要约人毫不迟延地用口头或书面将此种意见通知受盘人。但是，《合同公约》第二十一条第（2）款又规定：如果载有逾期接受的信件或其他书面文件证明，它是在传递正常、能及时送达要约人的情况下寄发的，则该项逾期接受具有接受的效力，除非要约人毫不迟延地用口头或书面通知受盘人：他认为他的要约已经失效。

《合同公约》第二十条第（2）款还规定，接受期限的最后一天是要约人所在地正式假日（official holidays）或非营业日（non-business days），导致对方的接受不能送达要约人地址，只要事后证明上述情况属实，该项接受的最后期限应顺延至下一个营业日继续有效。在计算接受期限时，接受期间的正式假日或非营业日期应计算在内。

（四）接受的撤回问题

接受的撤回（withdrawal）是指接受通知尚未到达发盘人，受盘人采取取消原接受通知的行为。《合同公约》第二十二条规定和《民法典》的一般规则，都允许接受撤回。

接受于表示同意的通知送达发盘人时生效，但在接受通知送达发盘人之前，受盘人可随时撤回接受，要求以撤回通知先于接受或与接受同时到达发盘人为限。可是，按照英美法系关于用信件、电报表示接受的例外规则，即信件一经投递，电报一经交发，接受即已生效，即使撤回的通知先于接受通知到达，撤回仍无效。除非发盘人在发盘中规定接受于接受通知到达发盘人时生效。《合同公约》规定与英美法系规定不同。《合同公约》第二十二条规定：接受得予撤回，如果撤回通知于接受原应生效之前或同时送达要约人。

接受不得撤销。接受通知一经到达发盘人即不能撤销，因为接受一经生效，合同即告成立。如果撤销接受，在实质上已属毁约行为，应该承担毁约的法律责任。

（五）表示接受时应注意的问题

在进出口业务中，表示接受来自两个当事人：一个是出口人表示接受；另一个是进口人表示接受。

由出口人表示接受时，一般应注意以下几个问题：

（1）在表示接受时应该慎重地对洽商的函电或谈判记录进行认真核对，经核对认为对方提出的各项主要交易条件已明确、完整、无保留条件和肯定时，才能表示接受。如果在核对中发现有不清楚之处，应同对方澄清之后，再表示接受。接受可以简单表示，如"你10日电接受（YC10th accepted）"，也可以详细表示，即将洽商中的主要交易条件再重述一下，表示接受。如"你10日电接受中国东北大豆、一等品、麻袋包装、10 000公吨、每公吨300美元，FOB大连，5月装运，不可撤销即期信用证付款"（YC10th accepted Chinese northeast soybean first grade packing gunny bags 10 000 M/T per M/T USD300 FOB Dalian MAY shipment irrevocable sight L/C）。在我出口业务中，对一般交易的接受，可由简单形式表示，但接受电报、电传或信函中必须注明对方来电、信函的日期或文号；对大宗交易或者交易洽商过程较复杂的，为了慎重起见，在表示接受时，应该采用详细叙述主要交易条件的形式。

（2）表示接受应在对方报价规定的有效期之内进行，并应严格遵守有关时间的计算规定。

（3）在表示接受之前，应该详细分析对方的报价。准确识别是发盘还是询盘。如果将对方的询盘误认为发盘表示接受，可能暴露接受的底价和条件，使出口人处于被动地位；如果将对方的发盘误认为询盘，可能误失成交良机。

由国外进口人表示接受时，出口人一般应注意以下几个问题：

（1）要认真分析国外客户表示的接受是一项有效的接受，还是一项有条件的接受（还盘）。如果对方的接受是有效的接受，交易即告达成；反之，如对方在表示接受时，对主要的交易条件有修改或提出保留条件，即属于还盘性质，针对此种情况，根据我们的经营意图决定同对方继续进行交易洽商或停止洽商。

（2）在对待国外客户的接受时，要坚持"重合同，守信用"的原则。如果发生出口货物价格上涨或支付货币汇率下浮等对我不利的情况，我们仍应同国外客户达成交易，订立合同，维护我国的信誉。

（3）在国外客户接受我方发盘时，对一些非重要条件或者是轻微的（immaterial or trifling）改动，按照国际贸易惯例，应视为有效接受，但发盘人有权拒绝此项轻微改动。如发盘人并未及时提出反对其间的差异，则不影响对方接受的有效性，仍然有订立合同的义务。

● 第三节　买卖合同的成立与形式

国际货物销售合同是营业地在不同国家的当事人自愿按照一定条件就买卖某种货物达成的协议。它是根据双方接受的国际贸易惯例、有关法律或《合同公约》的规定而成立的。合同不仅规定了买卖的货物，同时根据双方洽商中达成的协议，规定了双方的权利和义务，对双方都有约束力。任何一方不能单方面地修改合同的内容或不履行自己的义务，否则将承担违反合同的法律责任。

一、国际货物买卖合同成立的时间和条件

世界各国对国际货物买卖合同成立的时间和条件有不同的规定。

（一）我国《民法典》对合同成立的规定

（1）承诺生效时合同成立。

（2）采用数据电文形式订立合同的，承诺到达时间为合同成立时间。

（3）当事人采用合同书形式订立合同的，自双方当事人签字或者盖章时合同成立。

（4）当事人采用信件、数据电文等形式订立合同的，可以在合同成立之前要求签订确认书。签订确认书时合同成立。

（5）法律、行政法规规定或者当事人约定采用书面形式订立合同，当事人未采

用书面形式但一方已经履行主要义务，对方接受的，该合同成立。

（6）采用合同书形式订立合同，在签字或者盖章之前，当事人一方已经履行主要义务，对方接受的，该合同成立。

（二）《合同公约》的规定

《合同公约》第二部分第二十三条规定：合同于按照本公约规定对发盘接受时订立。从上面所述内容来看，对于合同成立的时间与条件，我国《民法典》的规定与《合同公约》规定相同。

二、国际货物买卖合同的形式

《合同公约》第十一条规定：销售合同无须以书面订立或书面说明，在形式方面也不受任何其他条件的限制。销售合同可以用包括人证在内的任何方法证明。从《合同公约》规定中可以看出对销售合同的订立不限制形式。我国《民法典》第四百六十九条规定："当事人订立合同，可以采用书面形式、口头形式或者其他形式。"但是该法第一百三十五条规定："法律、行政法规规定或者当事人约定采用特定形式的，应当采用特定形式。"《民法典》第四百六十九条还规定："书面形式是合同书、信件、电报、电传、传真等可以有形地表现所载内容的形式。以电子数据交换、电子邮件等方式能够有形地表现所载内容，并可以随时调取查用的数据电文，视为书面形式。"

尽管如此，国际货物买卖合同仍建议采用书面形式订立。其主要原因是：书面合同是合同成立和生效的标志；书面合同是双方当事人履行合同的依据；书面合同是双方当事人处理和解决争议的依据；书面合同是法院或仲裁机构受理案件进行判决或裁决的依据。

美国虽然承认口头合同的法律效力，可是也作了一定的限制，如美国《统一商法典》2-201规定：凡500美元以上金额的货物销售合同必须有书面文件为证，否则不得依法强制执行。据此，对于通过口头洽商达成的交易，签署一份书面销售合同是完全必要的。

在国际货物买卖中，书面销售合同的名称和形式繁多，均无特定的限制，一般有销售合同，销售确认书，销售协议书，备忘录，来往的电报、电传、传真、电子数据交换和电子邮件等可以有形地表现所载内容的形式。当前在我国的进出口业务中，书面合同主要使用买卖合同和销售确认书。

（一）买卖合同

买卖合同的内容比较全面详细。除了包括合同的主要条款：货物名称、品质规格、数量、包装、单价、总值、交货、支付方式之外，还包括一般合同条款：保险、商品检验、异议索赔、仲裁和不可抗力等。出口人草拟提出的合同称为销售合同（sales contract）；进口人草拟提出的合同称为购货合同（purchase contract）。使用的文字是第三人称语气。这种合同形式的特点是内容比较全面，对双方的权利和义务以及发生争议的处理均有详细规定。这种合同适用于大宗货物或成交金额较大的交易。

（二）销售确认书

销售确认书（sales confirmation）是合同的简化形式。销售确认书的内容一般包括：货物名称、品质规格、数量、包装、单价、总值、交货期、装运港和目的港、支付方式、运输标识、商品检验等条款。对于异议索赔、仲裁、不可抗力等一般条款都不予列入。这种格式的合同，适用成交金额不大、批次较多的轻工日用品、土特产品或者已有包销、代理等长期协议的交易。

三、国际货物买卖合同的内容

国际货物买卖合同的内容比较完整、全面，一般包括以下三个部分：

（一）合同的首部

合同的首部包括开头和序言、合同名称、编号、缔约时间、缔约地点、当事人的名称和地址等。在规定这部分内容时应注意两点：第一，要把当事人双方的全称和法定详细地址列明，有些国家法律规定这些是合同正式成立的条件；第二，要认真规定好缔约地点，因为合同中如对合同适用的法律未作出规定时，根据有些国家的法律规定和贸易习惯的解释，可适用合同缔约地的法律。

（二）合同的主干部分

这部分规定了双方的权利和义务，包括合同的各项条款，如货物名称、品质规格、数量、包装、单价和总值、交货期、装运港和目的港、支付方式、保险条款、检验条款、异议索赔条款、仲裁条款和不可抗力等，以及根据不同货物和不同交易情况加列其他条款，如保值条款、溢短装条款、品质公差条款以及合同适用的法律等。

（三）合同的结尾部分

合同的结尾部分包括合同的份数、使用文字和效力，以及双方的签字。

此外，有的合同有附件部分，附在合同之后，作为合同不可分割的一部分。

四、签订合同应注意的问题

（1）必须贯彻我国的对外贸易方针政策，特别要体现平等互利的原则，我们既反对对方把片面维护一方利益的条款订入合同，也不把对方不愿意接受的某些条款强加于人。

（2）必须符合合同有效成立的要件，即双方当事人的意思表示必须一致和真实；当事人都有订约行为能力；合同标的、内容必须合法等。

（3）合同内容应与洽商达成的协议内容一致，同时在条款的规定上必须严密，要明确责任、权利义务对等。切记避免订立有多种解释的不确定性条文，特别是对可能引起合同性质改变的内容，尤应慎重。如果有些条款事先未商妥，要订入书面合同时，要进一步协商达成协议才可订入。

（4）合同各条款间必须协调一致，不能相互矛盾。例如，在数量条款规定溢短装时，支付方式为信用证，其保证金额就应规定有增减幅度；又如，贸易术语为CFR或FOB成交，在保险条款里就应订明"保险由买方自理"。关于签约后发生的额外费用负担，如运费上涨、港口封冻的绕航费等，也可在合同中明确规定由何方负担。

复习思考题

1.交易治商一般要经过哪些环节？一项有效合同的订立不可缺少哪几个交易治商环节？

2.什么是发盘？构成发盘的条件是什么？

3.什么是发盘的撤回与撤销？

4.发盘在哪些情况下失效？

5.什么是接受？一项有效接受应具备哪些条件？

6.为什么接受只能撤回而不能撤销？

7.我国《民法典》对合同成立是怎样规定的？与《联合国国际货物销售合同公约》的规定有何不同？

素质培养

拓展学习资源

用法治思维角度看货物买卖合同的
磋商与订立

1.《中华人民共和国民法典》合同编
2.GAFTA合同版本
3.CISG（中文版）
4.CISG（英文版）

第二章
国际贸易术语

[学习目标与要求]

国际贸易术语是重要的国际贸易惯例之一。通过本章学习，应掌握贸易术语的种类和每种贸易术语买卖双方义务、费用和风险划分的界限等。同时还要了解几种主要贸易术语在使用时应注意的问题。

开篇案例

【案情】

2021年11月，我国南方F粮油进出口公司与国外P公司签订了一份FOB条件油籽的合同。买方需于2022年1月份派船接货。合同规定："如果在此期间内不能派船接货，卖方同意保留28天，但仓储、利息、保险等费用皆由买方承担。"2月1日，卖方在货物备妥后电告买方应尽快派船接货。但是，一直到2月19日，买方仍未派船接货。于是卖方向买方提出警告，声称将撤销合同并保留索赔权。买方在没有与卖方进行任何联系的情况下，直到2022年5月5日才将船只派到港口。这时卖方拒绝交货并提出赔偿仓储、利息、保险等费用，买方则以未订到船只为由，拒绝赔偿损失，双方产生争议。

【涉及的问题】

这是一则关于货物买卖双方在合同中应履行责任归属的问题，卖方是否能够在买方长期未派船接货的条件下拒绝交货呢？本案说明双方签订的是FOB合同，在此条件下又是如何规定买卖双方的责任、风险和费用呢？以上在国际商业合同中涉及的买卖双方的责任、风险转移和费用的相关问题，在学习本章后都能得到解决。

● 第一节 国际贸易术语的含义和作用

一、国际贸易术语的含义

国际贸易术语（international trade terms）又称国际贸易条件，是用来划分买卖双方在货物交付中各自应当承担的义务、风险和费用的专门术语，通常用三个大写英文字母来表达。因为贸易术语中的费用划分涉及商品价格，于是贸易术语有时被误称为价格术语（price terms）或价格条件，应避免这样做，因为编纂贸易术语的根本目的是明确买卖双方在货物交付过程中的义务、风险和费用的承担，而不是为了确定合同价格。对此《2020 年国际贸易术语解释通则》（Incoterms® 2020，以下简称《2020 年通则》）前言的第 51 条已有说明。

国际贸易术语是在世界不同地区长期贸易实践中逐渐形成的。例如，FOB（Free on Board，装运港船上交货），以此说明买卖双方在货物交付中涉及的有关义务、风险和费用在货物装上船舶时划分，装船前由卖方承担，装船后由买方承担。使用该贸易术语便可简化交易磋商，明确双方义务。但在初期，国际上对各种贸易术语并无统一的解释。后来，某些工商团体先后对不同地区使用的贸易术语作出解释，形成若干解释通则。几十年来，被世界广泛采用的是国际商会各时期编纂和修订的《国际贸易术语解释通则》（International Rules for the Interpretation of Trade Terms，Incoterms®，以下称《通则》），最新版是《2020 年通则》。国际商会是民间商业组织，所以它编纂和修订的《通则》属于国际惯例，不具备强制性，但一旦当事人在合同中引用，《通则》便成为合同条款，对买卖双方具有约束力。

二、国际贸易术语的作用

（一）能明确和简化洽商内容，加速交易进程

从事国际货物买卖的交易双方，一般相距遥远，分别在不同的国家或地区，大部分采用电信方式进行交易洽商。同时，国际货物买卖涉及的业务环节繁多，如报关、安排运输工具、办理货物运输保险、装运货物等；办理进口手续包括领取进口许可证和卸货等事宜。因此，不仅在每笔交易中需要明确以上责任是由卖方承担还是由买方负责，还要支付相应费用以及明确风险转移等。每项业务通过电信方式将买卖双方各自承担的义务、费用和风险规定清楚，既浪费时间又增加通信费用。若能采用国际贸易术语，则上述问题都可迎刃而解，节省时间和费用，加速贸易进程。国际商会编纂的《2020 年通则》适用于国内与国际贸易。在货物销售合同中援引《2020 年通则》，可以在诸如风险和费用承担、运输和海关清关安排等方面清晰界定当事人各自的义务，从而减少潜在法律纠纷的可能性。

（二）国际贸易术语决定买卖合同的性质

每种贸易术语都有其特定含义，根据《通则》对不同贸易术语中买卖双方义务、风险和费用的划分方法不同，可大致将贸易术语划分为"象征性交货贸易术

语"和"实体交货贸易术语"，两类贸易术语下买卖双方的合同义务有着本质性差别。买卖合同采用了某个具体贸易术语，我们便可称该合同为"某某贸易术语合同"，例如，当合同采用FOB术语时，我们就称该合同为"FOB合同"，该合同也就具有了象征性交货性质。一旦双方在履行合同时发生争议，就可以依据该贸易术语的《通则》解释来确定合同的性质。

（三）国际贸易术语是构成货物价格的重要元素

在国际贸易中，货物价格由计量单位、计价金额、计价货币和贸易术语四个部分组成，贸易术语是构成货物价格的重要元素。尽管贸易术语并不是为了价格构成而编纂的，但是它客观上涉及价格。因此，买卖双方在确定货物价格时，必须考虑采用国际贸易术语中所包含的费用，如运费、保险费、进出口关税、装卸费和其他费用等，作为交易双方进行计价和成本核算的依据，并在合同价格条款的单价中写进选用的贸易术语。

● 第二节　国际贸易术语解释通则

一、国际贸易惯例及其性质

我们先来弄清国际贸易惯例概念及其性质。

国际贸易惯例是指在长期的国际贸易实践中逐渐形成的、具有普遍意义的一些商业习惯做法和规则。

国际贸易惯例的性质应当这样理解：一方面，国际贸易惯例对贸易双方没有强制约束力。它既不是国际公约，也不是某个国家的法律，只是影响比较广泛的商业习惯。买卖双方可以选择适用惯例、部分适用惯例、不适用惯例，甚至在合同中作出与惯例完全相反的约定。只要这些约定是合法的，就将得到有关法律的承认。另一方面，如贸易双方在合同中明确表示采用某项惯例，该项惯例就变成合同条款，对贸易双方便具有约束力。此外，当贸易双方对合同履行产生争议，而合同又缺乏明确约定时，多数国家的国内法规定法院或仲裁机构在处理这类争议时可以引用国际惯例作为判决或裁决案件的依据。

《通则》是一种国际贸易惯例，因此，它对买卖双方而言也是任意性的规则，没有强制约束力。但是，一旦买卖合同明确适用《通则》，该通则对买卖双方就具有强制约束力。因此，从事货物买卖的，特别是从事国际货物买卖的商人，应该熟悉和掌握《通则》，在买卖合同中准确适用《通则》。

国际上有关贸易术语解释的国际惯例有多种。例如，各类教科书提及的《1932年华沙-牛津规则》。它是1928年国际法协会在波兰华沙开会时，以英国贸易习惯及判例为基础，制定了CIF买卖合同统一规则，称为《1928年华沙规则》。1932年国际法协会在国际商会协助下，在牛津会议上对华沙规则进行了修订，定名为《1932年华沙-牛津规则》（Warsaw-Oxford Rules 1932，W.O.Rules 1932）。全文共21条，主要说明CIF买卖合同的性质，并具体规定了双方所承担的费用、责任、风险以及所有权转移方式等。该规则在当时的国际贸易中有一定影响，但随着国际商会推行《1936年通则》及此后不断修订的《通则》新版本，《1932年华沙-牛津规则》便逐渐淡出人们的视野。

另一部比较有区域性影响的国际贸易术语解释规则是《美国对外贸易定义1941年修正本》。1919年，代表美国商会、美国进口商全国协会和全国对外贸易协会等9个商业团体的联合委员会，制定了《美国出口报价及其缩写条例》，解释了有关对外贸易的定义。1941年，在美国第27届全国对外贸易会议上对上述条例作了修订，并改称为《美国对外贸易定义1941年修正本》（Revised American Foreign Trade Definitions 1941）。该修正本在同年为美国商会、美国进口商协会和全国对外贸易协会所采用，并由全国对外贸易协会予以发行。但由于前述原因，该规则也逐渐被国际商会的《通则》所取代。

二、《通则》的编纂

《通则》是国际商会（International Chamber of Commerce，ICC）为统一各种贸易术语的解释而编纂的。

国际商会1919年在美国大西洋城成立，现在总部设在巴黎。目前国际商会包含170多个国家和地区的4 500多万家商会、协会、公司、企业和个人会员，并在89个国家设立了国家委员会。国际商会下设30多个专业委员会和工作组。国际商会多年来制定了很多国际商界的规则和惯例，对促进国际经济贸易的发展作出了重大贡献。我国于1994年11月加入国际商会，同时，国际商会正式授予中国国际商会（China Chamber of International Commerce）成员方地位。1995年1月1日，国际商会中国国家委员会（简称国际商会CHINA）正式成立。自成立了国际商会CHINA后，我国开始参与国际商会专业委员会工作。

三、《国际贸易术语解释通则》的演变

《通则》是当今国际贸易中使用最为广泛的贸易术语解释惯例。早在1923年国际商会就组织专家对统一贸易术语解释工作展开研究，并于1936年公布了最早的《通则》版本——《1936年国际贸易术语解释通则》。为适应国际贸易方式的不断变化，国际商会不断修订《通则》，增加或调整贸易术语种类，更正贸易术语解释，陆续公布了《1953年国际贸易术语解释通则》《1967年国际贸易术语解释通则》《1974年国际贸易术语解释通则》《1980年国际贸易术语解释通则》《1990年国际贸易术语解释通则》《2000年国际贸易术语解释通则》《2010年国际贸易术语解释通则》和最新版的《2020年国际贸易术语解释通则》。最近三个版本中贸易术语的变化如图2-1所示。

四、《2020年国际贸易术语解释通则》概述

（一）《2020年通则》中的贸易术语及其分类

《2020年通则》将国际贸易术语调整为11个，按适用的运输方式不同，分为两类，见表2-1。

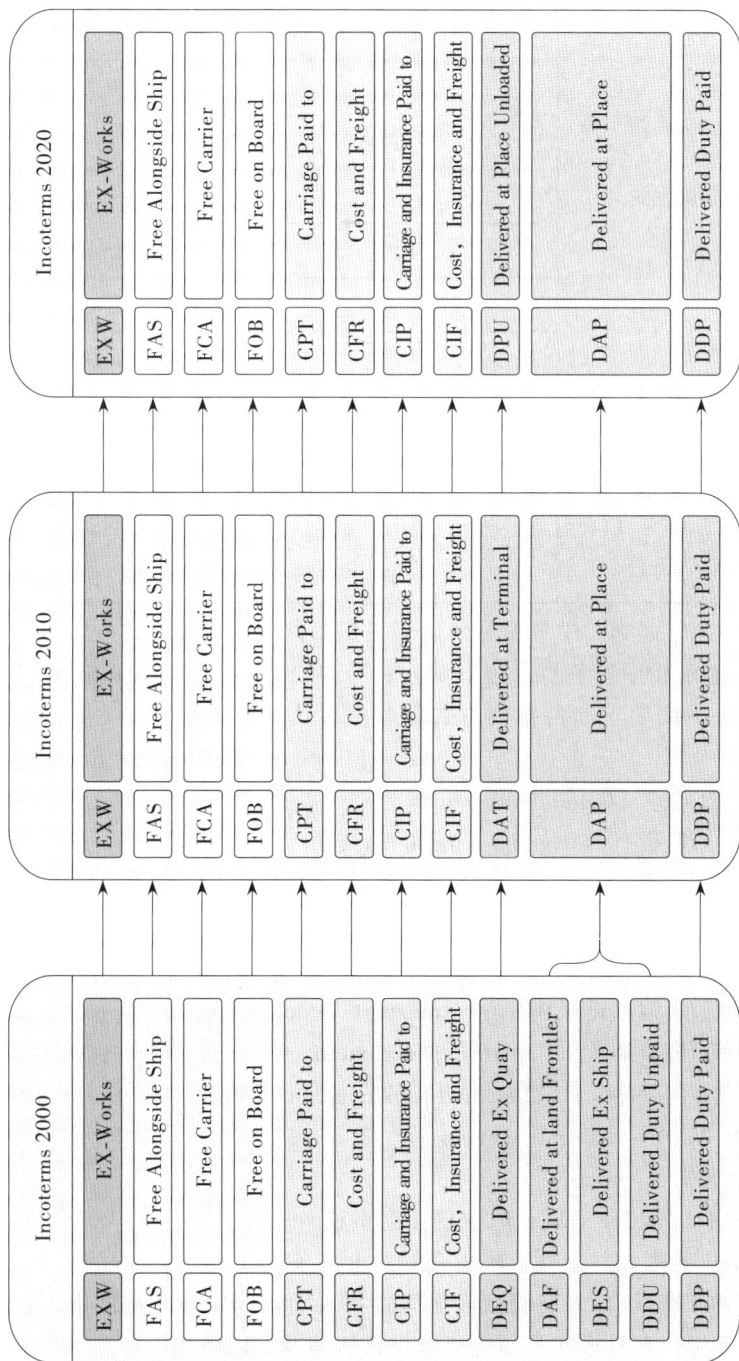

图2-1 最近三个《通则》中贸易术语变化

表2-1 《2020年通则》国际贸易术语分类

适用的运输方式	国际贸易术语	
适用各种运输方式	EXW	工厂交货
	FCA	货交承运人
	CPT	运费付至
	CIP	运费、保险费付至
	DPU	目的地卸货后交货
	DAP	目的地交货
	DDP	目的地完税后交货
适用海上和内河运输方式	FAS	装运港船边交货
	FOB	装运港船上交货
	CFR	成本加运费
	CIF	成本、保险费加运费

（二）《2020年通则》中各贸易术语下买卖双方义务表达模式

《2020年通则》中各贸易术语下卖方和买方的责任、费用和风险承担义务包括10个方面，统一按照下面的排列方式和顺序表达，A代表卖方义务，B代表买方义务：

A1/B1 一般义务（General obligations）

A2/B2 交货/提货（Delivery/ Taking delivery）

A3/B3 风险转移（Transfer of risks）

A4/B4 运输（Carriage）

A5/B5 保险（Insurance）

A6/B6 交货/运输单据（Delivery/ transport document）

A7/B7 出口/进口清关（Export/ import clearance）

A8/B8 查验/包装/标记（Checking/ packaging/ marking）

A9/B9 费用划分（Allocation of costs）

A10/B10 通知（Notices）

（三）适用《2020年通则》时主要注意事项

1.《2020年通则》并未规定买卖合同的全部条款

《2020年通则》解释了一套商人之间货物买卖合同中最常用的由3个字母组成的11个贸易术语，它只描述了围绕货物交付所涉及的以下内容：

义务：卖方和买方各须履行哪些义务，如谁来组织货物的运输和保险，谁来获取装运单据和进出口许可证。

风险：卖方于何时何地"交付"货物，换言之，风险在何时何地从卖方转移给买方。

费用：买卖双方各自承担哪些费用，如运输、包装或装卸费用，以及货物查验或与安全有关的费用。

从本质上讲，《2020年通则》本身并不是买卖合同，它只有在被并入一份已经存在的合同后才成为合同的一部分，因此不能以贸易术语及其解释通则替代销售合同。它更不是合同适用的法律，合同适用的法律，不论是强制性的还是任意性的，也不论是实体法还是程序法，由双方约定或由有关的国内法确定。

具体地说，《2020年通则》未涉及下列重要事项：

（1）销售合同是否成立或生效；

（2）出售货物的品质、数量和包装；

（3）货物交付的时间；

（4）价款支付的时间、地点、方式或币种；

（5）纠纷解决方式、地点及适用法律、违约救济；

（6）临时制裁、临时征收关税、临时进出口禁令或其他不可抗力或艰难情形的法律后果；

（7）买卖双方商品检验权利与证据效力；

（8）卖方的财产权与知识产权担保，以及财产权转移等。

当事人需要在买卖合同中对这些重要事项作出具体约定，否则，日后可能导致合同无法履行，或产生纠纷。

2.《2020年通则》需明示并入买卖合同

当事人可以通过如下方法将《2020年通则》明示并入买卖合同：

（1）在价格条款中表明所选择的贸易术语及其解释通则。例如："Unit price：USD280 per metric ton CIF Shanghai Incoterms 2020"，or "USD350 per unit DAP No 123，ABC Street，Singapore Incoterms 2020"。

将《2020年通则》并入销售合同时，不需要使用该规则中的商标标识。

（2）在合同中单列条款说明。

买卖双方可以在合同中单独加列一个条款将《2020年通则》并入合同。例如："Clause 20：This contract is subject to Incoterms 2020 in respect of the explanation of the trade term CIF."

3.应掌握象征性交货和实体交货两个概念的本质差别

贸易术语主要用来界定买卖双方交货与接货义务、风险和费用划分点，即界定卖方何时何地完成交货义务、风险和费用何时何地由卖方转移到买方。《2020年通则》解释了11种贸易术语，从义务、风险和费用划分角度，可将11种贸易术语分为"象征性交货贸易术语"和"实体交货贸易术语"两类。

象征性交货是指卖方在出口地将货物交付给承运人和向买方交付单据履行货物

交付义务。在象征性交货贸易术语下，卖方将货物交给承运人，风险和费用也在交货同时从卖方转移给买方，随后还要将物权凭证（如提单）转交给买方。这类贸易术语下卖方的义务相对较小。

《合同公约》第三十二条规定，如果合同涉及运输和保险，卖方应当安排运输和购买保险。第三十四条规定，如果卖方有义务移交与货物有关的单证，其必须按照合同约定的时间、地点和方式移交这些单证。这些单证通常包括提单、发票、保险单、检验检疫证明等。

实体交货是指卖方在出口地或进口地将货物实际交给买方或其指定人才视为其完成交货义务的情形，风险和费用也在实际交货时从卖方转移给买方。在实体交货贸易术语下，卖方承担了运输过程的风险，义务相对较多。

根据11种贸易术语的首字母，可将它们分为E组、F组、C组和D组。其中，E组（Ex-Work）和D组（DAP、DPU、DDP）属于实体交货贸易术语，F组（FOB、FAS、FCA）和C组（CFR、CIF、CPT、CIP）属于象征性交货贸易术语。

E组、F组和D组贸易术语下买卖双方义务、风险和费用划分点是贸易术语后附带的交货地点，但C组贸易术语附带的交货地点是目的地承运人交付货物的地点，不是买卖双方义务、风险和费用划分地点，该地点在出口地，具体划分地点需依据买卖合同约定确定。

4.应尽量避免修改使用《2020年通则》

尽管《2020年通则》属于任意性的国际贸易惯例，人们可以任意修改使用，或在合同中作出与《2020年通则》不同或相反的约定，但鉴于《2020年通则》是历任国际商会商法和惯例委员会专家在广泛征得各国家商会意见后不断完善所成，其权威性、完整性被世界各国普遍接受，还是强烈建议完整地引用《2020年通则》。当然，对《2020年通则》没有确定的相关问题，例如，何为装船？与装船行为相关的垫舱物料、绑扎锁具费用以及在此过程中存在的货物灭失或损坏风险由谁承担，买卖双方就需在合同中单列条款，对此作出详细约定。

● 第三节　常用的贸易术语

在《2020年通则》解释的11种贸易术语中，FOB、CFR和CIF是长期以来被广泛使用的适用于海运方式的贸易术语。20世纪70年代后，集装箱运输逐渐普及，国际商会在随后的修订中增加了适用于任何运输方式或多式联运的FCA、CPT和CIP三种术语，随着集装箱多式联运的发展，这三种贸易术语的使用频率越来越高。本节将对这六种常用的贸易术语做详细解释，建议读者在学习时，重点掌握它们的概念、买卖双方主要义务和使用贸易术语时应注意问题。

一、FOB

（一）FOB的基本概念

FOB，Free on Board（Insert named port of shipment），译为"装运港船上交货"

（填入约定的装运港），是指卖方负责在合同约定的日期或期间内，在指定的装运港把约定的货物装到买方指定的船上完成交货，或通过取得已交付的货物的方式完成交货，并负担货物装上船为止的一切费用和风险（参见图2-2）。

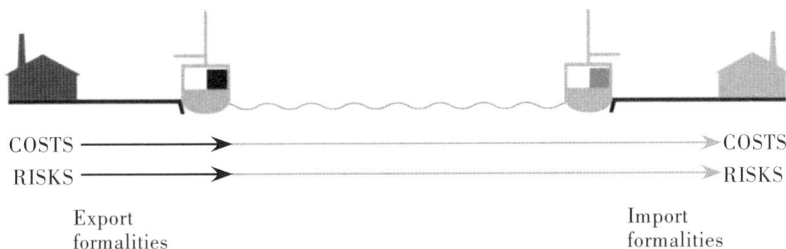

图 2-2 FOB下买卖双方义务、风险和费用划分图示（深色表示卖方的，浅色表示买方的）

（二）FOB术语下买卖双方的主要义务

1.卖方主要义务

（1）在合同约定的装运港和日期或期间内，按港口惯常方式，将约定的货物装到买方指定的船上，并及时向买方发出充分的装运通知，如果承运人未能在约定时间接收货物，卖方也必须通知买方。

（2）办理货物出口手续，取得出口许可证或其他核准证书。

（3）负担货物在装运港交到船上为止的一切费用和风险。

（4）提供商业发票和运输单据，或其他合同约定的单据。

（5）根据买方要求，并由其承担风险和费用，向买方提供办理货物过境和/或进口清关的必要信息和投保信息。

2.买方主要义务

（1）按照约定接收货物和支付价款。

（2）自费租船或订舱，并给予卖方包括船名、装船地点和具体装船时间的派船通知。

（3）办理货物进口清关以及必要的过境运输海关手续。

（4）负担货物在装运港装船后的一切费用和风险。

（5）负责未能按约及时派船导致的卖方损失和可能的货物损失风险。

（三）使用FOB应该注意的问题

1.卖方的交货义务与交单义务并存

根据国内外相关法律，买卖合同的本质是卖方向买方转移货物所有权，买方向卖方支付价款的合同，也是合同双方追求的合同目的。正如《2020年通则》解释的那样，贸易术语是界定在货物交付过程中，买卖双方义务、风险和费用如何划分的三字母规则。因此，《2020年通则》中每一个贸易术语规定的第一项义务就是卖方按照合同约定交付货物，同时要交付合同约定的商业发票及其他证明相符交货的单据。在第六项义务中，要求卖方必须提交证明按约交货的全套运输单据（transport document）或类似证明。卖方还需保证，运输单据载明约定的货物、约定的装运日期和约定的目的港，并能使买方据此在目的港提取货物，或使买方据此可以在运输中途转卖货物。

由此可见，在《2020年通则》下，卖方必须同时履行按约交货和按约交付装运单据（shipping documents）义务，简称"交单"。如果违反按约交货义务，将构成根本性违约；如果违反按约交单义务，导致买方无法实现合同目的，也构成根本性违约。

因此，有人将此类贸易术语下的买卖合同称为"单据买卖"，特别是卖方负责安排运输的情况下，强调的就是卖方按约交单义务的重要性。

上述解释对于具有象征性交货特征的贸易术语均适用。

2.风险划分的未穷尽问题

按照《2020年通则》对FOB风险划分的规定，卖方承担在装运港货物装到船上以前的风险，买方承担在装运港货物装到船上以后的风险。按照海运业务习惯，将货物装到船上，对于需要装在船舶露天甲板上的货物，是指将货物摆放到露天甲板，买卖双方的交货责任、风险和费用划分的时间和地点在货物摆放到露天甲板那一刻；对于绝大多数其他货物而言，将货物装到船上是指将货物装进船舶货舱，买卖双方的交货责任、风险和费用划分的时间和地点在货物装进船舶货舱那一刻。但是，货物装船过程并不只是将货物吊装进货舱后就结束那样简单，为了充分利用舱容和保证货物积载合理，所有货物都需要进行理舱（stowing），特殊货物还需要衬垫、绑扎，或是平舱（triming），这些活动都具有风险，遗憾的是，《2020年通则》对这一风险如何在买卖双方之间划分没有作出规定，这就有必要在合同中加以明确约定，以防产生纠纷。

3.租船订舱的相互配合问题

在FOB条件下，由买方负责租船或订舱，并将船名和船舶抵达具体时间及时、准确地通知卖方。而卖方应负责在合同约定的装运港在船舶抵达后，将约定的货物装上买方指定的船上。如果买方不按期派船，卖方可能遭受损失。

为此，在FOB出口中，应在合同中明确约定："如买方不按约定派船，卖方有权撤销合同并要求损害赔偿，或卖方有权代买方租船装运或凭装运地仓库栈单代替提单索取货款。"同时，为了防止买方过早派船，而使卖方来不及备货，还可在合同中约定："如未经卖方同意，船只较原约定装船期提前到达，则卖方不负担船舶滞期费"等。

在FOB合同履行过程中，如遇买方委托卖方代为租船订舱，卖方也可接受，但须向买方明确声明："卖方只是作为买方代理去租船订舱。如果租不到船或订不到舱位，买方无权撤销合同，也无权向卖方索赔。"

此外，FOB合同下，买方需慎重约定装运港，注意选择安全的、装货条件较好的有直达船或班轮停靠的、吃水较深的港口，以便船舶能够顺利抵达和靠泊进行装货作业。

4.航次租船时约定卖方及时装货义务问题

FOB 术语下需航次租船运输时，船舶出租人往往在租船合同中订立装卸时间和滞期费条款，要求承租人保证在约定的装卸时间内完成装货和卸货，超出约定的装卸时间，承租人需按照约定支付滞期费。因为作为承租人的买方往往较难控制装货速度，因此就有必要将这项责任划归卖方，即在买卖合同中单列一项"及时装货与滞期费条款"，要求卖方保证在约定的装货时间内完成装货，否则需按照约定的滞期费费率向买方支付滞期费。

5.装船责任与费用划分未穷尽问题

前已述及，装船涉及理舱费①和平舱费②由谁负担的问题，但《2020 年通则》没有涉及，这就需要买卖双方在合同中另行约定。在班轮运输情况下，由于班轮运费包括装船费用和在目的港的卸货费用，因此，装船费用实际上由买方负担，无须另行约定。但航次租船情况下，在船舶出租人不负责货物装卸情况下，卖方将货物装到船上后，平舱或理舱责任与费用由谁承担就需作出明确划分。这种划分可以用文字明示地表达出来，也可在 FOB 术语后加列英文词句或其缩写表示，即用所谓的 FOB 术语变形来表示。常见的 FOB 术语变形有以下几种：

（1）FOB 班轮条件（FOB liner terms），指装船费用如同班轮装运一样，即由买方负担。

（2）FOB 吊钩下交货（FOB under tackle），指卖方将货物置于轮船吊钩所及之处，从货物起吊开始的装船费用由买方负担。

（3）FOB 包括理舱（FOB stowed，FOBS），指卖方负责将货物装入船舱并支付包括理舱费在内的装船费用。

（4）FOB 包括平舱（FOB trimmed，FOBT），指卖方负责将货物装入船舱并支付包括平舱费在内的装船费用。

从性质上看，贸易术语变形是当事人对《2020 年通则》中贸易术语解释的更改，在贸易界不存在其含义的权威解释，更不在《2020 年通则》之列。基本的共识是，贸易术语的变形明确了装卸费用在买卖双方之间的划分，但它不涉及货物灭失或损坏风险的划分。如需将风险划分时间延后至平舱或理舱作业完毕时，或是卸货完毕时，需在买卖合同中明示地约定。此外，以上贸易术语变形也没有涉及衬垫和绑扎责任、费用和风险，如有必要，买卖双方也应通过明示约定予以确定。下文的 CFR 贸易术语变形和 CIF 贸易术语变形，或是其他贸易术语变形，性质也是如此。

二、CFR

（一）CFR 的基本概念

CFR，Cost and Freight（Insert namded port of destination），译为"成本加运费"

---

① 理舱费（stowing charges）是指货物装入船舱后为安置妥善和装载合理，对装入船的货物进行整理、堆置、垫隔所需的费用。
② 平舱费（trimming charges）是指为了保持航行时船身平稳和不损害船身结构，对成堆装入船舱的散装大宗货物，如矿砂、煤炭、粮食等，进行整理、填平、补齐所需的费用。

（填入约定的目的港），是指卖方负责支付运费租船订舱，并将约定货物在约定的时间和地点装到船上以完成交货，或通过取得已如此交货的货物的方式完成交货，并负担货物装上船为止的一切费用和风险（参见图2-3）。

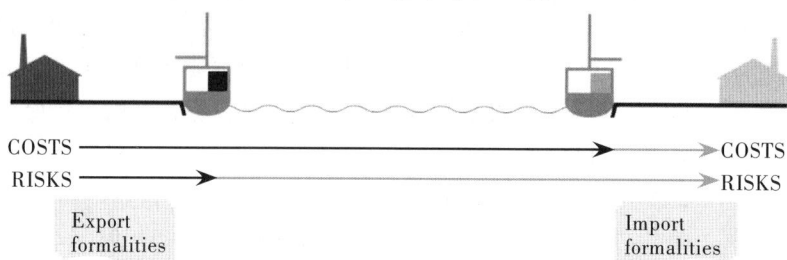

图2-3　CFR下买卖双方义务、风险和费用划分图示（深色表示卖方的，浅色表示买方的）

（二）CFR术语下买卖双方的主要义务

1.卖方主要义务

（1）在买卖合同约定的日期或期间内，在装运港将约定的货物装到船上完成交货，并及时向买方发出装运通知，告知装货细节和预计抵达卸货港时间。

（2）办理货物出口所需的一切海关手续。

（3）自费按照约定租船或订舱。

（4）负担货物在装运港交到船上为止的一切费用和风险，以及根据运输合同由卖方支付的在约定卸货港的卸货费。

（5）提供商业发票、通常的运输单据，以及其他约定的相关单据。运输单据应是全套的和可转让的正本，载明约定的货物和装货时间，使运输单据持有人在目的地能够据此向承运人提取货物。

（6）应买方要求，及时向买方提供办理货物过境和/或进口清关、购买保险等所需要的单证或信息。

2.买方主要义务

（1）及时接收货物，支付价款。

（2）办理货物进口手续。

（3）承担货物在装运港装到船上后的一切费用和风险。

（4）负责目的港的卸货、提取货物及相关费用。

（三）使用CFR应该注意的事项

1.卖方的交货义务与交单义务并存

卖方的交货义务与交单义务与FOB术语下的相同。

2.卖方的保证租用船舶适航适货义务和支付正常运费义务

根据《2020年通则》的规定，CFR合同的卖方需保证租用的船舶适航适货，按照通常条件租船或订舱，经惯常航线，将货物运往目的港。买方一般无权提出限制船舶的国籍、船型、船龄或指定某班轮公司的船只等要求。但在实际业务中，若能够满足买方上述要求，且不增加费用，也可以考虑接受。因为货物灭失或损坏的风险在装运港装完货后转移给买方，所以卖方无义务保证货物能够运抵目的港。

3.航次租船时约定买方及时卸货责任问题

CFR术语下，当航次租船合同约定装卸时间和滞期费条款时，作为承租人的卖方很难控制卸货速度，因此就有必要将这项责任划归买方，即在买卖合同中单列一项"买方及时卸货与滞期费条款"，要求买方保证在约定的卸货时间内完成卸货，否则须按照约定的滞期费费率向卖方支付滞期费。

4.卸货费用的未穷尽问题

CFR术语下采用班轮运输时，运输费用包括装运港的装货费用和目的港的卸货费用，卸货费用由卖方负担。但是，如果采用租船方式运输，则需在合同中订明卸货费用由何方负担，可以在合同中用文字具体订明，也可采用CFR术语的变形来表示。CFR术语的变形主要有以下几种：

（1）CFR班轮条件（CFR liner terms），指卸货费用按班轮条件处理，由卖方负担。

（2）CFR舱底交货（CFR Ex ship's hold），指买方负担将货物从舱底吊卸到码头的费用。

（3）CFR吊钩交货（CFR Ex tackle），指卖方负担将货物从舱底吊至舷外卸离吊钩为止的费用。如果船舶靠不上码头，驳船费和码头税费由买方负担。

（4）CFR卸到岸上（CFR landed），指卖方负担包括驳船费和码头捐税在内的卸货费用。

5.装船通知的内容及其重要性

装船通知（shipping advice）也称装运通知，是卖方在货物装船后，根据适用的法律或惯例要求，或根据双方约定，向买方发出的货物已装船通知。该通知内容通常包括船名、装货港口、装运的货物名称及数量、提单编号、完成装货时间、开航时间、预计抵达卸货港时间等内容。

发送装船通知的目的有三个：一是告知买方卖方已经按照约定履行完毕货物装船义务，让买方了解合同履行动态。对此，《2020年通则》明确要求卖方必须履行该项义务。二是提示和协助买方及时购买海上货物运输保险。对此，《2020年通则》规定在买方要求下，卖方才有义务提供与买方购买保险相关的信息。这条规定对买方不利，建议在买卖合同中明确约定卖方的及时充分通知义务，以便在FOB和CFR术语下，买方能够及时购买保险。三是提示买方办理进口手续和做好收货准备。对此，《2020年通则》进一步要求，在CFR和CIF卖方负责租船订舱的情况下，为了买方能够及时收货，卖方应当通过船舶出租人或船长，按照航运习惯，连续地向买方发送预抵报文和确抵报文。

三、CIF

（一）CIF的基本概念

CIF，Cost，Insurance and Freight（Insert named port of destination），译成"成本、保险费加运费"（插入约定目的港），是指卖方负责付费租船订舱并购买保

险，在装运港将约定货物在约定时间装到船上完成交货义务，或通过取得已如此交货的货物的方式完成交货，并承担货物装上船为止的一切费用和风险（参见图2-4）。

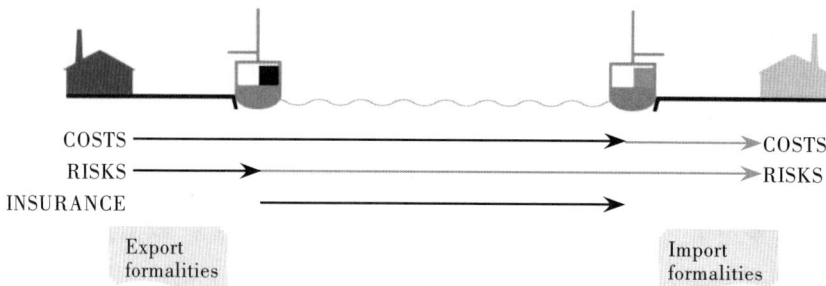

图2-4 CIF术语下买卖双方义务、风险和费用划分图示（深色表示卖方的，浅色表示买方的）

（二）CIF术语下买卖双方的主要义务

1.卖方主要义务

（1）在约定的时间和装运港将货物装上船，并及时向买方发出装船通知。

（2）办理货物出口所需的一切海关手续。

（3）支付运费租船订舱，将货物运往约定目的港或该目的港的交付点。船舶应当适航适货。

（4）购买海上货物运输保险。承保范围不小于英国伦敦保险协会海运货物保险的《协会货物条款（C）》或其他类似险别，保险金额为合同金额的110%。或按照双方约定的险种和投保金额投保。保险合同应与信誉良好的承保人或保险公司订立，应使买方或其他对货物有可保利益者有权向保险人索赔。

保险期间至少为从装运港货物交到船上起，至目的港指定地点止。卖方应向买方提供保单或其他保险证据。

（5）向买方提供全套可转让运输单据。此运输凭证必须载明合同货物，装货日期应在约定装运期间内，并使买方能凭以在目的港提货或在运输途中转让货物。

（6）应买方要求并由其承担风险和费用，向买方提供办理进口清关的单证和信息。

2.买方主要义务

（1）接收货物与单证，支付货款。

（2）负担除运费和保险费以外的货物在装运港装船后的一切费用，包括驳船费和码头费在内的卸货费用和风险。

（3）办理过境、进口手续，支付相关费用。

（三）使用CIF应该注意的问题

1.卖方交货义务与交单义务并存

卖方的交货义务与交单义务与FOB术语下的相同。

2.购买保险义务及其特别约定

CIF术语下卖方负责购买海上货物运输保险其实具有代替买方办理性质。这是因为：一是海上运输风险在装货港完成装货时就已经转移给买方承担，保险单的受益人基本上是收货人；二是卖方投保的险别、保险金额、保险加成等都受买方的约束，并非卖方独立决定。这体现在，如无特别约定，卖方需按照《2020年通则》要求，至少按照货物价值（通常看商业发票上的货物总值）110%，购买英国伦敦保险协会海运货物保险的《协会货物条款（C）》。如买卖双方有特别约定，比如更大的投保金额比例、更大范围的保险险种，包括附加险等，卖方需按照约定购买保险。

3.航次租船时约定买方的及时卸货责任

CIF 术语下，航次租船时约定买方的及时卸货责任的必要性和约定方法与 CFR 术语下的相同。

4.卸货费用的未穷尽问题

CIF 术语下的班轮运输时，运输费用包括装运港的装货费用和目的港的卸货费用，卸货费用由卖方负担。但是，如果采用租船方式运输，则须在合同中订明卸货费用由何方负担，可以在合同中用文字具体订明，也可采用 CIF 术语的变形来表示。CIF 术语的变形主要有：

（1）CIF 班轮条件（CIF liner terms），是指货物按班轮条件装运，货到目的港后的卸货费用已包括在运费之内，即由卖方负担，无须买方负担卸货费。

（2）CIF 舱底交货（CIF Ex ship's hold），是指买方负担将货物从舱底吊卸到码头的费用。

（3）CIF 卸到岸上（CIF landed），是指包括驳船费和码头捐税在内的卸货费用均由卖方负担。

（4）CIF 吊钩下交货（CIF Ex tackle），指卖方负担将货物从舱底吊至舷外卸离吊钩为止的费用。如果船舶靠不上码头，驳船费和码头税费由买方负担。

CIF 术语变形的性质与 CFR 术语变形性质相同。

5.卖方保证租用船舶适航适货与支付正常运费义务

卖方应当根据航运惯例，保证租用的船舶适航适货，否则需承担由此引起的货物灭失或损坏责任。

按照 CIF 的定义，卖方负责租船或订舱，支付运费。这里所说运费是正常运费。在运输途中船舶可能遇到恶劣天气或船上机器出了故障，需要避风或修理而发生的运费属不正常运费，通常计入共同海损费用，由收货人和船舶所有人按照共同海损理算规则分摊，不可要求卖方支付。

四、FCA

（一）FCA 的基本概念

FCA，Free Carrier（Insert named place of delivery），译为货交承运人（插入约定交货地点），是指当卖方在其经营场所或其他场所将已清关货物交给买方指定的承运人或其他人时即完成交货义务，所有风险和费用在交货地点交货时转移给买方承担（参见图 2-5）。

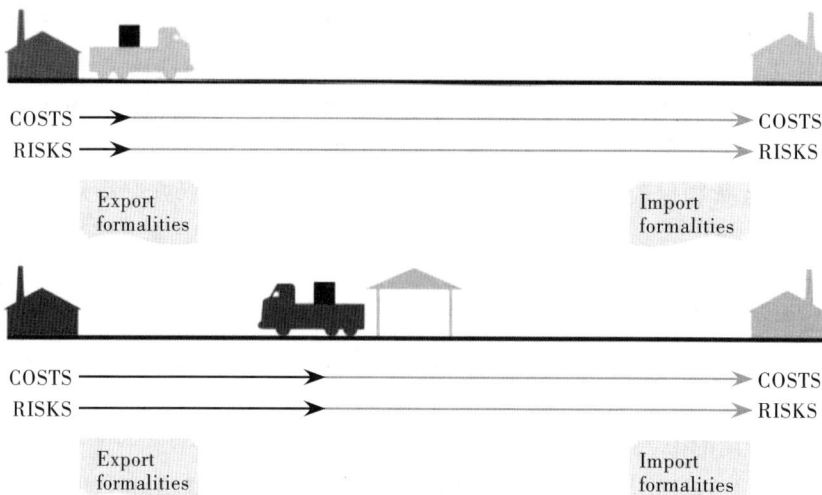

图 2-5　FCA术语下买卖双方义务、风险和费用划分图示（深色表示卖方的，浅色表示买方的）

承运人是指在运输合同中，承担公路、铁路、航空、海洋、内河运输义务或多式联运义务的当事人。

若买方指定非承运人的其他人接收货物，则自货物交付给该人之时起，视为卖方已经履行了交货义务。

（二）FCA术语下买卖双方的主要义务

1.卖方主要义务

（1）在约定的时间和地点将约定的货物交给买方指定的承运人或其代理人，并向买方提供证明相符交货的商业发票及其他约定单据。

（2）承担货物交给承运人或其他人接管时止的风险与费用。

（3）办理货物出口清关。

（4）交货后及时向买方发出详尽交货通知，如果承运人未能在约定时间接收货物，卖方也必须通知买方。

（5）向买方提供证明相符交货的运输单据。

2.买方主要义务

（1）按照约定接收货物，支付货款。

（2）办理货物进口及经由其他国家过境的清关。

（3）自负风险和费用，订立运输合同，并及时通知卖方。

（4）承担卖方交货后的风险和费用；如果在约定的交货日期届满时买方尚未指定承运人或其他人，或者承运人或其他人未能按时接管货物，承担此后的货物灭失或损坏风险。

（三）使用FCA术语应该注意的问题

1.卖方交货义务与交单义务并存

卖方的交货义务与交单义务与FOB术语下的相同。

但FCA术语界定了两种交货地点：一是在卖方经营场所交货，此时卖方有义务，将货物装上买方指定的运输工具并支付装货费用，其交货义务才算完成。二是在其他场所交货，此时卖方有义务将货物运送到指定交货地点，在送货工具上将货物置于买方指定的承运人或其代理人或其他人的支配之下，此时卖方才完成交货义务。

为避免因交货地点不明确导致费用和风险划分纠纷，应该在买卖合同中约定货物交给承运人的具体地点和方式。

2.卖方代买方指定承运人

如果卖方同意买方请求代为订立运输合同，必须明确应由买方承担风险与费用，否则可能改变该术语的性质。为避免承担垫付运费责任，可在运输合同中加列"运费到付"条款，或要求买方预付运费，或将运费金额包括在信用证金额之中。

3.卖方的及时发送交货通知义务

为买方及时办理进口手续和做好接货准备，不论采用何种贸易术语，卖方都必须在货物交运后，向买方发出交货的详尽通知。在买方购买保险的情况下，为使其能够及时购买保险，卖方更应在货物交运后，及时向买方发出交货通知。

类似海运下的装运通知（shipping notice），其他运输形式下的交货通知内容通常包括合同号或订单号、信用证号、货物名称、数量、总值、运输标识、交货地、交货日期、运输工具名称及预计到达目的地日期等。具体内容可以在买卖合同中约定或在信用证中作出规定。若卖方未按惯例规定发出或未及时发出交货通知，使买方投保无依据或造成买方漏保，货物在运输过程中一旦发生灭失或损坏，应由卖方承担赔偿责任。

4.货与承运人衔接

为避免买方因故不及时指定承运人而造成卖方损失，可在买卖合同中约定："如果买方不及时指定承运人或其他人，或者买方指定的承运人或其他人不及时接管货物，卖方有权在交货期截止时起代为指定承运人或其他人，订立运输合同，因此而产生的风险和费用由买方承担。"

5.集装箱装箱的责任、风险和费用

很多情况下，FCA合同采用集装箱运输。此时，涉及货物的集装箱装箱责任、风险与费用问题，《2020年通则》对此没有作出界定。

实务中，集装箱的装箱主要有三种做法：

一是指定承运人后，发货人（卖方）按照承运人通知，自己承担费用和风险，到指定集装箱堆场验箱和拖箱至自己的经营场所自行装箱，并申请海关验货封箱，然后将重箱（货物）送至承运人指定堆场，将重箱交给承运人完成交货义务。

二是发货人（卖方）负责将货物送至承运人指定集装箱堆场，在堆场内自行验箱装箱，并请海关查验封箱后，交给承运人完成交货义务。

三是发货人（卖方）负责将货物送至承运人指定集装箱堆场，将货物交给承运人（实际为集装箱场站经营人），即完成交货义务。货物由场站经营人安排装箱。

不论采用哪种做法，都涉及集装箱装箱的责任、风险和费用问题，买卖合同应当单列"集装箱装箱条款"，就此作出明确约定。

以下讲解的CPT和CIP两种术语都没有界定集装箱的装箱问题，如需集装箱运输，均应在买卖合同中订立"集装箱装箱条款"，细化买卖双方在交货过程中的责任、风险和费用划分原则。

五、CPT

（一）CPT的基本概念

CPT，Carriage Paid to（Insert named place of destination），译为"运费付至"（插入约定目的地），是指卖方负责订立运输合同，在约定的交货地点和时间内，将约定的货物交给承运人或其他人即完成交货义务。所有风险和费用在交货地点交货时转移给买方承担（参见图2-6）。

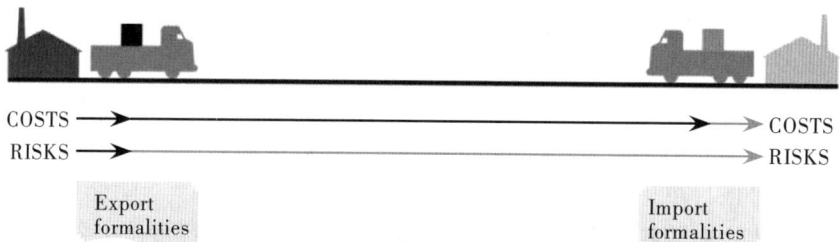

图 2-6 CPT术语下买卖双方义务、风险和费用划分图示（深色表示卖方的，浅色表示买方的）

承运人是指在运输合同中，承担公路、铁路、航空、海洋、内河运输义务或多式联运义务的当事人。

（二）CPT术语下买卖双方的主要义务

1.卖方主要义务

（1）在约定的时间和地点将约定的货物交给承运人或其代理人，并向买方提供证明相符交货的商业发票及其他约定单据。

（2）承担货物交给承运人或其他人接管时止的风险与费用。

（3）办理货物出口清关。

（4）订立运输合同，并在交货后向买方提供证明相符交货的运输单据。

（5）交货后及时向买方发出详尽交货通知。

2.买方主要义务

（1）按照约定接收货物，支付货款。

（2）办理货物进口及经由其他国家过境的清关。

（3）承担卖方交货后的风险和费用。

（三）使用CPT术语应该注意的问题

1.卖方交货义务与交单义务并存

卖方的交货义务与交单义务与FOB术语下的相同。

2.卖方的及时发送交货通知义务

CPT术语下卖方在货物交运后的及时向买方发出交货通知义务与FCA术语下的相同。

3.卖方的保证运输工具适航适货义务

在国际货物运输中，不论采用何种运输方式，都存在运输工具的适航适货问题，即运输工具处于良好技术状态，能够保证货物在正常运输环境下安全抵达目的地。根据运输法律，运输工具的适航适货由承运人保证，在买卖合同下，则由负责运输的一方保证。因此，CPT术语下，卖方应保证运输工具适航适货，否则，应承担因此导致的买方损失。

4.装卸费和过境海关费

在CPT条件下，卖方在约定的地点将货物交给承运人即完成交货义务，风险也在此刻转移给买方。但由于运输合同是卖方订立的，因此，卖方应该负担装货费、至目的地的运费，或根据运输合同应由卖方承担的过境费和目的地（港）的卸货费（班轮运输下常常是这样），其他的在出口地交货后的费用原则上由买方承担。对此，建议在买卖合同中明确规定。

5.集装箱装箱的责任、风险和费用

CPT术语下，买卖双方关于集装箱运输下的装箱责任、风险和费用划分原则与FCA术语下的相同。

六、CIP

（一）CIP的基本概念

CIP，Carriage and Insurance Paid to（Insert named place of destination），译为"运费、保险费付至"（插入约定目的地），是指卖方负责订立运输合同和保险合同，在约定的交货地点和时间内，将约定的货物交给承运人或其他人即完成交货义务。所有风险和费用在交货地点交货时转移给买方承担（参见图2-7）。

承运人是指在运输合同中，承担公路、铁路、航空、海洋、内河运输义务或多式联运义务的当事人（参见图2-7）。

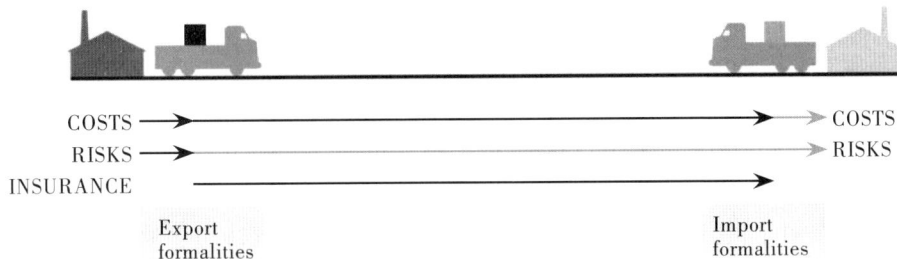

COSTS → → COSTS

RISKS → → RISKS

INSURANCE →

Export formalities

Import formalities

图2-7　CIP术语下买卖双方义务、风险和费用划分图示（深色表示卖方的，浅色表示买方的）

（二）CIP贸易术语买卖双方的主要责任

1.卖方主要义务

（1）在约定的时间和地点将约定的货物交给承运人或其代理人，并向买方提供证明相符交货的商业发票及其他约定单据。

（2）承担货物交给承运人或其他人接管时止的风险与费用。

（3）办理货物出口清关。

（4）订立运输合同，将货物运往约定的目的地，并在交货后向买方提供证明相符交货的运输单据。

（5）交货后及时向买方发出详尽交货通知。

（6）按照约定购买货物保险，向买方提供保险单或其他保险凭证，使收货人有权直接向保险人索赔。如无特别约定，该保险至少符合《协会货物条款（A）》或类似条款的险别，最低保险金额是合同总金额的110%。《协会战争险条款》和《协会罢工险条款》需特别约定。

2.买方主要义务

（1）按照约定接收货物，支付货款。

（2）办理货物进口及经由其他国家过境的清关。

（3）承担卖方交货后的风险和费用。

（三）使用CIP术语应该注意的问题

1.卖方交货义务与交单义务并存

CIP术语下卖方的交货义务与交单义务与FOB术语下的相同。

2.卖方的订立运输合同义务

CIP术语适用于各种运输方式，包括空运、陆运、铁路运输和多式联运。卖方订立运输合同是有条件的，只限"按照通常方式经惯常路线"，按照通常条件订立运输合同。这里的惯常路线是指"从事此类贸易人士的经常性的或一般做法必经的路线"。这就是说，如果卖方在订立运输合同时，惯常路线发生不可抗力受阻，卖方对订立运输合同可以免责，对因此造成的晚交货或不交货，卖方不承担责任。但对于此点，《2020年通则》没有作出进一步解释，为避免纠纷，建议在买卖合同中进一步明确。

3.装卸费和过境海关费用

CIP术语下的货物装卸费和过境海关费与CPT术语下的相同。

4.卖方的购买保险义务

按照《2020年通则》的规定，CIP术语下卖方负责支付保险费，购买货物运输保险。与CIF术语相同，卖方投保的性质也是为买方利益买保险，具有卖方代替买方投保的性质，所以，投保险别的选择、保险金额的确定、保险期限和保险权利转让等都应按照与买方的约定执行。如无特别约定，就按《2020年通则》的规定执行，即CIP术语下，卖方要购买《协会货物条款（A）》（相当于中国人民保险集团股份有限公司（PICC）《海洋运输货物保险条款》的一切险），但不包括战争险等特殊附加险，保险金额为合同价值的110%，保险期限要覆盖运输全程，保险单应能够保证保险单持有人在目的地向保险人索赔（卖方应在保险单背面作出转让保险单权利的背书）。

七、六种常用贸易术语的性质与特点

FOB、CFR、CIF和FCA、CPT、CIP六种贸易术语都是在出口国交货，使用每一个术语订立的买卖合同都是装运合同，货物装运即视为货物交付，具有象征性交货性质。这是它们的共同点。其不同点主要表现在以下几方面：

第一，适用的运输方式不同。FOB、CFR、CIF三种贸易术语仅适用于海运和内河运输，其承运人是船公司或无船承运人；而FCA、CPT、CIP适用于各种运输方式，包括海洋、内河、铁路、公路、航空运输等，也适用于多式联运，其承运人是船公司、铁路运输公司、道路运输公司、航空公司、无船承运人或多式联运经营人。

第二，货物运输区间不同。FOB、CFR、CIF三种贸易术语只适用于海运和内河运输，所以货物运输区间是从装运港至目的港，属于"港口交货"。而FCA、CPT、CIP贸易术语适用于各种运输方式和多式联运，货物运输区间是卖方内陆任何地点到买方内陆任何地点，扩大了运输区间，可以实行"门到门交货"。

第三，交货地点和风险转移地点不同。FOB、CFR、CIF交货地点是装运港，将货物装到指定的船上。风险划分均以装运港货物交到船上为界。而FCA、CPT、CIP的交货地点，需视不同运输方式和不同的约定而定，它可以在卖方营业地点，也可以在铁路、公路、航空、内河、海洋运输承运人或多式联运经营人的收货地点。风险划分是卖方将货物交给承运人或其他人时，风险自卖方转移至买方。

第四，运输单据不同。在FOB、CFR、CIF贸易术语条件下，卖方一般应向买方提交已装船清洁海运提单，它是物权凭证，可以质押和背书转让。而在FCA、CPT、CIP贸易术语条件下，卖方提交的运输单据则视运输方式而定。除海运单据外，其他运输方式的单据，如铁路运单、公路运单、航空运单等都不是物权凭证，不能背书转让和用以提货。

第五，装卸费用负担不同。在FOB、CFR和CIF贸易术语条件下，卖方一般承担货物在装运港装到船上为止的一切费用，买方承担目的港的卸货费用。而在FCA、CPT和CIP贸易术语条件下，由于运输合同大多为班机、班车、班列，或多式联运，装货费和卸货费包含在运费中，因此，装卸费实际上都由买卖合同中负责运输的一方承担了。

● 第四节　其他贸易术语

除FOB、CFR、CIF、FCA、CPT、CIP六种主要的贸易术语外，《2020年通则》对其他五种贸易术语也分别作了解释。这些术语有不同的含义，适用于不同的贸易情况，也是国际贸易实务中必须掌握的。

一、EXW

EXW，Ex-Works（Insert named place of delivery），译为"工厂交货"（插入约定

交货地点），是指当卖方在约定的时间和约定场所（如工厂、车间、货物仓库等），将约定的货物交由买方处置时，即完成交货，风险和费用在这一刻转移给买方。卖方不需将货物装上任何前来接收货物的运输工具，由买方办理出口清关手续。但是，应买方要求由其承担风险和费用，卖方必须协助买方取得出口相关的必要信息（参见图2-8）。

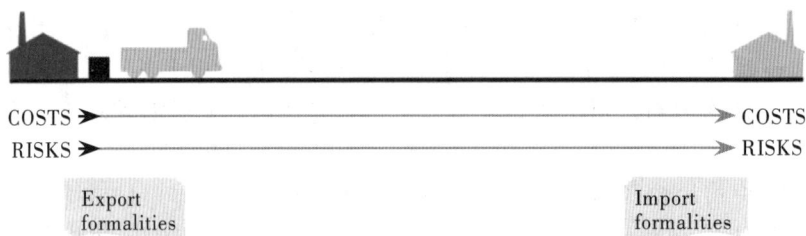

图2-8　EXW术语下买卖双方义务、风险和费用划分图示（深色表示卖方的，浅色表示买方的）

在使用工厂交货术语时，应在术语的后面注明交货处所的具体地址，卖方在交货前应给予买方合理的通知，说明货物在何时可以置于买方的控制之下。由于在该术语下卖方不负责出口清关，如果买方不能直接或间接办理出口手续，则不应使用EXW术语，而应使用FCA术语。该术语适用于各种运输方式，也可适用于多式联运。

二、FAS

FAS，Free Alongside Ship（Insert named port of shipment），译为"装运港船边交货"（插入约定装运港），简称船边交货，是指卖方在约定的时间和约定的装运港，将已经清关的约定货物交至买方指定船舶的船边即完成交货义务，并负担货物交到船边为止的一切费用和风险。买方必须自该时起负担一切费用，承担货物灭失和损坏的一切风险（参见图2-9）。

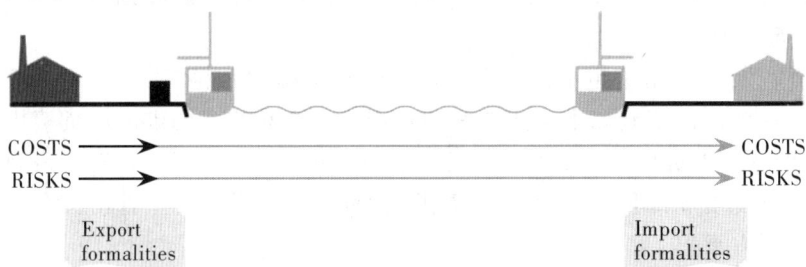

图 2-9　FAS术语下买卖双方义务、风险和费用划分图示（深色表示卖方的，浅色表示买方的）

在FAS术语下，如果主运船舶无法靠上码头，卖方须自负费用租用驳船，将货物驳运至船边，货物自码头至船边的风险由卖方承担。该术语只适用于海运或内河运输。卖方还需向买方提交证明相符交货的商业发票等单据，以及交运证明、及时的交货通知。

三、DAP

DAP，Delivered at Place（Insert named place of destination），译为"目的地交

货"（插入约定目的地），是指当卖方在约定的时间和约定目的地，将仍处于抵达的运输工具上，且已做好卸载准备的货物交由买方处置时，即完成交货，卖方承担交货前的一切风险和费用（参见图2-10）。

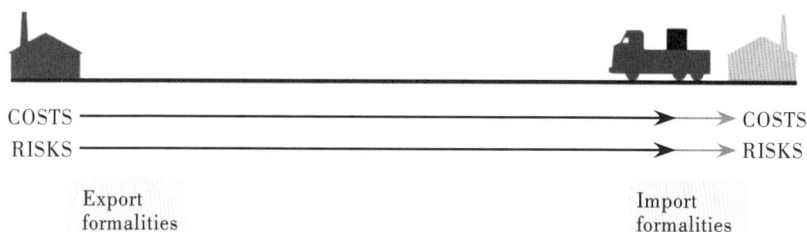

图2-10　DAP术语下买卖双方义务、风险和费用划分图示（深色表示卖方的，浅色表示买方的）

　　DAP术语要求卖方负责订立运输合同，将货物运至约定目的地，该目的地可以是任何约定地点，例如码头、仓库、集装箱堆积场或公路、铁路、空运货站等。

　　卖方负责出口清关，买方负责进口清关。卖方还需提供证明相符交货的商业发票、运输单据等，以及收货通知，以便买方办理清关和提取货物。

四、DPU

　　DPU，Delivered at Place Unloaded（Insert named place of destination），译为"目的地卸货后交货"（插入约定目的地），是指当卖方在约定的时间和约定的目的地，将约定的货物从抵达的载货运输工具上卸下，交给买方处置时，即为完成交货。卖方承担将货物送至指定目的地并将其卸下为止的一切风险和费用（参见图2-11）。

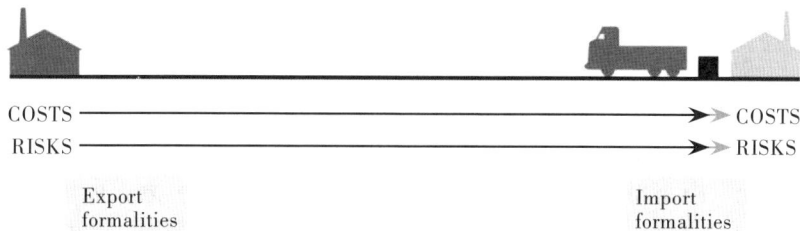

图2-11　DPU术语下买卖双方义务、风险和费用划分图示（深色表示卖方的，浅色表示买方的）

　　DPU术语要求卖方负责出口清关，买方负责进口清关。该术语可适用于任何运输方式，也可适用于多式联运。卖方需签订运输合同，将货物运至约定目的地。卖方还需提供证明相符交货的商业发票、运输单据等，以及收货通知，以便买方办理进口清关和提货。

五、DDP

　　DDP，Delivered Duty Paid（Insert named place of destination），译为"完税后交货"（插入约定目的地），是指卖方在约定的时间和约定的目的地将已由其完成进口清关并支付了进口捐税，仍处于抵达的运输工具上可供卸载的货物交由买方处置时，即为完成交货。卖方承担至交货时止的一切风险和费用（参见图2-12）。

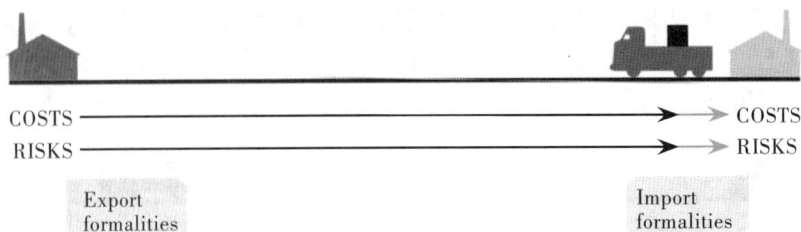

图2-12　DDP术语下买卖双方义务、风险和费用划分图示（深色表示卖方的，浅色表示买方的）

DDP术语下卖方承担最大责任。该术语适用于各种运输方式，也可适用于多式联运。卖方负责订立运输合同，将货物运至指定目的地内的约定地点。卖方还需提供证明相符交货的商业发票、运输单据等，以及发出收货通知，以便买方提货。

● 第五节　贸易术语的选用

不同的贸易术语下，买卖双方承担的责任、费用和风险是不同的，由此决定商品价格的构成也不同，因此，综合考虑相关因素，正确选择贸易术语，有利于贸易的顺利进行。

一、有利于促进成交原则

有利于贸易、促进成交是贸易术语选用的基本出发点，为此，要注意以下几点：

（一）尊重贸易客户的传统习惯

国际贸易术语中以FOB、CFR和CIF最为常用，其原因是：

（1）历史最为悠久，最为人们所熟悉和习惯使用。

（2）国际贸易的买方和卖方一般都不愿承担在对方国家发生的风险，而这三种术语都以"货物交到船上"为风险划分的分界线，容易理解和运用。

（3）FOB、CFR和CIF合同的卖方或买方都不必到对方国家办理货物的出口和进口手续，对买卖双方都比较方便。

有些国家为了扶持其本国运输或保险等行业的发展，对进口或出口货物的运输或保险等有特殊要求的，我方应予以尊重，以利于达成交易。

（二）考虑通关情况

一般说来，通关事务由通关所在国一方的当事人安排或代为办理较为方便。贸易术语选择时应考虑一般卖方应办理出口货物通关，买方应办理进口货物通关，这样可以避免因为不了解对方国家通关的有关规定而产生的不必要损失。

国际贸易术语的选择还应结合运输条件和货物的性质状况。

二、提高经济利益原则

提高经济效益是对外贸易经营的核心。贸易术语的选择不仅对企业的利益，而且对国家的整体利益都有极其重要的影响。

（1）考虑运力供给状况和运费波动趋势。国际航运市场运力供不应求时，不仅租船困难，还将面临运价上涨风险，交货期长的买卖合同，更容易受到运价波动的冲击。冲击过大，负责租船的一方就可能面临运费支出增加的损失。因此，对于交货周期长、整船运输的出口，卖方应尽量选用 FOB，由买方自己支付运费。

（2）考虑港口的装卸条件及费用。各装卸港口的设备不同，装卸能力、装卸速度和装卸费用等也不同。国外有些港口还有特殊的惯例和规定，因此，选择贸易术语时应考虑这些因素。如果成交量小、港口偏僻或拥挤、装卸条件差、费用较高，应尽量争取选用由对方租船订舱、支付装卸费用的一些贸易术语。

（3）从控制运输、保证货物安全角度，或从带动本国航运和保险业发展角度，出口应尽量采用 CFR、CIF、CPT 和 CIP 术语，进口则争取采用 FOB、FCA 术语。

三、适合新的运输方式原则

FCA、CPT 和 CIP 这三种术语是为了适应国际货物运输新变化而编纂的，与传统的三种术语相比，FCA、CPT 和 CIP 有下述特点：

（一）FCA、CPT 和 CIP 适用于多种运输方式，特别是多式联运

如今，国际货物运输条件已经大大改善，陆海空运输线路四通八达，国际公路、铁路、水路、空运中的运输工具越来越现代化，贸易便利化措施效率越来越高，各类物流公司的国际业务组织水平也越来越高，成了几乎无处不达的运输网络，国际多式联运中的"门至门"运输越来越普遍。在这种形势下，就应逐渐习惯选用 FCA、CPT 或 CIP 术语，代替传统的仅适用于海运和内河运输的 FOB、CFR 和 CIF 术语。

（二）装卸费用负担明确

FOB、CFR、CIF 术语还需用变形的方式，分别表明有关装货、卸货费用由谁负担的问题。而在 FCA、CPT 和 CIP 术语中，运费已包含了承运人接管货物后装运港的装船费用和目的港的卸货费用，无须另行说明。

（三）加速了运输单据的出单时间

在 FOB、CFR、CIF 术语下，卖方一般应向买方提供已装船清洁提单。在 FCA、CPT、CIP 术语下，卖方提供的运输单据视不同运输方式而定，除了海运提单外，根据不同的运输方式，可以相应提供铁路、公路、航空运单或多式联运提单。卖方只需将货物交付给承运人由其接管，就可自承运人处取得运输单据并凭以向买方或其指定的银行收取货款。出单时间的缩短有利于卖方的资金周转。

复习思考题

1.什么是国际贸易术语？国际贸易术语有什么作用？

2.简述 FOB、CFR 和 CIF 三种术语的基本内容及异同。

3.为什么要在国际贸易中推广 FCA、CPT 和 CIP 三种术语的运用？

4.试述国际贸易术语变形的性质，使用时应注意哪些问题。

5.在进出口贸易实务中，应如何选择国际贸易术语？

素质培养

以全局视角分析"长赐轮"事件中不同
贸易术语的选用

拓展学习资源

1.CISG 背景下 Incoterms®2020 的适用
2.Incoterms®2020 的改变、问题：解析及贸易
术语选用与应用
3.Incoterms®2020 的适用范围与译法选择
4.国际贸易术语解释通则 2020（扫描版）

第三章

合同当事人与标的物

[学习目标与要求]

合同当事人是约定合格履行合同义务的主体，合同的标的物是当事人权利和义务共同指向的交易对象，两者均是买卖合同的重要条款。本章要求掌握在合同中规定当事人和货物名称及货物品质的方法和应该注意的问题。

开篇案例

【案情】

我国 A 公司向美国 B 客商出口一批"手工丝织品"，美国 B 客商收到货物后经检验发现货物部分制造工序为机械操作，而我方提供的单据均表示该货物为手工制造，按照该国法律应属"不正当表示"和"过大宣传"，以致进口人遭用户退货，蒙受巨大损失，因而要求我方赔偿。我方拒绝，主要理由有二：（1）该商品的生产工序基本是手工操作，而且关键工序完全采用手工；（2）该交易是经买方当面看样品成交的，而且实际品质和样品一样，因而我方认为所交货物与样品品质一致。后经有关人士调解后，双方在友好协商后取得谅解。

【涉及的问题】

在国际贸易中，表示货物品质的方法大致可以分为两类：一是用文字说明表示；二是以实物样品表示。本案中，该交易是经买方当面看样品成交的，而且实际品质和样品一样，美国 B 客商收到货物后经检验发现货物部分制造工序为机械操作，美国 B 客商是否可以要求我方赔偿？《联合国国际货物销售合同公约》对此类型案件的解释及常见解决方式是什么？

从上述案件可见，学会正确运用品质表示方式，对于促进贸易发展是十分重要的。品质条款的内容和文字应注意科学性、严密性、准确性，应避免使用笼统含糊的字眼，以便准确表达货物的品质。

● 第一节 合同当事人的名称和住所

一、国际货物买卖合同当事人的内涵

《中华人民共和国对外贸易法》（以下简称《对外贸易法》）第八条规定："本法所称对外贸易经营者，是指依法办理工商登记或者其他执业手续，依照本法和其他有关法律、行政法规的规定从事对外贸易经营活动的法人、其他组织或者个人。"国际货物买卖合同的当事人既包括我国对外贸易的经营者，也包括境外合法从事国际货物买卖的经营者。

国际货物买卖合同当事人的名称或者姓名和住所是指国际货物买卖经营者的个人姓名、住所以及法人和其他组织的名称、营业所或住所。个人的姓名指经户籍登记管理机关核准登记的正式用名，个人的住所是指个人长期生活和活动的主要处所。法人、其他组织的名称是指经登记主管机关核准登记的名称，如公司必须以营业执照上的名称为准，法人和其他组织的住所是指它们的营业场所和办事机构所在地。

二、明确规定当事人名称和住所的作用

（一）合同当事人是履行合同义务的主体

国际货物买卖合同的当事人是合同法律关系的主体，即参加合同关系、享受一定权利、承担一定义务的个人、法人和其他组织。合同的当事人是履行合同义务的主体。

（二）合同当事人是主张合同权利的主体

根据合同的相对性原则，合同双方应当相互履行义务。如果一方不履行或不当履行合同义务，则另一方就有权要求违约方继续履行或作出救济。任何第三方无权主张合同权利。

三、规定合同当事人应该注意的问题

（一）国际货物买卖合同的当事人必须有对外贸易经营权

《对外贸易法》第9条规定：从事货物进出口或者技术进出口的对外贸易经营者，应当向国务院对外贸易主管部门或者其委托的机构办理备案登记；对外贸易经营者未按照规定办理备案登记的，海关不予办理进出口货物的报关验放手续。该法第11条规定，实行国营贸易管理货物的进出口业务只能由经授权的企业经营；但是，国家允许部分数量的国营贸易管理货物的进出口业务由非授权企业经营的除外。

（二）合同当事人名称或姓名的中文和外文应真实一致

在实际对外贸易业务中，签订国际货物买卖合同有时应国外客户要求采用两种文字书写合同或者用中文书写合同文本，但签字时，国外客户用外文标明其公司名称或姓名，有时由于翻译的疏忽或国外客户使用外文注明公司名称出现错误，造成合同当事人中文和外文名称不一致，如果在履行合同时发生争议，要通过诉讼或仲

裁方式解决。

（二）合同当事人的代表必须具有合法性

《民法典》第四百九十条规定："当事人采用合同书形式订立合同的，自当事人均签名、盖章或者按指印时合同成立。"国际货物买卖合同应该采用书面形式，所以需要当事人签字或盖章。由当事人的法人代表或者法人代表授权的本企业某人签字的合同才具有法律效力，其他人的签字不具有法律效力。

● 第二节　货物名称

一、货物名称

《民法典》第五百九十五条规定："买卖合同是出卖人转移标的物的所有权于买受人，买受人支付价款的合同。"国际货物买卖合同是买卖合同的一种，它的特点是买卖双方相距遥远，远隔重洋，一般很难做到看货成交；同时从签订合同到交货往往要有相当长的时间，买方在这段时间内并未见到货物，只凭在合同中对货物的描述来确定交易的标的物，因此，在国际货物买卖合同中明确货物名称是非常重要的。《民法典》第五百九十六条明确规定："买卖合同的内容一般包括标的物的名称、数量、质量、价款、履行期限、履行地点和方式、包装方式、检验标准和方法、结算方式、合同使用的文字及其效力等条款。"不难看出，货物名称即合同标的物是构成有效合同不可缺少的条件。有关法律与惯例都有规定，对货物的具体描述是有关货物说明（description）的一个主要组成部分，是买卖双方交接货物的基本依据之一。如果卖方交付的货物不符合合同规定的名称或说明，买方有权拒收，撤销合同并要求损害赔偿，因此，在合同中明确货物名称，具有重要法律作用。

二、规定货物名称应该注意的问题

（一）货物名称必须具体、明确

货物名称必须做到内容明确、具体，文字的描述应该能确切反映货物的特点，避免空泛、笼统的规定，以利于合同顺利履行。

（二）货物名称的使用应该国际化

一般一种货物有一个名称，但有的货物名称繁多，叫法不一。为了避免给履行合同带来麻烦，应该采用国际上通行的名称，特别是使用外文和中文对照的名称，一定要使外文和中文名称意思一致，防止产生纠纷。

（三）货物名称描述应该实事求是

合同中的货物名称，必须是卖方能够有把握供应的货物，也是符合买方需求的特定货物。凡是做不到或不必要的描述词句，都不应列入。

（四）必须考虑货物名称与运费关系和海关税则的规定

目前通行的班轮运费是按货物名称划分计收运费标准的。在实际业务中，常常是同一种货物因名称不一，其计收运费标准有高低之分。为了节省运费开支，降低成本应采用运费较低的货物名称为宜，同时还要注意货物名称与有关国家的海关税则和进出口限制规定的关系。

● 第三节 货物品质

一、货物品质的含义

货物品质（quality of goods），一般是指货物本质性的质量和外观形态。货物本质性的质量表现为货物的化学成分构成、物理和机械性能、生物特征等；货物的外观形态则表现为货物的形状、结构、色泽、味道等。在国际贸易中，往往是按照每种货物的不同特点，选择一定的质量指标表示不同货物的品质，如机床以性能、用途、功率、自动化程度等指标表示；煤以灰粉、含水量、含硫量、发热量、挥发粉、粒度等指标表示；服装以面料、辅料、款式、颜色等表示；大豆以含油量、含水量、杂质、不完整粒等指标表示。货物的不同质量指标或特征具有不同的使用价值，可以满足消费者和使用者的不同需要，因此，货物的质量优劣是购买者最关心的问题。

二、货物品质的作用

（一）货物品质是商品使用价值的标志

使用价值是商品满足社会需求的自然属性，货物的品质则是这种自然属性的体现，是消费者评价货物的依据。货物品质的优劣直接影响商品的使用效能，是吸引消费者购买的重要条件。

（二）货物品质是国际市场竞争的焦点

国际市场竞争激烈，传统的"价格竞争"，即以"廉价低质"商品参与国际竞争已不能达到扩大市场、扩大销售的目标。尤其是在贸易保护主义盛行，各国纷纷采取形式多样的进口配额等限制措施的情况下，只有提高出口产品档次、促进升级换代、提高产品的品质，采取"以质取胜"战略，才能巩固和发展传统市场、拓展新市场。

（三）货物品质是增加出口收汇的重要途径

质量是效益的核心。国际货物买卖也是如此，品质的优劣直接影响售价的高低，质优才能价高。通过改善和提高品质、增加附加价值，才能在国际市场卖好价，卖高价，增加外汇收入。

（四）货物品质是商业信誉的保证

"质量第一，信誉第一"是国际贸易交易的重要原则。货物的品质不仅关系到出口者的信誉，还对出口国家的信誉有重要的影响。

（五）货物品质是合同履行的依据

国际货物买卖合同中的品质条款是买卖双方履行合同的重要依据。卖方提供的货物如不符合合同规定的品质要求，就构成严重违约，买方有权撤销合同，并要求得到损害赔偿。

可见，无论是从交易过程看，还是从经济或政治上分析，货物的品质都是至关重要的。

● 第四节 货物品质的表示方法

在国际贸易中，表示货物品质的方法大致可以分为两类：一是用文字说明表示；二是以实物样品表示。具体业务中采取何种方式，则必须根据货物的种类、特性、交易习惯及交易磋商的方式而定。

一、样品表示方法

所谓样品（sample），是指一个、几个或少量足以代表整批货物品质的实物，它们通常是从一批货物中抽取出来，或者由生产部门设计、加工出来。用样品表示货物品质的方法称为凭样品买卖（sale by sample），是指买卖双方约定以样品作为交货品质依据的买卖方式。凭样品买卖可以分为凭卖方样品买卖和凭买方样品买卖两种形式。在我国出口业务中，有部分工艺品、服装、轻工业品、土特产品及其他不易用文字说明品质的货物采用凭样品买卖方式。

（一）凭卖方样品买卖

凭卖方样品买卖（sale by seller's sample）即由卖方选择样品寄往买方凭以成交。合同一经成立，卖方提供的样品就成为履约时双方交接货的品质依据。因此，在凭卖方样品交易时必须做好以下几个方面的工作：

（1）卖方所提供的样品必须是具有充分代表性的样品（representative sample），才能保证交货时货物品质与样品相符。

（2）卖方寄出样品（称为原样）时应留存复样（duplicate sample），以备将来交货或处理品质纠纷时作核对之用。在寄出的样品（原样）和留存的复样上应编上相同的号码，以便日后联系。留存的复样应妥善保管，有些还须注意保管室的温度、湿度并采用科学的贮藏方法，防止变质。

（3）《民法典》第六百三十五条规定："凭样品买卖的当事人应当封存样品，并可以对样品质量予以说明。出卖人交付的标的物应当与样品及其说明的质量相同。"封样（sealed sample）即由公证机构（如商品检验机构等）在一批货物中抽出同样品质的样品若干份，在每份样品中烫上火漆或铅封，供交易当事人使用，封样可由发样人自封，也可由买卖双方共同加封。封样可作为以后交货品质核对的凭据，也可以作为解决争议的依据。

（二）凭买方样品买卖

凭买方样品买卖（sale by buyer's sample）是指由买方提供样品达成的交易。我国出口业务中亦称"来样成交"或"来样制作"。买方较熟悉市场对货物品质的要求，这也是一种国际贸易实务中较为普遍的做法。但是，由于原材料、加工技术、设备和生产安排的可能性等条件的局限，凭买方样品买卖可能对卖方交货时满足品质要求带来一定的困难，为争取主动，在实际做法上可以作以下考虑：

（1）根据买方来样复制或选择品质相近的样品，即回样（return sample）或称对等样品（counter sample）寄交买方，在得到买方确认后，按卖方寄交的"对等样品"交货。这样就等于把"来样成交"转变为"凭卖方样品买卖"，这是我出口业务中较常用，也是较妥善的方法。

（2）在凭买方样品成交时，另加声明或在合同中订明，如果发生由于来样所引起的工业产权等第三者权利问题与卖方无关，概由对方负责。

（3）订立弹性品质条款。根据买方来样成交若在制造技术上确有困难，很难做到货、样一致，可以在合同中特别订明一些弹性品质条款，例如，品质与样品大致相同（quality to be about equal the sample），以留有一定的余地，但是，如果对"大致相同"的理解不能一致，交货时难免被动。

（三）参考样品

参考样品（reference sample）通常是在用文字说明表示品质时，寄给对方作为所供货物参考之用，以便客户对我货物品质有较多的了解。但这种参考样品只是作为宣传介绍之用，仅供对方在决定购买时参考，而不作为交货的品质依据。为了避免误解，在对外寄送此种样品时，应加注"仅供参考（for reference only）"。尽管如此，参考样品的选择仍需注意与今后出口货物的品质接近或大体一致，否则就无参考意义。

凭样品买卖有两项基本要求：一是以样品为交货的唯一依据；二是卖方保证所交货物必须与样品完全一致。英国《货物买卖法》规定，凭样品买卖包含下述默示条件：

（1）整批货物与样品一致。

（2）买方应有合理机会进行整批货物与样品比较。

（3）所交货物不得含有对样品进行合理检验所不易发现的、不适销的缺陷。

《民法典》第六百三十六条规定："凭样品买卖的买受人不知道样品有隐蔽瑕疵的，即使交付的标的物与样品相同，出卖人交付的标的物的质量仍然应当符合同种物的通常标准。"这就是说，样品买卖虽以样品为交付标的物的品质标准，但在样品存在隐蔽瑕疵而买方又不知道的情况下，卖方交付的标的物的品质就不能以此瑕疵样品为标准。所谓隐蔽瑕疵，是指经一般、通常的检查不易发现的样品品质缺陷。在当事人封存了含有隐蔽瑕疵样品的情况下，卖方交付货物的品质担保义务不能以该样品为准，而应以同种货物所具有的通常标准为准，即该货物的质量应当符合同种货物的通常标准。如果卖方明知样品有隐蔽瑕疵而故意向买方隐瞒，则卖方行为构成欺诈。

二、文字说明表示方法

在国际货物买卖中，大部分商品适用以文字说明表示品质，即凭文字说明买卖（sale by description）的方法，具体又可分为下列几种：

（一）凭规格、等级、标准买卖（sale by specification, grade, standard）

货物的规格（specification）是指用以反映货物品质的若干主要指标，如成分、含量、大小、长短、精细等。买卖双方通过文字说明商品的规格就能表明货物品质的基本情况。例如，我国出口的洛阳6号煤，其品质规格为"干态灰粉16%~18%，水成分5%以下，干态挥发粉12%以下，干态发热量6 800大卡/千克~7 500大卡/千克，最低不低于6 200大卡/千克，粒度100毫米以下（供参考）"。这种以规格表示货物品质达成交易的方式称之为凭规格买卖（sale by specification）。由于凭规格销售比较方便、明确，所以在国际交易中使用最广。又如，尿素的质量规格可按照表3-1进行约定。

表3-1　　　　　　　　　　　　尿素的质量规格

外　　观	白色或淡色结晶或颗粒	
指标名称	一级品	二级品
总氮（N）含量，以干基计（%）	≥46.0	≥46.0
缩二脲（%）	≤1.0	≤1.8
水分（H_2O）含量（%）	≤0.5	≤1.0
粒度（0.8~2.5mm）（%）	≥90.0	≥90.0

货物的等级（grade）是指同一类货物，根据长期生产与贸易实践，按其品质的差异或其成分、外观、效能等的不同，用大、中、小，一、二、三，重、中、轻等文字、数码或符号所作的分类。凭等级买卖（sale by grade）只需说明其级别，即可了解所要买卖货物的品质。例如，皮蛋根据重量、大小，分为奎、排、特、顶、大五级，奎级表示每千只重75千克以上，其后每差一级减5千克；钨矿按其二氧化碳、锡等成分含量，分为特级、一级、二级等。标准（standard）是指政府机关或商业团体统一制定和公布的规格或等级。我国商品的标准有些是由政府机构和国际性标准化组织（ISO）颁布的，有的是由有关行业公会、贸易协会或商品交易所制定的。随着国际交往的日益频繁以及国际计量标准的日趋统一，商品品质标准的国际化趋势越来越重要。国际标准化组织的标准被越来越多的国家采纳，基本上已成为国际通用标准。另外，由于各国的标准常随生产技术的发展和情况的变化而进行修改和变动，所以即使同一国家颁布的某类商品也会有不同年份的版本。在援引标准时，必须注明援引标准的版本或年份。

在国际贸易中，有些农副产品，由于品质变化较大，难按统一的标准或以科学的方法来区分其品质规格，有时可用良好平均品质（fair average quality，F.A.Q.）。其含义是指在一定时期内，某一产地、某个季节内产品品质的平均水平。这种标准含义非常笼统，实际上并不代表固定、确切的品质规格。它通常由装船地的同业公会在该季节装船的货物中分别抽出少量货物以混合调配，以此代表该季节的平均品质。我国在出口农副产品时，有时也使用F.A.Q.来表示品质，俗称大路货。其品质标准一般以我国产区当年生产该项产品的平均品质为依据而确定。在采用F.A.Q.成交时，除在合同中注明外，通常还订明该货物的主要规格。

例如，中国桐油，大路货，游离脂肪酸（F.F.A.）4%以下（Chinese tong oil，F.A.Q.，F.F.A.（max）4%）。

尚好可销品质（good merchantable quality，G.M.Q.）是另一种含义笼统的品质表示方法。有时对木材和冷冻鱼虾等水产品采用。这种品质条件是指卖方所交的货物应属于"品质尚好，适合商销"。由于含义不具体，执行时容易引起纠纷，交易时一旦发生品质争议，通常由同业的公会聘请专家以仲裁方式解决。

（二）凭商标、牌名买卖

国际市场上，某些商品因品质稳定、规格划一，在消费者心目中已树立起良好的声誉。只要提到这种商品的商标和牌名，无须寄交样品或加以文字说明就知道其性能、效用，便可凭商标和牌名达成交易，如美加净牙膏、白猫洗衣粉、飞利浦电器等。凭商标、牌名买卖（sale by trade mark or brand）的商品，一般都是经过长期努力，在国际市场上打开销路的名牌商品，因此特别注意品质稳定，这不仅是为了维持名牌的声誉，以此种方式达成交易，如卖方所交货物的品质有不适销的缺点（如卷烟发霉等），买方仍有退货或索赔的权利。凭商标或牌名买卖一般是凭卖方的商标或牌名。

（三）凭产地名称

有些货物，特别是农副产品，受产地的自然条件和传统的生产技术影响较大，一些历史较长、条件较好地区的产品，由于品质优良并具有一定的特色，产地名称也成为该项产品品质的重要标志。我国某些产地的传统农副产品如天津红小豆、龙口粉丝、四川榨菜等，在国外信誉卓著，都可凭产地名称（sale by the name of origin）说明其品质。

（四）凭说明书买卖

机械、仪表、电器、大型设备特别是成套设备等货物，由于功能与结构复杂、型号繁多，安装和维修时又须按一定的操作规定进行，因此不能简单地以几项指标来展示品质的全貌，还需要有详细的说明书或技术图纸、设计安装图纸等，以具体表示该货物的品质，则称之为凭说明书买卖（sale by description）。

上述国际贸易中常见的表示货物品质的方法，可以单独使用，也可以根据商品的特点、市场或交易习惯，几种方式结合运用。

● 第五节　合同中的品质条款

一、品质条款的基本内容

国际货物买卖合同中的品质条款的基本内容包括货物品名、规格、等级、标准或商标、牌名或产地等，具体条款可因商品而异。

在凭样品买卖时，一般应列明样品的编号或寄送日期，有时还加列交货品质与样品大致相符或完全相符的说明。例如，样品号，612，布娃娃（Sample No.612 Cloth Doll）。

在凭标准买卖时，一般应列明所引用的标准和标准的版本年份。例如，盐酸四环素糖衣片 B.P.1973，250毫克。

对于某些品质规格、性能比较复杂的货物，除列明其主要规格、型号之外，往往可在合同中加列条款。例如，品质以卖方提供的第××号样品和说明书的技术标准即英国药典为准（Quality as per sample No.×× and technical feature as British Pharmacopoeia indicated in the illustrations submitted by seller）。

二、订立品质条款应注意的问题

（一）贯彻"平等互利"和"重合同，守信用，重质先于重量"的原则

平等互利是我国对外经济关系中的一项基本原则，重合同、守信用则是我国一贯倡导的商业精神。订立品质合同必须考虑买卖双方的实际利益，使物有所值。同时必须信守所订条款的品质要求，保证实际交货品质与条款相符，把保证质量放在第一位，维护商誉，维护国家声誉。

（二）订立品质条款要从生产实际出发，实事求是

订立货物的品质规格，要切合实际，即符合产品内在和外在的实际情况，要在生产上具备可行性，才能保证对外按时、按质、按量交货。如果标准定得过高，会导致生产和对外履约上的困难。特别是按国外标准，如按国外药典的新规定来订立品质条款时，必须实事求是地考虑我们的生产水平和能力是否能达到该要求。品质标准也不能订得过低，否则会影响外销商品的价格和市场，甚至会影响国家对外的声誉。品质表达必须恰如其分，不能不切实际，令人难以相信。

（三）要正确使用货物品质的各种表示方法

国际贸易中各种品质的表示方法是在长期实践中形成的，每一种表示方法都有其法律含义，表明了买卖双方的义务和权利，因此，学会正确运用各种表示方法，对于促进贸易发展是十分重要的。为做到正确运用：第一，必须明确每种表示方法的含义、特征及其法律责任。第二，结合商品的特点和传统的做法选择适当的表示方法。第三，学会综合运用，例如，有的交易既使用商标、牌名或产地，又列有商品的规格；有的交易既规定了详细规格，又附有样品等，使之相互补充。但是，值得注意的是，在规格与样品同时使用时，必须明确表示以何种方式为准。因为根据某些国家法律的解释，凡是既凭样品又凭规格达成的交易，卖方所交货物必须既与样品一致，又符合规格的要求。

（四）要注意科学性和灵活性

条款的内容和文字应注意科学性、严密性、准确性，应避免使用笼统含糊的字眼，以便准确表达货物的品质；但是，也不要订得过繁或过死，只订一些能反映货物品质的主要指标就可以了，否则有"作茧自缚"的风险。为了便于生产和交货，品质条款的订立应具有一定的灵活性，可以根据货物特征和实际需要，采用规定品质机动幅度或品质公差的方式。

1.机动幅度

品质机动幅度指允许卖方所交货物的品质指标在一定幅度内变动。使用品质机

动幅度的方法有三种：

（1）规定范围。对某项货物的品质指标规定允许有一定的差异范围。例如，漂布，幅阔 35/36 英寸，即布的幅阔在 35 英寸到 36 英寸之间均属合格。

（2）规定极限。对有些货物的品质规格，规定上下极限，常用的有：最大、最高、最多（maximum，缩写 Max.）、最小、最低、最少（minimum，缩写 Min.）。例如，芝麻含油量低于 42%。

（3）规定上下差异。这也是使货物的品质规格具有必要灵活性的有效方式。例如，羽绒，含绒量 16%，上下 1%。

2.品质公差

品质公差（quality tolerance）是指为国际同行业所公认的品质的误差。条款中订明交货的品质公差，即允许卖方交付货物时的品质可以高于或低于合同所规定的品质的幅度。在工业品生产过程中，产品的品质指标难免会有一定的误差，如手表走时每天误差若干秒等。这种为国际上公认的品质误差，即使在合同中不作规定，卖方交货品质只要在此范围内，也可以认为符合合同；品质公差也可以由买卖双方共同议定。在公认的品质公差之内，买方无权拒收货物和索赔。

在品质机动幅度或品质公差范围内，交货品质如有差异，一般都不另计算增减价格，即仍按合同计收价款。但有的商品，也可以按比例计算增减价格，在合同中订立"增减价条款"。例如，胡萝卜（饲料用），规定品质为：含胡萝卜素 10%，如胡萝卜素含量有高低，按合同价 1 对 1 计价。如实际含量高或低 1%，价格相应增减 1%。

复习思考题

1.在合同中明确规定当事人有哪些作用？

2.在合同中规定当事人应该注意哪些问题？

3.货物名称有什么作用？规定货物名称应该注意哪些问题？

4.为什么说货物的品质是国际货物买卖中的主要交易条件？

5.表示货物品质的方法有哪些？试分别说明其含义及在使用时应注意的问题。

6.什么是代表性样品、原样、复样、对等样品、封样、参考样品？它们各自的作用是什么？

7.订立品质条款时应注意哪些问题？

8.订立品质机动幅度有哪几种方法？

案例

广东省××县生产柑橘，并形成了一种优质品种，被称为"××柑"。××县 A 公司曾与 B 港商订立了一项向中国香港出口大宗柑皮的合同，合同中的品质条款仅规定"××种柑皮"。货物交收后，B 港商提出异议，称这些柑皮不是××县当地生产的，因为其已派人调查了全县所有产地，即使用全县生产的所有柑橘也无法剥出这么多皮。A公司解释为，合同仅规定"××种柑皮"，只要是"××品种"就符合合同规定。对方认为，合同规定"××种柑皮"，必须是在××县当地种植的柑皮，双方各持己见，最终，A公司为维持双方业务关系以赔偿港方了结此案。

分析：本案例是一个涉及品质条款的案例，订立合同的品质条款时，应尽量准确、严密，过分笼统往往会造成事后对合同含义的不同理解而引起纠纷。不过，此案若A公司坚持进行法律诉讼，胜诉机会很大，因为，当地习惯认为"××种柑"为××品种的柑橘，而不一定是在××县种植的柑橘。

素质培养

"崛起的国货"——凝聚中国匠人力量

拓展学习资源

1.论质量条款欠缺时合同的履行——《民法典》
　第511条第1项的理解与适用
2.世界各地油脂协会汇总
3.我国质量管理的发展历程及企业采用
　ISO9000质量管理体系的重要意义
4.《中华人民共和国产品质量法》
5.《中华人民共和国进出口食品安全管理办法》

第四章

货物的数量

[学习目标与要求]

货物买卖是一定数量的货物与一定金额价款的交换，数量多少与交易规模的大小及价格高低都有密切关系。在交易中，买卖双方必须事先约定买卖货物的数量，作为履行合同的依据。通过本章的学习，应掌握计算货物数量和订立合同的数量条款的方法。

开篇案例

【案情】

某年我国北方某农产品出口公司出口一批牛肉到日本共100公吨，合同规定："该批货物应装1 800箱，每箱净重55.4千克。如按规定装货，则总重量应为99.72公吨，余下280千克可以不再补交。"当货物运抵日本东京港后，日本海关在抽查该批货物时发现每箱净重不是55.4千克而是60千克，即每箱多装了4.6千克。但在所有单据上都注明了99.72公吨。议付货款时亦按99.72公吨计算，白送10公吨牛肉给客户。此外，由于货物单据上的净重与实际重量不符，日本海关还认为我方少报重量有帮助客户偷税嫌疑，向我方进出口公司提出意见。后虽经我方解释，未予深究，但多装10吨牛肉，不再退还，也不补付货款，造成我方损失。

【涉及的问题】

货物买卖是一定数量的货物与一定金额价款的交换，数量多少与交易规模的大小及价格高低都有密切关系。在交易中，买卖双方必须事先约定买卖货物的数量条款，作为履行合同的依据。但如果卖方超量交货，买方应如何处理？为避免争议或损失，数量条款应如何拟定？

● 第一节　货物数量的计算方法

一、货物数量的计算单位

在国际贸易业务中，在确定买卖货物的数量时，必须明确采用的计量单位。由于货物的性质不同及各国采用的度量衡制度也有差别，采用的计量单位往往也不相同。常用的计量单位有以下六种：

（一）重量

按重量（weight）交易，其常用单位有：克（gram）、公斤或千克（kilogramme）、盎司（ounce）、磅（pound）、公吨（metric ton）、长吨（long ton）、短吨（short ton）等。重量单位多应用于天然产品（如羊毛、棉花、谷物、矿产品等）及部分工业制品。

（二）个数

按个数（number）交易的单位有：件（piece）、双（pair，set）、打（dozen）、罗（gross）、令（ream）、卷（roll 或 coil）等。个数单位常用于一般杂货及工业制品，如成衣、文具、纸张、玩具等。

（三）长度

按长度（length）交易的单位有：米（metre）、英尺（foot）、码（yard）等。这种单位多用于金属绳索、纺织品等交易。

（四）面积

面积（area）计量的单位有：平方米（square metre）、平方英尺（square foot）、平方码（square yard）等。面积单位多用于计量木板、玻璃、地毯、铁丝等货物，如木板等货物还需另列厚度（thickness）单位。

（五）体积

体积（volume）的计量单位主要有：立方米（cubic metre）、立方英尺（cubic foot）、立方码（cubic yard）、立方英寸（cubic inch）等。以体积为计量单位交易的商品不多，主要是木材等。

（六）容积

容积（capacity）的计量单位主要有：公升（litre）、加仑（gallon）、蒲式耳（bushel）等。部分谷物如小麦、玉米，流体、气体物品如汽油、天然气、化学气体等商品的交易一般采用此种单位计量。

由于各国度量衡制度不同，所使用的计量单位也不同。度量衡制度不仅关系到货物的计价基础和卖方交货的准确性，有时还涉及商业发票上的计量单位是否符合进口国海关规定，直接影响到合同的履行，因此必须了解和熟悉各国的度量衡制度及相互之间的换算。目前国际贸易中通常使用的有米制（metric system）、英制（British system）、美制（U.S.system）三种。此外，还有在米制基础上发展起来的国际单位制（international system of units）。

我国使用的度量衡制度是米制（或称公制），并在此基础上形成国际单位制。《中华人民共和国计量法》第三条规定："国家实行法定计量单位制度。国际单位制计量单位和国家选定的其他计量单位，为国家法定计量单位。国家法定计量单位的名称、符号由国务院公布。"自1991年1月起，除个别领域外，不允许再使用非法定计量单位。在对外贸易中，出口商品除为适应市场需要按合同规定采用米制、英制或美制计量单位外，也应采用法定计量单位。一般不进口非法定计量单位的仪器设备，如属特殊需要，须经有关标准计量管理机构批准。

二、计算重量的方法

在国际货物买卖中，以重量为单位计数较为广泛，采用重量计量的方法主要有以下几种：

（一）毛重

毛重（gross weight），即货物自身的重量加包装的重量，是净重（net weight）和皮重（tare weight）的总重量。有些单位价值不高的商品经常采用按毛重计量的方法，即按毛重作为计算价格的基础，如粮食、饲料等。因此，这种方法也称为以毛作净（gross for net）。例如，"东北红小豆100公吨，单层新麻袋装，每袋约100千克，以毛作净"。

（二）净重

净重（net weight），即货物自身的实际重量，不包括皮重。在国际贸易中，以重量计算的商品，大部分是以净重计价。净重的计算方法是用货物的毛重减去皮重（包装的重量）。计算和去除皮重的方法有四种：

（1）实际皮重（actual tare）。实际皮重即对全部货物的包装经过衡量后的实际重量予以扣除。

（2）平均皮重（average tare）。有些货物的包装材料和规格比较统一，衡量时只需从包装材料中抽取若干件，按其总重量除以件数，求出平均重量，就是平均皮重。

（3）习惯皮重（customary tare）。按照市场习惯，不必在每项交易中逐件重复过磅，这种已被公认的皮重称为习惯皮重。例如，装运粮食的机制麻袋，每只习惯皮重为两磅半。

（4）约定皮重（computed tare）。约定皮重即无须经过实际衡量，而是以买卖双方事先协商约定的皮重为准。

（三）公量

公量（conditioned weight），即使用科学方法，抽去商品中的水分，再加上标准含水量所求得的重量。这种重量计算方法适用于经济价值较高，而含水成分又极不稳定的商品，如生丝、羊毛等。为了准确计算生丝、棉花、羊毛等货物的重量，国际上通常采用按公量计算的方法，以货物干量（指货物去掉水分的重量），加上国际公认回潮率与干量的乘积所得出的重量，即为公量。其计算公式有两种：

公量=货物干量×（1+标准回潮率）

或

$$公量=货物实际重量×\frac{1+标准回潮率}{1+实际回潮率}$$

国际上公认的生丝、羊毛标准回潮率为11%。

（四）理论重量

某些有固定和统一规格的货物，只要规格一致、尺寸符合，其重量大致相同，根据长度或面积或件数即可求出重量。这种方法被称为理论重量（theoretical weight），适用于马口铁、钢板等。

● 第二节 合同中的数量条款

一、数量条款的基本内容

数量条款的基本内容是规定交货的数量和计算单位。按重量计算的货物包括重量的计算方法，如毛重、净重、公重等。鉴于某些商品，如农副产品和工矿产品，因本身特性和自然条件的影响或者受包装和运输工具的限制，实际交货数量往往不易符合原定交货数量。为了避免争议，买卖双方还常在合同数量条款中订明交货数量的机动幅度。国际货物买卖合同中规定机动幅度有两种具体方法：一是溢短装；二是"约"量。

（一）溢短装条款

溢短装条款（more or less clause），即在买卖合同的数量条款中明确允许增减的百分比，但增减幅度以不超过数量的百分比为限。例如，100 000码，卖方可溢装或短装5%（100 000 yds 5%more or less at seller's option）。这样，卖方交货时就比较灵活，只要交货重量在100 000码的5%上下幅度范围内，都可以对外交货，而无须精准确保重量为100 000码。若精准确保合同规定的绝对数量，有时可能会出现包装不成整件的情况，从而对买卖双方收交货都不利。溢短装条款也可用增加或减少（plus or minus）用±符号代替。溢短装条款一般由卖方决定是溢装还是短装，即卖方选择（at seller's option）。但是在由买方派船装运的情况下，为了便于适应船的装载能力，也可规定由买方决定（at buyer's option）。如在FOB合同中，国外买方往往要求，在机动幅度内由他们决定多装或少装的数量。在特殊的情况下，某些散装货可由船方选择。

（二）约量

约量（about, circa, approximate），即在交货数量前加"约"字的规定机动幅度方式。这样，也可使具体交货数量有适当的机动，可以多交或少交约定数量的一定百分比。但国际上对"约"字的含义解释不一，有的解释为2.5%，有的解释为5%。《跟单信用证统一惯例》（国际商会第600号出版物）则认为，凡"约""大约"或类似意义的词语用于信用证金额或信用证所列数量或单价时，应解释为允许对有关金额或数量或单价有不超过10%的增减幅度。不同的解释和理解容易引起纠纷，为此，在使用"约"量时，双方应先取得一致的理解，并达成书面协议，通常可以在一般交易条件中列明。一般而言，最好在数量条款中明确规定溢短装幅度，尽量避免使用"约"量条款。无论是确定具体数量还是规定机动幅度的数量条款，对买卖双方交接货都是构成履行合同的依据。是否履行数量条款的约定条件有两种：一种是以装船重量为准；另一种是以到岸重量为准。对某些受自然影响大、运输时间长、易损耗的货物，还需确定履行数量条款的约定时间。

在数量机动幅度范围内，多装或少装货物，一般仍按合同规定的价格计算，即多交多收。但是，对于价格波动频繁、幅度较大的大宗商品，为了防止掌握溢短装条款选择权的一方，利用机动幅度故意增加或减少数量以取得额外收益，也可以规定增减部分按装运时某种市场价格计算。按照国际惯例，合同中如未对溢短装部分规定作价办法，溢短装部分应按照合同的价格结算。

二、订立数量条款应该注意的问题

按照合同规定的数量交付货物是卖方的义务。有的国家的法律对此规定十分严格，如英国《货物买卖法》明确规定：如卖方交付货物的数量少于约定数量时，买方可以拒绝收货；如卖方交付货物的数量多于约定数量时，买方可以只接受约定部分而拒收超过部分，也可以全部拒收。《合同公约》则规定，买方可以收取也可以拒绝收取多交部分货物的一部分或全部，但如卖方短交，可允许卖方在规定的交货期届满之前补交，但不得使买方遭受不合理的不便或承担不合理的开支。因此，我们在对外交易时，除了应符合国家的有关政策规定并同国内的生产能力以及货源供应情况相适应外，在订立数量条款过程中，还必须注意以下几个方面：

（一）正确掌握成交货物的数量

国际市场竞争激烈，价值规律在市场规格、价格决定等方面充分发挥作用。积极利用国外市场供求变化规律，正确掌握成交货物的数量，才能通过国际货物的买卖取得更大效益。就出口业务而言，应掌握数量条款的以下几个原则：

1.适应进口市场需求量与容纳量

在国际市场上，商品的供应量对价格具有重大影响，供应量超过市场的需求量与容纳量，价格就会下跌；反之，价格就会上扬。在商品进入某个市场前，则应作一系列市场调查，了解当地有哪些国家供应同类商品，供应量多少，市场需要量是否达到饱和，最高容纳量是多少，各国同类产品，包括当地市场产品的地位、品质、规格、价格差别以及市场竞争情况等，再决定我们的供应量。如果盲目供应，超过了市场容纳量，价格下跌，即使出口数量增加，外汇收入却不能增加甚至还会减少。

2.保持经常的均衡供应

对国外市场能否保持经常、均衡和适时的供应，是巩固出口商品市场，扩大销路的一个重要条件。保持经常、均衡的供应有利于形成消费者使用我国商品的习惯，尤其是日用消费品如牙膏、肥皂、卷烟等，均衡的供应也有利于培养客商经营我国出口商品的信心。如果因供应不均衡，导致供销脱节，市场可能被生产能力高的其他国家产品趁虚而入，从而丧失市场。有些商品也可能被代用品取代，如我国猪鬃刷原供应美国市场，因一度不出口就被尼龙刷替代。

3.适应季节性和临时性需要

不同的商品、不同的国家具有不同的季节性消费特征，如文教用品必须在新学期开学前供应。一些国家在传统节日期间，商品销售量很大，有时所占比例达全年销售量的一半左右，如中国的春节、欧美的圣诞节等。对于临时性需要，也要抓住时机，这就需要加强生产能力的机动性。季节性强和市场上有临时需要的商品，只有做到适时供应，才能抢行应市，让商品卖得好价。

4.适应国外客户的资信与经营能力

国外客户的资信与经营能力，直接关系到我国出口货物收汇安全。我国出口货物的成交数量和贸易金额大小，必须与国外客户的资信与经营能力相适应，才能避免因客户不守信用、不履约而带来货款落空的损失。有些地区客户专向各地索取样品，并以出售样品为收入。有些小客户的经营能力和资信很差，有利可图就经营，无利就不干，甚至毁约，极不稳定，因此，业务交往要建立在了解资信的基础上，对于新客户或在没有把握的情况下，成交数量不宜过大。

在商品求过于供，货源紧俏时，首先要照顾老市场、老客户，以巩固市场，对于名牌商品更要注意考虑老市场、老客户。新、老市场，新、老客户，应根据不同情况，区别对待。

（二）数量条款各项内容的规定应明确具体

在订立数量条款时，关于计量单位、计算方法以及机动幅度等项内容的规定必须明确具体，避免使用含义笼统的字眼，使买卖双方的责任分明，以避免履约时的纠纷。例如关于溢短装条款必须同时确定选择权（option）为何方及价格的计算和支付方式等。同时，也必须掌握有关国际惯例的规定。如《跟单信用证统一惯例》第三十条b款规定："在信用证未以包装单位件数或货物自身件数的方式规定货物数量时，货物数量允许有5%的增减幅度，只要总支取金额不超过信用证金额。"

复习思考题

1.在国际贸易中常用的度量衡制度有哪几种？各种常用计量单位之间如何换算？

2.在国际贸易中，计算重量的方法有哪几种？

3.什么是数量机动幅度？如何规定？数量机动幅度如何计价？

4.订立数量条款时应注意哪些问题？

5.如按每箱100美元的价格出售某商品1 000公吨，合同规定"数量允许有5%上下，由卖方决定"。试问：（1）"数量允许有5%上下"是什么条款？（2）我方最多可装多少箱？最少应装多少箱？（3）如我方实际装运1 030公吨，对方应付多少货款？

案例

A公司外销衬衫4万件，合同订明：红白黄绿四种颜色各一万件，并附有溢短装10%条件。A公司实际交货数量为：红色10 400件，白色8 000件，黄色9 100件，绿色9 000件，共计36 500件。白色虽然超过10%溢短装限制，但就整批货来说仍未超过。在此种情况下，是否构成数量违约，如果是的话，是白色衬衫违约，还是整批货违约？

分析：本案的焦点是在一笔交易中存在不同品种情况下应如何理解溢短装条款。在国际贸易实务中，若同一合同中包括了若干关联商品，则对于溢短装条款的正确理解是：溢短装条款应适用于每一不同商品，而且，如无特别说明，关联商品的多装少装方向应一致，比例应一致。这样，可保证买方配套生产。在实际工作中，经常出现某一花色多一点，另一花色存货又不足的情况，出口人为满足交货总量要求，采取互相替补方法来解决，这是错误的。对纺织品、服装制品、轻工业品的出口尤其应注意。

素质培养

"失之毫厘，谬以千里"——不同度量衡
制度下的"误会"

拓展学习资源

1.案例分析
2.国际贸易合同中数量条款的制定及
典型案例分析

第五章

货物的包装

［学习目标与要求］

包装是实现商品价值和使用价值的重要手段之一，是商品生产和消费之间的桥梁。要求了解货物包装在国际货物买卖中的作用和包装的种类、包装标准等。为了适应扩大出口的需要，还要掌握中性包装和定牌业务的具体做法。

开篇案例

【案情】

中国A进口公司从美国B公司进口一批货物，FOB条件，委托某海运公司承运，运输途中载货船发生火灾，使船舶、货物受损。美国公司出具了专业机构对货物运输条件以及包装要求的规定：内包装为编织袋或塑料袋，外包装为纸板箱或纸板桶或铁桶，满足防雨防潮要求。但涉案货物的外包装仅为单层防水塑料袋，导致其托运的一批化学氧化物与其他物质发生接触并产生反应引起火灾，造成A公司经济损失，A公司要求B公司进行赔偿，B公司则以FOB条件货物离港概不负责为由拒绝赔偿。

【涉及的问题】

保护商品是包装的重要作用。国际货物买卖空间距离较远、时间较长，加之运输过程中气候变化多端，为了保障被运输货物的品质不受损和数量完整，避免微生物、害虫的侵蚀和破坏，防止如温度、湿度、光线、有害气体的影响，应根据不同货物的性质和不同的运输方式选择适当的包装，以便减少损失并起到防盗的作用。案例中货物的外包装仅为单层防水塑料袋，导致其托运的一批化学氧化物与其他物质发生接触并产生反应引起火灾，造成A公司经济损失，因此，学习包装的类别及相关公约、法律，对规避损失十分重要。

● 第一节　货物包装的作用

进出口货物根据是否加包装可分为三类：散装货物、裸装货物和包装货物。

散装货物（bulk cargo，cargo in bulk）无须包装，可直接装于运输工具，这类货物多为不易或不值得包装的货物，如小麦、杂粮、煤、生铁等农矿产品。

裸装货物（nuded cargo）是形态上自然成件，无须包装或略加捆扎即可成件的货物，如烟胶片、钢材、铜锭及车辆等。

包装货物（packed cargo）是指必须经过一定包装才能进入市场的货物，大多日用消费品和工业制成品都属于此类。

一、货物包装的作用

一般而言，商品内在的品质是首要的，包装属于外在形式，是次要的。但在现代商业活动中，这种情况却发生了很大的变化。包装不仅影响商品的价格，而且保护和美化了商品，并且对市场销售量也有着直接的影响。有些商品不能进入世界市场，不能卖出较好的价格，其原因就在于包装。

货物包装的作用主要有三个方面：

（一）保护商品在流通过程中品质完好和数量完整

保护商品是包装的重要作用。国际货物买卖空间距离较远、时间较长，加之运输过程中气候变化多端，为了保障被运输货物的品质不受损和数量完整，避免微生物、害虫的侵蚀和破坏，防止如温度、湿度、光线、有害气体的影响，应根据不同货物的性质和不同的运输方式选择适当的包装，以便减少损失并起到防盗作用。

（二）便于货物的储存、保管、运输、装卸、计数和销售

便利性是商品包装的另一个重要作用。商品包装为运输、储存、装卸、堆垛和计数提供了方便，为商品分装和混装提供了可能性，有了包装可将相近性质的商品拼装在一个包装容器内，既能提高工作效率，又可节省包装费用。商品包装具有商品性，有的包装要随商品一起销售，便于消费者对商品的选购和携带。包装上可注明各种标识、商品的性能和特点、使用方法等，帮助消费者正确使用商品。

（三）节省开支、扩大销售、增加外汇收入

商业性是商品包装的作用越来越受到重视的一个原因。首先，包装具有美化商品的功能，能起到推销商品的广告作用。具有吸引力的包装可以诱导顾客购买，对超级市场中销售的商品尤为重要。包装的结构、设计、装潢等特色能唤起顾客的购买欲望。如果没有好的包装，品质再好的商品也很难以较好的价格成交。那种"一等原料、二等包装、三等价格"的现象，会严重影响出口商品的外汇收入。其次是包装的合理性和科学性，可以最大程度地利用运输工具的运输能力，减少所需的运输舱容，节省运费，降低成本支出。

二、出口货物包装的要求

除对商品具有保护性、便利性和商业性作用外，货物包装还对商品的信誉和出口国的形象，有着重要的影响。

包装是一门综合性的科学，它涉及物理力学、数学、化学、文学艺术等各个领域。包装应具有科学性、牢固性、经济性、美观性、适销性，以达到多收外汇的目的。

科学性，是指包装必须考虑商品的性能，根据商品的自然属性，运用科学技术设计选用适当的包装材料，以便提高包装性能。

牢固性，是指商品包装的耐用性和牢固性，这是减少商品损耗，保护商品使用价值和保证商品储存、运输安全的重要条件。

经济性，是指包装的用料和设计要符合节约的原则。在保证包装基本功能的前提下，要考虑节约用料，以便降低成本，节省包装作业费用和运费。

美观性，是指包装画面、结构、装潢设计，要别具一格，富有感染力，以便吸引顾客，以新颖性和美观性提高销量和售价。

适销性，是指要针对不同的地区和民族、消费对象、生活习惯来使用不同的包装，以满足不同的销售渠道和销售需要。

三、出口包装应注意的问题

（一）大力加强新包装材料、包装容器和包装方法的研究与制造

目前，全世界都公认包装是决定一种商品在某一地区销售状况的关键因素之一。包装水平已经成为决定产品能否进入市场和能否卖高价的关键因素，因此，必须在包装材料、包装容器和包装方法等方面进行科学研究和开发。

包装材料是指制造货物包装（包括运输包装和销售包装）所使用的原料，如箱包装有木箱、夹板箱、纸箱和塑料箱等。包装材料的选择同样有科学、牢固、经济、美观、适销的要求。不同的商品、不同的运输条件，需要选择与之相适应的材料。木材、纸张、玻璃等传统的包装材料，需要不断革新。例如瓦楞纸箱有防水型、耐火型和保鲜型。日本研制的保鲜纸箱，就是为吸收乙烯气体，以延缓植物成熟而设计的。为了解决非常重要的环境保护问题，很多国家都开发出了绿色包装，如可分解塑料等。包装材料还包括保障运输安全的衬垫物等。

包装容器的研究和发展，既包括材料，也包括容器造型、结构等。如液体货物包装可以采用木桶、金属桶、塑料桶、玻璃器皿等。同样是玻璃器皿，可以根据所存放的商品性质和消费特征，设计不同的造型，才能更好发挥其保护商品、美化商品的作用并达到促销的目的。

包装工业的发展离不开包装方法及体现包装水平的包装机械的开发和研究。如透明、安全的密着包装机、油压截断机连线系统，可使商品更加坚固，突出商品的价值感。密着包装机以被包装物作为模具，用真空成型方式，将胶膜吸附密着于产品上，再附着于包装基卡上。这种方法，犹如皮肤密着在手指上，因此，也称皮肤包装。新型的包装方法和手段，不仅提高了效率，也增强了包装的功能。

（二）要了解有关国家对包装的法律规定

要使包装能够起到有效的促销作用，必须了解各进口市场相关法律对包装的规定，也需要掌握特定市场对包装的特殊要求。

1.对包装材料的要求

有些国家，由于担心虫类的进入，不允许采用稻草为衬垫物进行包装的方式。如澳大利亚的检疫规定相当严格，在那里，原材料如为木制品、稻壳、稻草及与此相似的一些植物，都不能作为包装材料和衬料。如果选用木制包装，就需对材料进行适当的处理，如烟熏蒸、室内烘干，并按照海关总署《出境货物木质包装检疫处理管理办法》要求进行处理，按照《出境货物木质包装除害处理标识要求》对包装加施专用标识。对进口国要求提供熏蒸证书的，应当提供熏蒸证书。

2.对标签内容的规定

近年来，大多数国家对食物、药品等商品都订有标签管理条例，特别是发达国家，这方面的条件越来越严格。例如，日本政府规定，销往该国的药品，除必须说明成分和服用方法外，还要说明功能，否则就不能进口，海关有权扣留。销往瑞士的衬衣，按瑞士纺织协会的规定，衣领必须附带关于洗涤、熨烫的图示。有的国家对于所使用的语种也有具体的规定，如加拿大规定，进入加拿大的商品必须同时使用英、法两种文字。

现在国际流通的商品包装上，一般都有能显示国别、厂商、品种、规格及型号的条形码。条形码是利用光电扫描阅读设备识读并实现计算机数据输入的一种特殊代码，被称为商品身份证统一编号。

对危险品的包装与标识，应当按照国际海事组织制定的最新《国际海运危险货物规则》进行包装和加施规定的标识。对采用其他运输方式运输的货物，应当按照相应的国际运输公约中对危险品运输包装和标识的要求，加施规定的标识。

3.了解各地市场对图案、色彩的喜好和习惯

各地市场由于传统的习惯和民族风俗，对图案、色彩及数字有不同的喜好。如东南亚国家喜爱象形图案，英国则对象形图案很反感；日本喜欢松、竹、梅，却忌讳荷花和16瓣菊花；东方民族喜欢红色，德国、爱尔兰等则忌讳红色；非洲大多数国家认为奇数带有消极色彩，偶数是吉利的。诸如此类差异，是设计包装时必须重视的。

（三）适当引进国外包装设备和技术，提高我国包装水平

包装设备和技术是提高包装水平的重要基础，适当引进国外设备和技术，有利于缩短差距、节约时间。特别是某些专用设备和技术，引进还可以节省开支，但是，引进设备和技术必须与自行开发研究相结合，注重关键设备和技术的引进，避免重复引进。同时，必须从我国的国情出发，引进适当的技术，绝不能盲目引进，造成浪费。

● 第二节 货物包装种类

按其功能、性质的不同，可以将货物包装分为运输包装和销售包装两大类。

一、运输包装

运输包装又称为大包装或外包装（outer packing）。它的作用主要在于保护商品、便于运输、减少运费、便于储存、节省仓租、便于计数等。良好的运输包装有助于货物的运输、装卸、储存和分散等流转环节的顺利进行。

运输包装根据包装方法的不同，可分为单件运输包装和集合运输包装两大类。

（一）单件运输包装

单件运输包装是指货物在运输过程中作为一个计件单位的包装。单件运输包装按包装造型分为箱（case）、桶（drum）、袋（bag）、包（bale）、捆（bundle）、罐（can）等。

按使用材料不同分，则有纸箱（carton）、木箱（wooden case）、铁桶（iron drum）、塑料桶（plastic drum）、袋和纸袋（paper bag）、麻袋（gunny bag）或塑料袋（plastic bag）。

（二）集合运输包装（或称成组化包装）

集合运输包装是指在单件运输包装的基础上，为了适应运输、装卸作业现代化的要求，将若干单件包装组合成一件大包装。目前常见的集合包装有以下几种：

1.集装包和集装袋

集装包和集装袋（flexible container）一般是指用合成纤维或复合材料编织成的圆形大口袋或方形大包。其容量一般为1~4吨，最高可达13吨，包括一次性使用集装包和可回收周转使用集装包两类。

2.托盘

托盘（pallet）是指用木材、金属或塑料制成的托板。将货物堆放在托板上，并用箱板纸、塑料薄膜或金属绳索加以固定，组合成一件托盘包装。每一个托盘的装载量为1吨到1吨半。托盘下面有插口，供铲车装卸使用。托盘也有一次性使用和回收周转使用两种。按国际标准化组织的规定，托盘的规格可分为三种：80′×100′、80′×120′、100′×120′。托盘的优点是便于计数、装卸、运输和储存保管。

3.集装箱

集装箱（container）是指一种用金属或木材、纤维板制成的长方形大箱，可装载6吨至40吨重的货物。根据不同商品的要求，有的集装箱内还装有空调或冷藏设备，并备有装入漏出的孔道或管道，便于装载散装货物。

集装箱的出现被誉为20世纪运输史上的一次革命，它既是一种容器，是货物运输包装，又是运输工具的组成部分。它的规格是由国际标准化组织制定的，共分为3种系列、12种箱型。目前世界运输行业最通用的是40英尺和20英尺两种规格的集装箱。

集装箱的优点包括：方便运输工具法人转换；便于组织陆路、水路及航空的联运，使将货物从发货仓库直接送到收货人手里的门到门（door to door）运输成为可能；加速车船及货物的周转；减少理货手续，降低费用；减少货损、货差，保证安全运输，为装卸运输和管理的自动化创造了条件。近年来，美、英、日等发达国家的进出口杂货大部分使用集装箱运输，我国的集装箱运输业发展也极为迅速。

运输包装的选择必须注意：选材适当，结构科学，适应运输及气候条件，适应各个国家的管制规定及运输包装的标准化。

二、销售包装

销售包装又称小包装或内包装。一般说来，销售包装可以分为两类：一类是中包装，又称批发包装，这种包装要求便于储存、保管和批售，包装单位视国外市场的需要而定，有的以打或者磅为单位，有的则以若干小包为单位；另一类则为小包装，通常称为零售包装，这种包装直接面对终端消费者或使用者，要求便于陈列展销，便于消费者选购。

销售包装是产品生产过程的最后环节，只有进行了销售包装，生产过程才算完成，才能进入流通领域和消费领域。例如，照相胶卷只有采用防光密封的包装后，才能保持其效用。另外，销售包装也日益成为吸引消费者、增强产品竞争能力的手段。销售包装的作用已不仅限于保护商品，更重要的是起到宣传商品、美化商品的作用。随着超级市场的快速发展，商品的销售包装起着"无声售货员"的作用。

销售包装的形式根据不同要求可以分成四大类：①方便陈列类，如可挂式、可叠式、可开展式等；②便于识别类，如透明式、开窗式、习惯包装等；③便于使用类，如携带类、易开式、喷雾包装等；④其他类，如复用包装、配套、礼品包装等。

销售包装在设计时应做到主题明确，要宣传商品特色，不论是图案、文字、数字、装载量、包装器材都应符合当地习惯及有关法律规定。

● 第三节 货物包装标识

为了在运输过程中便于识别货物，应当在商品外包装上书写、压印、刷制一定的图形、文字和数字，即包装标识。按包装标识的用途，可分为运输标识、指示标识和警告标识。

一、运输标识

运输标识（shipping mark）通常称作"唛头"或"唛"。其作用是在装卸、运输、保管过程中，使有关部门便于识别货物，防止错发漏发。

（一）运输标识的内容及构成

运输标识一般由一个简单的几何图形、字母、数字及简单文字所组成，其代表的主要内容包括：

（1）收货人或发货人代号：主要以简单的几何图形表示，如三角形、圆形、菱形等，并在图形内外刷上简单字母表示，作为收、发货人的代号或缩写。

（2）目的地标识（destination mark）：表示货物运输的目的地名称。

（3）件号、批号（lot and/or case number）：将这批货物按顺序逐件编号，如24/50，表示是总共50件货物中的第24件。

（4）副标识（additional mark）：区别一批货物中几个小批或不同的品质等级等。

有的运输标识还按买方要求列入信用证号、进口许可证号或合同号；有的还包括体积、重量标识。在运输标识中，收、发货人和目的港或目的地的代号和名称是不可缺少的。联合国单证简化委员会倡议运输标识应包括：

① 收货人缩写；

② 订单、合同或信用证号码；

③ 目的港；

④ 件号。

（二）运输标识制作必须注意的问题

（1）运输标识字数不可超过10行，每行不能超过17个字母。这项限制是为了配合各国贸易管理逐步采用电脑作业方式的要求。

（2）所用字符应以打字机或电报所用者为宜，如A到Z的字母，0到9的阿拉伯数字。而其他如标点、平方、立方等符号应尽量避免使用。

（3）不宜加上任何广告性宣传文字和图形，也不得在外包装上用绿色条子、银十字等有特殊含义的图案为标识，以免误解或难以辨认。

（4）刷制部位要得当。尽可能在每件货物的两个方向相反的部位，刷制相同的标识。散装货物应标在上面，以便在装卸时容易看见。每个字母的高度不低于5厘米，或视包装大小而定。

（5）简明清晰、大小适当、易辨认，所用颜料要牢固、防水、防褪色或脱落。

二、指示标识

指示标识（indicative mark）是针对一些易碎、易损、易变质货物的特点，用图形或简单文字提示有关人员在装卸、搬运和储存时应注意的标识。如向上（this side up）、防湿（keep dry）等。指示标识示例如图5-1所示。

若相关贸易国家已颁布指示标识的设计标准，应当按标准执行；应尽量采用国际上公认的国际标准化组织规定的标准；指示标识一般应印成黑色。

三、警告标识

警告标识（warning mark）又称危险品标识，是指在易燃品、爆炸品、有毒品、腐蚀性物品、放射性物品等危险品的运输包装上清楚明显地标明危险性质的文字说明和图形。例如，爆炸品（explosive）、易燃品（inflammable）、有毒品（poison）等。其示例如图5-2所示。

避热   禁用手钩   此端向上

KEEP DRY   HANDLE WITH CARE

保持干燥   小心轻放

图5-1　指示标识

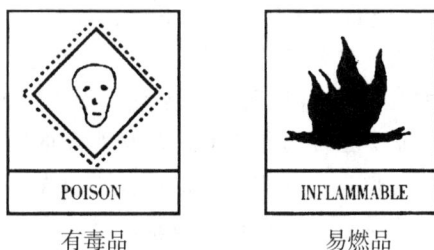

POISON   INFLAMMABLE

有毒品   易燃品

图5-2　警告标识

在制作警告标识时，应注意参照我国和国际上的有关规定。我国颁布了有关水路、道路、铁路和航空危险货物运输规则，国际海事组织也制定了《国际海运危险货物规则》，根据货物的不同性质，制定了国际通用的警告标识，并将国际原子能组织对放射物资的运输规定也包括在内，用各种法定颜色来表示不同程度的危险性。在我国出口危险商品时，应在运输包装上印刷我国及有关国际组织规定的两套危险品标识，以防货物到达国外港口后因不符合当地要求而无法靠岸卸货，导致增加移泊或改港绕航等损失。

● 第四节　中性包装和定牌

根据是否注明国别产地和注明商标、牌号的特征，可以将货物包装分为中性包装、无牌及定牌包装等，这也是国际贸易中的习惯做法。

一、中性包装

中性包装（neutral packing）是指在商品包装上和商品本身，不注明生产国别和原产地的商品包装。国外市场常见的中性包装有两种：

（1）无牌中性包装，即包装标识上既无商标牌名，又无原生产国别、地名和厂名；

（2）定牌中性包装是指包装上有买方指定的商标牌名，但不注明国别。

采用中性包装是国际市场一种常见的做法，是适应反限制、反政治歧视斗争的需要，是扩大销售的手段之一。

二、定牌

定牌是指按买方要求在出口商品和包装上使用买方指定的商标或牌名的做法。在我国出口业务中，定牌有下列两种情况：

（1）接受客户指定的商标，但在商标、牌名下标明"中华人民共和国制造"或"中国制造"字样，这是为了利用这些进口商的经营能力，发挥其经营积极性。定牌可以用"××公司进口""××公司经销""××公司特制"等字样。

（2）接受对方指定的商标，并根据对方要求不加注生产国别标识，即定牌中性包装。

另外，还有一种形式即无牌，是指买方要求我国出口商品不要印制牌子。无牌有注明生产国别的，也有不注明生产国别的，即无牌中性包装。

三、采用中性包装和定牌应注意的问题

（一）争创国际名牌，加强商标海外注册

采用中性包装、定牌、无牌等做法，一般是由于我国产品在国外尚未建立品牌信誉，或者是在海外未经注册，得不到当地市场保护。有些产品品质堪称一流，只能凭借市场消费者熟悉的商标和牌名销售。如能在争创品牌和海外注册等方面下功夫，将更有利于我国出口产品在海外市场的巩固和扩大。

（二）特别注意买方指定的商标的合法性及商标侵权行为

对国外买方提供的商标牌名，要进行审查，凡属反动的、黄色的、丑恶的、迷信的，一概不应接受。不得采用未经商标注册人许可的商标和牌名。要求我国出口业务，特别是使用定牌出口的，一定要按照国家商标法严格把关，禁止仿冒商标，防止产生侵权问题。

在定牌业务中，除中性以外，印制中国制造，不能按照买方要求在商品和商标上注明买方指定的国别。这种做法实际上可能为对方冒用配额创造了条件，容易引起国家之间的贸易纠纷，最终还将在生产国的配额中予以扣除，影响我国的出口贸易。

（三）采用中性包装时，不能有与中性包装相违背的做法

采用中性包装一般是为了突破政治上的限制和歧视，打破进口国的关税和非关税壁垒。如果包装中使用有生产国标识的物品（如生产国的报纸作衬垫物等），可能会导致对方提出索赔要求甚至产生政治问题。

● 第五节　合同中的包装条款

包装条款是国际货物买卖合同的主要条款，是买卖双方履行合同的依据之一。

合同中包装条款的主要内容包括包装材料、包装方式、包装费用和运输标识等。

一、包装材料和包装方式

包装条款一般包括包装材料和包装方式，如纸箱装、木箱装、麻袋装、铁箱装等。有时还说明用料、尺寸、每件重量、填充物料和加固条件。例如：

（1）散装茶叶出口，木箱或胶合板箱（packing：in wooden or plywood cases）；

（2）包听装茶叶，1/2磅听装，每箱25磅，每箱50听（packing：in cases of 25 Ibs，net each containing 50 tins）；

（3）中国大豆（东北产）包装：散装，最高有20%的旧的或修补麻袋装，以毛作净（packing：in bulk，without exceeding 20% in used and/or repaired gunny bags，gross for net）。

在我国出口公司的销售合同和确认书中，有的不专门列示包装条款。由于在国际贸易中，货物的包装通常被视为构成品质说明的组成部分，因此，将包装与品质条款结合在一起规定或将包装与数量条款列在一起，也是适当的。

二、包装费用

包装费用由谁负担也是包装条款所需涉及的问题，包装费用负担有三种规定方法。

（一）包装费包括在货价之内

这是一种通常的做法，一般不需要在合同中另外列明，即货物价格中已经计入包装费用，由卖方负担。

（二）包装费不包括在货价之内，或货价内只包括部分费用

这主要是针对国外客户对我国出口商品包装有特殊要求时所采取的一种方法。如外商有特殊要求，可以采用包装费由买方负担或由买方提供包装物料（包括商标和其他装潢物料）的方式。采取这种做法，必须在合同中加以明确规定，并且规定费用支付或包装物料运送的到达时间和方式。因包装费用或物料未及时交付导致的生产和交货延误，应由对方负责。在规定到达时间时，应留有一定余地。即使是由对方负担费用，我们也不能接受由于技术等条件制约而无法达到的包装要求。

（三）包装材料按货物价格计算

在货物成交数量采取以毛作净的情况下，货物的皮重成为成交数量的一部分，实际上是包装材料取得了与货物本身一样的价格。一般适用于包装费用便宜和货物单位重量价格也不高的情况，如粮食的麻袋包装等。

三、订立包装条款时应注意的问题

（一）规定包装条款应明确具体

在交易洽商中，双方对议定的包装条件，必须在合同中制定明确具体的规定，不能含糊不清。国际贸易中也有使用笼统规定的方式，例如，适合海运包装（seaworthy packing）、习惯包装（customary packing）或卖方习惯包装（seller's usual packing）和出口包装（export packing）等。这种笼统的规定，很可能会由于买卖双方的理解不同而在履约时引发纠纷。因此，除非双方事先已有一致的认识，否则应力求避免使用。包装条件订妥，任何一方都不得擅自修改。

（二）考虑商品的性能、特点及所采用的运输方式

不同的商品、不同的运输方式，其包装条款的规定也不相同。例如，有些货物规定散装就不能用麻袋装，具有现代化设备的港口，散装货物可以用抓斗或大型吸管装卸，而麻袋要用吊车起吊，还要拆包，人工费用相对大。

（三）适合有关国家和地区的现行法律规定

包装条款须符合有关国家法律规定，如有的国家规定不得使用麻袋、木材、稻草等做包装材料、包装衬垫物，认为这些材料不易处理或容易传染植物、动物疾病；有的国家对内外包装装潢上使用的标签、唛头、印记也有规定。

按照国际惯例，运输标识一般由卖方确定，并不一定要在合同中订明。但有时，买方要求由他们决定运输标识，并在合同中订明或规定在货物发运前再来电或来函通知。在这种情况下，应在合同中规定买方提出运输标识的最后期限，如逾期，则由卖方决定。

复习思考题

1.在国际货物买卖中，包装有什么作用？我国对出口货物包装的要求是怎样的？

2.国际贸易中，货物包装有哪几种类型？

3.什么是运输标识？运输标识由哪些内容构成？试设计一个运输标识。

4.什么是中性包装、定牌和无牌？在使用这些做法时应注意哪些问题？

5.包装条款包括哪些内容？订立包装条款应注意哪些问题？

素质培养

筑牢安全防线——进出口危险品
包装中的"大学问"

拓展学习资源

1.《中华人民共和国商标法》
2.《中华人民共和国专利法》
3.包装条款：不可忽视的细节——国际贸易
中履行包装条款时应注意的几个问题
4.《出境货物木质包装检疫处理管理办法》
5.海运货物包装规范及其相关法律问题研究
6.小处不可随便 ——合同的包装条款必须
具体明确

第六章

货物的价格

[学习目标与要求]

货物价格直接关系到买卖双方的经济利益，它往往是交易洽商的焦点。要求掌握作价原则和作价方法。还必须了解几种常用价格之间的换算方法及规定合同价格条款应该注意的问题。

开篇案例

【案情】

FG公司在国际贸易活动中根据预测分析，油价每上涨1%，公司产品每打成本将增加2美元。为避免因油价上涨而受损，公司决定在报价上加注油价调整条款。合同签订后，国际市场价格大涨，货源供应紧张，FG公司推迟装运。买方要货心切，同意推迟装运10天，并修改了信用证。FG公司又提出，国内采购成本已提高，要求加价20%。

【涉及的问题】

国际市场上的商品价格构成十分复杂，变化多端。影响价格变动的因素很多，这些因素我们在对外交易确定价格时必须熟悉，并加以灵活运用，考虑不同的差价，譬如本案中，货物价格受石油市场影响，价格波动较大，因此定价时不应采用固定作价。所以，我们需要掌握定价的作价方法、不同价格间的换算以及合同中价格条款的基本内容和法律性质。

● 第一节　作价原则

一、进出口货物作价原则

我国对外交易报价的原则，随行就市，以国际市场价格水平为依据，但也根据不同货物、货源情况，结合购销意图，按照国别地区政策，贯彻平等互利原则，统一掌握制定，并由有关的商业协会加以协调。

（一）以国际市场价格水平为依据

国际市场价格受供求关系的影响，围绕着商品的价值上下波动。国际市场价格是指一种商品在国际贸易中，在一定时期内，具有代表性的成交价格，通常是指：

（1）商品在国际集散中心的市场价格，如纽约市场的棉花价格，伦敦市场的茶叶价格、有色金属价格，芝加哥的小麦价格等。

（2）主要进口国家或地区对某商品的进口价格。

（3）主要出口国家或地区对某商品的出口价格，以该商品输往当地市场的国际贸易价格为依据。

某些没有国际市场价格的商品，也应参照类似商品的国际市场价格作价。

（二）贯彻国别（地区）政策

在一般情况下，商品要按国际市场价格水平作价，但有时为了配合我国的外交政策，对有些国家或地区，可以略低于国际市场价格水平出售，也可以略高于国际市场价格购买。

（三）结合购销意图

在制定某商品的进出口价格时，应该结合购销意图。滞销积压商品可考虑适当降低价格以刺激需求；畅销商品则应稳价上调，但也不宜涨得过快过猛。为了控制市场，与对手竞争，有时需要低价销售。有些商品是为了开拓市场、打开销路，价格也可以适当低于当地的价格水平。

二、影响价格的主要因素

国际市场上的商品价格构成十分复杂，变化多端。影响价格变动的因素很多，这些因素我们在对外交易确定价格时必须熟悉，并加以灵活运用，考虑不同的差价，以促进我国对外贸易业务的发展，提高经济效益。

（1）品质因素。根据产品的质量和档次差别，贯彻"按质论价，优质优价"原则。产品的品质应包括商品的包装和装潢。精致的包装是提高售价的重要因素。

（2）季节因素。根据不同商品销售的季节性特征，季节性强的商品应抢先上市，并在适销季节要适当卖高价，增加外汇收入；在淡季时，则价格可以略低。

（3）地区因素。同一类商品在不同的国家或地区，由于运输距离、交货地点的差异，货物价格中所包含相应费用水平也不一样。一般说来，离产地较远、运距长的商品的卖价可以相应提高。另外，由于供应、习惯和其他因素的缘故，不同国家或地区的价格水平也可以有一定的差别。

（4）成交数量因素。原则上非紧俏商品的成交数量越小，价格越高，加大数量则可适当给予减价优惠，以鼓励客商经营我国商品的积极性。

（5）支付条件因素。如果以即期信用证方式付款，可以考虑采用优惠价格；反之，若以远期信用证付款或跟单托收方式，价格水平可相应调高。

（6）软硬币因素。出口应争取选用保持上浮趋势的硬币；进口则应当选择有下浮趋势的软币支付。如争取不到，则可以通过适当加价或要求降价的方式，或者采用订立"保值条款"的办法来避免汇率变动可能产生的风险或损失。

其他如新老客户、新老产品等都是影响交易货物价格的主要因素，也是进出口业务中，制定价格策略需要考虑的。

影响对外贸易作价的因素很多，但是公司在决定出口价格时的基础是国内企业的成本。自 2005 年 7 月 21 日起，我国开始实行以市场供求为基础、参考一篮子货币进行调节、有管理的浮动汇率制度。企业必须注重进出口业务的成本效益核算。同时，在对外贸易中，应注意行业内部的协调，避免自我竞争，防止肥水外流。

● 第二节　作价方法

如何规定进出口商品的价格，有多种方法可以选择，应根据具体交易的情况加以选用。

一、固定价格

固定价格即固定作价法，是指买卖双方在签订合同时，将货物价格一次定死，不再变动。在合同有效期内，即使约定价格与实际市场价格相差很远也不得变更。这种固定作价的办法有利于结算，但是，市场价格变化，会给某一方造成损失，从而使履约发生困难，因此，在采用固定价格时，特别是大宗交易，一般应约定保值条款，规定如果计价和支付货币币值发生变动，价格可根据保值货币作相应调整，以防止汇率变动可能产生的风险损失。可以考虑的保值方式有：黄金保值条款（gold provise clause）、外汇保值条款（exchange provise clause），也可以选择期货交易的套期保值方式。

二、暂不固定价格

暂不固定价格也称暂不固定作价法，是指货物价格暂不固定，买卖双方约定未来确定价格的依据和方法。就是买卖双方在磋商订约时，若对价格变动趋势难以把握，可先暂定一个活价合同，约定成交的品种、数量和交货期以及最后作价的时间和方法，具体价格待以后按约定的方法再协定。例如，合同规定，以某月某日某地的商品交易所的该商品收盘价为基础加（或减）若干美元。按这种作价办法成交，买卖双方都不承担价格变动的风险。

三、暂定价格

暂定价格即暂定作价法，是指买卖双方在合同中规定一个临时价格，待日后交货期前一定时间，双方再确定最后价格。由于国际市场上某些商品价格瞬息万变，买卖双方在合同中的成交价格不算正式价格，而仅供双方参考，作为开立信用证和批汇的依据。等到交货前一定时期或装运时，再商定正式价格进行结算，多退少补。例如，每件400磅5 000港元 CIF 香港（备注：上列价格为暂定价，于装运月份15天前由买卖双方另行协商确定价格）。这种做法，如缺乏明确的定价依据，双方可能在商定最后价格时各持己见而不能取得一致，导致无法履行合同，所以订有暂定价格的合同有较大的不稳定性。

四、滑动价格

滑动价格即滑动价格作价法，是指先在合同中规定一个基础价格（basic price），交货时或交货前一定时间，按工资、原材料价格变动的指数作相应调整，以确定最后价格。某些生产周期长的机器设备和原材料商品，买卖双方为了避免承担价格变动的风险，往往采用滑动价格的规定法，在合同中订有价格调整系数，具体规定有关价格调整的办法。例如，"以上基础价格将按下列调整公式根据××（机构）公布的2024年×月的工资指数和物价指数予以调整"。

除上述四种方式以外，有时也采用部分固定作价、部分暂不作价法，是指在大宗交易分期交货的情况下，买卖双方为了避免远期交货部分的商品价格变动的风险损失，而采取近期交货部分固定作价，远期交货部分暂不作价，根据市场变化情况以后再另行商定的办法。

● 第三节　常用价格的换算

在国际贸易中，由于不同的贸易术语的价格构成内容不同，同一种商品会表现为不同的价格水平。结合有关政策、销售意图等要求，报价水平也会有所差别。为此，必须掌握几种常用价格之间的换算，以便灵活运用。

一、净价之间的换算

净价（net price）是指价格中不包含佣金和折扣。为了明确表示双方成交的价格是净价，在贸易术语后可以加注"净价"字样。例如，每打4.20美元FOB净价上海。

因此，凡是直接用贸易术语表示价格的都是净价，一般情况并不用另行注明。净价之间的换算主要是有关运费和保险费的转换。常见的净价之间的换算有以下几种：

（一）FOB价换算为CFR或CIF价

1.FOB价换算为CFR价

FOB价通常也称为成本（cost）价，CFR价即成本加运费（freight）价，因此，由FOB价换算为CFR价的关系式如下：

CFR=FOB+运费

2.FOB及CFR价换算为CIF价

由于CIF价比FOB价增加了运费和保险费内容，其换算公式为：

CIF=FOB+运费+保险费

CIF=CFR+保险费

$$CIF=\frac{CFR}{1-投保比率 \times 保险费率}$$

（二）CFR 价、CIF 价换算为 FOB 价

在已知 CFR 价和 CIF 价的情况下求 FOB 价，是前两个公式的逆运算，分别如下：

FOB=CFR-运费

FOB=CIF-运费-保险费

（三）CIF 价换算为 CFR 价

CFR=CIF-保险费

（四）FCA 价换算为 CPT 或 CIP 价

1.FCA 价换算为 CPT 价

CPT 价是在 FCA 价的基础上加上运费（freight）价，因此，由 FCA 价换算为 CPT 价公式如下：

CPT=FCA+运费

2.FCA 及 CPT 价换算为 CIP 价

由于 CIP 比 FCA 价增加了运费和保险费，其换算公式为：

CIP=FCA+运费+保险费

CIP=CPT+保险费

$$CIP=\frac{CPT}{1-投保比率 \times 保险费率}$$

（五）CPT 价、CIP 价换算为 FCA 价

在已知 CPT 和 CIP 价的情况下，求 FCA 价，是前两个公式的逆运算，其计算公式为：

FCA=CPT-运费

FCA=CIP-运费-保险费

（六）CIP 价换算为 CPT 价

CPT=CIP-保险费

二、净价与含佣价之间的换算

（一）佣金和折扣

佣金（commission）是中间商因介绍买卖而取得的报酬。在进出口业务中，如交易对象是中间商，就涉及佣金问题。折扣（discount）则是卖方按原价格给买方一定比例的减让。

佣金和折扣的运用，可以起到调整价格、增强竞争力、促进客商经营积极性的作用，达到扩大交易的目的。实际运用中名目也很多，正确运用佣金和折扣，可以起到灵活掌握价格的作用，但幅度的掌握必须恰如其分，应区别不同的商品、市场、交易对象等具体情况，否则会适得其反。

佣金一般是由卖方收妥货款后，再另行付给中间商，折扣一般可由买方在付款时予以扣除，至于具体如何支付，则应按照买卖双方事前的约定办理。

（二）佣金和折扣的表示方法

凡价格中包含佣金的称为含佣价。含佣价的表示方法，可以使用文字说明。例

如，每公吨 250 美元 CIF 伦敦包括佣金 3%（USD 250 per metric ton CIF London including 3%commission）；也可以在贸易术语之后加佣金的缩写英文字母和所给佣金的百分率表示。例如，每公吨 200 美元 CIF C 2% 伦敦（USD 200 per metric ton CIF C 2% London）。

折扣一般用文字说明，例如，每公吨 200 美元 CIF 伦敦减 1% 折扣（USD 200 per metric ton CIF London less 1% discount）；有时也用 R（rebate 的缩写）表示包含折扣。

（三）佣金的计算方法

在我国进出口业务中，一般是以发票金额（即含佣价）为基数计算佣金的，即发票金额乘以佣金率。例如，每公吨 200 美元 CIF C 2% 伦敦，发票金额为每公吨 200 美元，佣金即为每公吨 4 美元。

在国际贸易的做法中，也有按 FOB 净价为基数计算佣金的。如 CIF 买卖合同，双方洽定以 FOB 净价为基数计算佣金，就必须将 CIF 价换算成 FOB 价再行计算应付的佣金数。

（四）净价与含佣价之间的换算

净价与含佣价的差别是佣金，它们之间的换算公式如下：

佣金＝含佣价×佣金率

净价＝含佣价–含佣价×佣金率

净价＝含佣价×（1–佣金率）

$$含佣价=\frac{净价}{1 - 佣金率}$$

三、出口商品盈亏率、换汇成本和外汇增值率的计算方法

（一）盈亏率的计算方法

$$盈亏率=\frac{\frac{出口销售FOB净收入}{（人民币）}-\frac{出口成本}{（人民币）}}{出口成本}×100\%$$

（二）换汇成本的计算方法

换汇成本是指某种商品出口净收入 1 美元所需人民币的成本，即用多少元人民币可换回 1 美元。计算公式为：

$$换汇成本=\frac{出口总成本(人民币)}{出口销售FOB净收入(美元)}$$

（三）外汇增值率的计算方法

外汇增值率是指进口原料的外汇成本和出口成品的外汇净收入（FOB 价）相比的比率，也称为创汇率。

$$外汇增值率=\frac{\frac{出口成品}{外汇净收入}-\frac{进口原料}{外汇成本}}{进口原料外汇成本}×100\%$$

● 第四节　合同中的价格条款

一、价格条款的基本内容

国际货物买卖合同中的价格条款一般包括单价（unit price）和总值或总金额（total amount）两个项目。

（一）单价

国际货物买卖合同中的单价比国内贸易的单价要复杂，它由计量单位、单位价格金额、计价货币和贸易术语四项内容组成。例如：

每公吨	200	美元	CIF伦敦
计量单位	单位价格金额	计价货币	贸易术语

USD 200 per metric ton CIF London

单价各个组成部分必须表达明确、具体，不能有误，并且应注意四个部分在中、外文文书书写上的先后次序，不能任意颠倒。

（1）计量单位。一般说来，计量单位应与数量条款所用的计量单位一致。如计量单位为公吨，则数量和单价中均应用公吨，而不能另一个用长吨或短吨。有时有不一致的情形，那么只能是如单价以千克为单位，数量以公斤为单位的类似情况。

（2）单位价格金额。应按双方协商一致的价格正确填写在书面合同中，如金额写错，就容易引起争议，甚至会导致不必要的损失。因为写错单位价格金额或书面合同中的其他条款，若经当事人双方签署确认，按国际贸易惯例可以否定或改变磋商时确定的条件。

（3）计价货币。不同国家（或地区）使用不同的货币，有的使用的货币名称相同，但其币值不同，如"元"，有"美元""加元""日元"等，因此，在表示计价货币时，必须明确是哪一个国家的货币，同时，单价和总金额所用的货币也必须一致。

（4）贸易术语。贸易术语一方面标明商品价格构成；另一方面也标明合同的性质。在贸易术语的表达中，一方面要注意运用变形来表明术语本身尚不能明确的责任义务的划分（如装卸货费用、佣金和折扣等）；另一方面必须根据不同术语的含义加注装运港（发货地或目的地）。例如，FCA、FAS和FOB等必须加注装运港（发货地）；CFR和CIF必须注明目的港（目的地）。由于国际上同名的港口和城市的情况不少，所以还必须加注国别或地区名称，以防误解。

（二）总值或总金额

总值是单价和数量的乘积。在总值项下一般也同时列明贸易术语。如果一份合同中有两种以上的不同单价，就会有两个以上金额，几个金额相加再形成总值或总金额。总值所使用的货币必须与单价所使用的货币一致。总值除用阿拉伯数字填写外，一般还用文字表示。填写金额要求认真细致，计算正确，防止差错。

二、规定价格条款应注意的问题

（一）适当确定单价水平，防止偏高偏低

贯彻我国进出口商品作价原则，灵活运用差价规则，结合销售意图，确定适当的价格水平。出口商品价格过高，不利于市场的开拓，甚至会导致市场的丧失；价格偏低，就会造成外汇收入减少的损失。同时也必须掌握各类货物的价格弹性特征，一些价格弹性低的商品，低廉的价格并不能收到扩大销售和增加外汇收入的效果。进口合同如果价格偏高会造成外汇的浪费，影响进口经营的经济效益。

（二）争取选择有利的计价货币或加订保值条款

计价货币的选择会直接影响进出口业务的经济效益。由于国际上一些货币的币值具有不稳定性，为了避免由于货币币值不稳定带来的风险损失，出口合同应争取采用"硬币"，进口合同应尽量选用"软币"，否则应考虑通过加订"保值条款"来避免货币币值变动风险。

（三）根据货源与船源选择适当的贸易术语

根据货源的特征及我国船源的供给状况，选用适当的贸易术语，对于更好履行合同，以及促进我国运输业的发展都有着重要的影响。

（四）避免承担价格风险

尤其是国际货物买卖中价格变动剧烈、波动幅度大的敏感性商品，在规定价格水平时，应掌握价格波动趋势。在出口业务中，货物价格必须考虑价格趋涨的因素。一般说来，敏感性商品的交货期不能太长，多次分期装运的货物也不宜一次将价格固定。另外，在有溢短装的情况下，也必须对溢短装部分的价款作明确规定。

复习思考题

1.在进出口商品作价时应掌握什么原则？考虑哪些因素？

2.国际货物买卖有哪几种作价方法？应如何灵活运用？

3.我对外出售商品一批，报价每千克 800 港元 CIF 中国香港，现客户要求改报 CFR 价，按发票金额 110% 投保一切险和战争险，两者费率为 0.7%。试问在不影响收汇金额的前提下，正确的 CFR 价应报多少？

4.我某出口商品每公吨 500 美元 CFR C 2% 纽约。计算 CFR 净价和佣金各为多少？若客户要求将佣金提高至 5%，在保证出口净收入不减少的前提下，试问 CFR C 5% 应报何价？

5.价格条款的基本内容是什么？在规定价格条款时应注意哪些问题？

案例

我国 A 公司向新加坡 B 公司出售一批货物，出口总价为 10 万美元 CIF 新加坡，其中从大连港运至新加坡的海运运费为 4 000 美元，保险按 CIF 总价的 110% 投保一

切险，保险费率1%。这批货物的出口总成本为54万元人民币，结汇时，银行外汇买入价为1美元折合人民币6.2元。试确定这笔交易的换汇成本和盈亏额。

分析：FOB=CIF-保险费-运费=CIF-CIF×（1+10%）×保险费率-运费

$$=100\,000-100\,000×（1+10\%）×1\%-4\,000=94\,900（美元）=588\,380（元）$$

$$换汇成本=\frac{出口总成本(本币)}{出口外汇净收入(美元)}=\frac{540\,000}{94\,900}=5.6902（元人民币/美元）$$

$$出口盈亏率=\frac{出口外汇净收入(本币)-出口总成本(本币)}{出口总成本(本币)}$$

$$=\frac{588\,380-540\,000}{540\,000}×100\%=8.96\%$$

出口盈亏额=588 380-540 000=48 380（元）

素质培养

合理评估出口商品报价下的
汇率风险

拓展学习资源

1.CISG第14（1）条与第55条的关系与适用研究

2.价格约定的缺少是否影响合同的成立

3.外贸业务价格谈判10条经典话术

4.国际贸易博弈中文化因素对不同国家贸易
价格策略的影响探析

第七章

货物的交付

［学习目标与要求］

国际货物运输是实现货物转移的重要手段，国际货物买卖离不开运输。因此，必须了解国际货物运输方式和在买卖合同中订立交货条款时，需要掌握的内容，如交货时间、装运港与目的港、装卸时间、滞期费和速遣费、装卸费、分批装运和转船及运输单据等。还必须深入掌握海运提单的种类和与其他运输单据的异同点。

开篇案例

【案情】

中国公司 A 向德国公司 B 供应一批新型智能手机，合同规定交货日期为 2023 年 5 月 1 日。公司 B 在 5 月 1 日当天并没有收到货物，因此认为公司 A 违反了合同规定的交货期。公司 B 对公司 A 的交货时间提出异议，指责其未能按照合同规定的时间交付货物。公司 A 则认为其已经履行了合同规定，将货物按时交付给物流公司，且提供了符合要求的装运文件。公司 B 坚持认为，合同规定的交货日期是指货物在公司 B 的仓库中可用的日期，而不仅仅是物流公司收到货物的日期。由于公司 A 没有在 5 月 1 日前将货物运达公司 B 仓库，公司 B 认为其可能面临销售损失，要求公司 A 进行赔偿。由于争议无法通过双方协商解决，最终选择将纠纷提交给国际仲裁机构。

【涉及的问题】

此案中，合同中对于交货时间的具体规定不够清晰，导致双方产生歧义，从而引发争端。争议核心在于对合同条款的解释，包括交货日期的定义、装运文件的完备性等的考虑以及货物运输责任。通过对本课程的学习了解在国际贸易合同中清晰规定交货时间及相关责任的必要性。

● 第一节　货物运输方式

目前国际贸易货物运输方式有海洋运输、铁路运输、航空运输、邮政运输和联合运输等。在我国对外贸易业务中，应根据进出口货物的特点、货运量大小、自然条件和装卸港口的具体情况以及国际政治局势的变化等因素，认真选择合理的运输方式，保证"安全、迅速、准确、节省"地完成我国对外经济贸易货物运输任务。

一、海洋运输

海洋运输是指利用商船在国内外港口之间通过一定的航区和航线进行货物运输的一种方式。它是国际贸易中历史悠久而重要的运输方式。目前，国际贸易货物总量的约80%是采用海洋运输方式。这是由于海洋运输具有许多优点：不受道路和轨道的限制；运输能力大；万吨乃至数十万吨的船舶可以在天然的航道上消耗较少的燃料拖载货物航行；运费一般比较低廉。但是，海洋运输也有不足之处，易受自然条件和气候等的影响，如海上出现暴风、巨浪和冬季港口封冻，运输就受到阻碍，风险也较大，而且普通商船航行速度也比较慢。对于不能经受长途运输的货物和易受气候条件影响以及急需的货物，一般不宜采用海洋运输。

随着科学技术的发展和长期国际贸易货运的实践，海洋运输的船舶从船舶数量、船舶结构、设备、吃水等条件来说，都有了很大发展，不但载货量大，而且航行速度也快了，抵抗自然灾害的能力也有一定的提高。目前国际航运中的远洋货物运输船舶，按其结构和载运的货物的种类，可分为干货船（dry cargo carrier）和液体船（liquid tanker）。干货船又可分为杂货船（general cargo vessel）、散装货船（bulk carrier）、冷藏船（refrigerated vessel）、木材船（timber carrier）、集装箱船（container ship）、滚装船（roll on/roll off vessel）和子母船（lighter aboard ship）等。

按照船舶的经营方式，海洋货物运输可分为班轮运输和包租船运输。为了合理地组织货物运输和正确规定交付货物条件，应当对这两种方式的内容和特点有所了解。

（一）班轮运输

班轮（regular shipping liner，liner）是指按照固定的航行时间表，沿着固定的航线，挂靠固定的港口，收取固定运费的运输船舶。班轮运输是工业制成品等件杂货的主要运输方式。

1.班轮运输的特点

（1）船方出租舱位一般是部分舱位，因此，凡是班轮停挂的港口，不论货物数量多少，一般都可承运。

（2）船方负责货物的装卸，即通常所说的管装管卸（gross terms）。

（3）班轮的运费是按照固定费率计收的，装卸费已包括在内，不另加收装卸费。

（4）船方或其代理人签发的班轮提单是承运人与货主之间订立的运输契约，船方与货主的权利、义务以班轮提单为依据。

由此可见，利用班轮运载国际贸易货物是十分灵活和方便的，尤其是对成交数量少、分运批次多、交货港口分散的货物更为适合。

2.班轮运费的计算标准

班轮运费的计算标准，主要有以下几种：

（1）按货物毛重计收，即重量吨（weight ton）。以1公吨、1长吨或1短吨计，视船公司采用公制或英制或美制而定。在班轮运价表中的货物名称后面注有"W"字样。

（2）按货物的体积计收，即尺码吨（measurement ton）。1尺码吨一般以1立方米或40立方英尺（合1.1328立方米）作为计算单位，少数船公司还以50立方英尺为1尺码吨，在运价表上用"M"标注。

（3）按货物的价格计收，即按货物在装运地FOB货价收费百分之几，一般不超过5%，俗称为从价运费。通常承运黄金、白银、宝石等贵重货物时才从价计收运费，但是从价计收运费的货物发生货损或丢失时，船方并不照价赔偿。只有当货主另外付货价的百分之几，通常为加付1%时，船方才承担超过提单限额的赔偿责任。按从价计收运费时，在运价表上标注"A.V."或"Ad Val"（Ad Valorem，从价）。

（4）按货物毛重或体积计收，即在重量吨或尺码吨两种计算标准中，从高收费。运价表内以"W/M"标注。

（5）按货物毛重或体积或从价计收，即在重量吨或尺码吨或FOB价格三种计算标准中，按较高的一种计收。运价表内，以"W/M"或"A.V."标注。

（6）按货物毛重或体积计收，再加从价运费，即在重量吨或尺码吨两种计算标准中，按较高的一种计收，再加上一定百分比的从价运费。在运费表中，以"W/M Plus A.V."标注。

（7）按货物的个数计收，如卡车以辆、活牲畜按头数。

（8）由船方与货主临时议价，这种临时议定运费的办法主要是在承运粮谷、矿石、煤炭等大宗货物时采用。在运价表中一般只列出"议价货"品名。

3.班轮运价表

货物使用班轮运输时，运输是按照班轮运价表（liner freight tariff）的规定来计算的。国际班轮运价表可分为四种：

（1）航运公会运价表：由航运公会制定并进行调整，供参加公会的班轮公司使用，货方按此支付运费。航运公会是一种区域性的班轮航运垄断组织，它所制定的运价较高，承运条件也明显有利于船方。近年来，随着代表货方利益的第三世界国家的兴起和发展壮大，国际上出现了发货人协会（Shipper's Council）的货方组织，对国际航运公会制定和调整运价进行了一定的斗争和抵制。

（2）班轮公司运价表：由未参加航运公会的班轮公司自己制定的运价表。货方可以对这种运价表和运价的调整提出意见，但解释权和决定权仍属船方。

（3）双方运价表：由货、船双方协商共同制定的运价表。对运价的调整，须经双方协商决定。

（4）货方运价表：由货方制定，船方接受使用的运价表。对运价的调整，由货方与船方协商，最后由货方决定。

班轮运价是班轮公司承运单位货物所计收的班轮运费。班轮运费的计算是一项比较复杂的工作。班轮承运货物除了要按基本运费率（basic rate）收取基本运费之外，往往还要加收种种附加费用（surcharge or additional）。所谓基本运费是指货物运往班轮航线上固定停挂的港口，按照运价表内对货物划分的等级所必须收取的运费；所谓附加运费是指班轮公司在收取基本运费之外应收取的那部分运费。班轮公司凡是在运输过程中有额外的正常开支或蒙受一定经济损失时，都要向货方收取一定金额的附加运费，因此，附加运费名目繁多，一般有以下几种：

（1）超重附加费（heavy lift additional）：承运的货物的毛重达到或超过一定重量时，称为超重货，要收取超重附加费。超重附加费一般随货物重量加重而增加，而且每转船一次，需加收一次。

（2）超长附加费（long length additional）：承运的货物的长度达到或超过规定的长度，如一般为9米，要加收超长附加费。每转船一次，需加收一次。

（3）直航附加费（direct additional）：凡运往非基本港口的货物或达到一定数量的货物，班轮可以直航到指定非班轮停挂的港口而增收的附加费用，但要求非基本港口必须在班轮航区之内，否则不承运。

（4）转船附加费（transhipment surcharge）：是指运往非基本港口的货物，如在中途转船而运至指定目的港，船方向货主加收的费用。转船附加费不一定等于船方支出的中转费和二程运费，其盈亏由船方自理。

（5）港口拥挤费（port congestion surcharge）：由于卸货港拥挤，船到港后长期停泊，等待卸货码头而延长船期，增加船方营运成本而向货方收取的附加费。

（6）港口附加费（port surcharge）：船方因港口装卸条件差、速度慢或港口费用较高而向货方收取的附加费。

（7）燃料附加费（bunker surcharge or bunker adjustment factor）：由于原油价格上涨，船舶开支增加而向货主增收的费用。计算的方式有两种：一是每吨运费加收若干；二是按基本运价的一定百分率计收。

（8）选港附加费（optional fee）：货方托运货物尚未明确指定的卸货港，要求在预先提出的两个或两个以上的卸货港中进行选择，而向船方支付的附加费。

（9）变更卸货港附加费（alternation of destination charge）：货方要求改变货物原来规定的卸货港，在海关准可和船方同意接受变更的情况下补交的附加费用。如因变更卸货港而发生翻舱倒载费用时，也要由货方负担。如改变的卸货港运费高于原目的港运费，货方要补交运费差额，但低于原卸货港运费时，差额不退还货方。

（10）绕航附加费（deviation surcharge）：由于正常航道受阻不能通行，船舶必须绕道航行向货方收取的附加费。此项附加费一般按基本运费的百分比计收。

除上述各项附加运费外，还有洗舱费（cleaning charge）、熏蒸费（fumigation charge）、货币贬值附加费（currency adjustment factor）、冰冻附加费（ice surcharge）等。

在计算班轮运费时，首先根据货物的英文名称，从运费表的货物分类中，按字母顺序查出有关货物属于的等级和计收运费的标准。然后，再根据货物的等级和计收标准，从航线划分的等级费率表中查出有关货物的基本运费率，再加上各项必须支付的附加运费，所得总和即为某种货物运往指定目的港的单位运费。

4.使用班轮运输应注意的问题

（1）由于班轮运费计收标准不一，如属按体积计算运费的货物，特别是一些轻泡货应改进包装，压缩体积，节省运费。

（2）在对外报价时，应慎重考虑运费因素，仔细核算运费，特别是对可能加收的各种附加运费必须计算在内。

（3）我国出口货物由我方订舱托运时，应争取在基本港口卸货，以节省直航和转船附加运费。

（4）要熟悉各种类运价表，选择填写收费较低的适当货物名称。要做到合理套级，尽量避免按"未列名货物"计算运费。

（5）在托运贵重货物时，应将货价通知外运公司，以便加付附加的1%的运费，一旦货物受损或丢失，船方可以承担超过提单限额的赔偿责任。

（6）托运样品，一般不要超过限定的重量和体积，通常样品重量在25千克或0.02立方米以内是免费的，否则就会多付运费。

（二）包租船运输

包租船（charter）是指租船人向船东租赁整船运输货物。包租船可分为定程租船、定期租船和光船租船三种。

1.定程租船

定程租船（voyage charter），又称程租船或航次租船。它是根据船舶完成一定航程（航次）来租赁的。一般可分为按单航次、来回航次、连续单航次和连续来回航次等方式租赁船舶。程租船的特点是：船舶经营管理由船东负责；在租船合同（vogage charter party）中规定一定的航线和装运货物的种类、名称、数量以及装卸港口；船东除对船舶航行、驾驶、管理负责外，还对货物运输负责；运费一般按承运货物总量计算或包干运费支付。船租双方在租船合同中要规定装卸期限或装卸率，并计算滞期费和速遣费；船东和租船人的权利与义务以双方签订的定程租船合同为准。

2.定期租船

定期租船（time charter），又称期租船，是指按一定期限租赁船舶。船期可长可短，从数月到几年。货物的装卸、配载、理货等一系列工作都由租船人负责，由此而产生的燃料费、港口费、装卸费、垫舱物料费等都由租船人负担。租金一般是根据市场水平约定后按日计算。租金一经约定即固定不变。船方负担船员薪金、伙食等费用，并负责保持船舶在租赁期间的适航状态（seaworthiness）以及因此而产生的费用和船舶保险费用。定期租船的特点是：船舶租赁期间，船舶的经营管理由租船人负责；在租船合同中不规定航线和装卸港，只规定船舶航行区域；船东负责船舶的维护、修理和机器设备正常运转；船东和租船人的权利与义务以定期租船合同（time charter party）为准。

3. 光船租船

光船租船（bareboat charter），又称净船期租船，是指船舶所有人将船舶出租给承租人使用一定期限，但船舶所有人提供的是空船，承租人要自己任命船长、配备船员，负责船员的给养和船舶经营管理所需的一切费用。这种租船方式往往是卖船先兆。光船租赁方式实际上属于财产租赁。光船租船是通过船舶所有人与承租人订立光船租船合同，由船舶所有人将船舶的占有权和使用权转移给承租人，船舶所有人仍然保留船舶的所有权。所以说，光船租船合同是财产租赁合同而不是海上运输合同。

二、铁路运输

铁路运输是指利用铁路进行国际贸易货物运输的一种方式。它在国际贸易货物运输中，也起着很重要的作用，尤其是内陆国家间的贸易，铁路运输显得更为重要。铁路运输的优点是：一般不受气候条件的影响，可保证全年的正常运输；速度较快、运量较大，有较强的连续性；货运过程遭受的风险较小。铁路运输包括国内铁路货物运输和国际铁路货物联运两个部分。目前，从我国主要铁路枢纽站开往俄罗斯、东欧、西欧、中亚、越南、老挝的中欧班列在我国货物进出口运输中发挥着越来越重要的作用。

中欧班列作为国际铁路货物联运的关键服务，为中国与欧洲之间的贸易提供了快速、高效、全年可靠的运输通道。其优势包括较短的运输时间、较小的气候影响和较低的货运风险。通过不断发展和拓展网络，增加班列数量，提升服务水平，以及推动国际合作和政策支持，中欧班列在内陆国家间的贸易中发挥着越来越重要的作用，提供了多样化、可靠的物流选择。

三、航空运输

航空运输是指利用飞机运送进出口货物。它是一种现代化的运输方式，特点是：交货速度快、时间短、安全性能高、货物破损率小，节省包装费、保险费和储藏费；航行便利，不受地面条件限制，可以通往世界各地，将货物运至收货人所在地或接近收货人所在地的机场。特别是对鲜活商品、易腐易烂商品和季节性较强的商品的运送更为有利。

航空运输单据是货运单（airway bill），是航空货物运输的正式凭证，是承运人与托运人之间的运输契约。货物运到目的地机场后，收货人凭航空承运人的到货通知提取货物。

航空货物运输方式主要有五种：班机、包机、集中托运、联合运输和航空快递。班机有固定的航线和起飞、到达时间。班机的运价一般是从出发地机场至到达地机场的运价，地面运输则分别由发货人和收货人自行负责。包机有包用整架飞机和合包飞机两种。包机可以预先确定起飞和到达时间。包机费一般是根据来回航程计算的，如只利用单程空运，费用往往偏高；如来回程都有货载，空运费则较班机更低。合包飞机是指几个包机人合用一架飞机的舱位。集中托运是指航空货运代理公司把若干批单独发运的货物组成一整批，向航空公司办理托运，采用一份总运单集中发运到同一个目的地机场或者运到某一个预定机场，由航空货运代理公司在目的地指定的代理收货，然后再报关并分拨给各实际收货人。联合运输是包括空运在内的两种以上运输方式的联合运输。

四、邮政运输

邮政运输是指通过邮局寄交进出口货物的一种运输方式。邮政运输比较简便，只要卖方根据买卖合同中双方约定的条件和邮局的有关规定，向邮局办理寄送包裹手续，付清邮费，取得收据，就完成交货任务。

国际邮政运输分为普通邮包和航空邮包两种，对每件邮包的重量和体积都有一定的限制。如一般规定每件长度不得超过1米，重量不得超过20千克，但各国规定也不完全相同，可随时向邮局查问。邮政运输一般适用于量轻体小的货物，如精密仪器、机械零配件、药品、样品和各种生产上急需的物品。

五、集装箱运输

集装箱运输是指将一定数量的单件货物装入集装箱内，以集装箱作为一个运送单位所进行的运输，包括海上运输、铁路运输、道路运输和航空运输。

集装箱货物运输有两种方式：一种是使用 FOB、CIF、CFR 贸易术语实行港港交货（port to port），是传统的运输交货方式；另一种是使用 FCA、CPT、CIP 贸易术语，实行门到门交货（door to door）的运输交货方式。这种方式是指发货人在工厂门口或仓库门口将货物装入集装箱或由承运人代为装箱运往集装箱堆场（container yard，C.Y.）；也可以在集装箱运输站（container freight station，C.F.S.）拼箱，再由承运人通过联合运输方式，一直运至收货人的商店或工厂或仓库门口。集装箱运输有许多优点，可以提高港口吞吐能力，加速船舶运转；减少货损货差，降低营运成本；简化运输手续，便利货物运输。

六、国际多式联运

国际多式联运（international multimodal transport）是指按照多式联运合同，以至少两种不同的运输方式，由多式联运经营人将货物从一国境内接管货物的地点运至另一国境内指定交付货物的地点的一种运输方式。

多式联运经营人（combined transport operator，C.T.O.）是指其本人或通过其代表订立多式联运合同的任何人。多式联运经营人负有履行多式联运合同的责任。

国际多式联运极少由一个经营人承担全部运输。往往是接受货主的委托后，联运经营人自己办理一部分运输工作，而将其余各段的运输工作再委托其他的承运人。但这又不同于单一的运输方式，这些接受多式联运经营人转托的承运人，只是依照运输合同关系对联运经营人负责，与货主不发生任何业务关系。因此，多式联运经营人可以是实际承运人，也可是无船承运人（non-vessel operating carrier, NVOC）。

国际多式联运的特点：

（1）国际多式联运是根据多式联运合同进行的。国际多式联运合同是多式联运经营人与发货人订立的，符合多式联运条件的运输合同。该合同是以多式联运经营人签发的多式联运单据证明的、有偿、承揽和不要式的合同。

（2）国际多式联运的货物主要是集装箱货物或集装箱化的货物。在运输过程中一般以集装箱作为运输的基本单元。货物集装箱化促进了国际多式联运的发展，而现代集装箱运输自产生时起就与多式联运紧密地联系在一起，使得国际多式联运具有集装箱运输的高效率、高质量、高技术、高投入和系统性的特点。

（3）国际多式联运是在全程运输中至少使用两种或两种以上不同的运输方式的国家间的货物运输。

（4）国际多式联运是一票到底，实行全程单一费率的运输。发货人只办理一次托运、一次计付运费、一次保险，通过一张运输单据，可以实现从启运地到目的地的全程连贯运输，因此，它具有简单化和统一化的特点。

（5）国际多式联运是不同运输方式的综合组织。在运输过程中，无论涉及几种运输方式，分为多少个区段，国际多式联运都是由多式联运经营人完成或组织完成的，国际多式联运经营人要对全程运输负责。从启运地接管货物，在最终目的地交付货物及全程运输中各区段的衔接工作和有关服务业务，由国际多式联运经营人在不同国家或地区的分支机构或委托代理人完成。

（6）国际多式联运经营人可以通过货物运输路线、运输方式的选择，运输区段的划分和对各区段实际承运人的选择达到降低运输成本，提高运输速度，实现合理运输的目的。

国际多式联运经营人是多式联运的当事人，是一个独立的法律实体。对于货主来说，它是货物的承运人；对各区段分承运人来说，它又是货物的托运人。它一方面同货主订立多式联运合同；另一方面它又与分承运人以托运人的身份签订各区段运输合同。

● 第二节　合同中的交付条款

货物交付条件是指国际货物买卖合同中的交货条款。此条款对交货时间、装运港和目的港、装卸时间、装卸费用、分批装运和转船以及运输单据等内容有具体规定。

一、交货时间

买卖双方在货物交付过程中所承担的责任是根据采用的贸易术语决定的，因此，对于交货时间的解释也不完全一样。如 FOB、CFR、CIF 属于装运港交货的贸易术语，是凭装运单据交货，只要卖方把货物在装运港装上船，取得代表物权的提单和缮制其他单据，并将这些单据交给买方，即完成交货任务，因此，交货（delivery）与装运（shipment）是一个概念。同样，在使用这三种贸易术语的情况下，交货时间（time of delivery）与装运时间（time of shipment）也是一致的。而采用运输终端交货（DAT）和目的地交货（DAP）和其他地点交货的贸易术语，装运不等于交货，因此，交货时间与装运时间又是截然不同的两个概念。

交货时间通常称为交货期或装运期，它是买卖合同的一项重要条款。在合同签订以后，卖方能否按照规定的装运日期交货，直接关系到买方能否及时取得货物，以满足其生产、消费或转售的需要，如市场价格下跌，买方可能遭受价格上的损失，因此，《合同公约》第三十三条规定：卖方必须按以下日期交付货物：（a）如果合同规定有日期或从合同可以确定日期，应在该日期交货；（b）如果合同规定有一段时间，或从合同可以确定一段时间，除非表明由买方选定一个日期，应该在该段时间内任何时候交货；或者（c）在其他情况下，应在订立合同后一段合理时间内交货。有些国家法律规定，如果卖方未按合同规定的时间交货，即构成卖方的违约行为，买方有权撤销合同，并要求卖方承担由此造成的损失。

（一）交货期的规定方法

国际货物买卖合同对交货期（装运期）的规定方法一般有以下几种：

1.明确规定交货期

（1）限于某月或几个月内交货。例如，2024 年 5 月交货（装运）（Delivery of shipment during May 2024）；2024 年 5/6 月装运（Shipment during May/June 2024），也称跨月装运。

（2）限于某月某日或以前装运。例如，2024 年 11 月 15 日或以前装运（Shipment on or before 15th November 2024）；2024 年 5 月底或月底前装运（Shipment on or before the end of May 2024）。

我国进出口合同一般采用以上规定交货期的方法。这种规定方法比较明确具体，既可使卖方有一定时间进行备货和安排运输，同时，也有利于买方预先掌握货物的装运日期，做好支付货款和接受货物的准备。

2.规定在收到信用证或收到预付货款后若干天装运

使用这种方法规定交货期的主要原因是合同签订以后，买方因申请不到进口许可证或其国家不批准外汇或者因货物市场价格下跌对买方不利等情况，迟迟不开信用证。卖方为了避免因买方不及时开证而带来的损失，即以这种方法来约束买方，只在收到买方开来的信用证之后才装运，但是买方遇到不利的情况有时有意拖延开证时间或根本不想开证。卖方为了防止这种情况的发生，在规定收到信用证或收到预付货款若干天后装运的同时，还要在合同当中规定"买方最迟于某月某日以前将信用证开抵卖方"（The relevant L/C must reach the seller not later than…）。

3.采用术语表示交货期

当采用国际贸易中一些术语如立即装运（immediate shipment）、尽快装运（shipment as soon as possible）、即期装运（prompt shipment）等时，对这类术语国际商会《跟单信用证统一惯例》规定，不应使用诸如"迅速""立即""尽快"之类的词语，如使用此类词语，银行将不予置理。

（二）规定交货期应注意的问题

（1）应考虑货源和船源的实际情况，使船、货衔接。如不考虑货源，盲目成交，就可能造成有船无货，无法按时履约；如不考虑船源（包括运输能力、船期、航线和港口情况），盲目签约，就可能出现有货无船，同样造成不能如期履约的后果或者要经过多次转船，出现多付运费，甚至倒贴运费的严重情况。

（2）要根据不同货物和不同市场需求规定交货期。如无妥善装载工具和设备，易腐、易烂、易潮、易溶化的货物一般不宜在夏季、雨季装运。

（3）对交货期的规定，既要明确，又不宜订得过死，力求避免使用"立即装运"、"即期装运"和"尽快装运"等一些不确定的装运术语。同时，也不能规定为某年某月某日装运，一般订明年度、月份，争取跨月装运。

（4）采用信用证支付时，应注意交货期的规定必须明确合理。

二、装运港和目的港

（一）装运港和目的港的规定方法

装运港（port of shipment），又称装货港（loading port），是指货物起始装运的港口。目的港（port of destination），又称卸货港（unloading port），是指买卖合同规定的最后卸货港口。合同中的装运港和目的港除了同使用的贸易术语有关，属于贸易术语的不可缺少的组成部分外，同时又与双方所承担的运输责任有关，还属于交货条款的重要内容。

为了便利卖方安排货物的装运和适应买方接受或转售货物的需要，在一般情况下，装运港都是由卖方提出，经买方同意后才确定；目的港则由买方提出，经卖方同意后确定。同时，根据双方的需要，装运港和目的港可以分别规定一个，例如，装运港——大连，目的港——新加坡；也可以分别规定两个或两个以上，例如，装运港——大连/天津/青岛；目的港——伦敦/利物浦/鹿特丹。

（二）规定装运港和目的港应注意的问题

1.确定国外装运港和目的港应注意的问题

（1）要根据我国对外政策的规定来选择港口，不应选择我国政策不允许往来的港口为国外的装卸港。

（2）对国外的装卸港的规定应具体明确。一般情况下，出口合同不能笼统地订立"欧洲主要港口""非洲主要港口"等，进口不能订立为"FOB××（地区港口）"或"××港口发货人选择"。

（3）必须注意国外装卸港口的具体运输和装卸条件，如有无直达班轮、港口装卸设备、码头泊位的深度、冰冻期、港口的惯例和制度以及运费、附加费的标准等。

（4）不能接受内陆城市为装卸港。对内陆国家的贸易，一般应规定靠近的、我们能安排船舶的港口为装卸港。

（5）为防止出现差错，应注意国外港口有无重名，如果有重名港，在买卖合同中应注明装卸港所在国家或地区的名称。

（6）在CFR或CIF贸易术语下，为了方便买方转卖在途货物，可同意给予买方选择港（optional ports）权利。所谓选择港，是指合同规定在两个或两个以上港口或某航区的港口中，允许买方在一定时期内再选择其中一个为最终的目的港。买方最后目的港一般应在开信用证时明确或最迟要在载货船只抵达第一个卸货港前若干小时（一般48小时）宣布。但是，在条款中还应明确规定，所选择的目的港若增加运费、附加费时，应由买方负担；所选港口必须在同一航线上，选择港的数目一般不要超过3个；运费一般按选择港中最高的费率及附加运费计算。

2.确定国内装卸港口应注意的问题

（1）在我国出口业务中，对装运港的规定，主要应考虑与货源比较接近的港口，以方便运输和节省费用，对统一对外成交而分口岸交货的某些货物，由于在成交时还不能最后确定装运港，也可规定为"中国口岸"或两个以上具体港口为装运港。这样规定比较灵活主动。

（2）在我国进口业务中，对国内卸货港的规定，一般要选择接近用货单位或消费地区的港口。但是，为避免港口到船集中产生堵塞现象，卸货港也可规定为"中国口岸"。

三、装卸时间、滞期费和速遣费

装卸时间、滞期费和速遣费的规定是程租船合同条款，但是在大宗货物的交易中，大部分采用程租船运输，为了使租船合同与买卖合同相互衔接，在买卖合同中也要规定上述内容。对装卸时间的规定方法主要有以下几种：规定装卸货物的定额标准，即每船或每个舱口每个工作日装卸若干吨；规定固定的装卸天数，即不规定装卸率，规定装卸总的天数；按港口习惯快速装卸（customary quick despatch，C.Q.D.），即不具体规定装卸率或可用于装货和卸货的天数，而按照有关港口习惯的装卸方法和装卸速度尽快装卸。后一种规定方法，由于没有确切的装卸期限，使用时容易引起争议。

在规定的装卸期限内，还要具体明确装卸时间的计算方法，其计算方法一般有以下几种：

（1）连续日（或时）（running consecutive days/hours），指24小时应为一个连续日，其中没有任何折扣。

（2）工作日（working days），指按照港口习惯，属于正常工作的日子，星期日和例假日除外。

（3）好天气工作日（weather working days），指按正常的日子，星期日和例假日以及因天气恶劣不能进行装卸作业时都除外，不予计算工作日。

（4）连续 24 小时好天气工作日（weather working days of 24 consecutive hours），这种规定按连续 24 小时为一个工作日，但星期日、例假日和不能装卸的坏天气都一律扣除。

使用程租船运输货物时，在规定的装卸期限内，如果租船人未能完成作业，为了补偿船方由此造成船舶延期所产生的损失，由租船人向船方支付一定的补偿金，又称滞期费（demurrage）。如果租船人在程租船合同规定的时间内提前完成装卸，给船方节省了船期，船方为鼓励租船人，而向租船人支付一定金额作为报酬，此项报酬称为速遣费（despatch）。速遣费一般为滞期费的一半，也有其他的规定方法。

装卸时间和滞期费、速遣费的规定对外贸公司在采用程租船方式运输进出口货物时是非常重要的。为了明确买卖双方的装卸责任，并使进出口合同的规定与程租船合同保持一致，必须根据货物的种类、船舶舱口数、港口装卸能力和港口习惯装卸时间等因素，并参考同一航线、港口装卸同类货物和租船合同，正确规定装卸时间和装卸货率，防止进出口合同的规定与程租船合同脱节或者相互矛盾而造成经济损失。

四、装卸费用

在买卖合同中，成交数量较小的货物一般由班轮承运，装卸费用包括在运费之中，不另外计价。而成交数量大的货物大部分采用程租船运输，程租船对于装卸费用的负担问题有多种规定方法，究竟按哪一种规定必须与买卖合同一致，特别是要与使用的贸易术语及其变形相吻合，否则会造成经济损失。程租船装卸费的规定有四种：船方不负担装卸费用（free in and out，FIO）；船方不负担卸货费用，而负担装货费用（free out，FO）；船方不负担装货费用，而负担卸货费用（free in，FI）；船方负担装卸费用（gross terms 或 liner terms 或 berth terms）。目前，我们采用的程租船合同，大多数规定 FIO 条件。

上述装卸时间和装卸费用的条款，只限在使用程租船运输进出口货物时在买卖合同中才予以规定，使用班轮运输货物时，买卖合同中就不需要规定这两个条款。

五、分批装运和转船

（一）分批装运

分批装运（partial shipment）是指一笔成交数量较大的货物，可以分若干批次，不同的航次、车次、班次装运。买卖合同中往往都规定分批装运条款。出现分批装运的原因很多，例如，运输工具的限制；目的港卸货条件差；船源紧张；市场销售需要，卖方一次备货有困难；期货成交后需要逐批生产等。对于分批装运，从卖方来说，成交数量大，货源不充分或国内运输紧张或租船有困难时，总是希望允许分批装运。对买方来说，除非市场销售需要，一般都不希望分批装运，所以是否允许分批装运的问题应该在洽商交易和签订合同时予以明确规定。

对于分批装运，一般有以下三种规定方法：

（1）只规定"允许分批装运"，不加任何限制。

（2）订明分若干批次装运，而不规定每批装运的数量。

（3）订明每批装运的时间和数量，即定期、定量分批装运。

对于分批装运问题，《跟单信用证统一惯例》第三十一条a款规定"允许分批支款或分批装运"（partial drawings or shipments are allowed）；b款规定："表明使用同一运输工具并经由同次航程运输的数套运输单据在同一次提交时，只要显示相同目的地，将不视为分批装运，即使运输单据上标明的装运日期不同或装卸港、接管地或发送地点不同。如果交单由数套运输单据构成，其中最晚的一个装运日将被称为装运日。"该款还规定："会有一套或数套运输单据的交单，如果表明在同一种运输方式下经由数件运输工具运输，即使运输工具在同一天出发运往同一目的地，仍将被视为分批装运。"c款规定："含有一份以上快递收据、邮政收据或投邮证明的交单，如果单据看似由同一地点或邮政机构在同一地点和日期加盖印戳或签字并且表明同一目的地，将不视为分批装运。"第三十二条规定："如信用证规定在指定时间段内分期支款或分期装运，任期一期未按信用证规定期限支取或装运时，信用证对该期及以后各期均告失效。"

（二）转运

转运（transhipment）是指远洋货运中，货物装运后允许在中途港换装其他船舶转至目的港。对此，买卖双方在合同中作出规定时，称为允许转运条款（transhipment to be allowed clause）。

货物需要转运的主要原因有：至目的港无直达船或无合适的船；目的港不在装载货物的班轮航线上；货物零星分散，班轮不愿停泊目的港；属于联运货物等。

在我国出口业务中，如果到目的港无直达船时，必须在合同中订有"允许转运"的条款。但是对"允许转运"的货物，一般不宜接受买方指定中转港口、二程船公司和船名的条件。因为按国际航运习惯，转船港口和转船事宜都是由第一承运人根据具体情况办理的，无须事先征得货主的同意。如合同中规定"不允许转运"，而实际进行了转运，是卖方违约行为。《跟单信用证统一惯例》第十九条c款i项规定："只要同一运输单据包括运输全程，则运输单据可以注明货物将被转运或可被转运。"该款ii项规定："即使信用证禁止转运，银行也将接受注明转运将发生或可能发生的运输单据。"第二十条c款ii项规定："银行可以接受注明将要发生或可能发生转运提单。即使信用证禁止转运，只要提单上证实有关货物已由集装箱、拖车及（或）子母船运输，银行仍可接受注明将要发生或可能发生转运的提单。"

六、运输单据

运输单据是指代表运输中的货物或证明货物已经装运或已被承运人或其代理人接管的单据。它具体说明同货物运输有关当事人的责任、权利及义务，是货物运输业务中最为重要的证件，也是出口结汇不可缺少的单据。

按运输方式不同，运输单据分为海运提单，空运提单，公路、铁路或内河运输单据，邮政收据和多式联运单据等。

（一）海运提单

1.海运提单（ocean bill of lading）的含义

《中华人民共和国海商法》（以下简称《海商法》）第七十一条规定："提单，是指用以证明海上货物运输合同和货物已经由承运人接收或者装船，以及承运人保证据以交付货物的单证。"该法还规定："提单中载明的向记名人交付货物，或者按照指示人的指示交付货物，或者向提单持有人交付货物的条款，构成承运人据以交付货物的保证。"

2.海运提单的性质与作用

提单从其性质说是货物物权凭证，提单的作用是：

（1）提单是承运人或其代理人签发的货物收据（receipt for the goods），证明已按提单所列内容收到货物。

（2）提单是一种物权凭证（documents of title）。提单的合法持有人凭提单可在目的港向轮船公司提取货物，也可以在载货船舶到达目的港之前，通过转让提单而转移货物所有权，或凭以向银行办理押汇。

（3）提单是托运人与承运人之间所订立的运输契约（evidence of contract of carrier）。在班轮运输的条件下，它是处理承运人与托运人在运输中产生争议的依据；在包租船运输的条件下，承运人或其代理人签发的提单也是运输契约的证明。这种运输的契约是租船合同（charter party），它是处理承运人（船东）与租船人在运输中的权利义务的依据。

3.提单的种类

提单可以从不同角度加以分类，主要有以下几种：

（1）根据货物是否装船分为已装船提单和备运提单。已装船提单（on board B/L or shipped B/L）是指承运人已将货物装上指定的船只后签发的提单。这种提单的特点是提单上面有载货船舶名称和装货日期。备运提单（received for shipment B/L）是指承运人收到托运的货物待装船期间，签发给托运人的提单。这种提单上面没有装船日期，也无载货的具体船名。在国际贸易中，一般都必须是已装船提单。《跟单信用证统一惯例》规定，在信用证无特殊规定的情况下，要求卖方必须提供已装船提单。银行一般不接受备运提单。

（2）根据货物表面状况，有无不良批注分为清洁和不清洁提单。清洁提单（clean B/L）是指货物装船时，表面状况良好，承运人在签发提单时未加任何货损、包装不良或其他有碍结汇批注的提单。不清洁提单（unclean B/L or foul B/L）是指承运人收到货物之后，在提单上加注了货物外表状况不良或货物存在缺陷和包装破损的提单。例如，在提单上批注"铁条松失（iron strip loose or missing）""包装不固（insufficiently packed）""×件损坏（×package in damage condition）"等。但是，并非提单有批注即为不清洁提单。国际航运公会（International Chamber of Shipping）于1951年规定下列三种内容的批注不能视为不清洁：第一，不明白地表示货物或包装不能令人满意，如只批注"旧包装""旧箱""旧桶"等；第二，强调承运人对于货物或包装性质所引起的风险不负责任；第三，否认承运人知悉货物内容、重量、容积、质量或技术规格。这三项内容已被大多数国家和航运组织所接受。在使用信用证支付方式时，银行一般不接受不清洁提单。有时在装船时会发生货损或包装不良，托运人常要求承运人在提单上不作不良批注，而向承运人出具保函，也称赔偿保证书（letter of indemnity），向承运人保证如因货物破残损以及承运人因签发清洁提单而引起的一切损失，由托运人负责。承运人则给予灵活政策，签发清洁提单，这便于在信用证下结汇。对这种保函，有些国家法律和判例并不承认，如美国法律认为这是一种欺骗行为，所以使用保函时要视具体情况而定。

（3）根据收货人抬头分为记名提单、不记名提单和指示提单。记名提单（straight B/L），又称收货人抬头提单，它是指在提单的收货人栏内，具体写明了收货人的名称。由于这种提单只能由提单内指定的收货人提货，所以提单不能转让。不记名提单（open B/L），又称空白提单，是指在提单收货人栏内不填明具体的收货人或指示人的名称而留空的提单。不记名提单的转让不需任何背书手续，仅凭提单交付即可，提单持有者凭提单提货。指示提单（order B/L）是指收货人栏内，只填写"凭指示（to order）"或"凭某人指示（to order of…）"字样的一种提单。这种提单通过背书方式可以流通或转让，所以又称可转让提单。

（4）根据运输方式分为直达提单、转船提单和联运提单。直达提单（direct B/L）是指轮船装货后，中途不经过转运而直接驶往指定目的港，由承运人签发的提单。转船提单（transhipment B/L）是指货物经由两艘以上船舶运输至指定目的港，由承运人在装运港签发的提单。转船提单内一般注明"在某港转运"的字样。联运提单（through B/L）是指海陆、海空、海河、海海等联运货物，由第一承运人收取全程运费后并负责代办下程运输手续在装运港签发的全程提单。卖方可凭联运提单在当地银行结汇。

转船提单和联运提单虽然包括全程运输，但签发提单的承运人一般都在提单上载明只负责自己直接承运区段发生的货损，只要货物卸离其运输工具，其责任即告终止。

（5）根据提单内容的繁简分为全式提单和略式提单。全式提单（long form B/L）是指大多数情况下使用的既有正面内容又带有背面提单条款的提单。背面提单条款详细规定了承运人与托运人的权利与义务。略式提单（short form B/L）是指省略提单背面条款的提单。

（6）根据其他情况分为舱面提单、倒签提单和预借提单。

舱面提单（on deck B/L），又称甲板货提单，是指对装在甲板上的货物所签发的提单。在这种提单上一般都有"装舱面（on deck）"字样。舱面货（deck cargo）风险较大，根据《关于统一提单若干法律规则的国际公约》（International Convention for the Unification of Certain Rules of Law Relating to Bill of Lading，简称《海牙规则》，Hague Rules）的规定，承运人对舱面货的损坏或灭失不负责任，因此，买方和银行一般都不愿意接受舱面提单。但有些货物，如易燃、易爆、剧毒、体积大的货物和活牲畜等必须装在甲板上。在这种情况下，合同和信用证中就应规定"允许货物装在甲板上"的条款，这样，舱面提单才可结汇。但采用集装箱运输时，根据《汉堡规则》的规定和国际航运中的一般解释，装于舱面的集装箱是"船舱的延伸"，与舱内货物处于同等地位。

倒签提单（ante-dated B/L）是指承运人应托运人的要求，签发提单的日期早于实际装船日期的提单，以符合信用证对装船日期的规定，便于在该信用证下结汇。装船日期的确定，主要是通过提单的签发日期证明的。提单日期不仅对买卖双方有重要作用，而且对银行向收货人提供垫款和向发货人转账，对海关办理延长进口许可证，对海上货物保险契约的生效等都有重要作用，因此，提单的签发日期必须依据接受货物记录和已装船的大副收据来签发。

根据有关国家的法律，倒填提单日期，是一种欺骗行为，是违法的。

预借提单（advanced B/L），又称无货提单，是指因信用证规定装运日期和议付日期已到，货物因故而未能及时装船，但已被承运人接管，或已经开装而未装完，托运人出具保函，要求承运人签发已装船提单。预借提单与倒签提单同属一种性质。

4.提单的内容

世界上每个轮船公司都有自己的提单格式和提单条款，但其基本内容都是按照《海牙规则》加以规定的。除了包括托运人、收货人、被通知人、船名、国籍、航次、装运港、运费、提单签发份数、签单日期以及签单人外，提单的正面内容还有如下规定：

（1）托运人所提供的详细情况有货名、标识和号数、件数、毛重、尺码等。如填写不准、错误或谎报，一切后果和所造成的损失，应由托运人负责。

（2）声明货物表面状况良好已装上船，并应在卸货港或该船所能安全到达并保持浮泊的附近地点卸货。

（3）正本提单其中一份完成提货手续后，其余各份失效。

（4）托运人、收货人和本提单的持有人明确表示接受并同意提单和它背面所载的一切印刷、书写或打印的规定、免责事项和条件。

提单的背面条款包括：

（1）承运人的责任与义务条款。

（2）承运人免责条款。

（3）索赔与诉讼的责任与义务条款。

（4）有关特殊货物运输条款。

（5）其他条款。

提单条款基本上是依据1924年制定的《海牙规则》和主要航运大国国内法制

定的。

（二）空运单据

空运单据（air transport document）是由空运的承运人或其代理人签发的货运单据，通常称为航空运单（air waybill）。它是货物的收据，也是托运人与承运人之间的运输契约，但不具有物权凭证的性质。收货人不能以航空运单提货，而是凭航空公司的提货通知单在目的地机场或仓库提取货物，所以空运单据是不可转让的（non-negotiable），应该在航空运单的收货人栏内详细填写收货人全称和地址，而不得做成指示抬头。

航空运单分为两种：一种是航空公司的运单（air waybill，AWB）又称总运单（master air waybill，MAWB）；另一种是航空货运公司的运单（house air waybill，HAWB），又称分运单，航空货运公司在办理集中托运、联运及实行门到门运输时使用。

根据《跟单信用证统一惯例》的规定，银行将接受由承运人或作为承运人的具体代理或代表签字或以其他方式证实的空运单据；银行将接受注明货物已收妥待运的空运单据。该惯例还规定，只要是同一空运单据包括运输全程，即使信用证禁止转运，银行也接受注明将发生或可能发生转运的空运单据。

（三）国际多式联运单据

国际多式联运单据（multimodal transport document，M.T.D.；combined transport document，C.T.D.），是指证明国际多式联运合同以及证明多式联运经营人接管货物，并负责按照合同条款交付货物的单据，它是适应国际集装箱运输需要而产生的，在办理国际多式联运业务时使用。国际多式联运单据也称为国际多式联运提单（multimodel transport B/L or combined transport B/L）。

1.国际多式联运单据的性质与作用

（1）它是国际多式联运经营人与托运人之间订立的国际多式联运合同的证明，是双方在运输合同中确定权利和义务的准则。在国际多式联运成立后签发多式联运单据，因此，它不是运输合同，而是运输合同的证明。在国际多式联运的内容和条款中规定双方当事人订立的合同条款与实体内容。托运人在订立运输合同前应了解运输单据上所有条款，除非另有协议，应把单据内容和条款作为双方承担权利和义务的准则。

（2）它是国际多式联运经营人接管货物的收据。国际多式联运经营人向托运人签发多式联运单据表明已承担运送货物的责任并占有了货物。

（3）它是收货人提取货物和国际多式联运经营人交货的凭证。收货人或第三人在目的地提取货物时，必须凭国际多式联运单据换取提单（收货记录）才能提货。

（4）它是货物所有权的证明。国际多式联运单据持有人可以押汇、流通转让，因为国际多式联运单据是货物所有权的证明，可以产生货物所有权转移的法律效力。

2.国际多式联运单据的种类

国际多式联运单据可以分为两大类：可转让单据与不可转让单据。

（1）可转让国际多式联运单据分为指示单据（提单）和不记名单据（提单）。

（2）不可转让国际多式联运单据。它是记名单据（提单），是在单据下面收货人一栏中载明作为收货人的特定人（或公司）的提单，一般不能流通转让。

3.国际多式联运单据与联运提单的区别

国际多式联运单据在使用的形式上与联运提单有相同之处，但在其性质上又有极大区别。两者主要区别是：

（1）联运提单限于由海运与其他运输方式所组成的联合运输时使用，而多式联运单据既可用于海运与其他运输方式的联运，又可用于不包括海运的其他运输方式的联运，但必须是两种或两种以上不同运输方式的联运。

（2）联运提单由承运人、船长或承运人的代理人签发，多式联运单据则由多式联运经营人或经其授权的人签发，多式联运经营人可以是完全不掌握运输工具的无船承运人，全程运输由经营人安排其他承运人负责。

（3）联运提单的签发人仅对第一程运输负责，而多式联运的签发人则要对全程负责，无论货物在任何区段发生属于承运责任范围的灭失或损害，均对托运人负责。

（4）联运提单是货物装船之后，由第一承运人签发的全程联运提单，它属于已装船提单，而多式联运单据可以是已装船的，但大部分是在联运经营人接管货物后准备待运时签发的单据。《跟单信用证统一惯例》规定，银行将接受注明货物已发运、接受监管或已装载的单据。发运、接受监管或装载，可在多式运输单据上以文字表明，且出单日即视为发运、接受监管或装载日期及装运日期。然而，如果单据上以盖章或其他方式标明发运、接受监管或装载日期，则此类日期即视为装运日期。该惯例还规定，只要同一多式运输单据包括运输全程，即使信用证禁止转运，银行也将接受注明转运将发生或可能发生的多式运输单据。

复习思考题

1.什么是班轮运输？有哪些特点？

2.班轮运费计收标准有哪几种？

3.什么是包租船运输？包括哪几种？各有什么特点？

4.什么是集装箱运输和国际多式联运？

5.交货时间有几种规定方法？规定交货时间应该注意什么问题？

6.装运港和目的港如何确定？应该注意什么问题？

7.什么是分批装运和转运？

8.试述海运提单的性质和作用。

9.海运提单主要分为哪几种？

10.我某进出口公司对外出口100箱货物。货物按时装运并取得清洁海运提单，货物到目的港卸货发现只有90箱，买方以此为由扣10箱货款。该做法是否正确？为什么？

素质培养

广州港打造海陆双向国际通道，彰显
共建"一带一路"合作共赢

拓展学习资源

1.国际贸易中路货买卖风险转移问题探究
——以CISG第68条为中心展开
2.GENCON1994FORM
3.集装箱班轮提单
4.国际海事委员会（CMI）国际公约等资源
链接网站

第八章

货物运输保险

［学习目标与要求］

国际贸易货物在运输、装卸和储存当中，可能遭致各种风险，使货物损坏或支付额外费用。为了保障国际贸易货物当发生损失后得到经济补偿，一般需要投保货物运输险。本章要求掌握海上风险、损失和费用包括的内容；我国现行海运货物保险的承保范围、承保责任的起讫期限和英国伦敦保险协会海运货物保险条款。同时还要了解投保业务具体做法和各种保险合同填写的内容以及合同中保险条款的订立方法。

开篇案例

【案情】

中国公司 A 委托公司 B 向巴西出口一批专业制造大型机械设备。两家公司签署了一份合同，其中规定公司 A 负责生产和交付一批大型机械设备，公司 B 负责承担运输、安装和维护的责任。公司 B 购买了 ICC（A）险，设备在中国装运后，运送到巴西途中，货轮遭遇了一场强烈的风暴，导致货物受到了不同程度的损坏。一经抵达巴西，公司 B 进行了仔细的检查，确定了损坏设备的具体情况。随后，公司 B 向保险公司提出了保险索赔请求，附上了损坏设备的清单、运输文件以及货物检查报告。保险公司对索赔提出了异议，认为有些损失不在保险责任范围内，这些损失可能是由于机械设备的自身缺陷或错误的装载方式导致的。公司 B 坚持认为，所有损失都是在运输过程中发生的，应该由保险公司负责赔偿。由于争议无法通过双方协商解决，最终选择将纠纷提交国际仲裁机构。

【涉及的问题】

公司 B 与保险公司之间的纠纷主要围绕保险责任的范围展开。案例强调了确保保险责任范围清晰、明确，并强调准备充分的证据对解决因索赔范围引起的纠纷的重要性。国际贸易货物在运输、装卸和存储中，可能遭致各种风险，导致货物损坏或支付额外费用。应具备全局观念与风险规避意识，熟悉保险的种类以及承保范围，全面考虑购买的保险是否能够覆盖货物风险转移前的全过程。

● 第一节　海上风险、损失和费用

一、海上风险

海上风险（peril at sea）是指保险人承保的在海上和海与陆地、内河或与驳船相连接的地方所存在的风险。中国人民保险公司1981年1月1日制定的《海洋运输货物保险条款》（China insurance clause，CIC）沿袭了英国伦敦保险协会的海运货物保险条款的做法，为方便保险业务，保险条款将海上风险分为三类：第一类是一般海上风险，第二类是额外风险，第三类是特殊风险。

（一）一般海上风险

一般海上风险包括自然灾害和意外事故。

（1）自然灾害（natural calamities），是指由于自然界的变化产生的破坏力量可能造成的灾害。如被保险货物在运输途中遭遇恶劣气候、雷电、海啸、地震、洪水等可能造成损失。

（2）意外事故（fortuitous accidents），是指由于不能预料的因素或者不可抗力所造成的事故。如船舶搁浅、触礁、沉没、互撞、与流冰或其他物体碰撞、火灾、爆炸等可能造成货物损失。

（二）额外风险

额外风险（extraneous risks）是指在货物运输途中因偷窃、雨淋、短量、渗漏、破碎、受潮、受热、发霉、串味、玷污、钩损、锈损等可能造成的损失。

（三）特殊风险

特殊风险是指在货物运输途中因战争、敌对行为、罢工、进口国拒绝进口或没收以及拒绝提货等特殊因素可能造成的损失。

二、海上损失和费用

（一）海上损失

海上损失是指被保险的货物在运输过程中，由于发生海上风险事故（accident）导致保险标的物的直接或间接损失。为方便保险业务，保险条款将海上损失分为全部损失和部分损失：

1.全部损失

全部损失（total loss）简称全损，分为实际全损和推定全损。

实际全损（actual total loss）是指保险标的物全部灭失，或保险标的物损坏后不能复原，或标的物的物权丧失已无法复归于被保险人，或载货船舶失踪经过相当长时间仍无音讯等。

推定全损（constructive total loss）是指保险标的物的实际全损已经不可避免或

者恢复，修复受损货物以及运送货物到原定目的地所花费的费用超过该完好货物运往目的地的货物价值。

在发生推定全损情形时，被保险人可以要求保险人按保险货物的部分损失赔偿，也可以要求按推定全损赔付。在要求推定全损赔付时，必须向保险人提出委付（abandonment），经保险人同意，才能按推定全损赔付，所谓委付是指保险标的物发生推定全损的时候，被保险人自愿将保险标的物的一切权利转移给保险人，请求保险人按保险标的物全部保险金额予以赔偿的表示。

2.部分损失

部分损失（partial loss）是指保险标的物的一部分毁损或灭失，部分损失可以分为共同海损和单独海损。

（1）共同海损（general average，G.A.），我国《海商法》第一百九十三条规定："共同海损，是指在同一海上航程中，船舶、货物和其他财产遭遇共同危险，为了共同安全，有意地合理地采取措施所直接造成的特殊牺牲、支付的特殊费用。"例如，载货船舶在航行中搁浅，船长为了使船、货脱险，下令将部分货物抛弃，船舶浮起转危为安，被弃的货物就是共同海损牺牲。再如，在船舶搁浅后，为谋求脱险起浮而不正常地使用船上机器，导致主机破坏，船舶无法航行，被其他船拖至安全港。因此支付救助的报酬，就是额外费用。

共同海损的成立，应具备以下几个条件：

第一，载货船舶必须确实遭遇危及货、船等共同安全的风险事故，载货船舶处在危难之中，而不是主观臆断。如果因船长判断错误，采取了某些措施或因可以预测的常见事故所造成的损失，不能构成共同海损。

第二，共同海损牺牲必须是自愿的和有意识的行为所造成的。共同海损牺牲或费用的产生是由船长、船员的故意行动导致的，海上风险造成的意外损失不属于共同海损范畴。

第三，共同海损牺牲和费用支出必须是合理的。共同海损牺牲和费用支出必须以解除危难局面为限，船长不能滥用职权，任意扩大物资牺牲和费用支出。

第四，共同海损牺牲和费用支出的目的仅限于为保船、货等各方面的共同安全。

第五，损失必须是共同海损行为的直接结果。例如，当载货船舶遇到危难，开始往海中抛货，在抛货时海水溅入或冲入船舱，造成其他货物损失，此项损失也属于共同海损。共同海损牺牲和费用支出都是为使船舶、货物和运费免于损失，因而应该由船舶、货物或运费等方面按最后获救的价值共同按比例分摊，通常称为共同海损分摊（G.A.contribution）。我国《海商法》第一百九十三条规定："无论在航程中或者在航程结束后发生的船舶或者货物因迟延所造成的损失，包括船期损失和行市损失以及其他间接损失，均不得列入共同海损。"

（2）单独海损（particular average），是指被保险货物受损后，尚未达到全损程度，仅为部分损失，而这种部分损失不属于共同海损，是由各受损者单独承担的损失。例如，载货船舶在航行中遇到狂风巨浪，海水入舱造成部分货物受损。

除上述损失外，货物在运输途中，还有由于额外风险引起的种种损失。例如，由于偷窃行为所遭受的损失和因战争所遭受的损失等。

（二）海上费用

海上费用（maritime charges）是保险业的专有名词，特指抢救处于海上风险事故中承保货物支付的费用。海上费用包括施救费用和救助费用。

1.施救费用

施救费用（sue and labour charges），又称单独海损费用，是指当被保险货物遭受保险责任范围内的自然灾害和意外事故时，被保险人或其代理人或其受雇人等为抢救被保险货物，防止损失继续扩大所支付的费用。保险人对这种施救费用负责赔偿。

2.救助费用

救助费用（salvage charges）是指被保险货物遭受承保范围内的灾害事故时，除保险人和被保险人以外的无契约关系的第三者采取救助措施，获救成功，依据国际上的法律，被救方应向救助的第三者支付的报酬。救助费用应由保险人负责赔偿。保险人在赔付时，按照"无效果–无报酬"原则进行赔偿。

三、保险原则

根据国内外保险法律，保险合同订立与履行应遵守以下原则：

（1）可保利益原则。可保利益是指投保人在被保险财产中具有的经济利益，法律要求投保人在投保时，对被保险财产应当具有法律认可的可保利益，否则，即使保险合同已经达成也将归于无效。

（2）最大诚信原则。法律要求投保人在投保时，应本着最大诚信原则，全面、准确地主动将能够影响保险人决定是否承保或保险费率高低的事情，无保留地告知承保人，投保人隐瞒这些事实将导致保险合同归于无效。

（3）补偿原则。该原则要求投保人投保的保险金额不应超过财产的保险价值，否则，不合理的超额保险金额部分，承保人不予赔偿；重复保险的，各保险人只按保险价值的比率赔偿。

（4）减损原则。该原则要求被保险人应尽照顾被保险财产的义务。具体地，当发现投保的风险增加，应立即通知保险人；发生保险事故时，应采取必要措施防止或减少损失发生；应当遵守防火防盗等安全规则防止发生保险事故。否则，将承担减损不到位责任。

（5）代位求偿原则。该原则要求被保险人，在发生第三人责任导致保险事故时，如果保险人作出赔付，则被保险人应当毫无保留地将向该第三人索赔的权利转让给保险人，以便其代位向第三人追偿。被保险人拒绝转让该索赔权利，或者损害保险人实现该权利的，保险人有权向被保险人追回相应的赔付款项。

（6）支付保险费原则。该原则要求被保险人应当按照保险合同约定，或最迟在保险事故发生时，向保险人足额支付保险费，否则，保险人可拒绝签发保险单，或拒绝赔付损失。

● 第二节 我国海运货物保险条款

一、承保责任范围

中国人民保险公司为适应我国对外经济贸易的发展需要，根据我国保险工作的实际情况并参照英国伦敦保险协会海运货物保险条款，于1981年制定了我国的《海洋运输货物保险条款》。在这个条款里列明了保险公司承保责任范围、除外责任、责任起讫、被保险人的义务和索赔期限等内容。目前，国内各保险公司均执行该条款。

该保险条款规定的保险险别有基本险和附加险两大类。

（一）基本险

基本险，也称主险，是可以独立承保的险别。海洋货物运输保险的三个基本险被称为平安险、水渍险和一切险。这三个险种的名称与其名下承保的风险种类基本没有关系，只是名称而已。

1.平安险

平安险（free from particular average，F.P.A.）的原意是"单独海损不赔"，平安险一词为我国保险业的习惯叫法，沿用已久，其责任范围是：

（1）被保险货物在运输途中由于恶劣气候、雷电、海啸、地震、洪水等自然灾害造成整批货物的全部损失和推定全损。

（2）由于运输工具遭受搁浅、触礁、沉没、互撞、与流冰或其他物体碰撞以及失火、爆炸等意外事故造成货物的全部或部分损失。

（3）在运输工具已经发生搁浅、触礁、沉没、焚毁等意外事故的情况下，货物在此前后又在海上遭受恶劣气候、雷电、海啸等自然灾害所造成的部分损失。

（4）在装卸或转运时由于部分或整件货物落海造成的全部或部分损失。

（5）由于上述事故引起的共同海损的牺牲、分摊和救助费用，以及为抢救遭受危险货物和防止或减少货损而支付的合理费用。

（6）运输契约订有"船舶互撞责任"条款，根据该条款规定应由货方偿还船方的损失。

2.水渍险

水渍险（with particular average，W.P.A.）也是我国保险业务中的一种习惯叫法，其原意为"负责单独海损责任"。它的承保范围除包括上列平安险的各项责任外，还负责被保险货物由于恶劣气候、雷电、海啸、地震、洪水等自然灾害所造成的部分损失。

3.一切险

一切险（all risks）的承保责任范围，除包括平安险和水渍险的责任外，还包括被保险货物在运输过程中，由于一般外来因素所致的全部损失或部分损失。一切险实际上是平安险、水渍险、偷窃与一般附加险责任的总和。

（二）附加险

附加险是不能单独承保的险别。它必须依附于基本险项下，即只有投资基本险其中一种之后，才可增保附加险，并须另外支付一定的保险费。附加险分为一般附加险和特殊附加险。

1.一般附加险

一般附加险有偷窃与提货不着险（theft，pilferage and non delivery，TPND）、淡水雨淋险（fresh water and raindamage）、短量险（risk of shortage）、混杂与污染险（risk of intermixture and contamination risks）、渗漏险（risk of leakage）、碰损与破碎险（risk of clash and breakage）、串味险（risk of odour）、受潮受热险（damage caused by sweating and heating）、钩损险（hook damage）、包装破裂险（loss for damage caused by breakage of packing）、锈损险（risk of rust）等 11 种。

2.特殊附加险

特殊附加险是指承保特殊原因造成损失风险的险别。PICC 保险条款中的特殊附加险有交货不到险（failure to delivery risk）、进口关税险（import duty risk）、舱面险（on deck risk）、拒收险（rejection risk）、黄曲霉素险（aflatoxin risk）等，除此之外还有：

（1）战争险（war risk）。保险公司对于战争承保的责任范围包括：由于战争、类似战争行为和敌对行为、武装冲突或海盗行为以及由此引起的捕获、拘留、扣留、禁止、扣押所造成的损失或者各种常规武器（包括水雷、鱼雷、炸弹）所造成的损失，以及上述原因所导致的共同海损牺牲、分摊和救助费用。但对原子弹、氢弹等核武器所造成的损失不负赔偿责任。

（2）出口货物到中国香港包括九龙在内或中国澳门存仓火险责任扩展条款（fire risk extension clause for storage of cargo at destination Hong Kong，including Kowloon，Macao，F.R.E.C.）。这是一种扩展存仓火险责任的保险，我出口到港澳的货物，如直接卸到保险单载明的过户银行所指定的仓库时，加贴这一条款，则延长存仓期间的火险责任。保险期限从货物运入过户银行指定的仓库时开始，直到过户银行解除货物权益或者运输责任终止时起计算满 30 天为止。

这一保险是为了保障过户银行的利益。货物单据通过银行办理押汇业务，在货主未向银行归还货款前，货物的权益属于银行，因此，在保险单上必须注明过户给放款银行。在此阶段货物即使到达目的港，收货人也无权提货。货物往往存放在过户银行指定的仓库中，贴了这一条款，如在存仓期间发生火灾，保险公司负责赔偿。

（3）卖方利益险（contingency insurance cover seller's interest only）。卖方利益险是以卖方利益为保险标的一种保险，它属于一种特殊的海上货物运输保险。在投保了卖方利益险之后，当买方拒收时，保险人就会对被保险人，也就是卖方的利益承担责任，对保险单载明的承保责任范围内的货物损失进行赔偿。被保险人应该将其向买方或第三者要求赔偿的权利转移给保险公司。如对本保险项下的任何利益或赔款进行转让，保险公司即解除全部责任。某些国家对进口货物限制只能在进口国保险而我出口贸易又是采用托收方式时才投保此险。投保该险的保险费率按一切险费率的1/4和全部战争险的保险费率计收。

二、除外责任

除外责任（exclusion）是由保险公司明确规定不予承保的损失和费用。除外责任中所列的各项致损原因，一般都是非意外的、偶然性的或者是比较特殊的风险，由保险公司明确作为一种免责规定。除外责任还起到划清保险人、被保险人和发货人各自应负责任的作用。

除外责任一般规定有：被保险人的故意行为或过失；发货人的责任；保险责任开始前保险货物早已存在的品质不良和数量短差；保险货物的自然损耗、本质缺陷、特性；保险货物的市价下跌；运输延迟等造成的损失和引起的费用。还有对战争险、罢工险等承保的责任往往在一般货物运输险中也可作为除外责任。

三、承保责任的起讫期限

（一）基本险的责任起讫期限

平安险、水渍险和一切险的承保责任起讫期限采用国际保险业务中惯用的仓至仓条款（warehouse to warehouse clause，W/W）规定方法。它规定保险责任自被保险货物运离保险单所载明的启运地发货人仓库开始时生效，包括正常运输过程中的海上运输和陆上运输，直至该项货物到达保险单所载明的目的地收货人仓库为止。该条款中所指的"运离"是指货物一经离开发货人仓库，保险责任即为开始；所指"到达"是指货物一经进入收货人最后仓库，保险责任即告终止，在仓库中发生的损失概不负责。如果被保险货物从海轮卸下后放在码头仓库、露天或海关仓库，而没有运到收货人仓库，保险责任继续有效，但最长负责至卸离海轮60天为限。如在上述60天内被保险货物需转运到非保险单所载明的目的地时，则以该项货物开始转运时终止。另外，被保险货物在运至保险单所载明的目的地或目的地以前的某一个仓库而发生分配、分派的情况，则该仓库就作为被保险人的最后仓库，保险责任也在货物运抵该仓库时终止。

此外，被保险人可以要求扩展保险期限，例如，我们对某些内陆国家的出口业务，如在港口卸货转运内陆，无法按保险条款规定的保险期限在卸货后60天内到达目的地时，即可申请扩展，经保险公司出具凭证予以延长，须加收一定的保险费。但是，在办理扩展责任时，必须注意：在买卖合同的保险条款中对扩展期限和扩展地点应作出具体明确的规定。对于没有铁路、公路、内河等正常运输路线的地区，除非事先征得保险公司同意，一般不能规定扩展保险责任。对于散装货物一般也不办理扩展责任。

（二）海运战争险的责任起讫期限

海运战争险的责任起讫是自保险单所载明的启运港装上海轮或驳船时开始生效，直至到达保险单所载明的目的港卸离海轮或驳船时为止。如果货物不卸离海轮或驳船，则保险责任最长延至货物到达目的港之当日午夜起15天为止。如果在中途转船，则不论货物在当地卸载与否，保险责任以海轮到达该港或卸货地点的当日午夜起算满15天为止，等到再装上续运海轮时责任恢复有效。

● 第三节　伦敦保险协会海运货物保险条款

伦敦保险协会的海运货物保险条款在2009年完成最近一次修订并开始使用。

协会的海运货物保险条款一共有六种：《协会货物条款（A）》（Institute Cargo Clause A，以下简称条款（A））；《协会货物条款（B）》（Institute Cargo Clause B，以下简称条款（B））；《协会货物条款（C）》（Institute Cargo Clause C，以下简称条款（C））；《协会战争保险条款（货物）》（Institute War Clause—Cargo）；《协会罢工险条款（货物）》（Institute Strikes Clause—Cargo）；《恶意损害险条款》（Malicious Damage Clause）。

以上六种保险条款中，前三种，即（A）、（B）、（C）是主险，总体而言，条款（B）在实务中应用较少，条款（C）则专用于运载大宗低值货物的船舶发生事故所导致的损失，相对而言，条款（A）在海上保险中的使用较为普遍，且较具有代表性。战争险条款、罢工险条款和恶意损害险条款为附加险，但战争险和罢工险可以单独购买。

一、承保风险与除外责任

（一）条款（A）的承保风险与除外责任

1.条款（A）的承保风险

条款（A）承保范围较广，采用了"一切风险减去除外责任"的规定方式。其承保风险（也称承保事项）是：

（1）"除外责任"各条款规定以外的一切风险所造成的承保标的物损失。

（2）共同海损和救助费用。

（3）"船舶互有责任碰撞条款"下应由货方就承保风险承担的责任。

2.条款（A）的除外责任

条款（A）的除外责任（或称除外事项）包括一般除外规定的蓄意、恶行导致的货物灭失、损坏和费用；一般性自然渗漏、损耗，正常磨损；包装或配装不足或不当（insufficiency or unsuitability of packing or preparations）带来的损失或损坏；固有缺陷（inherent vice）或保险货物的本质造成的损失或损坏；延误造成的损失或损坏；船东、船舶经理人、承租人或船舶营运人的破产或经济困境（insolvency or financial default）带来的损失或损坏；核武器或核装置造成的损失或损坏；船舶或驳船不适航（此条不适用于保险合同已善意转让给另一方者）；集装箱运输工具不适运；战争或类战争行为（warlike activities）；罢工、被迫停工（lock-outs）、工潮（labour disturbances）、暴动（riots）和民众骚乱（civial commotions）；各种旨在推翻政府的恐怖组织行为。

（二）条款（B）的承保风险与除外责任

1.条款（B）的承保风险

条款（B）承保风险是采用"列明风险"的方式，承保项目是：

（1）归因于火灾、爆炸所造成的灭失或损害。

（2）归因于船舶或驳船触礁、搁浅、沉没或倾覆所造成的灭失或损害。

（3）归因于运输工具倾覆或出轨所造成的灭失和损害。

（4）归因于船舶、驳船或运输工具同任何外界物体碰撞所造成的灭失和损害。

（5）归因于在避难港卸货所造成的灭失和损害。

（6）归因于地震、火山爆发或雷电所造成的灭失和损害。

（7）共同海损牺牲引起保险标的物损失。

（8）由于抛货或浪击入海引起保险标的物损失。

（9）由于海水、湖水或河水进入船舶、驳船、运输工具、集装箱、大型海运箱或贮存处所引起保险标的物损失。

（10）货物在装卸时落海或跌落造成整件的全损。

（11）共同海损和救助费用；

（12）"船舶互有责任碰撞条款"下应由货方就承保风险承担的责任。

2.条款（B）的除外责任

条款（B）的除外责任是条款（A）的除外责任和条款（A）承保的"海盗行为"。

（三）条款（C）的承保风险和除外责任

条款（C）的承保风险是在条款（B）的承保项目中减去自然灾害（如地震、火山爆发、雷电等）和非重大意外事故（如装卸过程的整件灭失等）后的风险项目。条款（C）的除外责任与条款（B）相同。

二、协会货物条款（A）、（B）、（C）险保险期限

协会货物条款（A）、（B）、（C）险有关保险期限的规定是在运输条款（transit clause）、运输契约终止条款（termination of contract of carriage clause）和航程变更条款（change of voyage clause）三个条款中规定的。

运输条款是保险人对被保险货物应负仓至仓的责任以及被保险人在无法控制的情况下发生船舶绕航、运输迟延、被迫卸货、重新装载、转运或由于承运人行使运输契约所赋予的自由处置权而发生变更航程等情况，被保险人无须告知保险人及须付保险费。

运输契约终止条款规定出现被保险人无法控制的原因，被保险货物在运抵保险单所载明的目的地以前，运输契约即在其他港口或处所终止，则在被保险人立即通知保险人并在必要时加缴一定保险费的条件下，保险继续有效，直至货物在这个卸载港口或处所卖出和送交之时为止。但最长时间以不超过货物到达该港口或处所满60天为止。

航程变更条款主要规定，在保险责任开始之后，如果被保险人要求变更保险单所载明的目的地，则在立即通知保险人并另行确定保险费及保险条件的情况下，保险责任仍然有效。

● 第四节　投保与合同中的保险条款

一、我国海运货物保险业务

进出口货物自装运地运至目的地时，卖方或买方以运输途中的货物为标的物，向保险公司投保货物运输险。在办理保险时，须选择适当的险别，确定保险金额，缴纳保险费，并办理有关业务手续。

（一）投保险别的选择

保险公司承担的保险责任是以投保的险别为依据的，不同的险别，由于保险公司承担的责任范围不同，对被保险货物的风险损失的保障程度就不同，保险费率也不同，因此，如何适当地选择险别是个十分重要的问题。一般说来，对投保险别的选择，应该考虑以下几个条件：

（1）应视被保险货物同运输中可能遭致的风险与损失之间的关系而定。因为不同种类的货物，在运输途中遭遇意外事故，其损失情况和程度是不同的，所以在选择投保险别之前，应分析各种风险对货物致损的影响程度，以确定适当的险别。例如，有些货物容易吸潮，有些货物易于生热甚至燃烧，又有些货物极易遭受虫蛀鼠咬等。无论选择何种险别，保险公司对于货物潜在的缺点及运输途中的自然损耗，一般是不承保的。

（2）要考虑货物的包装状况，特别是一些容易破损的包装，对货物致损影响很大。选择险别时要考虑这一点，但是由于包装不良或由于包装不适合国际贸易运输的一般要求而使货物受损，保险公司是不负责任的。

（3）要考虑载货船舶的航行路线和停靠港口情况。某些航线途经热带，如载货船舶通风不良就会增大货损；在海盗经常出没的海域内航行，则货船遭受意外损失的可能性就大一些。同时，由于世界各地港口在设备、装卸能力以及安全程度等方面有很大差异，所以在投保前对上述情况应调查清楚，考虑可能发生的货损货差，以便选择适当的险别。出口采用CIF条件成交时，卖方投保时一定要根据买卖双方约定的险别予以投保。

（二）保险金额的确定与保险费的计算

保险金额是被保险人向保险公司申报的被保险货物的价额，是保险公司承担保险责任的标准，也是在被保险货物发生保险范围内损失时，保险公司赔偿的最高限额，还是保险公司计收保险费的基础。保险金额原则上应该是被保险货物的实际价值，但在国际贸易实践中，准确地核定进出口货物的实际价值是比较困难的，所以进出口货物运输保险金额一般是以发票价值为基础的，如按CIF成交，以买方的进口成本看，除进口货物的货价外，还须包括运费和保险费，即CIF价。以CIF价值作为保险金额，在货物发生损失时，被保险人已支付的经营费用和本来可以获得的预期利润，仍无法从保险公司获得补偿，因此，各国保险法及国际贸易惯例都允许进出口贸易运输保险的保险金额可在 CIF 货价基础上适当加成，一般是加成至110%。当然，保险公司与被保险人可以根据不同货物、不同地区、不同的经营费用和预期利润水平，约定不同的加成率，但过高的加成率，一般不会被认为是正常的。是否承保，由保险公司决定。

据此，保险金额的计算公式为：

保险金额=CIF货价×（1+加成率）

以 CIF 货价为计算保险金额的基础，这表明不仅货物本身而且包括运费和保险费都作为保险标的而投保，在发生损失时应该获得赔偿，因此，对 CFR 合同项下货物进行投保，须先把 CFR 货价变成 CIF 货价，再加成计算保险金额。以 CFR 货价为基础换算为 CIF 货价时，可用下列计算公式：

$$CIF货价=\frac{CFR货价}{1-投保比率×保险费率}$$

出口货物保险费可按以下公式计算：

保险费=CIF货价×（1+投保比率）×保险费率

保险费率是保险公司根据一定时期货物的赔付率情况确定的，因此，不同的货物、不同的险别、不同的目的地，保险费率也是不同的，我们在对外核算 CIF 价格中的保险费时，要考虑上述情况。

进口货物的保险金额是按进口货物的 CIF 货价计算的，其保险费的计算公式为：

以 FOB 价格成交的进口货物：

保险金额=FOB货价×（1+平均保险费率+平均运费率）

保险费=保险金额×平均保险费率

以 CFR 价格成交的进口货物：

保险金额=CFR货价×（1+平均保险费率）

保险费=保险金额×平均保险费率

（三）投保业务手续

保险的目的在于保障被保险的标的在遭受意外风险时能获得补偿，所以投保人应当在风险可能出现之前办理投保。进出口货物运输保险一般是按照仓至仓条款承保，因此，CIF 出口货物应在运离装运地仓库进入码头准备装船之前办理投保。CFR 或 FOB 出口货物是由买方办理投保的，但货物在装运港装船之前一段的保险仍须卖方自行安排。进口货物的投保，应在风险转移给进口人承担之前办理为宜。

保险人承保的是今后可能发生的意外风险，所以投保时如果被保险的标的物已经发生损失，保险理当无效。但是在国际贸易中，由于买卖双方相距遥远，传递信息不及时，投保时货物在外地或运输途中已经发生损失的事也是常有的，所以国际货物运输保险的习惯公认，投保时货物已经发生损失，只要是出于善意，保险仍然有效。如投保人投保时已知被保险货物发生损失，而保险人不知情者，则保险无效。

被保险人向保险人投保是一种签订契约的法律行为，被保险人就是发出要约人，习惯上多以书面形式提出，经保险人承诺，双方就确立了契约关系，被保险人提出的书面申请称为投保单或投保书（application for marine insurance）。被保险人填制投保单，应注意以下几点：

（1）申报真实。保险是建立在最大诚信原则基础上的契约关系，保险人一般只能根据投保单列明的资料进行审核，决定是否承保，并据以计算保险费，签发保险单。被保险人有将有关被保险货物的标的物情况及资料向保险人告知和正确陈述的义务，如所报情节不实或隐瞒，都会导致保险契约无效。

（2）投保单内容应与进出口合同、信用证有关规定相一致，如货物名称、数量、装卸港口、投保险别等，均应符合合同或信用证规定；否则，保险人根据投保单签发的保险单可能遭到买方或银行的拒付。

（3）保险金额，投保险别，被保险货物的名称、数量、包装以及载货船舶、航程、启航日期等均系投保单的重要内容，对于保险人决定承保、计收保险费以及未来赔偿关系极大，被保险人须慎重对待，正确填写。

二、合同中的保险条款

在签订出口合同时，如果按 FOB 或 CFR 条件成交，保险条款可规定为保险由买方自理（insurance to be effected by the buyers）。如果对方委托我方代办，可以订为："由买方委托卖方按发票金额的×%代为投保××险，保险费由买方负担。"（Insurance to be effected by the sellers on behalf of the buyers for ×% of invoice value against ×× risk，premium to be for buyers account.）

签订出口合同时，如果按 CIF 条件成交，规定按 PICC 的《海洋运输货物保险条款》办理，将双方约定的险别、保险金额等项内容在合同中予以列明。例如，"由卖方按发票金额的×%投保××险，按×年×月×日 PICC《海洋运输货物保险条款》负责。"（Insurance to be effected by the seller's for ×% of invoice value against ×× as per Ocean Marine Cargo Clauses of The People's Insurance Company of China dated ×/×/×.）

在签订进口合同时，由于我国进口货物多由我们自办保险，所以在进口合同中对保险条款的规定比较简单，通常规定装船后保险由买方负责（insurance to be effected by the buyers after loading）。

● 第五节　海运货物保险合同的形式

保险单据是一份法律文件，它是保险人与被保险人之间有关权利与义务关系的书面证明，也是保险人的承保证明。一旦发生保险责任范围内损失，它就是被保险人要求赔偿的依据。海运货物保险单据的形式主要有以下四种：

一、保险单

保险单（insurance policy），俗称大保险单或正式保险单，它是使用最多的普通保险单,用于承保一个指定的航区内某一批货物发生的损失。凡是指明航程或指明一批货物都可出示这种保险单。世界各地保险公司签发的海上货物运输保险单,格式互有差异,但其内容基本一致。《海洋运输货物保险条款》的内容是:

(一)保险单正面的内容

(1)证明双方当事人建立保险关系的文字,说明保险人根据被保险人的要求,由被保险人缴付约定的保险费,按照该保险单条件承保货物运输险。

(2)载明被保险货物的情况,包括货物品名、标记、数量、包装、保险金额以及载货船名、启运港和目的港、开航日期等。

(3)承保险别和理赔地点,及保险人声明所保货物如遇危险凭该保险单及有关证件给付赔款。

(二)保险单背面的内容

保险单背面所列保险条款是确立保险人与被保险人之间权利与义务关系的依据,主要包括承保责任范围、除外责任、责任起讫、被保险人的义务、索赔期限等。

二、保险凭证

保险凭证(insurance certificate),俗称小保单,它是简化的保险合同,所以它也是保险公司表示接受承保的一种证明文件。保险凭证仅载明被保险人名称,被保险货物名称、数量、标记、运输工具种类和名称,承保险别,起讫地点和保险金额等,而对保险公司和被保险人的权利和义务等方面的详细条款则不予载明,通常按保险公司的保险单所载条款办理。保险凭证具有与保险单同等的效力,但是,如果信用证内规定提供保险单时,受益人一般不能以保险凭证代替。

三、联合凭证

联合凭证(combined certificate)是指保险公司将承保险别、保险金额和保险编号加列在外贸公司开具的出口货物商业发票上,作为已经承保的证据。至于其他项目,均以发票上所列明的为准。它是发票与保险单相结合的一种凭证,是最简单的保险单据。这种单据目前只适用于对中国港澳地区部分华商和少数新加坡、马来西亚地区的出口业务,其他地区,除双方有约定外,一般均不使用。

四、预约保险单

预约保险单(open policy)是保险公司承保被保险人在一定时期内发运的以CIF条件成交的出口货物或以FOB和CFR条件成交的进口货物使用的保险单。这种保险单载明预约保险货物的范围、险别和保险费率以及每批货物的最高保险金额、保险费结算办法等。凡属于预约保险范围内的进出口货物,被保险人通知货物启运后,即自动按预约保险单所列条件承保。被保险人通知书的内容主要包括货物名称、数量、保险金额、运输工具的种类和名称、航程起讫地点、开航日期等。

● 第六节　其他运输方式的货物保险

海洋运输是国际贸易的主要运输方式，此外，还有陆上运输、航空运输、邮政包裹运输和国际多式联运等方式。随着科学技术的发展，国际经济联系日益密切和频繁，商品贸易量急剧增加，集装箱等成组化运输出现并迅速得到发展。货物通过陆上、航空和邮包运输数量不断增加，特别是使用国际多式联运的货物数量与日俱增，在整个国际贸易货物运输量中的比重也是明显上升，因此，陆上、航空、邮包及多式联运货物保险业务均脱离海上运输保险，成为各自独立的保险条款。

一、陆运险与陆运一切险

陆运险的承保责任范围与海洋运输货物保险条款中的"水渍险"相似。保险公司负责赔偿被保险货物在运输途中遭受暴风、雷电、洪水、地震等自然灾害，或由于运输工具遭受碰撞、倾覆、出轨，或在驳运过程中因驳运工具遭受搁浅、触礁、沉没、碰撞，或由于遭受隧道坍塌、崖崩，或失火、爆炸等意外事故所造成的全部或部分损失。此外，被保险人对承保责任内遭受风险的货物采取抢救、防止或减少货物损失的措施而支付的合理费用，保险公司也负责赔偿，但以不超过该批被救货物的保险金额为限。

陆运一切险的承保责任范围与海上运输货物保险条款中的"一切险"相似。保险公司除承担上述陆运险的赔偿责任外，还负责被保险货物在运输途中由于外来原因所造成的全部或部分损失。

陆上运输货物险的责任起讫也采用仓至仓责任条款。保险人负责自被保险货物运离保险单所载明的启运地仓库或储存处所开始生效，包括正常运输过程中的陆上和与其有关的水上驳船在内。直至该项货物运达保险单所载明的目的地收货人的最后仓库或储存处所或被保险人用作分配、分派的其他储存处所为止，如未运抵上述仓库或储存处，则以被保险货物运抵最后卸载的车站满60天为止。

陆上运输货物险的索赔时效为：从被保险货物在最后目的地车站全部卸离车辆后，最多不超过两年。

二、航空运输险与航空运输一切险

航空运输险的承保范围与海洋运输货物保险条款中的"水渍险"大致相同。保险公司负责赔偿被保险货物在运输途中遭受雷电、火灾、爆炸，或由于飞机遭受恶劣气候或其他危难事故而被抛弃，或由于飞机遭受碰撞、倾覆、坠落或失踪等自然灾害和意外事故所造成的全部或部分损失。

航空运输一切险的承保责任范围除包括上述航空运输险的全部责任外，保险公司还负责赔偿被保险货物由于被偷窃、短少等外来因素所造成的全部或部分损失。

航空运输险和航空运输一切险的除外责任与海洋运输货物险的除外责任基本相同。

航空运输货物险的两种基本险的保险责任起讫也采用仓至仓条款，但与海洋运输货物的仓至仓责任条款不同的是：如果货物运达保险单所载明目的地而未运抵保险单所载明的收货人仓库或储存处所，则以被保险货物在最后卸载地卸离飞机后满30天为止。如在上述30天内被保险货物需转送到非保险单所载明的目的地时，则在该项货物开始转运时终止。

三、邮包险和邮包一切险

邮包险是保险公司承保邮政包裹在运送中因自然灾害、意外情况和外来因素所造成包裹内物件的损失。由于邮包的运送是使用海、陆、空三种运输方式，因此，保险公司在确定承保责任范围时，必须同时考虑这三种运输工具可能出现的风险因素。

邮包险也经常使用海洋运输货物保险单加贴邮包险条款的做法。各国保险公司所使用的险别和确定承保责任范围的保险条款也不尽相同，比较常见的是使用海洋运输货物的"平安险"、"水渍险"和"一切险"的险别名称，但具体条款与海洋运输货物险的同名险别不完全一致。

我国保险公司参照国际上的通常做法结合我国邮政包裹业务的实际情况制定了较为完备的邮包险条款。

邮包险是指保险公司承保被保险邮包在运输途中由于恶劣气候、雷电、海啸、地震、洪水等自然灾害，或由于运输工具搁浅、触礁、沉没、碰撞、出轨、倾覆、坠落、失踪，或由于失火和爆炸等意外事故所造成的全部或部分损失；另外，还负责被保险人对遭受承保责任内风险的货物采取抢救、防止或减少货损的措施而支付的合理费用，但以不超过该批被救货物的保险金额为限。

邮包一切险的承保责任范围除包括上述邮包险的全部责任外，还负责被保险邮包在运输途中由于外来因素所致的全部或部分损失。

邮包险和邮包一切险的保险责任是自被保险邮包离开保险单所载明启动地点寄件人的处所运往邮局时开始生效。直至被保险邮包运达保险单所载明的目的地邮局发出通知书给收件人当日零时起算满15天为止，但在此期限内邮包一经递交至收货人的处所时，保险责任即告终止。

● 第七节　保险索赔

保险索赔（claim），也称提赔，是指当被保险货物遭受承保范围内的风险损失时，被保险人依据保险合同向保险人要求赔偿的行为。被保险人发现货损必须依据索赔的要求和程序处理提赔事宜。

一、提赔手续

被保险货物运抵目的港，发生货损货差，收货人首先应判定损失责任，以确定索赔对象，向有关责任方要求损失赔偿。进出口货物发生残损，除货物在装运时品质不佳、包装不良或数量不足而引起的损失以及由于货物本身特性引起的损失，应由卖方或发货人负责外，一般在运输途中由于自然灾害或意外事故造成货物的损失，只要是保险单承保责任范围内的损失，保险人应负赔偿责任，被保险人可向保险人提出索赔。

（一）损失通知与残损检验

被保险货物运抵目的港后，被保险人或其代理人应及时查看，发现属于保险人承保责任范围内的损失时，应立即通知保险人在卸货港的检验或理赔代理人。被保险人及时发出损失通知，是向保险人请求损失赔偿的必备手续。保险人应根据通知及时派人到现场进行查看检验，调查损失原因，搜集有关证据，确定责任。同时，保险人与被保险人均应及时采取施救措施，防止损失继续扩大。如被保险人未能及时发出损失通知或不发通知，则有可能因此丧失请求赔偿的权利。

一般情况下，对于遭受残损的货物，应尽可能保留现场，以便保险人及有关各方进行检验，确定责任。某些明显的货损货差，如包装破裂、件数短少等，应取得承运人或港务理赔部门的证明，并应向有关责任方请求赔偿，在保留索赔权的前提下先行办理提货手续。如包装破裂而使货物外露，货物有可能遭致损失时，也应在现场由承运人、保险人及其他有关方面会同检验，取得检验报告，如货物表面完好，收货人也须在货物进入仓库之后及时查看，发现货损立即通知保险人检验。如卸货港没有保险人的检验或理赔代理人，根据保险单规定，收货人须聘请公证机构进行检验并出具证明。

被保险货物的损失，凡应由承运人或其他第三者负责时，被保险人首先应向有关责任方索赔，在第三者责任方拒赔或赔偿不足或拖延不理赔时，可转向保险人索赔，并将有关索赔文件转交保险人，保证保险人可向第三者责任方行使追偿权利。

（二）提赔证据及时效

被保险人向保险人或其代理人提赔，除以书面提出索赔申请，开列索赔清单外，还须提供下列文件，以证明被保险货物损失程度和保险人应负赔偿责任：

（1）货物残损检验报告。货物残损检验报告是检验机构对受损货物实地检验的客观记录，证明被保险货物损失情况，是被保险人提赔的客观证据，但它不是确定保险责任的依据，而是保险人了解货物损失情况的重要根据。

（2）保险单或保险凭证。保险单或保险凭证是保险人承保证明。保险人是否负赔偿责任，就是依据保险单及其所列条款确定的。

（3）发票、提单、装箱单和重量单。这些单据是证明被保险货物原有状况的，对于确定货物残损情况有重要参考价值。

（4）海事报告。海事报告是载货船舶在航行途中遭遇恶劣天气、意外事故或其他海难时，船长据实记录的报告，目的在于证明航程中遭遇海难，船舶或货物可能遭致损失，并且声明船长及船员已经采取一切必要措施，是人力不可抗拒的损失，船方应予免责。海事报告对于海难情况、货损原因以及采取的措施都有证明。对于确定损失原则和保险责任都有重要的参考作用。

（5）被保险人为保全被保险货物支付的合理损害防止费用以及货物残损检验费用的开支清单，根据保险条款规定，这些费用均可从保险人获得补偿。

（6）向承运人或其他第三者索赔的有关文件和来往函电。

除上列文件和单据外，保险人可根据损失情况和理赔需要，要求被保险人提交其他证据。这些单据和文件是被保险人提赔的依据，保险人是否承担赔偿责任，除根据现场调查搜集的资料外，主要是依据这些文件进行判断。它是保险人审核理赔案件的重要依据。

被保险人向保险人索赔，应在一定期限内提出，各国有关保险的法律和保险人的保险条款，对索赔时间都有规定。逾期索赔，被保险人就会丧失索赔权利。《海商法》第二百六十四条规定："根据海上保险合同向保险人要求保险赔偿的请求权，时效期间为二年，自保险事故发生之日起计算。"

（三）保险人利益的保护

保险合同是经济补偿合同。被保险货物发生损失后，被保险人能否及时得到经济补偿，保险人是否受理，不仅关系到双方当事人的经济利益，而且关系到保险人的信誉和未来业务的开展，因此，保险人既要严格履行保险责任，又要保障自身的正当利益，做到以保险合同规定的条款为根据，分清损失责任，合理赔付。为此，保险人受理被保险人的索赔应遵循下列原则：

（1）索赔人必须拥有保险利益。保险利益是保险合同成立的前提条件。被保险人对被保险货物不拥有保险利益，保险合同无效。但在国际贸易实践中，被保险人往往需要在不拥有保险利益情况下办理投保，所以进出口货物运输保险一般不要求被保险人投保时一定拥有保险利益。但在货物发生损失被保险人提出索赔时，必须拥有保险利益，否则就不能取得保险人的赔偿。

（2）被保险人货物损失，必须是由于保险人承保责任范围内的风险直接导致的损失。被保险货物发生损失，原因是多种的，而保险人所承担的损失赔偿责任，只限于保险单承保风险直接造成的损失。保险单承保风险以外的原因造成的损失，或保险单除外风险所致损失，保险人均不负赔偿责任。

在实际业务中，载货船舶在航行中情况复杂多变，而被保险货物发生残损，往往是在错综复杂的情况下造成的，因此，要确定保险人的赔偿责任，就必须弄清造成损失的原因。分析损失原因，就是要分析承保风险与损失之间的关系。货物发生损失，同保险人承保风险之间有的是直接关系，有的是间接关系。保险人只对承保风险与货物损失之间有直接因果关系的损失负赔偿责任。在国际保险业中称为近因（proximate cause）原则。

二、提赔应注意的问题

（1）海运货物运输保险一般是定值保险，当货物发生全损时，应赔偿全部保险金额。如为部分损失，则须合理确定赔偿比例。但是，对于易碎和易短量货物的赔偿，保险业有两种规定方法：一种是当货物发生破碎和短量时，保险人可以免赔一定的百分数，即通常所说的免赔率。免赔率可分为相对免赔率（franchise）和绝对免赔率（deductible）。两者的相同点是，如果损失数额不超过免赔率，均不予赔偿。两者的不同点是，如果损失数额超过免赔率，相对免赔率不扣除免赔率，全部予以赔偿；绝对免赔率要扣除免赔率，只赔超过部分。《海洋运输货物保险条款》对某些指明货物是采取绝对免赔率的。如果不计免赔率，保险公司要加收保险费。另一种规定是不论损失程度（irrespective of percentage，I.O.P.），保险公司都对破碎和短量货物进行赔偿。

（2）当被保险货物遭受严重损失，被保险人要求按推定全损赔偿时，必须将货物及其一切权利委托（abandonment）给保险人。保险人一经接受委付就只能按推定全损赔偿，并取得处理残余货物的权利。如果被保险人不提出委付通知，则被认为被保险人要保留残余货物的权益，保险人只给予部分损失的赔偿。被保险人向保险人发出委付通知，保险人可以接受，也可以不接受。

复习思考题

1.海上风险有哪几种？

2.什么是风险、损失和保险？三者之间有什么关系？

3.什么是实际全损和推定全损？

4.什么是共同海损？构成共同海损应该具备哪些条件？共同海损与单独海损的异同点是什么？

5.一艘载运出口货物的轮船，在航行途中前舱起火，船长下令灭火，火被扑灭后船上造成以下损失：①烧毁全部服装；②烧毁一部分木材；③灭火时一部分布匹被浇坏；④为了灭火方便船甲板切开损失一部分修理费；⑤一部分纸张被水浸毁。请区分哪些损失是共同海损？哪些损失是单独海损？

6.按CIF条件成交，保险金额是如何确定的？为什么？

7.我某进出口公司按CIF条件对外出口，发票总额为2 500美元，按发票总值110%投保一切险和战争险，保险费率分别为0.6%和0.04%。我进出口公司应付多少保险费？

8.英国伦敦保险业协会货物险有哪几种险别？它们的承保范围是如何划分的？

9.海运货物保险合同有哪几种？

10.进口保险费的计算方法与出口保险费计算方法有何不同？

案例

从大连新港驶往新加坡，在航行途中船舶货舱起火，大火蔓延到机舱，船长为了船货的共同安全，下令往舱内灌水，火很快被扑灭。但由于主机受损，无法继续航行，于是船长雇用拖轮将船拖回新港修理，修好后重新驶往新加坡。这次意外造成的损失有：①400箱货被火烧毁；②300箱货被水浇湿，无其他损失；③100箱货既受热熏损失，又受水渍损失，但未发现任何火烧的痕迹；④100箱货被火烧过且有严重水渍；⑤主机及部分甲板被烧坏；⑥拖轮费用；⑦额外增加的燃油和船上人员工资。试分析上述损失的性质，并指出需投保何种险别，才能取得保险公司的赔偿？

分析：属于共同海损的是②、⑥、⑦，属于单独海损的是①、④、⑤，而对第

③种损失，由于没有发现任何着火的痕迹，仅受到热熏损失和水渍损失，按照保险业务的习惯做法，通常将热熏损失列为单独海损，这是因为热熏是火引起的，如果船长不下令施救，该部分货物有可能着火燃烧；对于水渍部分可列为共同海损，因为它是灌水施救的直接结果。至于第④种损失，由于这100箱已着火，但被扑灭，虽有严重水渍，也只能列为单独海损。这是因为货物已着火，如不施救，该货将被烧毁，因此对水渍部分不列为共同海损。以上损失只要投保了《海洋运输货物保险条款》的平安险或英国伦敦保险协会海运货物保险的《协会货物条款（C）》即可获得保险公司赔偿。

素质培养

海运保险中的"猫腻"——贸易术语风险
转移与可保利益归属划分

拓展学习资源

1.INSTITUTE CARGO CLAUSES （A）
2.INSTITUTE CARGO CLAUSES （B）
3.INSTITUTE CARGO CLAUSES （C）
4.国际海上货物运输保险代位求偿权与保险
利益的关系
5.浅析国际海洋货物运输保险中保险利益的
相关问题
6.中国人民保险公司《海洋运输货物保险条款》
7.《中华人民共和国保险法》

第九章

国际贸易结算票据

[学习目标与要求]

国际贸易结算是涉及货物买卖双方当事人所在国家和企业或个人利益的重要问题。国际贸易结算工具主要是票据,因此,对各种票据的含义、内容、使用程序和有关法律问题应该深入了解和运用,尽量避免在货款结算业务中出现差错。

开篇案例

【案情】

公司 Epsilon 和公司 Zeta 达成了一份涉及大宗商品的国际贸易合同,使用汇票作为支付工具。然而,在结算过程中,公司 Epsilon 提出了汇票承兑的纠纷,称其遭到了承兑银行的拒绝,导致无法按时收款。具体原因包括汇票上的信息不符、交付的文件不完整等。公司 Epsilon 认为这是公司 Zeta 在结算过程中不履行责任导致的。进一步调查发现,公司 Epsilon 和公司 Zeta 在合同中对汇票的类型理解存在偏差。公司 Epsilon 出具的是即期汇票,而公司 Zeta 预期的是 90 天远期汇票。这种类型差异成为了纠纷的一个关键点。

【涉及的问题】

本案中涉及的问题涵盖了国际贸易结算中汇票承兑的重要性与可能导致拒绝的因素,学习本章了解不同类型汇票的特点以及其在合同中的明确定义,认识付款条件不清晰可能导致的付款延迟问题,以及在纠纷解决中选择适当的方法和沟通方式。在学习过程中需要深入了解汇票的操作机制,合同条款的清晰表述对于避免纠纷的必要性,以及解决纠纷的方法和沟通技巧。

● 第一节　票据的含义与作用

一、票据的含义

《中华人民共和国票据法》（以下简称《票据法》）第二条规定："本法所称票据，是指汇票、本票和支票。"在商业活动中，票据是一个宽泛的概念，大致可分为商业票据（如发票、仓单、提单、保险单等）和金融票据（如汇票、本票、支票、股票、存款单等）。《票据法》界定的票据仅包括金融票据中具备支付功能的票据。支付票据是指以支付一定金额为目的的有价证券。

二、票据的作用

（一）债权债务的结算

票据除承担国内债权债务结算任务外，还承担国际结算中债权债务结算任务，其中包括国际贸易结算。国际贸易结算主要方式是非现金结算，在非现金结算条件下，必须使用一定的支付工具用以结清债权债务，迫切要求票据这种支付工具承担这项任务。例如，A 国债务人向所在地银行购买一张银行汇票，寄给 B 国债权人，由 B 国债权人向当地银行兑取汇票金额票款，从而结清双方当事人的债权债务。

（二）流通、转让

票据在未到付款日期以前可以经过背书转让给他人，再经他人背书还可继续转让。背书人对于票据的付款，负有担保责任。由于票据的背书转让，票据在市场上广泛地流通，成为一种流通工具，可以减少现金的使用，扩大票据使用的领域。

（三）信用凭证

票据本身没有内在价值，它不是商品，它是建立在信用基础上的书面支付证券。票据的出票人在票据上书写了支付信用保证，付款人或承兑人见票承诺按照票面规定无条件履行付款义务。例如，A 向 B 购货，约定 B 交货后三个月付款，A 向 B 开立一个以自己为付款人、三个月付款的商业本票，则 A 三个月付款的商业信用，被其出具的本票所代替。

（四）抵销债务

国际贸易所发生的债权债务，可以使用票据将两国之间的债权债务加以抵销。

国际贸易使用的票据属于涉外票据，所谓涉外票据是指在出票、背书、承兑、保证、付款等行为中，既有发生在我国境内，又有发生在我国境外的票据。涉外票据适用我国《票据法》。《票据法》第九十五条规定："中华人民共和国缔结或者参加的国际条约同本法有不同规定的，适用国际条约的规定。但是，中华人民共和国声明保留的条款除外。"该条还规定："本法和中华人民共和国缔结或者参加的国际条约没有规定的，可以适用国际惯例。"该法第九十六条规定："票据债务人的民事行为能力，适用其本国法律。票据债务人的民事行为能力，依照其本国法律为无民事行为能力或者为限制民事行为能力而依照行为地法律为完全民事行为能力的，适用行为地法律。"

● 第二节　汇　票

一、汇票的含义

英国《票据法》（Bill of Exchange Act）称汇票（bill of exchange or draft）是一人向另一人签发的，要求即期或定期或在可以确定的将来时间，对某人或其指定人或持票人支付一定金额的无条件书面支付命令。

我国《票据法》第十九条规定："汇票是出票人签发的，委托付款人在见票时或者在指定日期无条件支付确定的金额给收款人或者持票人的票据。"

国际贸易货款结算方式从资金流向和结算工具传递的方向来看，可分为顺汇和逆汇。所谓顺汇（remittance）是由债务人或付款人主动将货款交给银行，委托银行使用某种结算工具，支付一定金额给债权人或收款人的结算方法。所谓逆汇（honour of draft）是由债权人以出具票据方式，委托银行向国外债务人或付款人收取一定金额的结算方法。卖方在索取货款时，往往开出汇票作为要求付款的凭证。

二、汇票必须记载的事项

各国票据法对汇票必须记载事项的规定基本相同。我国《票据法》第二十二条规定："汇票必须记载下列事项：（一）表明'汇票'的字样；（二）无条件支付的委托；（三）确定的金额；（四）付款人名称；（五）收款人名称；（六）出票日期；（七）出票人签章。汇票上未记载前款规定事项之一的，汇票无效。"

汇票样本见表9-1。

表9-1　　　　　　　　　　　　　汇票样本

No._____　　　　　　Dated_____

Exchange for ▨▨▨▨▨▨▨▨

At_____sight of this first of exchange
(Second of the same tenor and date unpaid) pay to the order of
_____the sum of

▨▨▨▨▨▨▨▨▨▨▨▨▨▨▨▨▨▨▨▨▨▨▨▨

Drawn under _____

_____

_____

To_____

_____

_____

现在就以上必须记载的事项，分别说明如下：

（一）表明"汇票"的字样

对于汇票必须标明"汇票"字样，我国《票据法》和1930年日内瓦《统一汇票本票法公约》（Uniform Law on Bills of Exchange and Promissory Notes）都要求在汇票的正面标明"汇票"字样（bill of exchange or exchange for or draft）。英国《票据法》无此项要求。在汇票上标明"汇票"字样的目的在于与本票、支票加以区别，以免混淆。

（二）无条件支付委托

汇票是无条件支付委托或称无条件支付命令，因为汇票是出票人指示付款人支付给收款人的无条件支付命令书，所以支付不能受到限制，也不能附带任何条件。例如，At 90 days after sight of this first of exchange，pay to the order of Bank of China the sum of USD100 000。

支付命令是书写的，包括打字或印制的，但不能用铅笔书写，以免涂改。我国《票据法》第九条规定："票据金额、日期、收款人名称不得更改，更改的票据无效。"

（三）确定的金额

汇票上标明确定的金额，包括表示明确确定金额和约确定金额两种。在约确定金额的情况下，要求任何人根据汇票文义的记载和国际惯例都能得到同样金额。在汇票上有两处表示汇票确定金额：一处是货币外文缩写和金额阿拉伯数字；另一处是货币外文缩写和金额英文大写。我国《票据法》第八条规定："汇票金额以中文大写和数码同时记载，二者必须一致，二者不一致的，票据无效。"

（四）付款人名称

在汇票上有"To"字样，在"To"之后应填写汇票付款人（payer）名称或受票人（drawee）。要写清楚付款人名称及详细地址，以便持票人按提示承兑或要求付款。在国际贸易中结算方式主要有两种：一种是托收方式，在托收业务中付款人为买卖合同中的买方，所以汇票付款人名称即为买方名称；另一种是信用证方式，在信用证业务中付款人为开证行或开证行指定的付款行，应将开证行名称和地址或者被指定付款行名称和地址写清楚。

（五）收款人名称

汇票上收款人也称受款人，通常有三种写法。

（1）限制性抬头。例如，仅付××公司（pay ×× Co.only），或付给××公司，不准流通（pay ×× Co.not negotiable）。这种抬头的汇票不能流通转让，只能由××公司收取票款。

（2）指示式抬头。例如，付××公司或其指定人（pay ×× Co.or order 或 pay to the order of ×× Co.）。这种抬头的汇票，除××公司可以收取票款外，也可以经过背书转让给第三者。

（3）持票人或来人抬头。例如，付给来人（pay bearer），这种抬头的汇票无须由持票人背书，仅凭交付汇票即可转让。

当前，尽管我国已经加入世界贸易组织，但国际收支差额表中的资本项目尚未完全对外开放，国家外汇管理部门委托国内银行作为收款人，因此，在出口结汇出具的汇票上的收款由银行指示代为收款，所以在汇票上收款人抬头多用"pay to order of …"方法，例如，由中国银行指示作为收款人，在汇票上"收款人"一栏应缮制"pay to order of Bank of China"。

（六）出票日期

汇票必须注明出票日期，以便凭以确定出票人在出具汇票时有无行为能力、出票的公司是否成立，还可凭以确定某些汇票的付款到期日、提示期限、承兑期限、利息起算日等。如遇出票人停止支付时，借以了解出票是否有效。

如果是出票后定期付款的汇票，没有写明出票日期；或见票后定期付款的汇票，在承兑时未写明承兑日期，持票人均可在汇票上加注真实的出票日期或承兑日期，汇票仍然可以有效使用。

（七）出票人签章

出票人在出票后必须签字盖章使汇票产生法律效力。汇票上签字盖章的人必须是企业的法人代表或接受委托的代理人。无民事行为能力人或者限制民事行为能力人在汇票上签章是无效的。

三、汇票的票据行为

汇票的票据行为包括出票、背书、承兑、保证、付款和追索权等，每一项票据行为都是法律行为，必须严格按照《票据法》的规定进行。

（一）出票

出票（issue）是指出票人签发票据并将其交付给收款人的票据行为。出票在票据各项行为中是主要的票据行为，其他的行为都是在出票行为基础上行事。

汇票的出票包括两个环节：一是缮制汇票，并在汇票上签字（to draw a draft and sign it）；二是将汇票交付给收款人（to deliver the draft to payee）。汇票只有经交付才算完成出票行为，因此汇票的出票、背书、承兑等票据行为在汇票交付前是可撤销的和不生效的，只有将汇票交付给他人后，出票、背书、承兑的行为才生效，并且是不可撤销的。

汇票的出票行为发生后，出票人对收款人或持票人应按汇票的内容担保汇票被承兑和付款。若付款人拒绝承兑或拒绝付款，持票人即可做成拒绝证书，向出票人行使追索权，出票人应该偿付汇票金额。出票人为了免除对持票人承担被追索的责任，可在汇票上加注"对出票人不得追索（without recourse to drawer）"的字样，但这种汇票进行转让就很困难。

（二）背书

背书（endorsement）是指在票据背面或者粘单上记载有关事项并签章的票据行为。背书包括两个环节：一是在汇票背面或者在粘单上记载有关事项并由背书人签章和记载背书日期；二是将背书后的汇票交给被背书人，只有经过交付才算完成背书行为。

背书是以票据权利转让给他人为目的的法律行为。汇票经过背书，汇票的权利即由背书人转移至被背书人，由被背书人取得票据所有权。背书人对票据所负的责任与出票人相同，背书人对其转让的被背书人有担保票据被付款人承兑和付款的责任。持票人行使其票据上的权利，以背书依次连续前后衔接作为取得正当权利的证明。背书是票据的附属行为，背书方式有以下几种：

1.限制背书

限制背书（restrictive endorsement），即背书人在汇票背面注明"仅付……（被背书人名称）（pay to …only）"或"付给……（被背书人名称）不得转让（pay to …not transferable）"。

2.空白背书

空白背书（blank endorsement），即背书人只在汇票背面签章，而不载明被背书人的名称。汇票一经空白背书，就成了来人汇票。受让人可以不作背书仅凭交付来转让汇票权利。但空白背书可以变成记名背书，也可再恢复空白背书。

3.特别背书

特别背书（special endorsement），也称记名背书或全衔背书，即背书人在汇票背面除签章自己名字外，还要写上被背书人的名字，被背书人可再作记名或空白背书将汇票继续转让。

4.托收背书

托收背书（endorsement for collection）是指背书文字含有"for collection"字样或类似字句，背书人借以授权被背书人为背书人代收票款。被背书人可为托收目的而在汇票上背书，因此，托收背书不是转让汇票所有权，而是委托被背书人代收票款。

我国《票据法》规定背书不得附有条件。背书时附有条件的，所附条件不具有汇票效力；将汇票金额的一部分转让的背书或者将汇票金额分别转让给两人以上的背书无效。

汇票可以设定质押，质押时应当以背书记载"质押"字样。被背书人依法实现其质押权时，可以行使汇票权利。

（三）承兑

承兑（acceptance）是指汇票付款人承诺在汇票到期日支付汇票金额的票据行为。定日付款或者出票后定期付款的汇票，持票人应当在汇票到期日前向付款人提示承兑。提示承兑是指持票人向付款人出示汇票，并要求付款人承诺付款的行为。

付款人承兑汇票的，应当在汇票正面记载"承兑（accepted）"字样和承兑日期并签章；见票后定期付款的汇票，应当在承兑时记载付款日期。付款人承兑汇票不得附有条件，如付款人（买方）将进口货物验收合格后承兑等；承兑附有条件的，视为拒绝承兑。

付款人是汇票承兑人（acceptor），也是汇票主债务人，应当承担到期付款的责任。汇票在承兑前由出票人对持票人承担法律责任，汇票在承兑后由承兑人对持票人承担相应法律责任。

（四）保证

汇票保证（guarantee）是指汇票债务由汇票债务人以外的其他人承担保证责任的票据行为。保证人一般是第三人，被保证人则是出票人、承兑人、背书人等。我国《票据法》第四十六条规定，保证人必须在汇票或者粘单上记载：表明"保证"字样；保证人名称和住所；被保证人的名称；保证日期；保证人签章。该法对保证还有以下规定：

（1）保证不得附有条件，附有条件的，不影响对汇票的保证责任。

（2）保证人对合法取得汇票的持有人所享有的汇票权利，承担保证责任。但是，被保证人的债务因汇票记载事项欠缺而无效的除外。

（3）被保证的汇票，保证人应当与被保证人对持票人承担连带责任。汇票到期后得不到付款的，持票人有权向保证人请求付款，保证人应当足额付款。

（4）保证人为两人以上的，保证人之间承担连带责任。

（5）保证人清偿汇票债务后，可以行使持票人对被保证人及其前手的追索权。

（五）付款

付款（payment）是指汇票到期持票人提示汇票，经付款人或承兑人正当地付款以后，汇票即被解除责任。正当地付款是指付款人或承兑人在汇票到期日和以后善意地付款给持票人。

收款人或持票人在收取汇票票款时应交出汇票，该汇票即成为付款人从出票人取得已付款的收据。付款人除要求持票人交出汇票外，还可要求持票人出具收款凭证或在汇票注明"收讫"字样并签章为证。

（六）追索权

追索权（right of recourse）是指汇票遭到拒绝承兑或拒付，持票人向其前手背书人、出票人以及汇票的其他债务人行使追索的权利。

我国《票据法》第六十二条规定："持票人行使追索权时，应当提供被拒绝承兑或者被拒绝付款的有关证明。持票人提示承兑或者提示付款被拒绝的，承兑人或者付款人必须出具拒绝证明，或者出具退票理由书。未出具拒绝证明或者退票理由书的，应当承担由此产生的民事责任。"

持票人因承兑人或者付款人死亡、逃匿或者其他原因，不能取得拒绝证明的，可以依法取得其他有关证明。持票人不能出示拒绝证明、退票理由书或者未按照规定期限提供其他合法证明的，丧失对其前手的追索权，但是，承兑人或付款人仍应当对持票人承担责任。

四、汇票的种类

汇票的分类方法和依据有很多种，现在主要介绍以下几种：

（一）按是否附有货运单据分类

1.光票

汇票的出票人在出票收取票款时不附有货运单据，称为光票（clean bill）。光票只用于收取广告费、样品费、佣金和运费等，出口人收取货款一般不使用光票。有时信用证的受益人收取信用证项下的剩余金额，可能出具光票向进口人收款。

2.跟单汇票

汇票的出票人在出票收取票款时附有货运单据，称为跟单汇票（documentary bill）。这里所说的货运单据是指代表货物所有权的海运提单和多式联运单据，不包括其他运输方式的货运单据。在国际货物买卖业务中，经常大量使用跟单汇票。跟单汇票有货物所有权凭证，出口人可以向银行融通资金，办理押汇业务。

（二）按载明付款时间不同分类

1.即期汇票

凡汇票上载明付款人见票立即付款的汇票称为即期汇票（sight bill）。我国《票据法》规定："汇票上未记载付款日期的，为见票即付。"

2.远期汇票

凡汇票上载明付款人于将来一定日期付款的汇票称为远期汇票（time bill or usance bill）。远期汇票付款时间规定方法主要有以下几种：

（1）付款人见票后若干天付款，如见票后30天、60天、180天等（at ×× days after sight）。

（2）出票后若干天付款（at ×× days after date of draft）。

（3）提单日期后若干天付款（at ×× days after date of bill of lading）。

（4）货物到达后若干天付款（at ×× days after date of arrival of goods）。

（5）指定的日期后若干天付款。

（三）按汇票的出票人不同分类

1.商业汇票

汇票的出票人是工商企业、商人等，出具的汇票称为商业汇票。在国际货物买卖中，出口人出具的汇票都是商业汇票（commercial bill）。

2.银行汇票

以银行为出票人，委托国外分行或联行付款的汇票称为银行汇票（banker's bill）。

3.商业汇票和银行汇票的主要区别

（1）商业汇票出票人是工商企业、商人；而银行汇票出票人是银行。

（2）商业汇票的付款人是进口人或银行；而银行汇票的付款人是银行。

（3）商业汇票多用逆汇；而银行汇票多用顺汇。

（4）商业汇票可分为即期汇票和远期汇票；银行汇票多数为即期汇票。

（5）商业汇票多为跟单汇票；而银行汇票多为光票。

（四）按汇票的承兑人不同分类

1.商业承兑汇票

远期汇票的承兑人是进口人或其指定个人，称为商业承兑汇票（commercial acceptance bill）。

2.银行承兑汇票

远期汇票的承兑人是银行，称为银行承兑汇票（banker's acceptance bill）。银行承兑汇票的付款人是银行，汇票经银行承兑后可以在市场上流通。

● 第三节　本票和支票

一、本票

我国《票据法》第七十三条规定："本票是出票人签发的，承诺自己在见票时无条件支付确定的金额给收款人或者持票人的票据。"这里本票（promissory note）的含义只限银行本票，不包括工商本票（也称商业本票），商业本票有即期和远期之分。英国《票据法》中本票的定义是，本票是一人向另一人签发的，保证即期或定期或在可以确定的将来时间对某人或指定人或持票人支付一定金额的无条件的书面承诺。

（一）本票必须记载的事项

我国《票据法》第七十五条规定："本票必须记载下列事项：（一）表明'本票'的字样；（二）无条件支付的承诺；（三）确定的金额；（四）收款人名称；（五）出票日期；（六）出票人签章。本票上未记载前款规定事项之一的，本票无效。"

本票举例如下：

Promissory Note

USD1 000

Dalian

August 20，2024

Sixty days after date I promise to pay ××Co.or order the sum of one thousand dollors.

×××

×××（Signed）

（二）本票的当事人

本票的当事人有三个：出票人、付款人和收款人。但出票人和付款人为同一个人，实际就有两个当事人，即出票人和收款人。

1.出票人

本票的出票人是签发本票的人，也是本票的付款人，承担在本票到期时向收款人或持票人付款的责任。

2.收款人

本票的收款人是债权人。收款人可以背书转让本票，并对后手保证付款。若出票人拒付，持票人和收款人可以行使追索权。本票的持票人未按照规定期限提示见票的，丧失对出票人以外的前手的追索权。

（三）本票的种类

本票从不同的角度，可分为以下几种：

1.按本票出票人不同分类

（1）商业本票（commercial promissory note），是指出票人是工商企业或商号或个人的本票，亦称一般本票。

（2）银行本票（banker's promissory note），是指出票人是银行的本票。

2.按本票付款时间不同分类

（1）即期本票（sight promissory note），是指本票的付款人见票即付。

（2）远期本票（forword promissory note），是指本票的付款人在将来可以确定的时间，本票到期日付款的本票。商业本票可分为即期本票和远期本票；银行本票只有即期，而无远期。

（四）本票与汇票的区别

（1）本票是无条件的付款承诺；而汇票则是无条件支付命令。

（2）本票的当事人有两个，即出票人和收款人；而汇票的当事人有三个，即出票人、付款人和收款人。

（3）本票的出票人即是付款人，远期本票到期由出票人付款，没有承兑的程序；而远期汇票提示后有承兑程序。

（4）本票在任何情况下，出票人都是主债务人；而汇票在承兑前，出票人是主债务人，在承兑后，承兑人是主债务人。

（5）本票出票只开一张；而汇票出票一般一式两份或数份。

（6）英国《票据法》规定，外国本票退票时，无须做成拒绝证书；而汇票退票时，必须做成拒绝证书或退票理由书。

二、支票

（一）支票的含义

我国《票据法》第八十一条规定，支票（check）是出票人签发的，委托办理支票存款业务的银行或者其他金融机构在见票时无条件支付确定的金额给收款人或者持票人的票据。

英国《票据法》规定，支票是以银行为付款人的即期汇票。具体来说，支票是银行存款户对银行签发的授权银行对某人或其指定人或持票人见票支付一定金额的无条件书面支付命令。

（二）支票必须记载的事项

我国《票据法》第八十四条规定："支票必须记载下列事项：（一）表明'支票'的字样；（二）无条件支付的委托；（三）确定的金额；（四）付款人名

称；（五）出票日期；（六）出票人签章。支票上未记载前款规定事项之一的，支票无效。"

　　支票举例如下：

Check for USD1 000　　　　　　　　　　　　　　　　　　Dalian August 11，2024

Pay to the order of ×× Co.

The sum of one thousand dollors to Bank of China

　　　　　　　　　　　　　　　　　　　　　　　　　　×××

　　　　　　　　　　　　　　　　　　　　　　　　　　×××（Signed）

　　（三）支票的当事人

　　1.出票人

　　出票人是银行的存款户。出票人开出支票，存款的银行承诺保证付款。出票人可以在支票上记载自己为收款人。出票人签发的支票金额超过其在付款人处实有的存款金额的，为空头支票。禁止签发空头支票。

　　2.付款人

　　支票的付款人是出票人的开户银行。当持票人向开户银行提示支票时，银行要审核支票上必须载明事项和出票人存款金额是否满足支付金额并在提示期内承担付款义务。我国《票据法》规定，支票的持票人应当自出票日起10日内提示付款。

　　3.收款人

　　支票的收款人是出票人或持票人或其指定人。支票上应记载收款人名称，支票上未记载收款人名称的，经出票人授权，可以补记。

　　（四）支票的种类

　　（1）按"收款人"一栏填法不同，可以分为记名抬头、指示抬头和来人抬头。记名抬头有"pay to …only"字样或有"not negotiable"字样；指示抬头是在"收款人"一栏打上"to order"，经背书可以转让；来人抬头是在"收款人"一栏打上"bearer"，转让无须背书。

　　（2）按使用目的不同，可以分为现金支票和转账支票。现金支票只能用于支取现金；转账支票只能用于转账，不能支取现金。

复习思考题

　　1.试述票据的含义和作用。

　　2.汇票、本票与支票的含义及用途是什么？

　　3.汇票有哪些必须记载事项？

　　4.简述汇票的票据行为。

　　5.汇票有哪些种类？

　　6.远期汇票付款时间有哪些规定方法？

　　7.汇票与本票有何区别？

8. 支票有哪些必须记载事项？

素质培养

严查开证行资信情况，
警惕信用证诈骗风险

拓展学习资源

1. 论票据的无因性原则及其相对性———票据
无因性原则"射程距离"之思考
2. 论票据质押背书的效力———《票据法》
与《物权法》之间立法冲突的协调
3. 票据背书法律制度研究
4. 《中华人民共和国票据法》

第十章

汇款和托收

[学习目标与要求]

汇款和托收是常用的两种商业结算方式，应掌握汇款和托收的种类、使用程序及特点，特别要掌握托收的商业信用结算方式的风险，防止在出口业务中遭受经济损失。

开篇案例

【案情】

A出口公司和B公司签订了一份大型挖掘机设备合同，合同规定采用D/P at after 90 days跟单托收方式结算。A公司选择A′银行作为托收行，而B公司选择B′银行作为代收行。交易中，B′银行在B公司承兑汇票后，将单据放给了B公司。到达规定的付款日，B公司未有任何付款动静，引发了A公司的担忧和不满。尤其是因为B′银行将D/P远期承兑放单的方式改为了D/A（承兑交单），这导致了法律责任的争议。随后，A公司对B′银行提起诉讼。起诉的理由是B′银行未按照合同规定执行D/P方式，而是擅自更改为D/A方式，并将单据放给了B公司。当地法院意识到案件的复杂性，以及可能对国际贸易合作产生的负面影响，主动请求A公司撤销诉讼，并提出通过调解方式解决纠纷。

【涉及的问题】

此案中，首先，合同签订时明确定义的支付方式（D/P at after 90 days）对于国际贸易非常关键，但在合同执行中出现了问题。其次，代收行（B′银行）在未经另一方同意的情况下擅自更改支付方式，触发了支付方式变更的法律责任争议。此外，案例凸显了跟单托收方式的重要性，其中托收行（A′银行）和代收行（B′银行）在贸易中扮演了关键角色。通过对本课程的学习能够更加熟练地处理国际贸易中的支付事务，降低交易风险，并更好地理解合同中的支付条款和相关的贸易

法规。

● 第一节　汇　款

一、汇款的含义

汇款在国际结算中也称国际汇兑（international exchange），是指债务人或其指定的付款人通过银行或者其他金融机构，将应付款项汇交给债权人或其指定的收款人的结算方式。利用汇款方法进行结算的情况很多，如寄售和售定出口的货款归还，预付货款和订金，汇交和退还履约金以及汇付佣金、代垫费用、索赔款和欠款等。

办理汇款需要由汇款人向汇出银行（以下称汇出行）填交汇款申请书，汇出行有义务按申请书上的要求，通过它的账户行或代理行（汇入银行，以下称汇入行）向收款人解付货款。有时，国外买方直接将票据寄给我出口公司，出口公司接到票据后应及时送交其结算的银行，办理收汇。

二、汇款结算程序

汇款的当事人有四个，即汇款人、汇出行、汇入行和收款人。

（一）汇款人

汇款人（remitter）是委托银行或其他机构将款项汇交给收款人的一方。在进出口业务中通常是进口人。

（二）汇出行

汇出行（remitting bank）是接受汇款人的委托，办理汇出业务的银行。汇出行有义务按照汇款人的指示，向其账户行或代理行发出付款委托书，委托其向付款人解付汇款。汇出行对汇款中的延误、遗失、电信传递失误等不负责任，对其作为汇入行的账户行或代理行在办理汇款业务中的失误也不负责。

（三）汇入行

汇入行（paying bank）是受汇出行的委托，解付汇款的银行，也称付款行或解付行。汇入行通常是汇出行的账户行或代理行。

（四）收款人

收款人（payee）是接受汇款的人。在进出口业务中通常是出口人。

汇款结算程序如图10-1所示。

三、汇款的种类

传统上，汇款有三种方式：电汇、信汇和票汇。如今，随着互联网技术应用的普及，已经很少有人使用后两种方式了。在进出口业务中，采取哪一种汇款方式，由买卖双方当事人在合同中约定。

（一）电汇

电汇（telegraphic transfer，T/T）是由汇款人委托汇出行用电报、电传或SWIFT（Society for Worldwide Interbank Financial Telecommunication——环球同业银行金融

电信协会）汇款系统等电信方式发出付款委托通知书给收款人所在地的汇入行，委托汇入行将款项解付给指定的收款人。

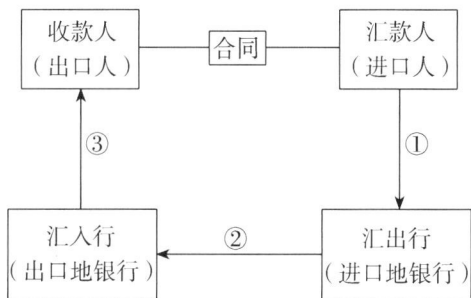

图10-1 汇款

说明：

① 汇款人（进口人）到汇出行（进口地银行）办理汇款手续，填写汇款申请书，说明汇款方式并将汇付金额交汇出行。

② 汇出行按汇款申请书的要求，向代理行（汇入行）发出汇款指示。

③ 汇入行收到汇款后，立即向收款人（出口人）解付。

汇入行收到汇出行的电汇委托通知书并核对密押后，即通知收款人凭约定的身份证明取款，收款人收取汇款后，出具收据作为收妥汇款的凭证，汇入行解付汇款后，除向汇出行收回垫款或邮寄付讫借记通知（debit advice）进行转账外，应将收据寄交汇出行转交汇款人，作为汇款业务顺利完成的凭证。电汇速度快，费用高。

（二）信汇

信汇（mail transfer，M/T）是汇出行受汇款人的委托，用银行信汇委托书（M/T advice）或付款通知书（payment order），通过邮政航空信件方式寄发，汇入行收到汇出行邮寄的信汇委托书或付款通知书后，核对汇出行的签字或印鉴，无误后向收款人解付。信汇费用较低，但汇款速度较慢，目前已很少有人使用。

（三）票汇

票汇（demand draft，D/D）是汇款人向本地银行购买银行汇票，自行寄给收款人，收款人凭以向汇票上指定的银行取款。如今，此种方式也很少有人使用。

在国际贸易中，汇款方式通常用于预付款（payment in advance）、随订单付现（cash with order，C.W.O.）、交货付现（cash on delivery，C.O.D.）和记账交易（open account trade）等业务。采用预付货款和随订单付现，对出口人来说，是先收款后交货，资金不受积压，这是进口人对出口人一种信任的表示。反之，采用交货付现和记账付现时，对出口人来说，先交货后收款，积压资金，这是出口人对进口人的信任，对出口人有一定的风险。

买卖合同中的预付货款条款，一般应这样规定："买方应于×年×月×日前将全部（或部分）货款用电汇（信汇和票汇）方式预付给卖方。"（The buyer shall pay the total value （partial value） to the seller in advance by T/T （M/T or D/D） not later than ×.)

● 第二节 托 收

一、托收的含义

广义上，托收（collection）就是委托他人收款。按照国际商会制定的《托收统一规则》（URC522 号出版物）的规定，托收是委托银行凭单据收款。具体来说，托收是指出口人在货物装运之后，开具以进口人为付款人的汇票，随附有关单据，委托当地银行通过它的国外联行或代理行向指定的进口人收取货款的结算方式，此种方式有利于进口人。

二、托收方式的当事人

托收方式主要涉及以下四个当事人：

（一）委托人

委托人（principal）是指出具汇票和提供单据委托银行向付款人收取货款的人，即出口人。委托人在办理托收业务时，要与托收行签订委托代理合同，并负担相应各项费用和承担付款人拒付的风险。

（二）托收行

托收行（remitting bank）是指接受委托人委托向付款人收取货款，同时又是委托国外账户行或代理行向付款人收款的出口地银行。托收行以委托人出具的托收申请书作为依据，向国外代收行寄送托收委托书，委托人所有委托收款事宜均在托收委托书上面，托收行与代收行严格按托收委托书和托收国际惯例处理托收业务。

（三）代收行

代收行（collecting bank）是指接受托收行委托向付款人收款的进口地银行，又称受托行。代收行一般是托收行的国外账户或代理行。

（四）付款人

付款人（payer）是买卖合同项下的进口人。

除上述四个当事人外，有时可能有提示行（presenting bank），当代收行与付款人不在一地或代收行不是付款人的开户行时，代收行要委托另一家银行提示汇票和单据代收货款，受委托银行称为提示行。

三、托收方式的种类

托收方式依据汇票是否随附装运单据来分，可以分为光票托收与跟单托收。

（一）光票托收

光票托收是指出口人在收取货款时，仅凭汇票，不随附任何装运单据。这种方式一般用于收取信用证项下余额、代垫费用、佣金以及样品费等结算。

（二）跟单托收

跟单托收依据交单条件的不同，可分为付款交单和承兑交单两种：

1.付款交单

付款交单（documents against payment，D/P）是指出口人的交单以进口人的付款为条件，即出口人将汇票连同装运单据交给银行托收时，提示银行只有在进口人付清货款时，才能交出装运单据。按支付时间的不同，付款交单又可分为即期付款交单和远期付款交单。

（1）即期付款交单（documents against payment at sight，D/P sight）是指出口人装运之后，开具即期汇票，连同装运单据交给当地银行，通过银行向进口人提示，进口人见票后须立即付款，付清货款后，领取装运单据，即通常所说的"一手交钱，一手交单"，如图10-2所示。

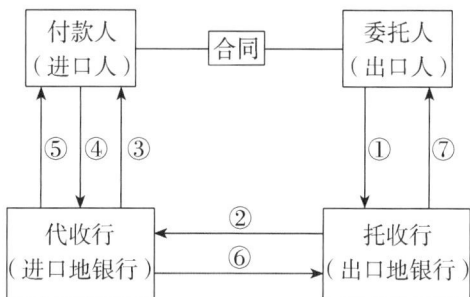

图10-2　即期付款交单

说明：

① 出口人按合同规定装运后，填写托收委托申请书，开具即期汇票，连同装运单据交托收行，请求代收货款。

② 托收行根据托收申请书缮制托收委托书连同汇票、装运单据寄交进口地代收行委托代收货款。

③ 代收行按照委托书的指示向买方提示汇票与单据。

④ 进口人付款。

⑤ 代收行交单。

⑥ 代收行办理转账并通知托收行款已收妥。

⑦ 托收行向委托人转账付款。

在国际贸易结算中，有的将付款交单与凭单付现（cash against documents，C.A.D.）等同对待；也有的将"凭单付现"解释为出口人将装运单据直接交至进口人或其代理人，由进口人或者代理人汇付货款；还有的将"凭单付现"解释为出口人在收取货款时，无须开具汇票，只凭装运单据收款，即见单付款。因此，在进出口双方使用该术语时应该明确其具体含义。

（2）远期付款交单（documents against payment after sight，D/P after sight）是指出口人装运之后，开具远期汇票，连同装运单据交给当地银行，通过银行向进口人提示，由进口人承兑远期汇票，于汇票到期日付清货款后领取装运单据。

在远期付款交单条件下，进口人为了抢行应市，不失时机地转销货物，可与代收行商量在汇票到期前借单提货，待汇票到期日再付清货款，这是代收行给予资信较好的进口人的一种通融方式。代收行要求进口人出具信托收据，借取装运单据，先行提货。所谓信托收据（trust receipt，T/R）是指进口人向代收行借取装运单据时，提供的一种书面担保的文件，用来表示愿意以代收行的受托人身份代为提货、报关、存仓、保险、出售并承认货物所有权仍属银行，货物售出后所得货款应交银行。这是代收行向进口人提供的信用便利，与出口人无关，因此，如在代收行借出单据后，当汇票到期不能收到货款，则代收行应对出口人负全部责任，这种形式具有银行信用的性质；如果由出口人主动授权代收行向进口人凭信托收据借装运单据提货，这种做法称为付款交单凭信托收据借单（D/P·T/R）。若汇票到期，进口人拒付，则与代收行无关，由出口人自己承担拒付风险，如图10-3所示。

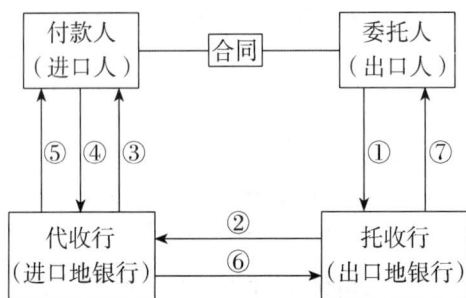

图10-3　远期付款交单

说明：

① 出口人按合同规定装运后，填写委托申请书，开具远期汇票连同装运单据交托收行，请求代为收款。

② 托收行根据委托申请书缮制托收委托书连同汇票和装运单据寄交进口地代收行委托代收货款。

③ 代收行按照委托书的指示向进口人提示汇票与单据，进口人在汇票上承兑后交回代收行。

④ 进口人到期付款。

⑤ 代收行交单。

⑥ 代收行办理转账并通知托收行款已收妥。

⑦ 托收行向委托人转账付款。

2.承兑交单

承兑交单（documents against acceptance，D/A）是指出口人装运之后，开具远期汇票连同装运单据交给当地银行，通过银行向进口人提示，由进口人承兑远期汇票之后，即可取得装运单据，提取货物，待汇票到期再付清货款。这种方式，出口人通过银行向进口人交单，是以进口人承兑远期汇票为条件的，所以对出口人来说，风险较大，如图10-4所示。

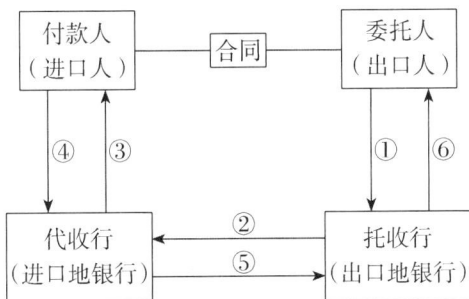

图10-4 承兑交单

说明：

① 出口人按合同规定装运后，填写托收申请书，开具远期汇票，连同装运单据交托收行，请求代收货款。

② 托收行根据托收申请书缮制托收委托书连同汇票、装运单据寄交进口地代收行委托代收货款。

③ 代收行按照托收委托书的指示向进口人提示汇票和单据，进口人在汇票上承兑，代收行收回汇票，同时将装运单据交给进口人。

④ 进口人到期付款。

⑤ 代收行办理转账并通知托收行款已收妥。

⑥ 托收行向委托人转账付款。

四、托收的特点

托收结算方式是以进口人为付款人，委托人与银行之间是委托代理合同关系，银行不负责保证付款，因此，托收是商业信用。银行办理托收业务时，只是作为委托人的代理行事，既无检查装运单据是否齐全或正确的义务，也无承担付款的责任。如果付款人借故拒绝付款赎单提货，除非另有约定，银行也无义务代为保管货物。

在付款交单的情况下，进口人在没有付清货款之前，货物的所有权仍属于出口人。如果进口人拒付，出口人有权另行转卖货物，但出口人需承担仓储保管费用、损耗、手续费和风险等。至于在承兑交单的情况下，进口人只要在汇票上履行承兑手续，即可取得装运单据，凭以提货。出口人收款的保障就是进口人的信用，一旦进口人拒付，虽然可以起诉，往往进口人已陷于无力付款的境地，甚至破产倒闭等，出口人便遭受款、货两空的损失，所以承兑交单的风险比付款交单更大。

五、采用托收的利弊

（一）对进口人的利弊

托收方式是以进口人为付款人的商业信用结算方式，进口人有很大的主动权，当市场对其不利时，常常以各种借口要求出口人降低货价，否则拒绝付款赎单。另外，在托收业务中进口人可以不用准备大量资金，待单据和票据提示后进行付款，不积压资金，节省银行贷款利息，特别是远期付款交单（D/P）方式可以使用信托收据先提货销售后再行付款。承兑交单（D/A），先取得单据提货，待汇票到期付款，所以进口人争取采用托收方式成交。

对进口人的不利方面是在远期付款交单的情况下，进口人承兑远期汇票，要承担到期付款的法律责任，如果不按时付款和不付款，可能受到出口人的起诉。

（二）对出口人的利弊

托收方式对出口人有利，使出口人具有交易优势，可以推销库存和滞销货物。在付款交单（D/P）的条件下，出口人运用控制单据的权利，促使进口人付款，保证安全收款。有时候出口人利用装运单据和票据向托收行融通资金，办理押汇业务。

托收方式对出口人风险较大，进口人经常以各种理由拖延付款或拒付货款或要挟降低货价；特别是承兑交单（D/A）风险更大，要严格审慎采用。

六、有关托收的国际惯例

国际商会为了向办理托收业务的当事人提供可遵循的共同规则，于1958年草拟了《商业单据托收统一规则》，此后分别于1967年、1978年和1995年5月作出修订，并定名为《托收统一规则》（国际商会第522号出版物）（The Uniform Rules for Collection, ICC Publication No.522），简称"URC522"，于1996年1月1日实行。

"URC522"分为：总则，定义，托收方式及结构，提示方式，义务与责任，付款、利息、手续费及费用，其他规定等七部分，共计26条。修订后的"URC522"有以下特点：

（一）明确规定"URC522"适用条件

"URC522"第四条规定："一切寄出的托收单据均须附有托收指示书，注明该托收按照'URC522'办理，并给予完全而准确指示。"

（二）详细规定托收指示书的内容

对托收指示书的内容作出规定，共11项：

（1）发出托收单据的银行的详情。

（2）委托人的详情。

（3）付款人的详情。

（4）提示行的详情。

（5）托收金额及货币。

（6）寄送单据清单及每一单据份数。

（7）据以取得付款和/或承兑的条款及条件。

（8）对应收取的费用，注明是否可以放弃。

（9）如有应收利息，也须注明是否可以放弃。

（10）付款方法及通知付款的方式。

（11）发生不付款、不承兑和/或与其他指示不符合时的指示。

（三）详细列明银行负责条款

在"URC522"的"义务与责任"条款中，详细列明了责任条款，主要有：规定银行应尽善意和合理的谨慎义务核实单据在表面上与托收指示书所列一致、银行不处理货物、原样提示单据、按委托提示要求付款、及时转款、查看汇票上的承兑形式在表面上是否完整和正确、按委托指示作出付款或承兑拒绝证书、代收行按照规则通知托收结果、对信件或单据在寄送途中发生延误和（或）失落所造成的一切后果以及由于不可抗力事件造成的后果不承担责任等。

（四）规范用语

在"URC522"中明确指出，用语要准确，诸如"第一""迅速""立即"及类似词语，在表示与提示相关或涉及付款人必须接受单据或必须采取任何其他行动的时限时不应使用。如果使用了这类词语，银行将不予理会。

七、使用托收方式应注意的问题

托收对出口人有一定风险，特别是承兑交单风险更大，但对扩大出口有利。进口人可以免交开证押金和手续费，还有预借单据提货之便利。在我们出口业务中，应该根据不同货物的销售情况、不同客户、不同国家的贸易习惯，适当使用托收方式。在使用此种方式时，应注意以下问题：

（1）应该在调查研究的基础上，选择资信好的和经营作风正派的国外商人作为采用托收方式的交易对象。

（2）采用托收方式时，成交金额不宜过大，特别是不能超过国外商人的支付能力。

（3）要了解进口国家的贸易管制和外汇管理制度，以免货到目的港后，进口人未领到进口许可证或未申请到外汇等，从而给我们造成被动和损失。

（4）要了解进口国家的贸易习惯，以免影响安全迅速收汇。如有的国外代收行只接受即期付款交单的托收委托，而把远期付款交单当作承兑交单处理，并不承担任何责任和风险；有的国家银行对 D/P 概念很陌生，常常要求将 D/P 远期改为 D/A；还有的国家商人在即期付款交单情况下，要按"当地习惯"，即在货物到达目的港后，而不是代收行提示后即行"见票"，这种"习惯"在欧洲和非洲都有。按此习惯，万一货物到达不了目的港，进口商就可永不"见票"，永不付款。因此，为避免进口商以"当地习惯"为借口迟付或逃避付款，除应在出口合同中加列利息条款外，尚应明确规定进口商应在汇票第一次提示时即行付款或承兑，还可以在合同中明确规定"自装船后××天交单付款"。

（5）为避免或减轻托收方式给我们带来的风险，可以按 CIF 价格成交，装运前投保卖方利益险和海运货物运输险，防止在拒付的情况下货物遭受损失，进口人逃之夭夭，我们可凭保险单向保险公司索赔。

（6）采用托收方式成交，提单不应以进口人为收货人，最好采用"空白抬头、空白背书"提单，为了维护我方出口利益，在取得代收行同意的条件下，也可以代收行作为提单抬头人。

八、合同中的托收条款

（一）即期付款交单

合同应规定："买方应凭卖方开具的即期跟单汇票，于第一次见票时立即付款，付款后交单。"（Upon first presentation the buyers shall pay against documentary draft drawn by the sellers at sight.The shipping documents are to be delivered against payment only.）

（二）远期付款交单

合同应规定："买方对卖方开具的见票后××天付款的跟单汇票，于第一次提示时应予承兑，并应于汇票到期日即予付款，付款后交单。"（The buyers shall duly accept the documentary draft drawn by the sellers at××days sight upon first presentation and make payment on its maturity.The shipping documents are to be delivered against payment only.）

（三）承兑交单

在合同中应规定："买方对卖方开具的见票后××天付款的跟单汇票，于第一次提示时应予承兑，并应于汇票到期日即予付款，承兑后交单。"（The buyers shall duly accept the documentary draft drawn by the sellers at××days sight upon first presentation and make payment on its maturity.The shipping documents are to be delivered against acceptance.）

复习思考题

1.汇款的含义与用途是什么？

2.汇款有哪几种？

3.托收的含义是什么？

4.托收有哪些当事人？

5.试述托收方式的种类与每种方式的支付程序。

6.简述托收对进出口人的利弊。

7.说明托收方式的特点与使用托收应该注意的问题。

案例

国外一家进口商先是采用D/P付款方式与国内出口商签订合同，进口商要求出口商在提单上托运人和收货人两栏均注明为该外国公司。货到目的港后，该进口商以货物是自己的为由，以保函和营业执照复印件为依据向船公司凭副本海运提单办理提货。货物被提走后，该进口商不向银行付款赎单，将货物迅速转卖，导致国内出口商货款两空。

分析：首先，提单上的托运人不能随便填写。这是因为提单上的托运人是与承运船公司达成运输合同的契约方或发货人，船公司依据运输合同向托运人负责，并按照托运人的指示将货物放给收货人或正本提单持有人。因此，提单上的托运人应为出口商或其代理人，而不能是任何第三方，更不能是货物进口商。一旦货物的进口商成为海运提单的托运人，即意味着向船公司发出指令权转移。其次，少用记名提单。因为这种提单不能转让，缺乏灵活性。国际上对价值高或特殊货物才使用这种提单。另外，美国有关法律规定，记名提单不是提货凭证。为了更好地保护自己，出口商应避免在 D/P 方式下做成以进口商为收货人的记名提单，以防止未经付款，货物落入进口商之手。海运提单的收货人一栏应为空白抬头，而且托运人一栏不能填写进口人名称。

素质培养

以法治思维推进法治质检，
助力进出口商品质量提升

拓展学习资源

1.《托收统一规则》重点条款解读

2.出口跟单托收的风险防范

3.从一则案例看《URC522》对国际贸易的
影响及其风险防范

4.国际商会托收统一规则

5.远期付款交单的潜在风险与卖方应对措施：
基于案例的研究

第十一章

信用证

［学习目标与要求］

通过本章学习，掌握和了解信用证的含义、支付程序，各种信用证的区别，信用证特点，信用证对各当事人的风险与防范措施等；同时还要学会申请开立信用证业务和使用信用证结算的业务。

开篇案例

【案情】

中国出口商A和美国进口商B签署了一份高质量的电子产品销售合同，合同规定了电子设备的数量、规格、交货日期以及付款条件。为了确保交易的安全性，双方决定使用信用证作为支付方式。公司B向其银行申请开立信用证，规定在收到符合合同要求的装运文件后付款。公司A按照合同规定的时间交付了电子设备，并提供了相应的装运文件。公司B的银行收到装运文件在审查过程中，发现提单上的货物数量与合同规定的不一致，公司B的银行拒绝支付款项，并通知公司A。公司A坚持认为其按照合同履行了交货义务，要求公司B的银行履行支付义务。双方无法通过直接沟通解决争端，最终将纠纷提交给仲裁机构的仲裁庭。

【涉及的问题】

此案例突显了在国际贸易信用证交易中，合同和文件的一致性对于避免纠纷至关重要。同时，合同中详细规定的条款和信用证的准确开立也是确保交易顺利进行的重要因素。通过本课程的学习了解信用证定义、信用证特点、信用证对各当事人的风险与防范措施等，以更灵活地应对各种贸易需求。

● 第一节　信用证的含义与作用

一、信用证的含义

信用证（letter of credit，L/C，根据上下文，有时也简称 credit）的含义，国际商会 2007 年修订的《跟单信用证统一惯例》（Uniform Customs and Practice for Documentary Credit，以下称《UCP 600》）第二条规定：信用证意指一项约定，无论其如何命名或描述，该约定不可撤销并因此构成开证行对于相符提示予以兑付的确定承诺。

简单地说，信用证是开证银行根据开证申请人的请求，以自身的名义向受益人开立的在一定金额和一定期限内凭规定的单据付款的书面保证，该项保证是不可撤销的。换句话说，如果银行开出的信用证是可撤销的，则不是《UCP 600》定义的信用证。

二、信用证的作用

信用证在国际贸易结算中有以下几个作用：

（一）银行保证作用

信用证方式的付款人是银行，银行信用要高于以进口人为付款人的商业信用。通过信用证结算可以解决买卖双方互相不信任的矛盾，可以使本来彼此不了解的买卖双方，顺利地达成交易。在通常的情况下，买方多考虑购货付款是否有风险，多争取先收到货物后付款；而卖方希望所出售的货物保证安全收回货款，最理想是预付货款。要解决买卖双方利益和风险矛盾以及担心的问题，应由银行充当保证人的角色，充当付款人，银行凭物权凭证付款，银行对买卖双方都提供担保。

（二）资金融通作用

在信用证业务中，银行不仅提供信用担保，还可以提供资金融通服务。当受益人装运货物取得运输单据后，可以出具汇票和运输单据到信用证的议付行办理出口押汇业务，这是议付行给予受益人的资金融通；在装运前，受益人可凭银行打包贷款信用证（packing credit）办理打包融资业务，为出口人在装运前提供资金，购买货物或支付加工费用等，这是银行凭信用证给予的短期贷款。另外，在进口人收到单据后，在进口货物尚未到达之前，也可凭物权单据在进口地银行办理进口押汇业务，为进口人在进口货物未出手之前融通资金。

应当指出，信用证在国际贸易结算中并不是完美无缺的。有时买方不按时开证或不按合同约定条件开证或在信用证中规定一些软条款和陷阱，使卖方无法履行合同或交单出现不符点造成拒付；在信用证项下，受益人可能串通承运人制造假运输单据对买方进行欺诈等。此外，使用信用证方式结算比汇款和托收手续复杂、费用高，无论是申请开证，还是审证、审单，都是技术性很强的工作，稍有不慎，出现疏漏和差错，就会造成经济损失。

● 第二节　信用证的关系人与支付程序

一、信用证的关系人

在信用证业务中涉及的关系人很多，不同种类的信用证又有不同的关系人。信用证的关系人主要有以下六个：

（一）开证申请人

开证申请人（applicant），又称开证人（opener），通常是指向银行申请开立信用证的进口人，但是在特殊的情况下，可能是进口人的代理人或中间商。

（二）开证银行

开证银行（opening bank or issuing bank，以下称开证行）是指接受开证申请人的委托向出口人开立信用证的银行，其承担付款责任。开证行一般是进口人所在地银行，也可能是出口人所在地银行或第三国银行。

（三）通知银行

通知银行（advising bank or notifying bank，以下称通知行）是指受开证银行委托，将信用证转交出口人的银行。通知行的责任是传递信用证和审核信用证的真伪。通知行一般是出口人所在地银行。

（四）受益人

受益人（beneficiary）是指在信用证上指定的有权开具汇票向开证银行或其指定的付款银行收取货款的出口人。

（五）议付银行

议付银行（negotiating bank，以下称议付行）是指开证银行在信用证中指定一家银行并授权其在单证相符时议付货款或接受出口押汇。有时开证行在信用证中不指定议付行，允许任何银行自由议付，受益人可以选择某一家银行办理议付或押汇业务，此银行也是议付行。

（六）付款银行

付款银行（paying bank，以下称付款行）是信用证上规定承担付款义务的银行。如果信用证未指定付款行，开证银行即为付款行。付款行可能是开证银行以外的与开证行有委托代理关系的第三家银行。

此外，根据需要还可能涉及的关系人有保兑行、偿付行、承兑行与转让行等。

二、信用证的一般支付程序

信用证种类不同，信用证条款也有不同的规定，其业务环节和手续也不尽相同。但是从信用证方式一般支付程序来看，主要环节如图11-1所示。

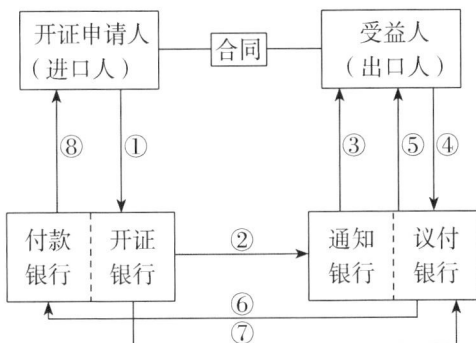

图11-1 信用证支付程序

说明：

① 开证申请人按合同规定向银行提出开证申请，并缴纳保证金和开证手续费。

② 开证银行接受开证申请，开出信用证寄交通知银行。

③ 通知银行接到信用证经审查并证实无误转交受益人。

④ 受益人经审查信用证无误后，即可按规定的条件装运。受益人装运后，缮制信用证要求的各种单据并开具汇票，在信用证有效期内向议付行交单。

⑤ 议付行经过审核信用证与单据相符时，按汇票金额，扣除若干利息或手续费，将垫款付给受益人。

⑥ 议付行将单据等寄交开证行或其指定的付款银行要求付款。

⑦ 开证行在审单无误后，向议付行付款。

⑧ 开证行办理转账或汇款给议付行的同时通知开证申请人付款赎单。

（一）开证申请人申请开立信用证

1.开证申请人填写开证申请书

开证申请人申请开立信用证时，要填写开证申请书，其格式和内容均是银行印就的。正面是开证申请人声明和保证，背面是开证申请书，即对开证银行详细的开证指示。开证申请人以买卖合同为依据，填写开证申请书，开证申请书构成开证申请人与开证银行之间的合同关系。

2.开证银行审查开证申请人和开证申请书

开证银行对开证申请人的资信进行审查，主要审查开证申请人的经营和收益情况，特别是在开证申请人不能全额交付开证保证金时，由开证银行补齐开证金额外汇支出，一旦开证申请人资信较差或经营效益不好，付款赎单无力补交开证银行的外汇支出，这样开证银行就会遭受经济损失，所以审查开证申请人是一项不可缺少的业务工作。

当开证申请人将开证申请书交到开证银行后，银行要对申请书所有内容逐项审查，要求填写的内容明确、具体、无遗漏，特别是对开证银行的要求和指示必须内容清楚，防止开立信用证时出现差错。

3.开证申请人提供开证保证金

开证申请书被开证银行接受之后，构成开证申请人与开证银行的委托代理合同关系，但合同成立并未生效，必须在开证申请人交付开证保证金和开证手续费后，此合同才能生效，所以开证申请人必须按时足额交付保证金和开证手续费。有时开证银行根据开证申请人的资信和进口货物销售等情况适当考虑按一定百分比少收保证金或不收保证金，形成开证银行对开证申请人企业的信贷。

（二）开证银行开立信用证

根据开证申请人的要求和指示，开证银行采取三种开证方式，即信函开证、全电开证和简电开证。

1. 信函开证

这是一种传统开证方式，即以信函方式将信用证的内容打印在固定格式上，经业务主要负责人签署后，以航空挂号方式邮寄给通知行转交受益人。

2. 全电开证

开证银行以电报、电传和SWIFT等方式开出信用证。开证银行将信用证全部内容通过电报和电传告知通知行，这种方式比信函开证速度快。过去采用电报和电传开证，各国银行标准、条款和格式不尽相同，文字繁琐，采用SWIFT开证后，信用证格式标准化、固定化和统一化，而且传递速度快、成本低。

3. 简电开证

开证银行用电报或电传向受益人通知开证，只起通知作用，受益人不能使用此信用证，需要开证银行另行邮寄证实书，证实书是有效的信用证。所以在简电开证的电文中都有"详情后告（full details to follow）"字样。简电的内容有信用证号码、开证申请人、受益人、货物描述、金额等。

无论通过何种方式开出的信用证，开证银行要通过国外出口地的联行或代理行或分支行通知受益人。此外，可能由开证银行将信用证直接寄给受益人或由开证申请人交给受益人等，这两种传递方式不可取，它们都逃避通知行的审核，信用证的真伪很难辨别。

（三）通知行通知信用证

出口地的通知行收到信用证后，必须审查核对印鉴或密押，以鉴别信用证真伪，核对无误的，通知行应在信用证的正本上盖上"押符"印章，将信用证交给受益人，信用证副本留通知行存入电脑。如印鉴或密押不符，应向开证行查询。

（四）受益人审查信用证并议付货款

受益人收到信用证后，应以买卖合同为依据详细审查信用证与买卖合同条款是否相符，如发现不符，应及时要求进口人通过开证银行加以修改；如果信用证内容经审查无误，即可按规定的条件装运。受益人装运后按照信用证的要求缮制各种单据并开具汇票，在信用证有效期内向议付银行交单议付货款。

（五）议付银行审单议付

议付银行接受受益人提供的单据，依据信用证的规定，本着"必须合理小心"

和"表面与信用证条款相符合"的原则对单据进行审核，要求受益人提供的单据必须做到"单证相符"和"单单相符"。所谓"单证相符"是指受益人提供的单据与信用证规定单据种类、内容和份数以及签发人相符；所谓"单单相符"是指受益人提供的单据之间不能出现矛盾和差错。

议付行审查单据无误后，即可对受益人办理议付。《UCP 600》第十条六款Ⅱ规定：议付意指被授权议付的银行对汇票及/或单据付出对价。仅审核单据而未付出对价并不构成议付。亦即议付是指议付银行以未收到开证银行付款之前的受益人提供的汇票和装运单据作为质押，扣除开证银行付款这段时间的利息和手续费，将汇票余额垫付给受益人的行为，也称出口押汇。有人认为，议付是议付银行以小于汇票金额的价格购买受益人出具的汇票和装运单据的行为，也称买单。买单后议付行成为汇票的善意持票人，如遇开证银行拒付，有向其前手出票人即受益人进行追索的权利。

议付银行接受受益人提供的汇票和装运单据经审查发现与信用证规定不符，称为不符点。议付银行在不符点出现以后在征求受益人意见的条件下，通常采取以下几种处理方法：

1.退单修改

受益人提供的汇票和单据是由于受益人缮制的过错造成的，在议付期内可以退给受益人重新缮制汇票和单据。

2.担保议付

在发生不是受益人力所能及修改补救不符点的情况下，由受益人向议付行提供保证书，保证议付银行议付之后遭到开证银行的拒付，议付银行的损失和费用由受益人承担。此保证书只是议付银行与受益人之间的约定，对开证银行或付款银行无约束力。

3.采用"电提"或"表提"议付

在发生严重不符点的情况下，议付银行通过电报或电传等将不符点告知开证银行，请求议付，若开证银行授权，议付银行再进行议付，称为"电提"；若单据不符点内容麻烦，通过电信方式表示不清楚，采用书面表格形式，将不符点一一列明，请求开证行或付款行授权议付或付款，称为"表提"。

4.改为证下托收

若单据或票据的不符点严重，开证行或付款行拒付可能性较大时，应建议受益人改为托收方式结算，由银行信用结算方式变为商业信用结算方式。

（六）议付银行寄单索偿

寄单索偿是指议付行根据信用证的规定，凭单据和汇票向开证行或其指定的付款行请求付款的行为。议付行议付后，为防止超额或重复议付，应在信用证背面作议付事项记录，俗称"背批"。然后，议付行按信用证规定将单据和汇票分次寄给开证行或付款行，以索偿证明的书面文件要求开证行或付款行付款。索偿也可采用电报或电传方式。

（七）付款银行付款

开证行或其指定的付款行收到议付行寄来的汇票和单据后，经核验认为与信用证规定相符，应向议付行发出贷记通知付款。如有不符点，有权拒付。无论付款或拒付必须在收到单据次日起七个银行工作日内作出，不得拖延。

（八）开证申请人付款赎单

开证银行履行付款义务后，应向开证申请人提示单据。开证申请人核验单据无误后，补交保证金余额取得单据，其中包括可凭以向承运人提取货物的海运提单或多式联运单据，如此时货物已经到达，便可凭运输单据提货。

三、信用证的基本内容

信用证的基本内容大致有以下几项：

（1）信用证的性质和种类：如跟单信用证，可转让的信用证等。

（2）信用证的关系人：开证申请人、开证行、受益人、议付行和付款行等。

（3）信用证金额。

（4）装运期、交单期、有效期和到期地点。

（5）装运港和目的港、运输方式、是否允许分运和转运等。

（6）货物描述：货物名称、品质规格、数量（重量）、包装、价格等。

（7）单据要求：单据主要可以分为三类：①货物单据（包括发票、装箱单、重量单、原产地证、检验检疫证明书等）；②运输单据（提单以及对提单内容填写的要求）；③保险单据。除上述三类单据外，还可能要求提供其他单据或证明等。

（8）特殊条款：根据进口国政治经济贸易情况的变化或每一笔具体业务的需要，可作出不同规定。

（9）开证行对受益人及汇票持有人保证付款的责任文句。

● 第三节　信用证的性质和特点

一、信用证的性质

信用证是资本主义制度下商业信用危机的产物。信用证的性质属于银行信用，只要出口人按信用证规定提交单据和汇票，银行保证付款。由于银行信用优于商业信用，容易被出口人接受，有利于交易达成，因此，促进了国际贸易的发展。

进口人在买卖合同下的付款义务并不因开立了信用证而自然解除。在开证行倒闭或信用证的单据出现不符点造成拒付，进口人可能仍须采取其他方式付款，但信用证方式结算使出口人首先得到银行信用保证。采用信用证方式结算，对出口人、进口人、银行等当事人都有好处。

（1）对出口人来说，只要按信用证规定交货，向指定银行提交清洁、齐全、完整的单据，收取货款就有保障，而且在装运之前和装运之后，通过一定方式可以向银行融通资金。

（2）对进口人来说，申请开证时只需缴纳少量保证金或不交保证金，大部分或全部货款待单据到达后再行支付，减少资金占用。如为远期信用证，还可出具信托收据凭以向开证行借单先行提货出售或使用，汇票到期再向银行付款。进口人可以通过信用证上所列条款，控制出口人交货时间、货物的质量和数量。

（3）对银行来说，开证行只承担保证付款的责任，它保证的只是信用而不是资金。当受益人或议付行交来汇票和单据之时，银行控制了代表货物所有权的装运单据，又加上开证申请人交付了一定保证金，对银行来说没有太大风险。银行可以获得开证申请人的保证金利息和押汇利息以及各种手续费等。

二、信用证的特点

信用证是种银行信用支付方式，有以下三个特点：

（一）开证银行负有第一性付款责任

信用证是由开证银行以自己的信用作出付款的保证。在信用证付款条件下，开证银行负有第一性付款责任。《UCP 600》第二条规定：信用证是一项约定，不论其如何命名或描述，都是开证行应开证申请人的要求和指示或以其自身的名义，在与信用证条款相符的条件下，凭规定的单据向受益人或其指定人付款，或承兑并支付受益人出具的汇票，或授权付款行付款，或承兑汇票，或授权另一家银行议讨。因此，开证银行承担第一付款人义务。

（二）信用证是一种独立自足性文件

信用证的开立以买卖合同作为依据，但信用证一经开出，即成为独立于买卖合同和其他合同的另一种契约，不受买卖合同和其他合同的约束。《UCP 600》第四条规定：就性质而言，信用证与可能作为其依据的销售合同或其他合同，是相互独立的交易。即使信用证中提及该合同，银行亦与该合同完全无关，且不受其约束，因此，一家银行作出兑付、议付或履行信用证项下其他义务的承诺，并不受申请人与开证行或与受益人之间在已有关系下产生索偿或抗辩的制约。所以信用证是一项独立自足性文件，开证银行和参与信用证业务的其他银行只按信用证规定履行自己的义务。

（三）信用证是一种单据交易

在信用证项下，实行凭单付款原则。《UCP 600》第五条规定：在信用证业务中，各有关方面处理的是单据，而不是与单据有关的货物、服务或其他行为。所以信用证业务是一种纯粹的单据业务。据此，银行虽有义务"合理小心地审核一切单据"，但这种审核只是用以确定单据表面上是否符合信用证条款，开证银行只"根据表面上符合信用证条款的单据付款"，因此，"银行对任何单据的形式、完整性、准确性、真实性以及伪造或法律效力或单据上规定的或附加的一般或特殊条件，概不负责"。在信用证项下审核单据时，实行"单证相符""单单相符"原则，相符意为不矛盾。

● 第四节　信用证的种类

信用证分类多种多样，本节介绍在国际贸易业务中常用的几种信用证。

一、光票信用证与跟单信用证

按信用证项下的汇票是否附装运单据，信用证可分为光票信用证与跟单信用证。

（一）光票信用证

光票信用证（clean credit）是指受益人根据信用证的规定，在收取货款时，只需开具汇票或者附发票等非装运单据，即可索回货款的信用证。由于不附装运单据，出口人可以在货物装运前开具汇票收款，因此，光票信用证上通常规定"payment in advance against clean draft is allowed"等文句。在国际货物买卖中，可以使用光票信用证预支货款。

（二）跟单信用证

跟单信用证（documentary credit）是指受益人根据信用证的规定，在议付货款时，除开具汇票之外，还要随附装运单据的信用证。这里的"装运单据"是指代表货物所有权或证明货物业已装运的单据。国际贸易结算所使用的信用证绝大多数是跟单信用证，《UCP 600》适用于跟单信用证。

二、即期信用证与远期信用证

按付款的时间不同，可分为即期信用证与远期信用证。

（一）即期信用证

即期信用证（sight credit），凡信用证规定受益人可凭即期汇票收取货款的即为即期信用证。

在即期信用证中，如加列"电报索偿条款（L/C with T/T reimbursement clause）"称为带电报索偿条款的信用证（L/C T/T），它是指开证银行将最后审单付款的权利交给议付银行，只要议付行审单无误后，即可以电报向开证行或其指定的付款行索偿收款。所以这种信用证比一般即期信用证收汇快，有时当天即可收回货款。

（二）远期信用证

远期信用证（usance L/C）是指信用证规定凭远期汇票收取货款的信用证。使用远期信用证时，如果远期汇票贴现，其贴现费用和迟期付款利息均由受益人承担。

远期信用证可以分为以下三种：

（1）银行承兑信用证（banker's acceptance credit），是指以开证银行作为远期汇票付款人的信用证。这种信用证项下的汇票在承兑前，银行对出口人的权利与义务以信用证为准；在承兑后，银行作为汇票的承兑人，应按《票据法》的规定，对出票人、背书人、持票人承担付款责任。

（2）延期付款信用证（deferred payment credit），是指在信用证上规定货物装运后若干天付款或开证行收取单据后若干天付款的信用证。延期付款信用证一般不要求出口人出具汇票或出具远期汇票也不准贴现，所以出口人不能利用贴现市场资金，只能自行垫款或向银行借款。

（3）假远期信用证（usance credit payable at sight L/C），是指信用证规定受益人开具的远期汇票，由付款行负责贴现，并规定贴现利息和贴现费用及承兑费用由开证人负担，这种信用证又称买方远期信用证（buyer's usance L/C）。假远期信用证条款一般规定："受益人开具远期汇票，按即期收款，而付款行的贴现费用和承兑费用及贴现利息由开证申请人负担。"（Drawee banker's discount charges and acceptance commission are for the account of the applicant and therefore the beneficiary is to receive value for usance draft as if drawn at sight.）但应注意受益人接受这种信用证时，要承担汇票到期前的被追索的风险。

三、保兑信用证与非保兑信用证

根据开证银行开出信用证有无第三方银行提供保证兑付，可分为保兑信用证与非保兑信用证。

（一）保兑信用证

保兑信用证（confirmed L/C）是指开证行开出的信用证由另一银行对相符交单保证兑付的信用证。对信用证承担保证兑付义务的银行称为保兑行（confirming bank），保兑行与开证行一样承担第一付款人义务。

受益人要求信用证附加保兑，主要是因为对开证行履行付款义务的能力信心不足。保兑行可以是通知行，也可以是其他银行。保兑的手续一般是由保兑银行对信用证发出保兑报文，如"我行对相符交单保证兑付（we confirm our honouring to the complying presentation of documents refquired in tha t Letter of Credit）"。

（二）非保兑信用证

非保兑信用证（unconfirmed L/C）是指未经另一银行保证兑付的信用证。

四、可转让信用证与不可转让信用证

按照受益人是否有权将支取款项的权利转让给他人使用，可分为可转让信用证与不可转让信用证。

（一）可转让信用证

可转让信用证的受益人往往是中间商，它将信用证转让给实际出口人（第二受益人），由实际出口人办理装运、交货、收款。根据《UCP 600》第三十八条b款规定，可转让信用证是指特别注明可以转让（transferable）字样的信用证。根据受益人（第一受益人，first beneficiary）的请求，可转让信用证可以被全部或部分地转让给其他受益人（第二受益人，second beneficiary）使用。为此，《UCP 600》第三十八条规定：

c款规定：除非转让时另有约定，有关转让的所有费用（诸如佣金、手续费、成本或开支）须由第一受益人支付。

d款规定：只要信用证允许部分支款或部分发运，信用证可以部分地转让给数名第二受益人。还规定：第二受益人不得要求将信用证转让给任何次序位居其后的其他受益人。第一受益人不属于此类其他受益人之列。

f款规定：如果信用证转让给数名第二受益人，其中一名或多名第二受益人对信用证修改的拒绝并不影响其他第二受益人接受修改。对于接受者而言，已转让信用证即被相应修改，而对拒绝修改的第二受益人而言，该信用证未被修改。其意思是某一个第二受益人接受信用证的修改，不等于其他第二受益人同意修改。

g款规定：已转让信用证须准确转载原证条款，包括保兑（如果有的话），但下列项目除外：信用证金额、规定的任何单价、截止日、交单期限或最迟装运日或发运期间。以上任何一项或全部均可减少或缩短。必须投保的保险比例可以增加，以达到原信用证或本惯例规定的投保金额。可用第一受益人的名称替换原证中开证申请人名称。

除以上规定外，该惯例还规定第一受益人有权以自己的发票和汇票替换第二受益人的发票和汇票，其金额不得超过原信用证金额，如信用证对单价有规定，应按原单价出具发票。

可转让信用证具体转让支付的程序是：

（1）开证申请人向开证行申请开立可转让信用证。

（2）开证行开出带有"可转让（transferable）"字样的信用证。

（3）通知行向第一受益人（中间商）通知可转让信用证。

（4）第一受益人向信用证指定的转让行（通知行）申请办理转让。

（5）转让行将信用证通过第二受益人的代理银行通知给第二受益人（实际供货人）。

（6）第二受益人审证无误后办理货物装运并缮制单据和开具汇票。

（7）第二受益人向所在地议付行交单议付货款。

（8）第二受益人所在地银行向转让行寄单要求付款。

（9）转让行接受单据和汇票通知第一受益人更换部分单据。

（10）第一受益人将更换单据交转让行议付货款。

（11）转让行将第一受益人交来的单据和汇票议付之后向开证行寄单要求付款。

（12）开证行接受转让行寄来的汇票和单据，经审查无误向转让行付款。

（13）开证行通知开证申请人付款赎单。

（14）开证申请人付款后取得装运单据，待货物到达后提货。

（二）不可转让信用证

不可转让信用证（non-transferable credit）是指受益人不能将信用证的权利转让给他人使用的信用证。凡信用证中未注明"可转让"字样，则不能转让。

五、议付信用证、付款信用证与承兑信用证

根据信用证规定付款条件不同，可分为议付信用证、付款信用证与承兑信用证。

（一）议付信用证

议付信用证（negotiation credit）是指信用证规定由某一银行议付或任何银行都可议付的信用证。指定某一银行议付的信用证称为限制议付信用证（restricted negotiation credit）；任何银行都有权议付的信用证称为公开议付信用证（open negotiation credit）或自由议付信用证（freely negotiation credit）。议付信用证的信用证有效期的失效地点通常在出口国，汇票的付款人可以是开证行或其指定的其他银行。《UCP 600》规定：开立信用证时不应以申请人作为汇票付款人，如信用证仍规定汇票付款人为申请人，银行将视此汇票为附加的单据。

（二）付款信用证

付款信用证（payment credit）是指信用证规定开证银行保证当受益人向开证银行或其指定的付款行提交符合信用证规定的单据时付款的信用证。在付款信用证中有一种延期付款信用证，它是指受益人提交符合信用证规定单据后，由付款行在规定的将来时间付款的信用证。这种付款信用证不要求受益人出具远期汇票或即使出具远期汇票也不准贴现，只能待汇票到期受益人才能收到货款，这是出口人对进口人的信贷方式，便于资本货物出口。

（三）承兑信用证

承兑信用证（acceptance credit）是指开证行或指定付款行在收到符合信用证规定的汇票和单据时，先履行承兑手续，待汇票到期再行付款的信用证。它与延期付款信用证一样，都是远期信用证，不同的是，承兑信用证必须有远期汇票，而延期付款信用证不一定要求出具汇票。

六、背对背信用证

背对背信用证（back to back credit），简称对背信用证。它是指出口人凭进口人开来的信用证作为抵押，要求出口地银行再向实际的出口人开出信用证。两个信用证在出口地银行是"背对背"的形式，进口人开来的信用证称为母证，出口人向实际出口人开出的信用证称为子证，母证的金额一般要大于子证的金额，其交货期前者要长于后者。对背信用证主要适用于中间商经营进出口业务的需要。对背信用证的受益人可以是国外的，也可以是国内的，其装运期、信用证到期日、金额和单价等可较母证规定有变化，但其货物质量、数量，子证必须与母证一致。子证的开证申请人通常是以母证项下收得的款项来偿付子证开证行已垫付的资金，所以子证的开证行除了要以母证作为开立子证抵押外，为防止母证发生意外收不到货款，还

要求子证开证申请人缴纳一定数额的押金或提供担保。由于子证受母证的约束，子证的受益人如要求修改信用证的内容，须征得母证开证申请人和母证开证行的同意。如发现单证不符时，子证的开证行也须征求母证开证行的意见，如果母证开证行不同意付款，子证开证行可能遭到拒付，因此，子证的受益人在缮制单据时必须特别谨慎，不能疏忽。

背对背信用证的支付程序是：

（1）开证申请人（实际进口人）向开证行申请开立信用证。

（2）母证的开证行应开证申请人要求开出信用证（母证）寄交给第一受益人（中间商）所在地的通知行。

（3）通知行将母证通知给第一受益人。

（4）第一受益人以母证作为抵押，要求当地银行开出子证。

（5）子证开证行通过通知行交给第二受益人（实际出口人）。

（6）第二受益人审证无误后装运货物并缮制单据和开具汇票一并交议付行（通知行）议付货款。

（7）议付行向子证开证行寄单要求付款。

（8）子证开证行付款取得单据通知第一受益人更换单据后，子证开证行将单据寄往母证开证行要求付款。

（9）母证开证行审单无误后向子证开证行付款并要求开证申请人（实际进口人）付款赎单。

七、循环信用证

循环信用证（revolving L/C）是指当受益人全部或部分使用完信用证的金额以后，其信用金额又恢复原金额再被受益人使用，直至达到规定次数或累计总金额为止。循环信用证主要用于长期供货，实行分批装运和分批收款的情况，开证申请人为了免交多次开证费用和节省开证押金，才使用此种信用证。

循环信用证的循环方式有三种：

（一）自动循环

自动循环（automatic revolving）是指受益人在规定期限内每次使用信用证议付货款，无须等待开证银行通知，即可自动恢复到原金额供受益人使用。例如，信用证规定："本证项下总金额于每次议付后自动循环。"（The total amount of this credit shall be restored automatically after date of negotiation.）

（二）半自动循环

半自动循环（semi-automatic revolving）是指受益人每次议付货款若干天内，开证行未发出停止恢复原金额的通知。这种半自动循环信用证，开证行具有保留停止使用信用证的权利。例如，信用证规定："每次议付后七天之内，议付行未接到停止循环的通知时，本证尚未用完的余额，可增至原金额。"（Should the negotiating bank not be advised of stopping renewal within seven days after each negotiation, the unused balance of this credit shall be increased to the original amount.）

（三）非自动循环

非自动循环（non-automatic revolving）是指受益人每次议付货款后，要等开证行发出恢复原金额通知后，才能使用的信用证。例如，信用证规定："每次议付后，须待收到开证行通知，方可恢复到原金额。"（The amount shall be renewal after each negotiation only upon receipt of issuing bank's notice stating that the credit might be renewel.）

除以上三种之外，还有根据时间循环和按累计总金额限制等方式。

八、对开信用证

对开信用证（reciprocal L/C）是指在对等贸易中，交易双方互为买卖双方，双方对其进口部分向对方开出信用证，这两个信用证称为对开信用证。这种信用证有两种：一种是同时生效的对开信用证，即一方开出的信用证，虽已被受益人接受，但暂不能生效，须另一方开出的回头信用证也被证下受益人接受时，才通知对方银行两证同时生效；另一种是分别生效的对开信用证，即一方开出的信用证，被受益人接受之后即可使用，无须等待另一方开出回头信用证。分别生效的对开信用证虽然是两个受益人，但互有联系、互相约束、互为条件。双方必须承担购买对方货物的义务，双方成交金额相等或大体相等，也可以有一定差额。这种信用证多用于易货贸易、补偿贸易和加工装配贸易等业务。

九、预支信用证

预支信用证（anlicipatory credit）是指信用证规定开证行允许受益人在未交装运单据以前，可凭汇票或其他证件支取货款的信用证。使用这种信用证主要是在求大于供的情况下，进口人急需购买指定的货物而预支货款；购买大型机械设备、船舶、飞机等投资较大，先备料需进口人预支价款；进口人通过银行实行外汇转移而预付货款等。预支信用证可分为全部预支信用证和部分预支信用证两种：

（一）全部预支信用证

全部预支信用证（clean payment credit）是指信用证规定，开证申请人购买货物的货款全部预付给受益人，受益人只须开具光票支取全部货款。

（二）部分预支信用证

部分预支信用证（partial payment credit），又分为红条款信用证和绿条款信用证。

1.红条款信用证

红条款信用证（red clause credit）是指开证行允许受益人凭以后补交装运单据的声明书和汇票预支部分货款，待装运之后，单据交到银行再付清余额。但开证行须扣除预支部分资金的利息，这种信用证又称打包贷款信用证，即信用证的受益人在货物包装完毕准备装运前，依据信用证加列授权通知行或议付行的条款向受益人支付部分货款，是通知行或议付行在受益人装运货物之前，给予受益人的资金融通。现在有些银行为了支持我国国内出口企业，尽管国外开证行未在信用证加列预支货款的条款，通知行或议付行也以信用证作为质押向受益人融通了部分资金，也称打包放款。

2.绿条款信用证

绿条款信用证（green clause credit），这种信用证与红条款信用证基本相同。二者不同之处是绿条款信用证的开证行要求受益人必须将预支货款项下的货物以开证行名义存放在出口地海关仓库，受益人凭栈单和以后补办装运单据的声明书以及汇票预支部分货款。

预支信用证对受益人提供提前融资的方便，大多数是在货物求大于供或者出口人信誉卓著赢得进口人的信赖的情况下使用的，否则对进口人和开证行有一定的风险。如果出口人支取部分货款后不发货和交单，将会给进口人造成一定的经济损失，因此，采用预支信用证之前，进口人详细了解出口人的资信显得尤为重要。

十、备用信用证

（一）备用信用证的含义

备用信用证（stand by L/C），又称商业票据信用证（commercial paper L/C），是指开证行应开证申请人的请求对受益人开立的承诺某项义务的凭证。当开证申请人未能按时偿还贷款或货款或未能履行投标义务时，开证行为其支付。它是一种特殊形式的信用证。在北美一般银行不出具银行保函，而开立备用信用证。

备用信用证与一般跟单信用证一样，也须规定可使用的金额和有效期。如开证申请人不履行其规定的义务时，受益人须开具汇票，也可能不开具汇票；或向开证行提交开证申请人不履行义务的书面声明（written statement）或其他证明、证件等向开证行索款。当受益人提交的书面声明或证明或证件或汇票符合备用信用证规定的条件时，开证行必须承担付款责任。

（二）备用信用证的种类

备用信用证又称备用证，根据《国际备用证惯例》（《ISP98》）的规定，备用信用证有以下几种：

（1）预付款备用信用证（advance payment stand by L/C），是开证行为开证申请人向受益人预付款项而承担保证义务的信用证。

（2）履约备用信用证（performance stand by L/C），是开证行为开证申请人履行某项合同而承担保证的信用证。

（3）投标备用信用证（tender stand by L/C），是开证申请人（投标人）要求开证行为其保证，保证投标人在开标前不能中途撤标或片面修改标书内容，并保证投标人中标后签约和履约的信用证。

（4）进出口备用信用证（import or export stand by L/C），是开证行代替进口人或出口人向对方开立的以对方为受益人的保证承担付款、签约或履约的书面文件。

除以上几种之外，还可以根据需要由开证行开出融资备用信用证、借款备用信用证和保险备用信用证等。

（三）备用信用证的内容

（1）备用信用证的当事人，有开证申请人（applicant）、受益人（beneficiary）、开证行（issuing bank）、保兑人（confirmer）、通知行（advising bank）、指定人（nominated person）等。

（2）备用信用证的金额，是开证行承担保证兑付的金额。一旦开证申请人违约或不能偿还受益人款项，由开证行凭规定单据和有关文件索取应收的金额。备用信用证金额要规定货币的名称和数额，必须明确具体。

（3）单据和文件，是受益人凭以向开证行索取款项必备的单据和文件，包括汇票、违约证明、声明文件和其他单据。

例如，某开证行开立备用信用证的内容："开立以贵公司为受益人的不可撤销备用信用证，凭贵公司不超过××美元的汇票，以我行为付款人并附贵公司签发的证明所运货物不符合××号合同规定的书面声明文件付款。"（We issue in your favour our irrevocable stand by credit available against your draft，not exceeding USD××，drawn on us accompanied by your written and signed statement certificate of the goods delivered are not in accordance with the stipulation of contract No.××.）

（四）备用信用证与跟单信用证的异同

备用信用证与跟单信用证相同之处是二者均受《跟单信用证统一惯例》的约束；另外二者都是凭信用证规定的单据付款，开证行或其指定的付款行都承担第一性付款责任。但是二者还有不同之处，主要有以下几点：

（1）备用信用证使用范围比跟单信用证广泛。跟单信用证只作为货物买卖的结算方式，而备用信用证不仅可以作为货物买卖的支付方式，还可以适用于投标担保、履约担保、贷款担保和还款担保等多种业务。

（2）备用信用证常常是备而不用的文件，一般先由受益人向开证申请人要求履行其义务，当开证申请人不能履行其义务时，备用信用证才发挥作用，跟单信用证是每笔贸易业务必然要使用的支付方式，不是备而不用。

（3）备用信用证的付款行一般凭受益人提供的证明开证申请人已经违约的证明书和单据付款，跟单信用证的付款行凭受益人提交的单据付款。

● 第五节　跟单信用证统一惯例

一、《跟单信用证统一惯例》的演变

自19世纪初开始使用信用证以来，随着国际贸易的发展，跟单信用证已成为国际贸易结算的主要方式。但是，由于在国际贸易业务结算中信用证有关当事人

对信用证条款的解释和术语定义等缺少统一标准和公认的准则，各国银行也根据本国法律、法规和惯例自行其是，不可避免地出现信用证当事人之间的纠纷，甚至进行诉讼或仲裁。国际商会为了减少因解释不一或习惯不同而引起的争议，于1929年制定了《商业跟单信用证统一规则》（Uniform Regulation for Commercial Documentary Credit），对跟单信用证的定义、有关名词术语以及信用证业务的有关当事人的权利与义务作了统一规定，并建议各国银行采用。但是，由于这个"规则"只反映了个别银行的意见和做法，多数银行对"规则"不予理睬，所以国际商会于1931年开始对"规则"进行修改，于1933年作为第82号出版物公布，定名为《商业跟单信用证统一惯例》（Uniform Customs and Practice for Commercial Documentary Credit）。此后，国际商会先后于1962年、1974年、1983年、1993年、2006年多次修订，形成了新版的《跟单信用证统一惯例》，并于2007年7月1日正式实施。

二、《UCP 600》的重大修改

《UCP 600》有39条，主要内容有：

（1）以"定义"的形式对《UCP 600》中使用的概念加以界定明确。例如，通知行（advising bank），申请人（applicant），银行日（banking day），受益人（beneficiary），相符提示（complying presentation），保兑（confirmation），保兑行（confirming bank），信用证（credit），兑付（honour），开证行（issuing bank），议付（negotiation），被指定银行（nominated bank），提示（presentation），提示人（presenter）。

在"定义"中对"议付"（negotiation）做了重大修改，《UCP 500》中的议付是指由被授权议付的银行对汇票及/或单据付出对价。只审查单据而未付出对价并不构成议付。而《UCP 600》中的议付意指被指定银行在其应获得偿付的银行日或在此之前，通过向受益人预付或者同意向受益人预付款项的方式购买相符交单项下的汇票（汇票付款人为被指定银行以外银行）及/或单据的行为。此定义明确了议付是对汇票和单据的一种购买行为；同时还包括向受益人出口押汇的融资行为，以预付或承诺预付方式兑现。

（2）明确规定取消"可撤销信用证"，这意味着，鼓励银行开立不可撤销信用证，以保护受益人的利益。

（3）增加了"开证行应劝阻申请人试图将基础合同、形式发票等文件作为信用证组成部分的做法"的规定，使信用证运用简单化。

（4）增加了"第二通知行"的概念，明确第二通知行与第一通知行责任相同。出现第二通知行的原因是第一通知行是开证行指定的，但并不是受益人的开户行，第二通知行才是受益人的开户银行。

（5）将审单期限缩短为五天。《UCP 600》规定："按指定行事的指定银行、保兑行（如果有的话）以及开证行各有从交单次日起的至多五个银行工作日用以确定交单是否相符。这一期限不因在交单日当天或之后信用证截止日或最迟交单日届至而受缩减或影响。"

（6）增加了开证行持有单据直至收到申请人通知弃权并同意接受该弃权，使其在不符点的情况下，如申请人同意接受单据付款，仍可得到开证行的付款。

（7）进一步强调开证行承担付款责任。《UCP 600》第三十五条规定：如果指定银行确定交单相符并将单据发往开证行或保兑行，无论指定的银行是否已经兑付或议付，开证行或保兑行必须兑付或议付，或偿付指定银行，即使单据在指定银行发往开证行或保兑行的途中，或保兑行送往开证行的途中丢失。

三、《关于审核跟单信用证项下单据的国际标准银行实务》

为配合《UCP》的实施，国际商会编撰了《关于审核跟单信用证项下单据的国际标准银行实务》（International Standard Banking Practice for the Examination of Documents under UCP 600，ISBP），它不仅规定了信用证单据制作和审核所应该遵循的一般原则，而且对跟单信用证的常见条款和单据都作出了具体的规定，目的是为全球银行在审核信用证项下单据时提供一套统一的标准。该规则的最新修订版为2023 年发布的《ISBP 821》。

正确审核信用证项下的单据是信用证业务顺利开展的关键。1993 年修订的《UCP 500》在第 13 条规定：银行应依据"国际标准银行实务"审核单据。但是当时该规则并没有明确指出何为"国际标准银行实务"。由于没有统一的国际标准，各国银行的理解不一，引发大量审单争议。因此，国际商会于 2000 年 5 月成立了一个专门工作组对世界主要国家审单惯例加以统一编纂和解释。专门工作组收集了世界上有代表性的 50 多个国家的银行审单标准，结合国际商会汇编出版的近 300份意见，并邀请了 13 个国家的贸易融资业务专家和法律专家于 2002 年 4 月份完成了 ISBP 的初稿并向全世界的银行征询意见。2003 年 1 月，ISBP 作为国际商会第645 号出版物正式出版，此后又经过第 681 号、第 745 号和目前的第 821 号出版物三个版本的修订。

《ISBP 821》共分 16 个部分，包括前言及 292 段条文，一些条文下还细分出"条"和"款"。其包括先期问题，一般原则，汇票与到期日的计算，发票，多式联运单据，海洋/海运提单（港到港运输），不可转让的海运单，租船合同提单，空运，道路、铁路或内河运输单据，保险单据，原产地证明，装箱单，重量单，受益人证明，质量、数量、检验检疫等证书和其他证书。

复习思考题

1.说明信用证的含义、性质与作用。

2.说明信用证的当事人与支付程序。

3.信用证有哪些特点？

4.说明不可撤销信用证、假远期信用证、循环信用证、背对背信用证的含义。

5.《UCP 600》对可转让信用证有哪些规定？

6.说明跟单信用证与备用信用证的区别。

7.《UCP 600》与《UCP 500》相比有哪些重大修改？

案例

我国A公司向美国B公司购买电子产品生产线。合同规定分两次交货、分批开证，买方应于货物到达目的港后60天内复验，若与合同规定不符，A公司凭我国的检验检疫证书向B公司索赔。A公司按照合同规定，申请银行开出首批货物的信用证。B公司装船并凭合格单据向议付行议付，开证行在单证相符的情况下对议付行偿付了款项。在第一批货物尚未到达目的港之前，第二批货物的开证日期临近，A公司向银行申请开证。此时，第一批货物抵达目的港，经检验发现与合同严重不符，A公司当即通知开证行，称"拒付第二次信用证项下货款，并请听候指示"。但是，开证行在收到议付行寄来的第二批单据并审核无误后，偿付了议付行。当开证行要求A公司付款赎单时，该公司拒绝付款赎单。试问开证行和A公司的处理是否合理？

分析：信用证是根据买卖合同开立的，但信用证一经开立，就成为独立于买卖合同以外的约定，信用证的各当事人的权利和责任完全以信用证中所列条款为依据，不受买卖合同约束。在信用证业务中银行承担首要付款责任，银行处理的是单据，而不是单据可能涉及的货物、服务或履约行为。因此，只要受益人提交的单据满足"相符交单"，开证行就应"承付"。在该案例中，A公司在货到后发现与合同不符，应根据合同规定，向B公司索赔，无权指示开证行拒付。开证行要求A公司付款赎单完全有理，A公司拒绝付款赎单纯属无理。

拓展学习资源

1.《国际备用信用证惯例》（ISP98）述评

2.《备用信用证统一惯例》（中英文）

3.《UCP 600》（中英文）

4.UCP600信用证通知行确认信用证表面真实性义务探讨

5.《UCP600》（中文）

6.最高人民法院关于审理信用证纠纷案件若干问题的规定

第十二章

银行保函和国际保付代理

[学习目标与要求]

银行保函和国际保付代理均属银行信用的结算方式。随着国际贸易不断发展，商务活动的当事人越来越依赖银行等金融机构所提供的信用达成交易，保证商务活动顺利进行，所以应该对银行保函和国际保付代理知识进行深入了解，并在业务实践中加以运用。

开篇案例

【案情】

德国进口商G与日本出口商R签署了一份国际贸易合同，涉及一批高价值商品的交易。在订立合同中，德国进口商G要求采用银行保函作为支付方式，而出口商R提出使用信用证。同时支付条款也成为谈判焦点，支付方式的选择涉及双方对交易安全性和灵活性的不同考虑。

【涉及的问题】

案例探讨了信用证和银行保函在支付方式上的区别，包括支付触发条件、灵活性等方面的差异，以及在支付条款制定中双方需要考虑的关键因素，以确保交易的公正和顺利进行。这个案例旨在帮助学生深入了解不同支付方式的优势，理解它们在实际贸易中的应用，以及如何在合同中制定支付条款时取得平衡。

● 第一节 保 函

一、保函的含义

保函（letter of guarantee，L/G），是指银行或其他金融机构应申请人或委托人的要求向受益人开立的担保履行某项义务的，有条件承担经济赔偿责任的书面承诺文件。

保函可以分为承担第一性付款责任和承担第二性付款责任两种。承担第一性付款责任的称为独立性保函（independent guarantee），它是指根据主合同开具，又独立于主合同，其担保付款责任以保函自身的条款为唯一依据。当受益人凭保函规定的文件要求付款时，担保银行必须"见索即付"，担保人只在表面审核受益人提交的被担保人违约证明，而无须征求申请人或委托人的意见，也无须调查履行合同的事实情况。现在国际上使用的保函多数属于这种"见索即付"的保函。

承担第二性付款责任的称为从属性保函（accessary guarantee），是指将保函置于主合同的从属地位，以主合同条款内容判断保函的索赔是否成立。当申请人或委托人违约时，应由其本人首先承担责任，只有申请人或委托人不能承担责任时，受益人才可凭保函向担保人索赔。

二、保函的当事人

保函的当事人主要有委托人、受益人、保证人。

（1）委托人（principal），又称申请人，是指要求保证人开立保证函的当事人，即为被保证人。

（2）受益人（beneficiary），是指凭保函要求保证人承担经济赔偿责任的当事人。

（3）保证人（guarantor），也称担保人，是指开立保函的机构，可能是银行或其他金融机构，如信托投资公司、保险公司等。

除上述三个主要当事人外，有时根据需要，保函还可以扩展出转递行、转开行、保兑行、反担保人等当事人。

（1）转递行（the transmitting bank），是指根据保证人的要求将保函转递给受益人的银行。保证人与转递行一般是代理行，转递行只负责核对保函印鉴或密押，不承担任何经济赔偿责任。

（2）转开行（the reissuing bank），是指接受保证人的要求，向受益人开立保函的金融机构。发生赔付时，受益人只能向转开行索偿。

（3）保兑行（the confirming bank），是指在保证人出具的保函上加以保证兑付的银行。保兑行只有在保证人不履行担保义务时，才向受益人赔付。

（4）反担保人（counter guarantor），是指对担保银行进行再担保的第三人。一旦受益人向担保银行索赔，担保银行向受益人支付款项后，即可按反担保协议向反担保人索赔。

三、保函的内容

（一）见索即付保函

根据国际商会《见索即付保函统一规则》（URDG 758）的规定，见索即付保函应该有以下几项内容：

1.当事人的名称和地址

保函应注明被担保人（申请人，principal）、受益人、担保人的名称和地址。

2.基本栏目

基本栏目包括：银行保函的编号；开立日期；有关基础交易的合同或标书的编号和签约或签发日期等。

3.担保金额

担保金额是指保函中规定保证人承担的最高金额。如果保证人可以按申请人履约程度减免责任，则必须在保函中作出具体说明。

4.索偿佐证文件

索偿佐证文件是在保函中规定，说明委托人违约的文件，应由受益人提供，但保证人只看表面文件，而不管委托人是否实际违约。

5.索偿期限与保函的到期失效

保函的索偿期限是从保函生效日期开始至失效之日为止。具体生效日期依不同保函由有关当事人确定。投标保函，一般自保函开立之日起生效；补偿贸易保函，自合同规定设备运抵委托人所在地并经检验合格生效。但是，应特别注意预付款保函、借款保函及定金保函，为防止保证人承担委托人收到有关款项之前被无理索偿的风险，应规定在委托人收到有关款项之日起生效。

（二）从属性保函内容

从属性保函的保证从属性主要体现在责任条款中，其他条款与独立性保函大致相同。

从属性保函（accessary guarantee），通常在保函中明确规定，在发生基础合同违约时，被保证人应履行第一赔偿人责任。只有在受益人向被保证人索赔无法实现情况下，才有权向保证人索赔。

四、保函的种类

按其用途不同，保函可以分为以下几种：

（一）投标保函

投标保函（tender guarantee）是指投标人（委托人）通过保证人向招标人（受益人）所作出的投标保证。投标保函的作用在于确保投标人在开标前不能中途撤标或片面修改标书内容，以及中标后不拒绝签约和不拒绝交付履约保证金。否则，保证人须按投标保函所列金额向招标人赔偿款项。如投标人按期履约，则保函应按时退回保证人。

（二）履约保函

履约保函（performance guarantee）是指保证人应委托人（进口人或出口人）的请求向受益人（出口人或进口人）开立的确保委托人与受益人签约后履行合同的保函。在合同有效期内，如委托人违约，保证人必须根据受益人的要求向其赔付一定金额。履约保函主要用于大额进出口贸易，由保证人向买方或雇主提供保证，通过这一保证，担保卖方按时、按质、按量供应符合合同规定的货物及提供有关单据和证件，并保证在合同有效期间内不违反合同。履约保函的担保期限可由买方与卖方或雇主与承包人商定，一般为货物到达目的港后的数月、一年甚至更长，担保金额为合同标的物金额的5%~10%，有些履约保函的担保金额高达合同标的物金额的100%。

（三）预付款保函

预付款保函（advance payment guarantee）是指保证人应卖方或承包人的请求向买主或雇主开立的保证卖方或承包人履行合同的保函。如果卖方或承包人不履约，由保证人负责向买方或雇主偿还已预付款项的本息。

预付款保函主要用于在购买成套设备、大型机械、船舶、飞机或其他货物时，按通常惯例，其合同签订并生效后，由买方先向卖方支付一定预付款，作为定金。买方要求卖方通过保证人开立以买方为受益人的保函，保证卖方一旦不履行合同交付购买标的物或违反合同有关条款时，由保证人负责偿付买方预付的款项及利息。预付款保函有时也用于工程承包项目中，投标人中标并与雇主签约后，雇主向承包人预付一定款项。为了使已预付款项真正用于工程承包项目，承包人必须通过所在地担保机构向雇主出具预付款保函。如果承包人不履约或不按合同规定使用预付款时，雇主可凭保函向担保机构索回预付款本息。

（四）进口保函

进口保函（guarantee under import contract）是指保证人应进口人的请求向出口人开具的保函。在保函中规定，出口人按有关合同交货和交来规定的单据时，如果进口人未能及时付款，由保证人负责付款，所以进口保函是一种付款性质的保函。

进口保函可分为成套设备进口保函（L/G opened for import of equipment）、加工装配业务保函（L/G opened for assembly processing）等。

（五）补偿贸易保函

补偿贸易保函（guarantee under compensation trade）是指保证人应购买机械设备的企业请求，开给以国外的机械设备卖方为受益人的保函。保证人保证如果由于买方自身的原因，使国外卖方企业不能如期、如数地收回其机械设备或技术价款及补偿期产生的利息，则保证人负责偿还相关款项。

（六）借款保函

借款保函（bank guarantee for loan）是指在使用出口信贷时，保证人应借款人（委托人）的请求，开立给贷款人的保函。保证人承诺，如果借款人未能按借款合同规定向贷款人还本付息，则保证人在接到贷款人的书面通知后，负责偿还借款人应付而未付的本金和利息。

借款保函一般规定在借款人收到所借的款项时生效，并在借款人或保证人向贷款人偿还完本金与利息后失效。在保函中应规定随借款人每次还本付息，保证人的责任相应递减。

五、保函与备用信用证的区别

保函与备用信用证很相似，但二者还是有区别的，主要表现为以下三方面：

（1）备用信用证属于跟单信用证的一种，具有跟单信用证的特点，坚持表面相符和合理谨慎处理单据的原则，凭单据付款，与主合同（买卖合同）无关；而在保函特别是从属性保函中，保证人承担第二性付款责任，要接受受益人索偿时须经调查，证实申请人违约或未付款后才予以支付，所以保函有时受主合同的牵连。但"见索即付"的保函，则与备用信用证完全一样。

（2）银行保函各当事人处理业务时，适用国际商会的《见索即付保函统一规则》；而备用信用证适用国际商会制定的《跟单信用证统一惯例》（《UCP 600》）和《国际备用证惯例》。

（3）保函的当事人比备用信用证的当事人少，只有开具保函的担保机构承担付款义务；而备用信用证不仅开证行要承担付款义务，开证行还可以授权另外的银行作为付款行接受单据，向受益人付款。

● 第二节　国际保付代理

一、国际保付代理的含义

国际保付代理（international factoring），简称保理，是指保理人通过受让取得出口人的出口债权而向出口人提供综合性金融服务，包括融资、结算、财务管理、信用担保等的结算方式。

国际保理业务起源于美国。18世纪末，英国纺织工业很发达，将市场扩张到美国，英国纺织厂在美国的销售代理人担保美国购买者支付货款，并在英国厂家发运货物后向出口人预付一定比例的货款，美国的销售代理人充当了"保付代理人"的角色。我国在20世纪90年代才有国际保理业务，同时我国银行与国际保理联合会建立了合作关系。

二、国际保理业务的当事人

国际保理业务的当事人有出口人、出口保理人、进口人和进口保理人。

（一）出口人

出口人是保理业务中的出口销售人，出口人向出口保理人提出建立出口保理业务的申请，并与出口保理人签订国际保理协议。在出口人向出口保理人支付一定费用的条件下，将出口人应收货款的权利转让给出口保理人，从而可以享受出口保理人提供的各种金融服务。

（二）出口保理人

出口保理人多为出口地银行等金融机构，出口保理人接受出口人的申请，负责向出口人提供包括预付款项在内的全部金融服务，同时与国外进口保理人签订保理代理协议，委托进口保理人提供一定服务项目并将出口人转让给其收取应收账款的权利再转让给进口保理人。

（三）进口人

进口人是指对购买货物或服务所产生的债务负有付款责任的当事人，即保理业务的债务人。

（四）进口保理人

进口保理人是指向出口保理人提供信用额度及负责债务回收和处理坏账担保的当事人。进口保理人多为进口地银行或其他金融机构。

三、国际保理业务的作用

（一）出口保理人为出口人提供资金融通

出口人以赊账（O/A）或承兑交单（D/A）的支付方式出口货物后，并不能立即取得货款。出口人为了获得足够的周转资金，可将其出口债权卖给出口保理人，由保理人向其支付相当于出口合同金额扣除未到期利息和保理手续费之后的约80%的资金。出口人的远期债权，通过转让给保理人而取得即期收款，这种收款不受追索，只要出口人履行出口合同和义务，即使保理人最终无法从国外进口人处获得清偿，也不能将该债权退还给出口人。因此，出口人债权的实现不会因进口人的拒付而受影响。

（二）保理人代收债款，提供坏账担保

有的出口人资金雄厚，办理保理业务的目的并非为了融通资金，而是为了得到保理人提供的坏账担保和承担债款回收的保障。保理人大多数是跨国银行全资组建的子公司，可以充分利用母公司的跨国信息网络对国外的进口人资信情况和偿付能力及进口国的政策法规进行比较全面、准确的调查。有了进出口保理人的配合，只要出口人向进口人提供的信用销售额不超过保理商人核准的范围，债款收回风险和坏账风险便可得到最大程度的有效控制。这样，出口人收款风险的转移和坏账担保的设定，使其到期具有确定性的保障。如果进口人拒付货款，保理人应于该付款到期日起90天内无条件地向出口人支付该项货款，即对其核准的信用销售金额承担100%的坏账担保。

（三）保理人可以为出口人提供财务管理

在出口人发货后，将有关销售账务管理权交给保理人，保理人收到出口人发票后，即在电脑中设立有关分账户，输入有关项目，如进口人名称、结算方式、销售金额和付款期限等信息，然后进行计算机自动记账、催收、清算、计息、收费、打印报表等工作。由此可为出口人减少管理人员和办公设备，并节省其他费用开支。

四、保理业务的种类

从不同的角度，可将国际保理业务分为以下几种。

（一）公开保理与隐蔽保理

按照出口人货物销售款项是否直接付给保理人，可分为公开保理与隐蔽保理。

公开保理（disclosed factoring）是指出口人以书面形式通过进出口保理将办理业务事项通知进口人，并要求进口人将货款直接付给进口保理人，由进口保理人转付给出口保理人。隐蔽保理（undisclosed factoring）是指通过进出口保理办理业务事项对进口人保密，货款由进口人直接付给出口人。在这种方式下，融资与有关费用的清算等项业务由进出口保理人与出口人直接联系。隐蔽保理在国际范围内使用较少。

（二）预支保理与到期保理

按照保理人是否向出口人提供融资，可分为预支保理与到期保理。预支保理（financed factoring）是指出口人将有关货运单据卖给保理人后，保理人扣除融资利息和费用，立即以预付方式付给出口人80%的货款，其余20%货款待全部货款收妥后付清，也称融资保理，对出口人无追索权。到期保理（maturity factoring）是指在远期付款的条件下，出口人将票据和货运单据卖给保理人后，保理人待远期票据到期才向出口人付款，不向出口人提前融资。

（三）单方保理与双方保理

按照使用一地或两地保理人来分，可分为单方保理与双方保理。单方保理（single factoring）是指出口人在办理保理业务时，只使用出口或进口一方保理人。双方保理（double factoring）是指出口人在办理保理业务时，选用进口保理人与出口保理人完成收款事项。现在国际上多数保理业务属于后者。

五、适合采用国际保理的业务

国际保理业务在许多方面具有一般结算方式不具有的特殊功能，但不是所有的国际贸易结算都适合采用国际保理业务，这种方式主要适用于国际贸易出口人短期融资和进口人有信用风险等情况。以下几种情况适合选择国际保理作为结算方式：

（1）在国际贸易交易洽商中，在进口人拒绝采用信用证支付方式，而且要求延期付款的情况下，出口人应选择国际保理业务，争取与客户达成交易，并可防范信用风险和汇率变化的风险。

（2）在国际货物买卖中，对于季节性较强的出口货物，每年出口时间相对集中，为了减少管理人员开支，可以委托保理人代出口人办理财务管理和催收账款业务。

（3）对于来自北美、欧盟、澳大利亚、日本、新加坡等国家或地区的进口人，结算方式又为承兑交单（D/A）或赊账（O/A）时，出口人有融资要求的，可以采用国际保理业务，同时进口人习惯使用此种结算方式。

（4）对于刚刚进入国际市场的出口货物，出口人对进口市场信息、法律法规和进口人资信状况不甚了解，为了防范信用风险可以采用国际保理业务。

六、国际保理业务流转程序

国际保理业务流转程序按照双方保理和预支保理业务的一般流转程序加以说明，如图12-1所示。

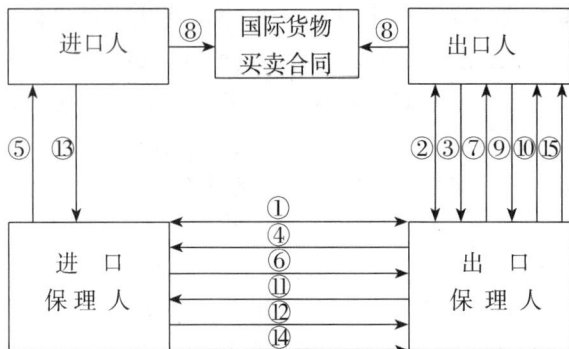

图12-1　国际保理业务流程

说明：

① 进出口保理人签订代理合同，确立互为代理法律关系。

② 出口人与出口保理人签订国际保理委托代理合同。

③ 出口人向出口保理人申请进口人的信用额度。出口人要填写信用额度申请表。

④ 出口保理人将出口人填写的信用额度申请表传递给进口保理人。

⑤ 进口保理人根据信用额度申请表的内容对进口人的资信进行调查和评估，并确定进口人的信用额度。

⑥ 进口保理人将核准的进口人信用额度或拒绝核准信用额度通知给出口保理人。

⑦ 出口保理人将核准的信用额度或拒绝核准信用额度通知给出口人。

⑧ 出口人与进口人签订国际货物买卖合同。

⑨ 出口人在货物装运后，将全套单据正本寄给进口人，将发票副本和合同副本交给出口保理人。出口人填写应收账款转让通知书，送交出口保理人。

⑩ 出口保理人向出口人提供资金融通。

⑪ 出口保理人在发票上表示将出口人转让收款的权利再转让给进口保理人。

⑫ 进口保理人在应收货款到期日的第90天将核准保理货款扣除手续费后垫付给出口保理人转交出口人。

⑬ 进口人到期向进口保理人付款。

⑭ 进口保理人扣除垫付货款后，将余额付给出口保理人。

⑮ 出口保理人将余额付给出口人，需扣除银行手续费。

　　总之，国际保理业务为出口人提供风险防范的措施，有利于扩大出口销售，节约和降低出口成本，它是一种有利于出口人、出口保理人、进口人和进口保理人的结算方式。但是，国际保理还有不利于出口人之处：保理人只承担信用额度内的风险，对超过部分不予担保；对出口人因货物质量、数量和交货期的违约引起的拒付、少付不予担保。所以出口人选择国际保理结算方式时，必须了解其不利之处。

● 第三节　各种支付方式的结合使用

　　在进出口业务中如何选择和运用各种不同的支付方式对我国的进出口贸易都是

很重要的。选择和运用各种不同的支付方式，应在保证贯彻我国对外贸易方针政策的前提下，做到安全收汇和妥善付汇，加速资金周转和扩大贸易。为了保障上述要求能够顺利地实现，我们必须认真了解和掌握国际市场各种惯用的支付方式和近期出现的新支付方式，根据我国进出口贸易的实际，灵活地加以运用。

在我国出口业务中，一般情况下使用即期信用证，收汇比较迅速、安全，如果采用远期信用证，计算价格时应将利息因素考虑在内。为了促进某些货物对外成交，对有的地区一些资信较好的客户，可用付款交单（D/P）托收方式，以适应市场特点，扩大销售。对某些积压货物或库存最大又急于处理的货物，必要时可采用承兑交单（D/A）托收方式。在使用寄售方式出口时，要争取由国外银行出具银行付款保函，证明代售人如未能履约，保证行承担付款责任。我国依据银行付款保函，可以先发货寄售后收款，可以使用赊账办法。

在我国进口业务中，对于成交金额大的应争取使用托收方式，也可以使用银行保函，尽量减少使用即期信用证。

上述进出口业务采用的支付方式都以单一的支付方式出现，我们可以根据实际情况，征得对方同意后在付款时间和支付方式的掌握上可以采用不同支付方式结合运用的形式。

一、汇款与信用证结合

汇款与信用证结合是指部分货款采用信用证支付，余额用汇款方式结算。例如，对于矿砂等初级产品的交易，双方约定在信用证中规定凭装运单据先付发票金额若干成，余额待货到目的地后或再经检验合格后用汇款支付，但必须明确规定使用何种信用证和何种汇款方式以及采用信用证支付金额的比例等，以防出现争议。

二、信用证与托收结合

信用证与托收结合是指部分货款采用信用证支付，余额用托收方式结算。其一般做法是：出口人开具两张汇票，属于信用证部分货款凭光票付款，而全套装运单据附在托收的汇票之下，按即期或远期托收，但信用证要明确种类和支付金额以及托收方式的种类等。例如，"货款×%应开立不可撤销即期信用证，其余×%见票立即（或见票后××天）付款交单，全套装运单据随附于托收项下，在发票金额全数付清后方予交单。如×%托收金额被拒付，开证行应掌握单据听凭卖方处理。"（×% of the value of goods by irrevocable letter of credit and remaining ×% on collection basis D/P at sight （or as××days sight），the full set of shipping documents are to accompany the collection item.All the documents are not to be delivered to buyers until full payment of the invoice value.In case of non-payment of the ×% in collection item，the documents should be held by the issuing bank at the entire disposal of the sellers.）

三、汇款与银行保函结合

一些成套设备和大型产品，如船舶、飞机等业务由于成交金额大，生产周期长，应由买方根据制造、交货过程，按进度分期付款，一般采用汇款与保函相结合的方式。在我们的进口业务中，购买机器设备，国外出口人往往要求我们以汇款

（信汇）方式预付全部价款的5%～10%，其余金额由我方银行出具保函再分期付款或延期付款。

（一）分期付款

分期付款（payment by instalments）是指进口人根据购买货物的生产进度和交货程序分期付清货款，其具体分期次数和每次付款金额可根据交货时间长短和对出口人的约束程度来确定。在分期付款条件下，最后一批货款一般是在出口人全部完成其承担责任之后，经检验合格后再付清。

（二）延期付款

延期付款（deferred payment）是指通常由进口人先付一定的定金，并根据货物生产的进度和交货程序分期支付若干货款。但大部分货款则于交货后若干月或若干年内分期付清。

分期付款与延期付款虽然都是在规定期限内分期付清货款，但二者有一定区别：第一，分期付款是进口人按照约定的方法分若干次付款，但在出口人完成交货任务时，进口人已付清或基本付清货款，所以称为付现即期交易；延期付款是在大部分货款于交货之后较长的期限内摊还，所以是出口人给进口人的一种出口信贷。对进口人来说是赊购，利用出口人资金的一种方式，但进口人要承担延期付款的利息。第二，分期付款是进口人在付清最后一期货款后，才取得货物所有权；延期付款是出口人履行交货后，进口人即取得货物的所有权。如出口人交货之后，进口人不履行付款义务，出口人只能依法要求偿付货款，而不能恢复货物所有权。

● 第四节　合同中的支付条款

合同中的支付条款是根据采用的支付方式来确定的。不同的支付方式，合同中规定支付条款的内容也不一样。

一、汇款方式的规定方法

在采用汇款方式时，合同应明确规定汇款的办法、汇款时间、汇款的金额和汇款的途径等。例如，"买方应不迟于2024年2月15日将50%的货款用信汇预付给卖方。"（The buyers shall pay 50% of the sales proceeds in advance by M/T to reach the sellers no later than Feb.15th 2024.）

二、托收方式的规定方法

在采用托收方式时，合同应明确规定托收种类、进口人的承兑和（或）付款责任以及付款期限等。

（一）即期付款交单条款的规定方法

例如，合同规定："买方应凭卖方开具的即期跟单汇票于见票时立即付款，付款后交单。"（Upon first presentation the buyers shall pay against documentary draft drawn by the sellers at sight.The shipping documents are to be delivered against payment only.）

（二）远期付款交单条款的规定方法

例如，合同规定："买方对卖方开具的见票后××天付款的跟单汇票，于提交时应即予承兑，并应于汇票到期日即付款，付款后交单。"（The buyers shall duly accept the documentary draft drawn by the sellers at××days upon first presentation and make payment on its maturity.The shipping documents are to be delivered against payment only.）或者应规定："买方应凭卖方开具的跟单汇票，于提单日后××天付款，付款后交单。"（The buyers shall pay against documentary draft drawn by the sellers at××days after date of B/L.The shipping documents are to be delivered against payment only.）或者应规定："买方应凭卖方开具的跟单汇票，于汇票出票日后××天付款，付款后交单。"（The buyers shall pay against documentary draft drawn by the seller at××days after date of draft.The shipping documents are to be delivered against payment only.）

（三）承兑交单条款的规定办法

例如，合同规定："买方对卖方开具的见票后××天付款的跟单汇票，于提交当时应即予承兑，并应于汇票到期日付款，承兑后交单。"（The buyers shall duly accept the documentary draft drawn by the seller at××days sight upon first presentation and make payment on its maturity.The shipping documents are to be delivered against acceptance only.）

三、信用证方式的规定方法

在采用信用证方式时，合同应明确规定信用证种类、开证日期、信用证有效期和议付地点等。

（一）即期信用证条款的规定方法

例如，合同规定："买方应通过卖方所接受的银行于装运月份前××天开立并送达卖方不可撤销即期信用证，有效期至装运后15天在中国议付。"（The buyers shall open through a bank acceptable to the sellers an irrevocable sight letter of credit to reach the sellers××days before the month of shipment，valid for negotiation in China until 15th day after shipment.）

（二）远期信用证条款的规定方法

例如，合同规定："买方应通过卖方所接受的银行于装运月份前××天开立并送达卖方不可撤销见票后××天付款的信用证，有效期至装运后15天在中国议付。"（The buyers shall open through a bank acceptable to the sellers an irrevocable sight letter of credit to reach the sellers××days before the month of shipment，valid for negotiation in China until 15th day after shipment.）

四、部分信用证、部分托收的规定方法

采用部分信用证和部分托收方式时，应注意有关装运单据必须全部随附托收项下的汇票，待全部货款收妥后，银行才能将单据交给买方。一般在合同中可以作如下或类似的规定："买方应通过卖方所接受的银行于装运月份前××天开立以卖方为受益人的不可撤销即期信用证，规定80%发票金额凭即期光票支付，余20%即期

付款交单。100%发票金额的全套装运单据随附托收项下，于买方付清发票的全部金额后交单。如买方不付清全部发票金额，则装运单据须由开证行掌握凭卖方指示处理。"（The buyers shall open through a bank acceptable to the seller an irrevocable L/C to reach the sellers××days before the month of shipment，stipulating that 80% of the invoice value available against clean draft at sight while the remaining 20% on D/P at sight. The full set of the shipping documents of 100% invoice value shall accompany the collection item and shall only be released after full payment of the invoice value.If the buyers fail to pay full invoice value，the shipping documents shall be held by the issuing bank at sellers'disposal.）

复习思考题

1.试述银行保函的含义及其当事人。

2.银行保函有哪些种类？

3.银行保函与备用信用证有何区别？

4.何谓国际保理？

5.试述国际保理业务的作用。

6.列举国际保理的种类。

7.试述国际保理业务流转程序。

8.国际保理业务适合哪些业务范围？

9.试述分期付款与延期付款的含义及区别。

10.商业信用支付方式与银行信用支付方式结合使用时应该注意什么问题？

素质培养	素质培养	拓展学习资源

国际货物贸易合同违约措施背后的责任担当

友好协商条款——多层次争议解决条款的前置条件

1.国际保理规则（英文版）

2.《联合国独立保函和备用信用证公约》与URDG、UCP500、ISP98的比较研究

3.《URDG 758》（中英文）

4.国际银行保函欺诈产生的原因及其法律认定

第十三章

货物的检验检疫

[学习目标与要求]

商品检验检疫是确定卖方交货是否符合合同规定和法律要求的必不可少的环节；同时也是确定货物残损责任承担者的途径。本章要求掌握我国检验检疫相关法律的基本要求，货物检验检疫时间和地点确定的方法以及各种检验证书的作用等；还要掌握在进出口合同中订立商品检验检疫条款的方法。

开篇案例

【案情】

中国公司 X 与美国公司 Y 签订了一份进口合同，合同涉及一批化学工业原料的交易。合同中明确规定了商品检验检疫的相关条款，包括检验标准、检验机构和检验证书的要求。在货物运抵目的地时，美国公司 Y 发现其中一部分货物的质量存在问题，因此拒绝接收。

【涉及的问题】

此案中，涉及进口合同中商品检验检疫条款的具体内容，包括标准、程序和责任的明确定义；货物检验检疫的时间和地点的合理确定方法；在检验中发现质量问题后，双方应该如何处理，包括责任划分和解决争端的程序；检验证书在合同履行中的作用，包括证明商品符合标准的证据、在质量纠纷中的作用，及其法律效力。这个案例旨在帮助学生深入理解国际贸易中商品检验检疫的重要性，掌握我国相关法律要求，并学习在进出口合同中订立商品检验检疫条款的方法。

● 第一节　我国的出入境商品检验检疫

出入境检验检疫是指对出入一国关境的货物、交通工具和人员依法或依约进行的检验检验，包括依照合同约定对出入境货物进行品质、数量和包装等方面的检验，以及根据法律的强制性规定，对检验对象涉及的安全、卫生、健康、环境保护、防止欺诈等项目进行的检验检疫。

2018年3月开始，根据第十三届全国人民代表大会第一次会议批准的国务院机构改革方案，将国家质量监督检验检疫总局等的职责整合，组建国家市场监督管理总局；将国家质量监督检验检疫总局的出入境检验检疫管理职责和队伍划入海关总署；将国家质量监督检验检疫总局的原产地地理标志管理职责整合，重新组建国家知识产权局；不再保留国家质量监督检验检疫总局。

一、我国进出境商品检验

为依法对进出我国关境的商品进行管理，我国颁布了《中华人民共和国进出口商品检验法》（以下简称《商检法》，该法于1989年8月1日开始实施，2021年4月29日最新修正）和《中华人民共和国进出口商品检验法实施条例》（以下简称《商检法实施条例》，该法规2005年8月31日颁布，2022年3月29日第五次修订）。

《商检法》主要规定了国家进出口商品检验工作的管理体制、检验检疫机构实施检验的内容和检验依据、进出口商品检验实施基本原则、违反《商检法》的法律责任等内容。《商检法实施条例》规定了具体实施细则，下面介绍它的主要内容。

（一）《商检法实施条例》总则部分的主要规定

（1）海关总署主管全国进出口商品检验工作，下属的各地出入境检验检疫机构管理所负责地区的进出口商品检验工作。

（2）海关总署制定、调整、公布必须实施检验的进出口商品目录，出入境检验检疫机构按照《商检法》的规定，对列入目录的进出口商品以及法律、行政法规规定须经出入境检验检疫机构检验的其他进出口商品实施检验，简称法定检验；对法定检验以外的进出口商品，根据国家规定实施抽查检验；对进出境的样品、礼品、暂时进出境的货物以及其他非贸易性物品，经当事人申报，海关免予检验。

（3）进出口药品的质量检验、计量器具的量值检定、锅炉压力容器的安全监督检验、船舶（包括海上平台、主要船用设备及材料）和集装箱的规范检验、飞机（包括飞机发动机、机载设备）的适航检验以及核承压设备的安全检验等项目，由有关法律、行政法规规定的机构实施检验。

（4）根据便利对外贸易的需要，对进出口企业实施分类管理，并按照根据国际通行的合格评定程序确定的检验监管方式，对进出口商品实施检验。

（5）对进出口商品实施检验的内容，包括是否符合安全、卫生、健康、环境保护、防止欺诈等要求以及相关的品质、数量、重量等项目。

（6）进出口商品的收货人或者发货人可以自行办理报检手续，也可以委托代理报检企业办理；采用快件方式进出口商品的，收货人或者发货人应当委托出入境快件运营企业办理报检手续。报检单位应当依法向出入境检验检疫机构备案。代理报检企业以自己的名义办理报检手续的，应当承担与收货人或者发货人相同的法律责任。

（二）《商检法实施条例》对进口商品的检验的主要规定

（1）程序性规定

法定检验的进口商品的收货人应当持合同、发票、装箱单、提单等必要的凭证和相关批准文件，向报关地的出入境检验检疫机构报检；法定检验的商品通关放行后 20 日内，收货人应当在申报的收货地申请检验，未经检验的，不准销售，不准使用。大宗散装商品、易腐烂变质商品、可用作原料的固体废物以及已发生残损、短缺的商品，应当在卸货口岸检验。

（2）不合格商品的处理规定

除法律、行政法规另有规定外，法定检验的进口商品经检验，涉及人身财产安全、健康、环境保护项目不合格的，由出入境检验检疫机构责令当事人销毁，或者出具退货处理通知单，办理退运手续；其他项目不合格的，可以在出入境检验检疫机构的监督下进行技术处理，经重新检验合格的，方可销售或者使用。

法定检验以外的进口商品的收货人，发现进口商品质量不合格或者残损、短缺，申请出证的，出入境检验检疫机构或者其他检验机构应当在检验后及时出证。

对属于法定检验范围内的关系国计民生、价值较高、技术复杂的以及其他重要的进口商品和大型成套设备，应当按照对外贸易合同约定监造、装运前检验或者监装。收货人保留到货后最终检验和索赔的权利。出入境检验检疫机构可以根据需要派出检验人员参加或者组织实施监造、装运前检验或者监装。

（3）特殊进口商品的规定

对进口可用作原料的固体废物的国外供货商、国内收货人在签订对外贸易合同前，应当取得海关总署或者出入境检验检疫机构的注册登记，对此类固体废物实行装运前检验制度，进口时，收货人应当提供出入境检验检疫机构或者其他检验机构出具的装运前检验证书。

对价值较高，涉及人身财产安全、健康、环境保护项目的高风险进口旧机电产品，应当依照国家有关规定实施装运前检验，进口时，收货人应当提供出入境检验检疫机构或者其他检验机构出具的装运前检验证书。

上述两类产品到货后，由出入境检验检疫机构依法实施检验。

进口机动车辆到货后，收货人凭出入境检验检疫机构签发的进口机动车辆检验单证以及有关部门签发的其他单证向车辆管理机关申领行车牌证。在使用过程中发现有涉及人身财产安全的质量缺陷的，出入境检验检疫机构应当及时作出相应处理。

（三）《商检法实施条例》对出口商品的检验的主要规定

（1）程序性规定

法定检验的出口商品的发货人应当在海关总署规定的地点和期限内，持合同等必要的凭证和相关批准文件向出入境检验检疫机构报检，未经检验或者经检验不合格的，不准出口。

出口商品应当在商品的生产地检验。海关总署可以根据便利对外贸易和进出口商品检验工作的需要，指定在其他地点检验。

实行验证管理的商品，发货人应当向出入境检验检疫机构申请验证。

在商品生产地检验的出口商品需要在口岸换证出口的，由商品生产地的出入境检验检疫机构按照规定签发检验换证凭单。发货人应当在规定的期限内持检验换证凭单和必要的凭证，向口岸出入境检验检疫机构申请查验。经查验合格的，由口岸出入境检验检疫机构签发货物通关单。

（2）不合格商品的处理规定

法定检验的出口商品经出入境检验检疫机构检验或者经口岸出入境检验检疫机构查验不合格的，可以在出入境检验检疫机构的监督下进行技术处理，经重新检验合格的，方准出口；不能进行技术处理或者技术处理后重新检验仍不合格的，不准出口。

法定检验以外的出口商品品经出入境检验检疫机构抽查检验不合格的，实行验证管理的出口商品，经出入境检验检疫机构验证不合格的，依照前述规定处理。

（3）特殊出口商品的规定

出口危险货物包装容器的生产企业，应当向出入境检验检疫机构申请包装容器的性能鉴定，鉴定合格并取得性能鉴定证书的，方可用于包装危险货物。

出口危险货物的生产企业，应当向出入境检验检疫机构申请危险货物包装容器的使用鉴定。使用未经鉴定或者经鉴定不合格的包装容器的危险货物，不准出口。

对装运出口的易腐烂变质食品、冷冻品的集装箱、船舱、飞机、车辆等运载工具，承运人、装箱单位或者其代理人应当在装运前向出入境检验检疫机构申请清洁、卫生、冷藏、密固等适载检验。未经检验或者经检验不合格的，不准装运。

（四）《商检法实施条例》对检验的监督管理的主要规定

（1）对出口产品生产企业的管理规定

出入境检验检疫机构根据便利对外贸易的需要，可以对列入目录的出口商品进行出厂前的质量监督管理和检验，其内容包括对生产企业的质量保证工作进行监督检查，对出口商品进行出厂前的检验。

获得卫生注册登记的出口食品生产企业，方可生产、加工、储存出口食品。获得卫生注册登记的进出口食品生产企业生产的食品，方可进口或者出口。需要在国外卫生注册的，由海关总署统一对外办理。

（2）检验实施与异议处理

出入境检验检疫机构根据需要，对检验合格的进出口商品加施检验检疫标识，按照有关规定对检验的进出口商品抽取样品。

报检人对检验结果有异议的，可以自收到检验结果之日起 15 日内，向作出检验结果的出入境检验检疫机构或者其上级出入境检验检疫机构以至海关总署申请复验，受理复验的出入境检验检疫机构或者海关总署应当自收到复验申请之日起 60 日内作出复验结论。技术复杂的，可以延长不超过 30 日。

（3）检验检疫机构的查处权

海关总署、出入境检验检疫机构实施监督管理或者对涉嫌违反进出口商品检验法律、行政法规的行为进行调查，有权查阅、复制当事人的有关合同、发票、账簿以及其他有关资料。出入境检验检疫机构对有根据认为涉及人身财产安全、健康、环境保护项目不合格的进出口商品，经本机构负责人批准，可以查封或者扣押。

（4）贸易便利化服务

海关总署、出入境检验检疫机构办理进出口商品报检、检验、鉴定等手续，符合条件的，可以采用电子数据文件的形式。

签发出口货物普惠制原产地证明、区域性优惠原产地证明、专用原产地证明。

出口货物一般原产地证明的签发，依照有关法律、行政法规的规定执行。

出入境检验检疫机构对进出保税区、出口加工区等海关特殊监管区域的货物以及边境小额贸易进出口商品的检验管理，按照海关总署另行制定的贸易便利化办法执行。

二、我国进出境动植物检疫

为防止动物传染病、寄生虫病和植物危险性病、虫、杂草以及其他有害生物等病虫害传入、传出国境，保护农、林、牧、渔业生产和人体健康，促进对外经济贸易的发展，我国颁布了《中华人民共和国进出境动植物检疫法》（以下简称《检疫法》，1991 年 10 月 30 日第七届全国人民代表大会常务委员会第二十二次会议通过，2009 年 8 月 27 日修订。该法包括总则、进境检疫、出境检疫、、过境检疫、邮寄物检疫、运输工具检疫、法律责任和附则共 8 章 50 条，具体规定了对进出境的动植物、动植物产品和其他检疫物，装载动植物、动植物产品和其他检疫物的装载容器、包装物，以及来自动植物疫区的运输工具实施检疫办法。

为贯彻《检疫法》，国务院于 1996 年 12 月 2 日颁布了《中华人民共和国进出境动植物检疫法实施条例》。该条例的实施，对进一步贯彻执行检疫法，深化口岸管理体制改革，提高依法行政水平，更好地防止动物传染病、寄生虫病和植物危险性病、虫、杂草以及其他有害生物传入、传出国境，保护农、林、牧、渔业生产和人体健康，促进对外经济贸易的发展发挥了积极作用。

三、我国国境卫生检疫

为了防止传染病由国外传入或者由国内传出，实施国境卫生检疫，保护人体健康，我国颁布了《中华人民共和国国境卫生检疫法》（以下简称《卫生检疫法》，1986 年 12 月 2 日颁布，2024 年 6 月 28 日，十四届全国人大常委会第十次会议表决通过国境卫生检疫法修订草案，自 2025 年 1 月 1 日起施行)。《卫生检疫法》第二条规定："在中华人民共和国对外开放的口岸，海关依照本法规定履行检疫查验、传染病监测、卫生监督和应急处置等国境卫生检疫职责。"

《卫生检疫法》第三条规定："本法所称传染病，包括检疫传染病、监测传染病和其他需要在口岸采取相应卫生检疫措施的新发传染病、突发原因不明的传染病。检疫传染病目录，由国务院疾病预防控制部门会同海关总署编制、调整，报国务院批准后公布。监测传染病目录，由国务院疾病预防控制部门会同海关总署编制、调整并公布。检疫传染病目录、监测传染病目录应当根据境内外传染病暴发、流行情况和危害程度及时调整。"该法规定：出入境的人员、交通运输工具，集装箱等运输设备、货物、行李、邮包等物品及外包装，应当依法接受检疫查验，经海关准许，方可进境出境。具体办法由该法实施细则规定。

根据《中华人民共和国国境卫生检疫法实施细则》(1989 年 3 月 6 日卫生部发布实施，2019 年 3 月 2 日最新修订)，入境、出境的人员、交通工具和集装箱，以及可能传播检疫传染病的行李、货物、邮包等，均应当按照本细则的规定接受检疫，经卫生检疫机关许可，方准入境或者出境。

在国内或者国外检疫传染病大流行时，国务院可决定采取封锁边境、消毒、除虫、禁止货物和人员进出境等措施。出入境的货物在到达口岸时，承运人、代理人或者货主，必须向卫生检疫机关申报并接受卫生检疫。对来自疫区的、被传染病污染的以及可能传播检疫传染病或者发现与人类健康有关的啮齿动物和病媒昆虫的物品，应当实施消毒、除鼠、除虫或者其他必要的卫生处理。

出入境的个人携带或者托运可能传播传染病的行李和物品，应当接受卫生检查。卫生检疫机关对来自疫区或者被传染病污染的各种食品、饮料、水产品等应当实施卫生处理或者销毁，并签发卫生处理证明。

四、我国食品安全检验检疫

为保证食品安全，保障公众身体健康和生命安全，我国颁布了《中华人民共和国食品安全法》(以下简称《食品安全法》，于 2009 年 2 月 28 日颁布，2021 年 4 月 29 日最新修改)。《食品安全法》是调整食品卫生行政管理的重要法律，也是国家出入境检验检疫工作必须遵照执行的基本法律。该法共 10 章 154 条，内容主要包括：总则；食品安全风险监测和评估；食品安全标准；食品生产经营；食品检验；食品进出口；食品安全事故处置；监督管理；法律责任；附则。

2009 年 7 月 20 日，中华人民共和国国务院令第 557 号公布了《中华人民共和国食品安全法实施条例》，2019 年 10 月 11 日最新修订，对《食品安全法》的实施做了更加详细的规定。这两部法律法规是我国食品进出口检验检疫必须遵守的。

五、对进出口商品的公证鉴定

公证鉴定是检验检疫机构根据买卖合同、运输合同、保险合同等当事人的申请，受理有关的鉴定业务，并根据需要签发相应的鉴定证书，作为当事人办理进出口商品交接、结算、计费、理算、报关、纳税和处理争议、索赔等事项的有效凭证。公证鉴定业务范围较广，主要包括：进出口商品的质量、数量、重量和包装的鉴定；货载衡量、车辆、船舱、集装箱等运输工具的清洁、密固和冷藏效能等装运技术的检验，监视装载，积载鉴定；舱口监视、监视卸载以及货物残损、海损鉴定等。另外，检验检疫机构还接受国外检验机构的委托和仲裁、司法部门的要求进行公证鉴定。

● 第二节　检验检疫时间和地点

一、货物的交接

按国际上的一般解释，货物的交接包含两层意思：一是接受货物；二是接收货物。所谓接受货物（acceptance of the goods）是指买方收到货物后，经检验认为货物符合合同的规定，而同意接受货物；接收货物（receipt of the goods）是指买方收到货物，尚未决定接受货物，国际上一般都承认买方在接受货物以前，有权检验货物，甚至以检验货物作为买方付款的前提条件。《合同公约》第五十八条第（3）款规定：买方在未有机会检验货物以前，无义务交付货款，除非这种机会与双方当事人议定的交货或支付程序相抵触。《英国货物买卖法》（1979）第三十一条规定：当货物交付买方时，如他以前未曾对该货进行过检验，则除非等到他有一个合理的机会加以检验，以便确定其是否与契约规定相符，不能认为他已经接受了货物。除另有规定者外，当卖方向买方提出交货时，根据买方的请求，卖方应向其提供一个检验货物的合理机会，以便能确定其是否符合契约的规定。所以国际贸易买卖双方在交接货物过程中，一般要经过三个环节，即交货（delivery）、检验或检查（inspection or examination）、接受或拒收（acceptance or rejection）。美国《统一商法典》对买方构成接受货物的条件作出这样的规定：（1）在有合理时间检查货物后，买方向卖方表明货物是符合合同要求的或虽然货物与合同不符，但愿意收受或保留此项货物；（2）在有合理机会检查货物后，买方没有作出有效的拒收；（3）买方作出与卖方所有权相抵触的行为。

大陆法系国家法律规定，因买卖标的物有隐蔽的瑕疵，致丧失其通常效用或减少通常效用，出卖人应负担保责任，出卖人即使不知标的物有隐蔽的瑕疵，仍负担保责任。这里虽未明示买方对货物具有复验权，但是，卖方不知道隐蔽瑕疵能被发现，这就默示了买方在收到货物之后，有权对货物进行检验。

《合同公约》对上述内容也作了具体规定，在第三十九条第（1）款规定：买方必须在按情况实际可行的最短时间内检验货物或由他人检验货物。第三十六条第（1）款规定：卖方应按照合同和本公约的规定，对风险转移到买方时所存在的任何不符合同情形，负有责任，即使这种不符合同情形在该时间后方始明显。从上述规定可以看出，买方收到货物并经检验，如果发现不符合合同规定，而且证明这种不符合同情况在转移风险时就存在，而不是由于运输中发生的自然灾害、意外事故或外来原因造成的，卖方应对此负责。

二、检验时间和地点

在国际贸易中，货物检验时间和地点的确定要考虑买卖合同使用的有关贸易术语和货物的性质。一般说来，检验时间和地点应与交货时间和地点相一致。如工厂交货、目的港船上交货等实际交货合同，它们的检验时间和地点随着交货时间而进行，检验地点即交货地点，但是FOB、CFR和CIF合同，检验时间和地点则有不同规定。《合同公约》规定，凡涉及运输合同"可推迟到货物到达目的地进行"，由此可见，在按装运港交货贸易术语成交的情况下，有必要明确规定检验时间和地点。另外，有些货物根据它们的性质在装运港检验可能不适宜，有损其性质或无法测定其质量，这样，只能在货物到达目的地或用户所在地进行检验。

在国际贸易中，有关买卖合同对检验时间和地点的规定，主要分为三种不同做法：

（一）在出口国装船前检验

（1）工厂检验。由产品制造工厂或买方的验收人员在产品出厂前进行检验或验收。在这种情况下，卖方只承担产品在离厂前的责任，至于运输途中的品质、数量变化的风险，概由买方负担。

（2）以离岸品质、重量（shipping quality，weight）为准。在以离岸品质、重量为准的条件下，卖方所交货物的品质、重量以装船前检验检疫机构或个人所签发的检验证明书为最后依据。卖方对货物到达目的地后的品质状况和重量（数量）原则上不承担责任。只要装船前检验合格，说明卖方已按合同规定交货，买方原则上一般不得根据到货时的品质或数量与离岸时不符而提出异议或索赔。除非买方能证明，货物到达目的地时变质或短量是由于卖方没有严格履行合同规定的货物的品质、数量或包装等义务，或是由于货物在装船时有一般检验无法发现的瑕疵引起的。这种做法，一般意味着买方无复验权。

（二）在进口国卸货后检验

（1）以到岸品质、重量（landed quality，weight）为准。这种做法又称卸货时检验，它是指货物到达目的港后，在约定时间内进行检验。检验的地点可因商品性质不同而异。一般可在目的港码头仓库检验，易腐货物通常应在卸货后，在关栈或码头尽快进行检验，并以检验结果作为货物质量和数量交货的最后依据。在采用这种条件时，卖方应承担货物在运输途中品质、重量变化的风险，买方有权根据货物到达目的港时的检验结果，在分清责任的基础上，对属于卖方责任造成的货损、货差向卖方提出索赔，直至拒收货物。

（2）在用户所在地检验。对于一些不便于在目的港卸货检验的货物，例如，密封包装货物或大型机械设备等，一般不能在目的港卸货时进行检验，需要将检验时间和地点推延到用户所在地进行。使用这种条件时，货物的品质和重量（数量）以用户所在地检验为准。

（三）出口国检验，进口国复验

这种做法是货物在装船前进行检验，以装运港检验检疫机构出具的检验证书作为卖方议付货款的单据之一；货到目的港后，买方有权复验，以目的港检验检疫机构出具的检验证书作为买方向有关当事人对货损、货差提出异议、索赔的依据。这种方法，恰是当年我国对外贸易合同大量使用的规定检验时间和地点的方法。

国际贸易货物需要经过长途运输，其品质、数量或重量在运输过程中难免会有变化，装船时和到达时两次检验结果经常有差异。出现差异的原因是多方面的：可能由于两地检验检疫机构使用的检验标准或方法不同，也可能产生于运输装卸照顾不善，还可能因货物自然损耗等。为了保证合同的顺利履行，尽量减少因两地检验结果不同产生的争议，一般在检验条款中作下列规定：

（1）凡属保险公司及承运人责任者，买方不得向卖方提出索赔，只能向有关责任方要求赔偿。

（2）如两地检验结果的差距在一定范围之内，则以出口国检验结果为准，如超过一定范围，由双方协商解决，如未解决，可交第三国检验机构进行仲裁性检验或者规定超过范围部分由双方平均分担。

（3）在进口国检验和出口国检验，允许进口国复验的条件下，要明确卖方应承担或不应承担的责任。

① 应明确 FOB、CIF 合同，卖方有责任交付符合合同规定品质、数量的货物，货物的风险在货物装运越过船舷时转移，所以卖方对品质、数量所承担的责任也应该到此为止。即使在进口国检验的条件下，卖方也只是承担在正常运输过程中，由于货物本身的缺陷或固有性质而发生的品质变化或损耗。至于运输过程中因意外事故或外来原因造成的损失或灭失，应由买方承担。

② 进口国检验和出口国检验、进口国复验的根本差别在于：前者以进口国检验结果为准，卖方除了要承担由于货物本身缺陷所造成的货损、货差责任之外，也要对货物的自然损耗承担责任。后者是卖方只有在两地检验的差距超过一定范围时，才承担责任，实际上是排除了自然损耗的责任。这种做法，买方复验的结果不能作为最后依据，而是由双方根据两地检验结果进行协商，求得解决办法。

● 第三节　检验检疫证书及其作用

一、检验检疫证书的种类

检验检疫证书是检验检疫机构签发的，证明检验结果的书面文件，在我国进出口业务中，所使用的检验检疫证书，有以下几种：

（1）品质检验证书（inspection certificate of quality）。它是证明进出口商品品质规格的证书。

（2）重量检验证书（inspection certificate of weight）。它是证明进出口商品的重量的证书。

（3）数量检验证书（inspection certificate of quantity）。它是证明进出口商品的数量的证书。

（4）兽医检验证书（veterinary inspection certificate）。它是证明出口动物产品在出口前经过兽医检验，符合检疫要求而出具的证书。

（5）卫生（健康）检验证书（sanitary inspection certificate，inspection certificate of health）。证明出口供食用的动物产品、食品经卫生检验，未受传染疾病感染，可供食用。例如，罐头食品、蛋品、乳制品、冻鱼、肠衣等商品，即可使用此种证明书。

（6）消毒检验证书（disinfection inspection certificate）。证明出口动物产品经过了消毒，例如，猪鬃、马尾、羽毛、山羊皮及人发等商品，即可使用此种证书。

（7）产地检验证书（inspection certificate of origin）。合同规定须出具原产地证明，按给惠国要求，我方出具原产地证明时，由检验检疫机构签发产地检验证书。

（8）价值检验证书（inspection certificate of value）。证明出口商品价值或发货人提供的发票上的价值完全正确，是由检验检疫机构出具的证书。

（9）残损检验证书（inspection certificate on damaged cargo）。证明进口商品残损情况，估定残损贬值程度，判断致损原因，供索赔使用时，由检验检疫机构出具此证书。

此外，还有验舱检验证书、衡量证书等。如果国外商人要求提供其他证书，可建议对方采用上述其中的一种或两种证书，不另出具其他证书。如果国外商人坚持要求出具其他证书时，可与检验检疫机构协商，经检验检疫机构同意，方可按对方要求提供。

二、检验检疫证书的作用

检验检疫证书具有何种法律后果，可由买卖双方的意愿而确定，它既可以是确定合同品质、数量的最后依据，也可只作为议付依据，究竟如何确定，应由双方在买卖合同中予以明确规定。

一般来说，检验检疫证书是证明卖方所交货物品质、数量和包装方面符合合同规定的依据，也是买方对品质、数量和包装提出异议必不可少的法律依据。应该说明的是，在出口国检验、出证，允许买方在进口国目的地复验的条件下，双方检验检疫机构所出具的证书都不具有最后依据的效力。买方可以根据复验结果提出异议和索赔要求，但卖方也可根据出口地检验检疫机构出具的证明书进行抗辩。在这种情况下，争议只能通过协商解决或委托第三国进行仲裁性的检验，即使在这种情况下，检验检疫证书仍然是买方提赔不可缺少的证明文件。

应该明确的是，即使在离岸品质、重量的做法上，以出口地检验检疫机构出具的检验检疫证书作为最后依据，也并不是只要检验检疫证明货物符合合同条件，卖方就不承担品质和数量方面的任何责任。如果是由于货物本身的缺陷造成的，而这种缺陷又不是在检验时所能发现的，则卖方仍需对货物到达目的港时的货损、货差承担责任。

● 第四节　检验条款的规定

在规定检验条款时，我们应该在平等互利原则的基础上与对方协商订立检验条款，以利于我国对外贸易的发展。

一、出口合同检验条款的规定

在出口合同中，一般都采用以装船前出口国检验检疫机构签发的检验证书作为向银行议付货款的依据，货到目的港允许买方有复验权，并可以目的港检验证书作为索赔依据。

有些出口合同，如来料加工、来件装配检验条款，除规定以装运口岸检验检疫机构出具的证书作为议付单据外，还常常规定买方派人到生产工厂进行检验，以买方代表签署的验收合格证书作为议付单据之一。但这种规定一般取消了货物到达目的地复检后对卖方责任的异议索赔权。

二、进口合同检验条款的规定

进口合同的检验条款有多种规定方法：

（1）以制造厂商出具的品质及数量或重量证书作为在信用证项下付款的单据之一。但货物品质及数量或重量的检验应按下列规定办理：

货物到达目的港××天内经中国检验检疫机构复验，如发现品质及数量或重量与合同不符，除属保险公司或承运人责任外，买方可凭中国检验检疫机构出具的检验证书，向卖方提出索赔或退货。因索赔或退货引起的一切费用（包括检验费）及损失均由卖方负担。在此情况下，如抽样是可行的话，买方可应卖方要求，将有关货物的样品寄交卖方。

（2）以卖方同意的买方国家检验检疫机构或公证行出具的品质及数量或重量证明书和买方派人监造、监运、监装的证明书共同作为检验议付单据。货物到目的港××天内经中国检验检疫机构复检，如发现品质及数量或重量与合同不符，买方可凭中国检验检疫机构出具的检验证书，向有关当事人索赔。

（3）根据合同的约定，买方或其指定检验人到出口国进行装运前检验、监造或监装，应当以到货后的检验结果为准。

三、订立检验条款应注意的问题

（1）检验条款应与合同其他条款相符，不可相互矛盾。例如，出口合同约定采用CIF贸易术语，信用证结算，则卖方的责任是在装运港交货后，即可凭单据议付货款。若规定到岸品质与数量或重量，买方验货后才决定付款，该检验条款就实质性地改变了CIF合同性质。

（2）检验条款的规定应切合可行，不能接受外商的不合理检验条件。例如，规定出口的山鸡应在死前检验，卖方根本做不到，因为山鸡往往猎获之后就死掉了，根本无检验的机会。

（3）应明确规定复验的期限、地点和机构。出口合同订有买方复验权时，应对其复验的期限、地点作出明确规定。复验的期限与索赔期限密切相关。买方只有在规定的期限内行使其权利，索赔才有效，否则无效。我们应根据货物性质、运输港口等情况协商确定适宜的复验期限、地点和机构。

（4）应明确约定检验标准和方法。为了避免或减少进出口两地检验检疫机构采用的检验标准或检验方法不同造成检验结果不一致，应该明确约定检验标准和检验方法。

（5）进口合同检验条款应规定我方有复验权。

复习思考题

1. 商品检验在我国对外贸易中有何作用？

2. 商品检验时间与地点有哪几种规定方法？

3. 法定检验的内容与范围有哪些？

4. 为什么说货物的接收并不意味着买方接受货物？

拓展学习资源

1.《中华人民共和国国境卫生检疫法》

2.《中华人民共和国进出境动植物检疫法实施条例》

3.《中华人民共和国进出口商品检验法》

4.《中华人民共和国食品安全法》

第十四章

免责条款与争议处理

[学习目标与要求]

在国际货物买卖中，买卖双方出现业务纠纷是常会发生的。要求掌握在业务中经常出现争议的原因和解决争议的方法，以及在合同中订立异议、索赔和罚金条款的内容。同时还要掌握国际经济贸易仲裁和不可抗力条款等内容。

开篇案例

【案情】

A公司与B公司签订一份货物买卖合同，合同中约定A公司在2020年5月1日前向B公司交付一批商品，且合同条款约定："如因不可抗力使得合同履行不能或者失去了实际意义，包括但不限于自然灾害、战争、政府行为等，本合同双方均不承担责任。"2020年3月，新型冠状病毒疫情突然暴发，企业生产和运输受到严重影响，A公司无法在合同规定的时间交货，B公司要求解除合同并赔偿损失。这种情况下，新型冠状病毒疫情是否可构成不可抗力，A公司是否可以通过案涉合同中的不可抗力免责条款来免除赔偿责任。对于案件存在的争议如何处理，B公司是否可以申请索赔？双方无法就索赔结果达成一致的，是否可以申请法院仲裁？

【涉及的问题】

货物在运输期间，由于发生了当事人不能预见和人力所不能控制的自然灾害或意外事故，以致不能履行合同或不能按期履行合同，在实际业务中，发生的事故是否属于不可抗力事故，一般要根据合同条款的规定，视发生事故的时间、地点、原因、规模、后果等，以及事先是否可以预见，事后是否可以采取必要的措施克服，事故是否使合同失去履行的基础等情况来确定。对于案例中，新冠肺炎疫情的发生耽误了交货，是否可确定为不可抗力事故？其合同不可抗力条款是什么？该如何界定及产生的法律后果为何？若合同双方产生争议，应如何解决？同时，运输过程中的不可预见性，要求合同双方具备较强的风险意识，根据自身利益购买相应的保险。事实上，这些在学习本章后都能得到解决。

● 第一节　不可抗力

一、不可抗力的含义

狭义上，不可抗力（force majeure）是指不能预见、不能避免且不能克服的影响合同正常履行的客观事件。不可抗力事件本身并不必然地、自动地免除当事人合同履行义务。

广义上，合同中的不可抗力一词常常被引申为不可抗力免责条款。因受罗马法的影响，大陆法系国家法律普遍规定了不可抗力免责原则，即不可抗力法定免责，英美法系国家也广泛接受这一理念。法国《民法典》规定，如债务人系因不可抗力而未履行给付或作为的债务，不发生赔偿损害的责任。我国《民法典》第一百八十条规定："因不可抗力不能履行民事义务的，不承担民事责任。"第五百六十三条规定，因不可抗力致使不能实现合同目的，当事人可以解除合同。

在大陆法系中，不可抗力包括自然力量造成的自然灾害和社会力量导致的意外事故。例如，地震、洪水、旱灾、飓风、暴风雪、战争以及政府禁令等。法定免责的思想基础为"情势变迁原则"或"契约失效原则"，《国际商事合同通则》称为"艰难情形（hardship）"，认为如果履约的基础发生了预想不到的根本性变化或不复存在，如果坚持合同原有效力，就显失公平，有悖诚实信用原则，因此，应当允许对原有合同的法律效力作相应的变更。

英美国家的法律将不可抗力的法定免责原则称为合同受阻或合同落空原则（frustration of contract）。它是指合同履行期间，非由于合同双方当事人过失，发生了双方当事人无法预料的变化，致使合同无法履行，或继续履行不合法，或继续履行的义务与原来约定的义务有本质上的不同，则允许当事人解除合同并免除违约责任。这个原则与大陆法系中的"情势变迁原则"理念基本相同。

根据英美法系国家的成文法和判例，构成合同受阻的重大事件通常包括：标的物的意外灭失；合同约定的特定义务人丧失履行能力；爆发战争；政府法律变化和政府干预；其他重大意外事件，其中，绝大部分情形均可列入不可抗力范围。

我国法律将上述原则称为"情势变更原则"。《民法典》第五百三十三条规定："合同成立后，合同的基础条件发生了当事人在订立合同时无法预见的、不属于商业风险的重大变化，继续履行合同对于当事人一方明显不公平的，受不利影响的当事人可以与对方重新协商；在合理期限内协商不成的，当事人可以请求人民法院或者仲裁机构变更或者解除合同。"

各国的上述理念和原则都将商业风险排除在不可抗力概念之外。签约后的价格上涨和下跌、货币的突然升值和贬值，虽然对当事人来说是无法控制的，但不属于不可抗力的范畴。对发生类似事件可否解除合同，应由当事人通过协议性免责条款

作出约定

二、不可抗力的法律后果

根据上述不可抗力法律原则，发生不可抗力事件的法律后果有两种：一种是推迟履行合同，另一种是解除合同，视不可抗力事件对合同履行的影响程度而定。如果不可抗力事件只是暂时或在一定期限内阻碍合同的履行，就可推迟履行合同，但不能解除有关当事人履行合同的义务，一旦事件消除后，仍须继续履行合同。如果不可抗力事件改变了合同订立的根本条件，导致合同履行成为不可能，或虽然能够继续履行，但需要付出非合同约定的巨大代价，则可解除合同。

《民法典》第五百九十条规定："当事人一方因不可抗力不能履行合同的，根据不可抗力的影响，部分或者全部免除责任，但是法律另有规定的除外。因不可抗力不能履行合同的，应当及时通知对方，以减轻可能给对方造成的损失，并应当在合理期限内提供证明。"

《合同公约》第七十九条第（1）款规定，当事人不履行义务，如果当事人能证明此种不履行是由于某种非他所控制的障碍，而且对于这种障碍，没有理由预期它在订立合同时能考虑到或能避免或克服它或它的后果的，该当事人可以免责。

三、合同中的不可抗力条款

不可抗力是一个相对概念，不同国家由于法律观念不同，对不可抗力事件的范围常有不同理解。因此，有必要通过在合同中约定一个不可抗力条款来明确不可抗力事件的范围及其法律后果。

实践中，不同国家的不可抗力条款称谓也不尽相同。我国和大陆法系国家一般单列一个不可抗力条款，美国习惯上订立"意外事故条款（contingency clause）"。在英联邦国家的法律中没有不可抗力的概念，只有合同受阻的概念，而合同是否构成受阻，又是由法官或仲裁庭在裁决中确定的，所以，在合同中一般不规定不可抗力条款，也没有"合同受阻"条款。但也有例外，著名的谷物与饲料贸易协会（GAFTA）合同就订有不可抗力条款，事件范围与大陆法中的理解有些不同。

不可抗力条款内容通常包括以下几个方面：不可抗力事故的范围；不可抗力事故的法律后果；出具事故证明的机构和事故发生后通知对方的期限。

不可抗力事件的范围是易产生争议的问题之一，所以应当规定得具体，避免笼统或含糊不清；不可抗力事件的法律后果规定中应规定清楚在哪些情况下可以解除合同，在哪些情况下只能中止合同；不可抗力事件证明，在我国一般由中国国际商会出具。

不可抗力事件除了法定的事件外，也可包括当事人议定的较为重大的事件。

在我国进出口贸易合同中，不可抗力条款规定方法有三种：

1. 概括式规定

在合同中不具体订明不可抗力事件。例如约定："由于人力不可抗拒事件影响而不能履行合同的一方，在与另一方协商同意后，可根据实际所受影响的时间，延长履行合同的期限，或解除合同，对方对由此而产生的损失不得提出赔偿要求。"

2.列举式规定

在不可抗力条款中列出具体的不可抗力事件，合同中没有约定的，不能视为不可抗力事件。例如约定："由于战争、洪水、火灾、地震、雪灾、暴风等致使卖方不能按时交货，可以推迟装运时间或者撤销部分或全部合同，但卖方必须向买方提交发生事故的证明书，该证明书由××出具。"

3.综合式规定

采用概括和列举综合并用的方式。例如约定："如严重自然灾害或战争等人力不可抗拒的原因，致使买方或卖方不能在本合同第×条规定的期限内履行合同，可以相应地延期履行；如此种原因在合同第×条规定的履行期限后持续2个月，则本合同未履行部分自动解除。买卖双方的任何一方，不负任何责任。"

在上述三种方法中，第三种比较灵活，可适应多变的情况。

有关当事人在援引不可抗力条款时，应注意以下几点：

（1）应及时通知对方并提供适当的证明条件。对方接到通知应及时答复，如长期拖延不予处理，也要负违约责任。

（2）要认真分析事件是否属于不可抗力条款约定范围，如不属于合同规定范围，一般不能按不可抗力事故处理。

（3）根据事故的性质、影响履约的程度等具体情况，适当地处理在履约中发生的各种情况。

参考例：谷物与饲料贸易协会（GAFTA）38号合同（GAFTA No.38）的禁运与不可抗力条款

PROHIBITION—In case of prohibition of export，blockade or hostilities or in case of any executive or legislative act done by or on behalf of the government of the country of origin or of the territory where the port or ports of shipment named herein is/are situate，restricting export，whether partially or otherwise，any such restriction shall be deemed by both parties to apply to this contract and to the extent of such total or partial restriction to prevent fulfilment whether by shipment or by any other means whatsoever and to that extent this contract or any unfulfilled portion thereof shall be cancelled.Sellers shall advise Buyers without delay with the reasons therefor and，if required，Sellers must produce proof to justify the cancellation.

FORCE MAJEURE，STRIKES ETC.—Sellers shall not be responsible for delay in delivery of the goods or any part thereof occasioned by any Act of God，strike，lockout，riot or civil commotion，combination of workmen，breakdown of machinery，fire or any cause comprehended in the term "force majeure".If delay in delivery is likely to occur for any of the above reasons，shall serve a notice on Buyers within 7 consecutive days of the occurrence，or not less than 21 consecutive days before the commencement of the contract period，whichever is later.The notice shall state the reason（s）for the anticipated delay.If after serving such notice an extension to the delivery period is required， then the Sellers shall serve a further notice not later than 2 business days after the last day of the contract period of delivery.If delivery be delayed for more than 30 consecutive days， Buyers shall have the option of cancelling the delayed portion of the contract， such option to be exercised by Buyers serving notice to be received by Sellers not later than the first business day after the additional 30 consecutive days.If Buyers do not exercise this option， such delayed portion shall be automatically extended for a further period of 30 consecutive days.If delivery under this clause be prevented during the further 30 consecutive days extension， the contract shall be considered void.Buyers shall have no claim against Sellers for delay or non-delivery under this clause， provided that Sellers shall have supplied to Buyers， if required， satisfactory evidence justifying the delay or non-fulfilment.

● 第二节　其他免责条款

免责条款也可称为保护性条款（protective clause）。约定的目的是在合同履行过程中，在发生了法律规定的或合同约定的使合同无法继续履行，或者如果要求继续履行会对合同另一方明显不公平的事件时，可以免除合同双方继续履行合同义务的责任。因此，除了由法律明确规定的免责事项外（可称为法定性免责，如不可抗力、运输法中的承运人免责事项），当事人还可以视合同具体情况约定其他免责事项，可称为约定性免责条款。

一、约定性免责条款中免责事项的内容

约定性免责事项由合同当事人根据合同的特点和履约环境自行约定，内容的多少和好坏也取决于双方的履约经验。条款的内容一般包括：法定免责以外的事件导致的交货不能或延迟、卖方或卖方租船订舱不能或延迟、卖方或买方滞期费条款下装卸时间的扣除事件、买方付款遭遇非本身原因冻结、卖方或买方公司破产解散等。

约定性免责条款可以在合同中单列，也可与不可抗力条款合并列出。

二、对战争法定免责条款的补充

商业界对战争含义的理解各不相同，所以有必要在合同中对战争包含的事件作出界定。其中，伦敦保险市场上的战争条款包括了战争和多种类似战争行为，该界定被广泛采用。

根据伦敦货物保险条款的定义，战争包括了战争及类似战争的事件。其主要有：正在进行的战争及战争威胁行为（actual war or threatened act of war）；战争敌对行为（war hostilities）；类似战争行为（war like operations）；海盗（piracy）及敌对行为（hostility）；任何个人、团体或国家对船舶或船上货物的蓄意破坏（malicious damage against this or any other vessel or its cargo by any person、body or state）；革命（revolution）；内战（civil war）；民变（civil commotions）；根据国际法所采取的行动

(the operations of international law); 实施制裁所带来的风险或罚款 (any risks or pen-alties whatsoever consequent upon the imposition of sanction); 扣押 (seizure); 捕获 (capture); 扣留 (arrest); 拘禁 (restraint); 羁押 (detainment); 没收 (confisca-tion); 交战方、政府和统治者的干扰 (any interference by the belligerent or fighting powers or parties or by any government or ruler); 恐怖分子的行为 (act or threatened act of terrorist) 等。

英国普通法对一些重大的类战争行为作了如下界定:

(1) 内战: 除国家之间战争外, 内战无疑是上述各事件中最严重的。英国法院在审理 Spinney's Ltd and other v.Royal Insurance ([1980] 1 Lloyd's Rep.406) 一案时对什么是内战作了权威解释。法庭认为, 在判断某国内骚乱的规模是否构成内战时, 至少应考虑以下因素: 参战的人数; 部队和平民的伤亡人数; 使用武器的数量和性质; 占据领土的相对规模; 平民总的受影响程度; 冲突持续的时间和程度; 秩序和司法管理受妨碍的范围; 服务和个人生活受干扰的程度; 由于冲突导致人口的流动程度; 每一集团在其控制的领土上行使立法、行政和司法权力的范围。只有存在上述大部分因素, 并且达到一定程度时, 才构成内战。

(2) 革命、造反、叛乱: 革命、造反 (rebellion) 和叛乱 (insurrection) 是各种合同战争条款中都包含的事件。它们的特点是: 国民有组织、有武装地通过武力或武力威胁, 来达到推翻现政府的目的。

(3) 暴动和民变: 通常, 暴动 (riot) 和民变比革命、叛乱的规模及程度要小一些, 其目的也不是要推翻政府, 但是它们有一定的组织, 会使人身和财产受到威胁和损坏。

(4) 捕获: 指战时财产被交战方占有。

(5) 扣押: 指任何人及团体在任何时间、任何地点以武力或武力威胁, 强行占有他人财产、船舶的非法行为。

(6) 扣留、拘禁、羁押: 通常指通过法定程序, 对船舶及其他财产的滞留、限制。

应当参照以上内容, 对比较笼统的法定的战争条款作出详细约定, 在发生这些事件阻碍了合同履行时, 免除受影响一方的继续履行义务。

延伸阅读: 其他免责条款举例

参考例1: 谷物与饲料贸易协会 (GAFTA) 38号合同 (GAFTA No.38) 的破产免责条款

INSOLVENCY—If before the fulfilment of this contract, either party shall suspend payments, notify any of the creditors that he is unable to meet debts or that he has sus-pended or that he is about to suspend payments of his debts, convene, call or hold a meeting of creditors, propose a voluntary arrangement, have an administration order made, have a winding up order made, have a receiver or manager appointed, convene, call or hold a meeting to go into liquidation (other than for re-construction or amalgamation) become subject to an Interim Order under Section 252 of the Insolvency Act 1986, or have a Bankruptcy Petition presented against him (any of which acts being hereinafter called an "Act of Insolvency") then the party committing such Act of Insolvency shall forthwith serve a notice of the occurrence of such Act of Insolvency on the other party to the contract and upon proof (by either the other party to the contract or the Receiver, Administrator, Liquidator or other person representing the party committing the Act of Insolvency) that such notice was served within 2 business days of the occurrence of the Act of Insolvency, the contract shall be closed out at the market price ruling on the business day following the serving of the notice. If such notice has not been served, then the other party, on learning of the occurrence of the Act of Insolvency, shall have the option of declaring the contract closed out at either the market price on the first business day after the date when such party first learnt of the occurrence of the Act of Insolvency or at the market price ruling on the first business day after the date when the Act of Insolvency occurred. In all cases the other party to the contract shall have the option of ascertaining the settlement price on the closing out of the contract by re-purchase or re-sale, and the difference between the contract price and the re-purchase or re-sale price shall be the amount payable or receivable under this contract.

参考例 2：买卖双方无法及时提供货物或及时收货的免责条款

Shortage of trucks, wagons, lighters or other unavoidable hindrances in production, transportation, loading, discharging or receiving the cargo, or any other causes or hindrances happening without the fault of the sellers or buyers, preventing or delaying the production, supplying, loading, discharging or receiving of the cargo are excepted and neither the sellers northe buyers shall be liable for any loss or damage resulting from any such excepted causes.

参考例 3：罢工免责

罢工条款（strike clause）的目的与战争条款目的相似。该条款主要规定了当罢工或停工（lockouts）事件阻碍或延迟合同义务履行时合同当事人解除合同的权利与后果。

关于罢工，英国邓宁大法官定义如下："A strike is a concerted stoppage of work by men done with a view to improving their wages or conditions, or giving vent to a grievance or making a protest about something or other, or supporting or sympathizing with other workmen in such endeavour. It is distinct from a stoppage which is brought about by an external event such as a bomb scare or by apprehension of danger."

而"停工"是指"The withholding of employment by a employer and the closing of his business as a resist to the demand from the employee"。

● 第三节　争议和索赔

一、争议的含义

争议（disputes）是指交易的双方对履行合同约定的责任认识不同而引起的业务纠纷。纠纷的原因是多方面的，主要有：合同是否成立；合同条款规定欠明确，双方对合同条款解释不一致；在履行合同时双方对发生的不可抗力法律后果解释不一致；买方不按时开证、不按时赎单付款、无理拒收货物、不按时派船等；卖方不按时交货，不按合同规定的品质、数量、包装交货，卖方不提供合同和信用证规定的单据等。争议的焦点：是否构成违约；违约的事实是否存在；违约的责任和后果。

争议应该采取适当的方法予以解决。要解决争议，双方应该在平等的基础上进行友好协商、互相谅解，不能为一时的业务纠纷而影响正常的贸易关系；如果经过友好协商不能得到圆满解决，要约定双方自愿将有关争议提交仲裁。

二、索赔和理赔

索赔（claim）是指在合同履行过程中，因一方违反合同规定，直接或间接地给另一方造成损失，受损方向违约方提出赔偿要求，以弥补其所受损失的行为；理赔是指违反合同的一方受理受损方提出的赔偿要求的行为。

对于违约及其法律后果，各国货物买卖法和国际公约一般都将违约分为重大违约（material breach）和非重大违约（non-material breach）。英国法下相应地称为"违反要件"（breach of condition）和"违反保证"（breach of warranty），《合同公约》相应地称为"根本性违约"（fundamental breach）和"非根本性违约"（non-fundamental breach）。

违反合同中实质性的交易条件，如货物品质、规格、数量、包装、价格、支付、交货等，一般视为重大违约，被违约方有权解除合同，并可要求赔偿损失。如果违反合同中非实质性的交易条件，被违约方可以要求损害赔偿，但无权要求解除合同。

《合同公约》第二十五条规定：一方当事人违反合同的结果，如使另一方当事人蒙受损害，以至于实际上剥夺了其根据合同规定有权期待得到的东西，即为根本违反合同（fundamental breach）。第四十九条规定：买方在卖方不交货或不在买方提出的合理的额外时间（additional period of time）交货，便可宣布合同无效。第三十一条第（1）款规定：宣布合同无效解除了双方在合同中的义务，但应负责的任何损害赔偿仍应负责。宣布合同无效不影响合同中关于解决争端的任何规定，也不影响合同中关于双方在宣布合同无效后权利和义务的任何其他规定。《民法典》第五百七十七条规定："当事人一方不履行合同义务或者履行合同义务不符合约定的，应当承担继续履行、采取补救措施或者赔偿损失等违约责任。"第五百七十八条规定："当事人一方明确表示或者以自己的行为表明不履行合同义务的，对方可以在履行期限届满前请求其承担违约责任。"第五百八十二条规定："履行不符合约定的，应当按照当事人的约定承担违约责任。对违约责任没有约定或者约定不明确，依据本法第五百一十条的规定仍不能确定的，受损害方根据标的的性质以及损失的大小，可以合理选择请求对方承担修理、重作、更换、退货、减少价款或者报酬等违约责任。"第五百八十三条规定："当事人一方不履行合同义务或者履行合同义务不符合约定的，在履行义务或者采取补救措施后，对方还有其他损失的，应当赔偿损失。"第五百八十四条规定："当事人一方不履行合同义务或者履行合同义务不符合约定，造成对方损失的，损失赔偿额应当相当于因违约所造成的损失，包括合同履行后可以获得的利益；但是，不得超过违约一方订立合同时预见到或者应当预见到的因违约可能造成的损失。"

上述法律规定是提出索赔和处理索赔（也称理赔）时的依据原则。

索赔大部分发生在进口业务中。对外索赔时，应该注意以下几个问题：

（1）查明造成损害的事实，分清责任，备妥必要的索赔证据和单证，并在索赔期限内向对方提出。根据卸货口岸验收记录，用货部门在验收和安装使用中发现问题的现场情况，确定损害事实的存在和责任确属国外卖方，再备好必要的索赔证件，一般包括提单、发票、保险单、装箱单、磅码单正本和副本、检验检疫机构出具的货损检验证明或由承运人签字的短缺残损证明及索赔清单，并列明索赔根据和索赔金额，一并向卖方提出索赔。

（2）正确确定索赔项目和金额。正确而合理地确定索赔项目和金额是公平合理地处理索赔的基础。对索赔项目和金额的确定，既不能让国家蒙受不应有的损失，也不能脱离实际损失，提出无理要求。如果合同预先约定损害赔偿的金额，应按约定的金额提赔；如预先未约定损害赔偿的金额，则应根据实际损失确定适当赔偿金额。例如，卖方拒绝交货，赔偿的金额一般按合同价格与违约行为发生时国际市场价格之差价计算；如果卖方交货的品质、规格与合同规定不符，买方可以按《合同公约》第四十六条第（2）、（3）款规定，货物损坏时，卖方应当交付替代货物或对货物进行修理补救等。如果退货重换，则应包括所退还货物的运费、仓储费、装卸费、保险费及重新包装费等。如卖方委托买方修理，要合理计算使用材料费和工本费。

（3）认真制订索赔方案。在查明事实、备妥单证和确定索赔项目以及金额的基础上，结合客户与我们业务往来情况，制订好索赔方案。

（4）及时向违约方提出索赔。在做好索赔准备之后，要及时提赔。提赔要注意合同规定的索赔期限，防止因逾期而遭到拒赔。如果在索赔期内提赔有困难，可以通知国外卖方要求延长索赔期。

（5）索赔工作完结时，对索赔函电和各种记录应认真进行系统登记，以备查阅，从中吸取经验和教训。

出口业务处理理赔时，一般应注意以下几个问题：

（1）要认真细致地审核买方提出的单证和出证机构的合法性。

（2）注意调查研究，弄清事实，分清责任。要向货物的生产部门、国外运输部门了解货物品质、包装、存储、运输等情况，查明货差货损的原因和责任对象。如果确属我方责任，就应实事求是地予以赔偿。对国外商人提出的不合理要求，应该给予详细解释，对无理取闹的应以理拒绝并予以揭露。

（3）合理确定损失和赔付办法。可以采取赔付部分货物、退货、换货、补货、修理或赔付一定金额，对索赔货物给予价格折扣或按残次货物百分比对全部货物降价等。

三、合同中的异议、索赔和罚金条款

（一）异议、索赔条款

异议、索赔条款（discrepancy and claim clause）是买卖合同当中关于处理争议和索赔的约定。

异议、索赔条款一般规定的内容是：如果合同双方因履行合同发生异议，应当首先通过友好协商解决。如果不能解决，则应当提交仲裁，同时还应约定索赔依据、索赔期限、索赔方法和索赔金额等。索赔的依据，主要规定提出索赔必须具备的证据以及出证的机构。提赔时必须按规定提供齐全、有效的证据，否则可能遭到拒赔。索赔的期限，主要是根据货物的不同特性而规定长短不同的期限。一般货物规定为货物到达目的地后30天或45天；对于机、电、仪一般定为货物到达目的港或目的地后60天或90天，一般不超过180天。但对有质量保证期的机械设备的索赔期，可长达1年或1年以上。索赔期的规定在我进口合同中不宜太短，防止超过索赔期而被拒绝，可以在合同当中规定："如在有效期内，因检查手续和发证手续办理不及时，可先电告对方延长索赔期若干天"。对损害赔偿金额，一般不作详细规定，因为签约的当时难以预料发生违约造成的损害程度。

（二）罚金条款

罚金条款是指合同中规定如由于一方未履约或未完全履约，应向对方支付一定数量的惩罚性的约定赔偿金。罚金可以是一个约定的固定金额（liquidated damage），不管未来实际损失多少，只按约定金额赔偿。也可视延误时间长短而定。例如规定："如卖方不能按期交货，在卖方同意由付款行从议付货款中扣除罚金的条件下，买方可同意延期交货。延期交货的罚金不得超过货物总金额的5%，罚金每7天收取合同金额的0.5%，不足7天按7天计算。延期交货超过5周时，买方有权撤销合同，并要求卖方支付上述延期交货罚金。"罚金的支付，并不能解除卖方的交货义务。如卖方根本不履行交货义务，仍要承担因此而给买方造成的损失。

我国法律没有罚金概念，取而代之的是"违约金"概念。《民法典》第五百八十五条规定："当事人可以约定一方违约时应当根据违约情况向对方支付一定数额的违约金，也可以约定因违约产生的损失赔偿额的计算方法。约定的违约金低于造成的损失的，人民法院或者仲裁机构可以根据当事人的请求予以增加；约定的违约金过分高于造成的损失的，人民法院或者仲裁机构可以根据当事人的请求予以适当减少。当事人就迟延履行约定违约金的，违约方支付违约金后，还应当履行债

务。"可见，在我国法律制度下，违约金的多少，最终是按照"损失多少赔偿多少"原则确定的。

对于出口合同，除上述索赔条款外，根据需要可作其他规定。例如，针对买方不开或迟开信用证，在 FOB 出口合同中，买方不派或不按时派船等问题，规定卖方有权解除合同或延期交货，并要求给予损害赔偿。

对于进口合同，索赔条款可与检验检疫条款合并订立，也可以单独订立。例如规定：如货物不符合本合同规定，应由卖方负责，同时买方在本合同规定的索赔期限或质量保证期限内提出索赔。卖方在取得买方同意后，按以下方式予以补救：①同意买方退货，返还货款，并负担因此而发生的一切直接损失和费用，包括利息、银行费用、运费、保险费、检验检疫费、仓租、码头装卸费以及为保管退货而发生的一切其他必要费用。②按照货物次劣程度、损坏的范围和买方所遭受的损失，降低货价。③调换有瑕疵的货物，换货必须里外全新并符合本合同规定的规格、质量和性能，卖方负担因此而产生的一切费用和买方遭受的一切直接损失。对换货的质量，卖方仍应按本合同的质量要求规定，保证期为 1 年。

● 第四节　国际贸易仲裁

一、国际贸易仲裁的含义

国际贸易仲裁（arbitration）也是俗话所说的打官司的一种，是指由买卖双方当事人在争议发生之前或在争议之后，达成书面协议，自愿将他们之间友好协商不能解决的争议交由双方同意的作为第三方的仲裁员进行裁决（award）。仲裁与和解（reconciliation）不同，依法作出的仲裁裁决具有约束力，是可以申请法院强制执行的。

仲裁是解决商业争议的重要途径。因此，各种贸易合同一般都列有仲裁条款。合同中的仲裁条款实质上就是一份仲裁协议，内容通常包括提交仲裁的争议范围、仲裁机构、仲裁员指定、仲裁地点及法律适用、仲裁裁决的效力等内容。

二、仲裁的优越性

仲裁之所以受到法律保护，而且受到商界欢迎，主要有以下几个原因：

（一）公正性

（1）仲裁法要求仲裁员的仲裁必须公正。尽管仲裁员由争议双方各自选定，但他们不同于诉讼中的辩护律师，后者的职责是不管被代理人是否有错，都要努力去证明他无过错或过错没那么严重，目的是打赢官司。但仲裁不同，法律要求仲裁员裁决时应以公正第三人身份判定是非，而与谁指定无关。

（2）仲裁员必须依据法律规定或是参照先例进行裁决。仲裁在程序上基本按照法院的做法，实施对抗制，即由双方各自陈述理由，出具证据，仲裁员在双方提供的证据基础上进行裁决。

（3）仲裁员必须依据证据法采信相关的证据，而且双方的证据都公开给对方，不得保留。所以，仲裁从公正性、程序及证据的合法性上都与诉讼相似，保证了仲裁的公正。

（二）国际性

1958年，联合国组织制定了《承认及执行外国仲裁裁决公约》（Convention on the Recognition and Enforcement of Foreign Arbitral Awards），简称《1958年纽约公约》。到目前为止已有100多个国家在公约上签字，承认该公约的效力。首先，这个公约的制定稳定了法律管辖权。按照公约规定，有仲裁协议的纠纷只能由仲裁解决，如果一方当事人起诉到法院，法院不得受理。在这一制度下，即使法院通过扣船取得了管辖权，如果争议双方订有仲裁协议，法院也应当让当事人先去仲裁，法院按照仲裁裁决对被扣船舶进行处理，从而避免了管辖权混乱。其次，该公约使得仲裁结果在世界范围内有了可执行性。仲裁的目的不仅是要得到一个谁是谁非的结果，更重要的是要保证仲裁结果可以执行。该公约的根本目的就是让一个国家的仲裁结果在其他国家也被承认并执行，否则，一国的仲裁裁决在另一国将变成废纸。对此，法院的判决是不能与之相比的。

（三）秘密性

仲裁的进行及结果是不公开的（美国除外），这对商人的信誉及商业秘密的保护都是十分重要的。因此，英国的劳埃德海运法通则（Lloyd's Maritime Law Newsletter，LMLN）也只对少数典型的案件进行报道。

（四）非正式性

同诉讼相比，尽管仲裁也有相应的程序，但宽松很多。诉讼通常要请律师，在法院正式开庭，双方进行激烈的辩论，甚至使用简单的"是"与"不是"去回答复杂的问题，诱使证人作出有利的证词。仲裁则大不相同，大部分案件事实是通过传递文件的方式来完成的，当事人双方无须开庭见面，仲裁员完全是依据双方呈递的材料审理案件。当然，仲裁员根据案件的复杂程度也可以组织开庭，但气氛相当缓和，开庭与否由仲裁员决定。

（五）快速、经济

尽管仲裁法及各仲裁庭的仲裁程序规定有相应的程序，例如，在伦敦和新加坡仲裁，当一方欲将争议提交仲裁时，应在委托仲裁员后书面告知对方，要求对方在收到该通知的14天内告知其仲裁员委托事项，否则，通知方将视为被通知方放弃委托权利，仲裁将由独立仲裁员进行，裁决对双方具有约束力。不同仲裁机构要求的仲裁通知时间是不同的，GAFTA仲裁程序规定的通知时间根据案情不同从7天到1年不等；《中国海事仲裁委员会仲裁规则》规定，被诉人应在收到仲裁申请书20天内指定仲裁员，在45天内提交答辩书，有正当理由的，可申请延期开庭审理等。但由于仲裁员拥有对仲裁程序的自由决定权，使得仲裁比诉讼要快得多。而且，提交仲裁本身有时就可以将争议解决掉。例如，对于一些怀有侥幸心理的债务人，见对方采取实际行动了，自知理亏，干脆提早还清债务了事；有的在披露文件过程中自知败诉已成定局，便可能及早和解了事，只有少数是硬着头皮打到底的。

仲裁的快速、非正式性节省了大量的法律费用。首先，仲裁不必委托律师，提供证据、递交答辩书是公司内部的法律部，甚至懂得法律及相关业务知识的业务员就可胜任，从而节省了大笔的律师费；其次，由于仲裁程序比较简单，特别是在小额仲裁的情况下，仲裁费用也比诉讼费用少得多。

（六）专业性

仲裁员大多都是业内专家，具有丰富的专业知识和法律知识，而且当事人还可以自己选定仲裁员，这就保证了案件审理的权威性和公正性。正因为如此，英国法院只有当仲裁中涉及法律原则争议时才允许上诉，对于技术问题，法院尊重仲裁员的裁决。

三、仲裁协议

法院诉讼是不需要任何协议的，但仲裁却不同。如果当事双方欲将争议提交仲裁，必须对此达成协议。仲裁协议可以是口头的，也可以是书面的；可以事先达成，也可以在争议发生后达成。仲裁协议一经达成，争议的任何一方都不得再就该争议进行诉讼，法院也不得受理这种诉讼。为防止债务人事后采取不同意仲裁的技术手段拖延案件，最好还是事先签订仲裁协议，即在合同中规定仲裁条款。仲裁条款应当规范，以免事后被判无效或难以执行。《中华人民共和国仲裁法》（以下简称《仲裁法》）第四条规定："当事人采用仲裁方式解决纠纷，应当双方自愿，达成仲裁协议。没有仲裁协议，一方申请仲裁的，仲裁委员会不予受理。"国际上的一些习惯做法和一些国家的法律规定，也都要求采取仲裁解决争议的，当事人双方必须订有仲裁协议。

一般情况下，仲裁协议应包括以下基本内容：

（一）仲裁地点

仲裁地点是仲裁协议的一个重要内容。在没有相反规定的情况下，选择了仲裁地，就等于初步选定了仲裁程序和审理案件所适用的实体法。当然，合同双方可以在合同法律管辖条款中规定合同的实体法，而仲裁地选在另一个国家，这种做法不利于仲裁的顺利进行。

（二）仲裁机构

仲裁有两种类型：一种是随意仲裁；另一种是机构仲裁。

随意仲裁是一种非正规的仲裁，在争议发生后，双方自愿找一个比较权威的人裁决，双方自愿服从裁决结果。在海事争议中，有许多这类仲裁。它程序非常简单，也非常经济，常由一个人独立仲裁。伦敦海事仲裁员协会（LMAA）的小额仲裁就属随意仲裁。

复杂的仲裁多由仲裁机构进行。一些商业团体成立一个仲裁机构，制定仲裁程序，对提交的案件依规定的程序进行仲裁。如国际商会设在巴黎的仲裁庭、中国国际贸易促进委员会下的中国国际经济贸易仲裁委员会及中国海事仲裁委员会、英国的 GAFTA、瑞典的斯德哥尔摩商会仲裁院等。正规的仲裁应在仲裁协议中指定仲裁机构，否则可能被认定为随意仲裁。

（三）仲裁程序

仲裁程序类似程序法，规定了仲裁的相关规则。一般情况下，如无相反规定，指定了仲裁机构，即意味着适用该机构的仲裁程序。仲裁程序通常包括争议的仲裁时效、仲裁员指定的时限及通知对方的时限、答辩状提交的对象和时限、仲裁员的裁决时限、开庭聆听的安排等。

《中国国际经济贸易仲裁委员会仲裁规则》规定，仲裁程序包括仲裁申请、答辩和反诉、仲裁庭的组成、审理、裁决。

1.仲裁申请

申诉人必须向仲裁机构提交仲裁申请书。仲裁申请书应当写明：申诉人和被申诉人的名称、地址；申诉人所依据的仲裁协议；申诉人的要求及所依据的事实和证据。仲裁申请书应由申诉人或申诉人授权的代理签名。

申诉人向仲裁委员会提交仲裁申请书时，应当附具申诉人要求所依据的事实的证明文件。

在向仲裁机构提交申请书的同时，应在仲裁委员会仲裁员名册中指定一名仲裁员或者委托仲裁委员会主席指定，申诉人应按照仲裁规则的规定预交仲裁费。

仲裁委员会收到仲裁申请书及其附件后，经过审查认为申诉人申请仲裁的手续完备，应将申诉人的仲裁申请书及其附件，连同仲裁委员会的仲裁规则和仲裁员名册各一份，寄送给被诉人。被诉人应当自收到仲裁申请书之日起20日内在仲裁委员会仲裁员名册中指定一名仲裁员或者委托仲裁委员会主席指定，并应自收到仲裁申请书之日起45天内向仲裁委员会提交答辩书及有关证明文件。

2.答辩和反诉

被诉人对仲裁委员会已经受理的案件，在收到申诉人的申请书后应根据申请书提出的问题一一进行答辩，并附上有关证据材料。如被诉人有反诉，应当在收到仲裁申请书之日起45天内提出。被诉人应在反诉书中写明其要求及所依据的事实和证据，并附有关的证明文件，被诉人提出反诉时，应当按照仲裁规则的规定预缴仲裁费用。

当事人向仲裁委员会提交申请书、答辩书、反诉书和有关证明材料以及其他文件，应当按照对方当事人和组成仲裁庭的仲裁员人数备副本。

当事人可以委托代理人向仲裁委员会办理有关仲裁事项。代理人可以由中国或者外国的公民担任。接受委托的代理人应当向仲裁委员会提交授权委托书。

3.仲裁庭的组成

双方当事人各自在仲裁委员会仲裁员名册中指定或者委托仲裁委员会主席指定一名仲裁员后，仲裁委员会主席应立即在仲裁员名册中指定第三名仲裁员为首席仲裁员，组成仲裁庭，共同审理案件，双方当事人可以在仲裁名册中共同指定或者委托仲裁委员会主席指定一名仲裁员为独任仲裁员，成立仲裁庭，单独审理案件。如果双方当事人约定由一名独任仲裁员审理案件，但在被诉人收到仲裁申诉书或者约定由一名独任仲裁员审理案件之日起20日内就独任仲裁员人选达不成一致意见时，则由仲裁委员会主席指定。如果被诉人未在收到仲裁申请书之日起20日内在仲裁员名册中指定一名仲裁员，或者委托仲裁委员会主席指定，仲裁委员会主席有权为被诉人指定一名仲裁员。

仲裁案件有两个或者两个以上申诉人及（或）被诉人时，申诉人之间及（或）被诉人之间应当经过协商，在仲裁员名册中各自共同指定一名仲裁员。如果申诉人之间未能在提交仲裁申请书时共同指定及（或）被诉人之间未能在最后一名被诉人提交书面仲裁申诉书之日起20日内共同指定仲裁员，则由仲裁委员会主席指定。

被指定的仲裁员，如果与案件有利害关系，应当自行向仲裁委员会请求回避，当事人也有权向仲裁委员会提出书面申请，要求该仲裁员回避。当事人要求仲裁员回避，应当在案件第一次开庭审理之前提出。如果要求回避原由的发生或者得知是在第一次开庭审理以后，可以在其后到最后一次开庭审理终结以前提出。

4.审理

仲裁庭一般应开庭审理案件，但经双方当事人申请或者征得双方当事人同意，也可以不开庭审理，只依据书面文件进行审理并作出裁决。

仲裁开庭审理的日期，由仲裁庭与仲裁委员会秘书处协商决定，并于开庭前30日通知双方当事人。当事人有正当理由的，可以请求延期，但必须在开庭前12天向仲裁委员会秘书处提出请求，除非发生不能预见的特殊情况；延期请求由仲裁委员会秘书处转告仲裁庭，然后由仲裁庭会商仲裁委员会秘书处作出决定。

仲裁委员会受理的案件，如果双方当事人自行达成和解，申诉人应当及时申请撤销案件。案件的撤销，发生在仲裁庭组成以前的，由仲裁委员会主席作出决定；发生在仲裁庭组成以后的，由仲裁庭作出决定。

当事人就已经撤销的案件再次向仲裁委员会提出仲裁申请的，由仲裁委员会主席作出受理或者不受理的决定。

5.裁决

仲裁庭应当在案件审理终结之日起45天内作出仲裁裁决书。仲裁庭对其作出的裁决应当说明裁决所依据的理由，但由仲裁委员会或仲裁庭调解作出的或主持和解作出的裁决书除外。仲裁裁决书应当由仲裁庭全体或者多数仲裁员署名，并写明作出裁决书的日期和地点。

（四）仲裁裁决及效力

国际上普遍规定仲裁裁决是终局（final）的，对双方均有约束力。败诉方不执行仲裁裁决的，胜诉方可申请法院强制执行。败诉方在另一国家的，如果是1958年《承认及执行外国仲裁裁决公约》的签字国，可以申请该国法院协助执行。

英国法律制度中允许仲裁中的败诉方在不服裁决时，到法院上诉，但法院对此有较严格的限制，只有发现仲裁员适用法律不当时，并且这一不当适用导致一方受到严重不公正裁判，才接受上诉。这也是劳氏法律报告中存在许多仲裁上诉案报道的原因。这种做法的好处是，它给人们确立了审案指南，毕竟仲裁裁决只能做参考而不能作为法律先例。

四、小额仲裁

尽管仲裁与诉讼相比具有快捷、经济的特点，对于指定机构仲裁来说，毕竟有时间限制，可能导致一个案件从起诉到作出裁决仍需花费很长时间。为解决这个问题，一些仲裁机构制定了小额索赔仲裁程序，规定在争议金额不超过某个金额时，只通过仲裁机构指定一位独任仲裁员，双方将起诉状、答辩状及相关资料寄交独任仲裁员即可由他作出裁决。伦敦海事仲裁员协会对不超过25 000美元的仲裁收费只有600英镑。

延伸阅读：国际油、油籽和油脂协会（FOSFA）仲裁要点

FOSFA制定了一系列行业标准合同，适用于不同产地来源、运输方式、交易条款的油脂产品贸易。全球85%的油脂产品贸易采用FOSFA的标准合同。除非当事方有特殊约定，FOSFA标准合同的准据法是英国法，如果出现争议，将提交至FOSFA通过仲裁解决。FOSFA的仲裁制度有以下特点：

1.严格的仲裁时效要求——90天或120天

FOSFA仲裁规则对提起仲裁的时限作出严格规定。一般情况下，申请仲裁的一方须在交货（对于FOB、Ex-tank、Ex-mill、Ex-store等类型的合同而言）或卸货（对于CIF、CIFFO、C&F等类型的合同而言）之日起连续120天内，向另一方发出仲裁通知。对于涉及货物质量或条件的争议，则上述120天的仲裁时效将缩短至90天。

如果FOSFA贸易合同的一方未在上述仲裁时效期限内发出仲裁通知，则另一方将以超出仲裁时效为由，提出超过仲裁时效的抗辩。这可能会导致仲裁申请方不得不放弃仲裁，甚至被完全禁止索赔。

视具体的案件情况，仲裁申请方可以向仲裁庭解释超过时效提起仲裁的原因，例如当事方正在持续沟通、交涉交货时间等。FOSFA仲裁庭通常会从商业角度出发，对上述时效问题作出裁定。

2.两级仲裁制度——初审及上诉

FOSFA仲裁实行"两级仲裁"制度，分别包括初审阶段和上诉阶段。在初审裁决作出之后，当事方之一往往会提起上诉，从而进入上诉阶段。

在初审阶段，三位FOSFA仲裁员将组成仲裁庭处理仲裁请求，仲裁双方各提名一位仲裁员，第三位仲裁员将由FOSFA指定。如果当事方另有合同约定，也可以由独任仲裁员进行仲裁，但这种情况十分少见。

FOSFA仲裁的初审阶段通常是基于文件进行的，即双方轮流提交仲裁申请文件、抗辩文件以及相关证据材料，由仲裁庭通过审阅材料来审理案件。FOSFA仲裁的初审阶段一般不会进行开庭审理。

在上诉阶段，五名仲裁员将组成FOSFA上诉委员会处理上诉请求，该阶段通常要进行开庭听证。当事方将分别委派一名贸易代表（Trade Representative）参加听证，代表其陈述相关案情并提出仲裁诉求和抗辩理由等。

当事方的律师一般不会作为法律代表（Legal Representative）参加上诉开庭，

律师主要负责协助当事方和贸易代表准备开庭听证。值得注意的是，FOSFA仲裁的上诉阶段将是一次全面的重新审理，当事方可以在上诉时提出与初审时完全不同的论点，上诉委员会也可能作出与初审结果完全相左的裁决。因此，多数FOSFA仲裁案件都会进入上诉阶段。

通常，FOSFA仲裁初审会在1年左右作出仲裁初审裁决，上诉裁决通常会在半年左右作出。

3.贸易代表

如上所述，FOSFA作为行业协会，不允许在上诉阶段的开庭听证中出现法律代表，除非是仲裁庭或上诉委员会酌情认为，该案具有特殊重要性。按照惯例，在开庭听证程序中，当事方将由贸易代表代理。贸易代表可以是当事方的雇员或受其指定代表该方的"非律师"的专业人士。通常FOSFA的仲裁员名录上的仲裁员也可以担任贸易代表。虽然律师不会参加上诉开庭，有FOSFA仲裁经验的律师会为客户推荐贸易代表人选，并在上诉阶段协助客户的贸易代表，为开庭做准备。

4.仲裁裁决的执行问题

我们在实践中曾遇到过，仲裁申请人虽然赢得FOSFA仲裁，但在执行时却发现被申请人的资产不足以赔偿损失或无资产可供执行。因此，我们也会建议客户在FOSFA仲裁过程中，要关注仲裁裁决的执行问题，对被申请人的资产及负债情况进行调查，及时征求被申请人的公司设立地、财产所在地的律师意见，考虑采取任何临时保全措施的可能性。

综上所述，如果签署FOSFA标准合同，从而选择FOSFA仲裁作为争议解决方式，合同当事方须遵守FOSFA规则中的相关要求。在油脂或其他大宗农产品贸易发生纠纷时，要考虑聘请在大宗商品争议解决领域经验丰富的律师，及时维护自身权益。

另外如果买卖合同并入FOSFA标准合同时，要注意合同的法律适用及争议条款是否有效地排除了FOSFA有关仲裁条款的适用。

五、合同中的仲裁条款

合同中的仲裁条款一般包括仲裁地点、仲裁机构、仲裁规则和仲裁效力等内容。

（一）仲裁地点

仲裁地点是仲裁条款的主要内容。仲裁地点是说明决定在哪一个国家进行仲裁的问题，这是双方当事人比较关心的问题。一般来说，双方当事人都愿意在本国仲裁，其原因是：由于当事人对自己国家的法律和仲裁做法比较了解和信任；仲裁地点与仲裁适用的法律有密切关系，由于适用不同国家的法律，就可能对双方当事人的权利和义务作出不同的解释，得出不同的结果。因此，仲裁地点往往是双方当事人争论的焦点。

在买卖合同中，对于仲裁地点的规定有三种：一是首先争取在我国仲裁；二是根据业务需要在被告国家进行仲裁；三是规定在双方同意的第三国进行仲裁。规定在第三国仲裁的，应注意选择对我国比较友好的国家，同时，还要对该国仲裁规则和程序有所了解。对与我国有贸易协定的国家，仲裁地点按协定确定。

（二）仲裁机构

国际贸易仲裁有两种做法：一种是在常设仲裁机构进行仲裁；另一种是临时仲裁，即不要常设的仲裁机构的主持，直接由双方当事人指定的仲裁员自行组成仲裁庭即临时仲裁庭进行仲裁。

国际上常设商事仲裁机构有三类：第一类是国际性的或区域性的仲裁组织，如国际商会仲裁院（ICC International Court of Arbitration）；第二类是全国性的仲裁机构，如中国国际经济贸易仲裁委员会、瑞典斯德哥尔摩商会仲裁院、瑞士苏黎世商会仲裁院、日本商事仲裁协会等；第三类是专业性的仲裁机构，如国际油、油籽和油脂协会（FOSFA）、谷物与饲料贸易协会（GAFTA）等行业组织内设立的仲裁机构。目前，在国际贸易中，绝大部分的争议案件是在常设仲裁机构的主持下进行仲裁的。

（三）仲裁规则

仲裁规则主要规定进行仲裁的程序和做法，其中包括仲裁的申请、答辩、仲裁员的指定、案件的审理和仲裁裁决的效力以及仲裁费用的支付等。仲裁规则的主要作用是为当事人和仲裁员提供一套进行仲裁的行动规则，便于在仲裁过程中有所遵循。在仲裁条款中要明确规定仲裁规则。我们订立仲裁条款时，一般规定使用仲裁国的仲裁规则。

（四）仲裁效力

仲裁效力是仲裁裁决的效力，它是指仲裁裁决是否具有终局性，对双方当事人有无约束力，能否向法院起诉等。

仲裁的费用，一般都规定由败诉一方负担，或规定按仲裁裁决办理。

在我们进出口贸易合同中，仲裁条款有以下几种规定方法：

1.规定在我国仲裁的条款

"凡因执行本合同所发生的或与本合同有关的一切争议，双方通过友好协商解决；如果协商不能解决应提交北京中国国际贸易促进委员会中国国际经济贸易仲裁委员会，根据该会的仲裁程序规则进行仲裁。仲裁裁决是终局的，对双方都有约束力。"（All disputes arising out of the performance of or relating to this contract, shall be settled amicably through friendly negotiation.In case no settlement can be reached through negotiation the case shall then be submitted to the China International Economic and Trade Arbitration Commission of the China Council for the Promotion of International Trade, Beijing China, for arbitration in accordance with its Provisional Rules of Procedure.The arbitral award is final and binding upon both parties.）

2.规定在被告国家仲裁的条款

"因执行本合同所发生的或与本合同有关的一切争议，由签字合同双方友好协商解决。如果签订合同双方经协商后尚不能解决，须提交仲裁。仲裁在被告所在国进行。如在中国，由中国国际贸易促进委员会中国国际经济贸易仲裁委员会根据该委员会的仲裁程序规则进行仲裁。如在××（国家）由××（仲裁机构）根据该仲裁机构的仲裁程序规则进行仲裁。仲裁裁决是终局的，对双方都有约束力。"（All disputes arising out of the performance of or relating to this contract，shall be settled amicably through friendly negotiation.In case no settlement can be reached through negotiation，the case shall then be submitted for arbitration.The location of arbitration shall be in the country of the domicile of the defendant.If in China the arbitration shall be conducted by the China International Economic and Trade Arbitration Commission of the China Council for the Promotion of International Trade，Beijing in accordance with its Provisional Rules of Procedure.If in…the arbitration shall be conducted by …in accordance with its arbitral rules of procedure.The arbitral award is final and binding upon both parties.）

3.规定在双方同意的第三国仲裁的条款

"凡因执行本合同所发生的或与本合同有关一切争议，双方应通过友好协商来解决；如果协商不能解决。应提交××（国）××（地）××（仲裁机构），根据该仲裁组织的仲裁规则进行仲裁。仲裁裁决是终局的，对双方都有约束力。"（All disputes arising out of preformance，or relating to this contract，shall be settled amicably through friendly negotiation.In case no settlement can be reached through negotiation，the case shall then be submitted to…in accordance with its arbitrate rules of procedure.The arbitral award is final and binding upon both parties.）

复习思考题

1.在国际贸易中引起争议的主要原因有哪几种情况？

2.对于违约和违约的法律后果，《联合国国际货物销售合同公约》是如何规定的？

3.进出口合同应怎样规定索赔和罚金条款？

4.什么是国际经济贸易仲裁？仲裁协议有何作用？

5.为什么买卖双方对确定仲裁地点是非常重视的？

6.什么是不可抗力？不可抗力的法律后果有几种情况？

案例

1.我方按FOB条件进口商品一批，合同规定交货期为5月份。4月8日接对方来电称，因洪水冲毁公路（附有证明），要求将交货期推至7月份。我方接信后，认为既然有证明因洪水冲毁公路，推迟交货应该没问题，但因广交会期间工作比较忙，我方一直未给对方答复。6月和7月份船期较紧，我方于8月份才派船前往装运港交货。因货物置于码头仓库产生了巨额的仓储、保管等费用，对方便要求我方承担有关的费用。我方可否以对方违约在先为由，不予理赔？

分析：我方不能以对方违约在先为由，不予理赔。根据国际惯例，无论合同中是否明确规定了不可抗力条款，任何一方当事人在遭受不可抗力事故后，都必须及时通知对方，而对方接到通知后应予及时答复，否则，将按遭遇不可抗力事故一方提出的条件办理。我方接到对方的通知后，一直未给对方答复，也未按照对方提出的条件履行，属于我方违约。因此，我方不能以对方违约在先为由，不予理赔。

2.甲方与乙方签订了出口某种货物的买卖合同，合同中的仲裁条款规定："凡因执行本合同所发生的一切争议，双方同意提交仲裁，仲裁在被诉人所在国家进行。仲裁裁决是终局的，对双方具有约束力。"在履行合同的过程中，乙方提出甲方所交的货物品质与合同规定不符，于是双方将争议提交甲国仲裁。经仲裁庭调查审理，认为乙方的举证不实，裁决乙方败诉，事后，甲方因乙方不执行裁决向本国法院提出申请，要求法院强制执行，乙方不服。乙方可否向本国法院提请上诉？

分析：乙方不可以向本国法院提请上诉，因为，仲裁授予机构对争议案件的管辖权排除了法院对该案件的管辖权，且仲裁裁决的效力是终局的，对争议双方均具有约束力。在本案例中，乙方败诉，应该按照仲裁裁决的内容执行。

拓展学习资源

1.伦敦国际仲裁庭仲裁规则（英文）
2.中国国际贸易仲裁委员会仲裁规则

第二篇

国际货物买卖合同的履行

第十五章

出口合同的履行

[学习目标与要求]

合同履行是合同当事人实现合同义务的行为，是当事人按照合同的规定履行交货与收货、收款与付款等一系列义务的整个过程。要使学生懂得"重合同，守信用"的重要意义，要求掌握出口合同履行的每一个环节，特别是交货、审证、改证与议付环节的要点与技能。

开篇案例

【案情】

中国A公司与国外B公司在2023年9月按CIF条件签订了一份出口圣诞灯具的合同，支付方式为不可撤销即期信用证。B公司于7月通过进口国银行开来信用证，经审核与合同相符，其中保险金额为发票金额的110%。在我方备货期间，国外进口商通过通知行传递给我方一份信用证修改书，内容为将保险金额改为发票金额的120%。我方没有理睬，仍按原证规定投保、发货，并于货物装运后在信用证交单期和有效期内，向议付行议付货款。议付行审单无误，于是放款给受益人，后将全套单据寄给开证行。开证行审单后，以保险单与信用证修改书不符为由拒付。

【涉及的问题】

这是一则关于货物出口合同履行过程中，因信用证发生修改而引发的开证行以保险单与信用证修改不符下的"单证不符"为由拒付的合同纠纷问题，开证行拒付是否有道理？

事实上，关于出口合同履行主要环节，尤其是合同双方在交货、审证、改证与议付环节的要点与技能，在学习本章后都能得到解决。

● 第一节 出口合同履行主要环节

一、出口合同履行主要环节

出口合同履行主要有货、证、船、单、款五大环节，即备货、催证、审证、改证、租船订舱和制单结汇。以 CIF 条件成交、信用证付款为例，其程序如图 15-1 所示。

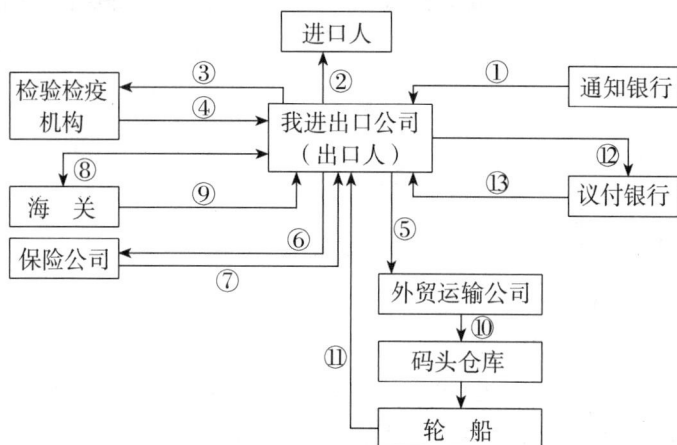

图15-1　出口合同履行程序图

说明：

① 通知银行收到国外信用证审查无误后交给出口公司。

② 出口公司审查信用证发现与合同不符，要求修改信用证。

③ 出口公司备货并向检验检疫机构申请检验。

④ 检验检疫机构检验后出具检验检疫证明书。

⑤ 出口公司租船订舱。

⑥ 出口公司办理保险。

⑦ 保险公司出具保险单。

⑧ 出口公司向海关申报出口。

⑨ 海关检验货、单、证无误，在装货单上盖章放行。

⑩ 海关放行后，出口公司安排依据装货单向码头仓库装货或装船。

⑪ 装船后船长签发提单或委托船舶代理签发提单。

⑫ 出口公司将发票、汇票等连同检验检疫证明书、保险单等单据交议付银行办理议付和结汇。

⑬ 议付银行收账后向出口公司转账付款。

二、出口合同履行工作要求

出口合同履行工作是整个出口工作最后一个阶段。它的特点是工作环节较多，涉及面较广，时间性较强，手续较复杂，影响较大，而且技术性和知识性较为突出。出口合同履行工作做得好坏直接关系着国家、企业的声誉和利益，因此，必须做到以下几点：

（1）必须贯彻"重合同，守信用"的原则，严格按照合同规定，按时、按质、按量履行合同。要维护合同的法律严肃性，言而有信，不能食言。

（2）必须加强同有关单位的协作。合同履行工作是一项协作性很强的工作，它不仅要求加强出口单位的内部工作，还要做好与海关、检验检疫、银行、保险以及运输部门的协作与配合。要做到这一点，必须了解各部门或单位的工作程序、做法和要求。这些涉外单位的整套工作应形成一个科学、完整的管理体系，要求一环扣一环，否则会因一环不灵而影响全局，给全盘履约工作带来混乱和麻烦。

（3）必须做好以合同和信用证为中心的"四排""三平衡"与备货、审证、装运和制单等项工作。所谓"四排"是以合同为中心，对信用证和货源进行排队，即有证有货、有证无货、有货无证和无证无货。所谓"三平衡"是指以信用证为中心，根据信用证规定的货物装运期和信用证有效期，区分轻重缓急，力求做到证、货、船三方面衔接和平衡，避免三缺一的互等现象出现。

（4）做好客户工作，取得客户的密切配合，按照合同规定及时开出信用证或修改信用证，以保证装运工作的顺利进行。

● 第二节　备货、报验和报关

一、备货

备货是根据出口合同或信用证的规定，按时、按质、按量准备好应交付的货物，以保证按时出运。在准备货物过程中，发现问题应及时解决，争取把问题消灭在装运之前，为此应做好以下几点：

（一）货物品质

出口公司根据合同和信用证的规定，向生产、加工及仓储部门下达联系单。按照联系单的规定，对货物的名称、品质、规格、花色搭配等应认真核对，如有不符，应立即更换。

（二）货物数量

对货物的数量，要与合同规定数量和信用证规定数量吻合，勿多勿少。仓库发出数、驻港人员实收数、实际装船数等必须清清楚楚，均应有记录可查，避免多装、少装、错装和漏装等情况发生。

（三）货物包装

对货物包装除根据合同或信用证认真核对包装材料、充填物、形状、重量（或数量）等是否相符外，尚应注意包装是否牢固，有无破漏、松腰、开包、水渍等影响运输、装卸及取得清洁提单的不良情况。

（四）货物的唛头

对于货物的唛头，如合同和信用证已作规定，应在联系单中准确列出。注意防止错刷、漏刷和外文字母倒置等情况，故自定唛、下唛、制唛、刷唛应层层把关，与合同或信用证仔细核对，且字迹要求清楚、醒目、大小适当，避免"白板货"

（即无唛头货）运至港口，最好不用"拍唛"方法。

二、报验

在我国，根据强制性检验商品目录，或根据合同约定，货物出口前应当申请检验检疫机构对出口商品进行检验检疫。

进出口商品检验内容包括合同约定的商品质量、重量、数量和包装等内容，以及法律前置性规定的涉乎卫生健康、环境保护等检疫内容。

报验应按照相关法律法规规定及时申请，给检验机构留有从容检验的时间。申请检验须填写出口报验申请单，并附上合同副本以及信用证和有关资料等，供检验机构检验和发证时参考。出口报验申请单的内容一般包括品名、规格、数量（或重量）、包装、产地等项。如需外文译文时，应注意中、外文内容一致。出口单位在检验合格取得检验证书后，务必在有效期内出运货物。如果超过规定的有效期，装运前应向检验检疫部门申请复验。检验检疫部门根据情况进行抽验换证，报验后发现申报检验单内容有误需要更正时，应填写更改申请书，并阐明理由。

三、报关

（一）报关的概念

报关是指从事进出口的有关当事人在货物进出境时，向进出境地海关申报货物内容，按规定缴纳关税并请求海关查验放行的行为。根据《中华人民共和国海关法》，所有进出境货物及运输工具必须申报，接受监管。

（二）报检报关的"单一窗口"

目前，中国海关实行关检融合进出口申报体制，货物进出口报关报检均须通过关检融合后的"单一窗口"申报。"单一窗口"是指中国海关建立的一个平台，与货物进出口和运输相关的各当事方，按照进口、出口和转口相关的监管规定，在"单一窗口"递交标准的电子资料和单证，完成报检、报关手续。进出口企业可以根据实际需要，自主选择在货物进出口口岸报关、企业属地报关或其他海关报关。

（三）报关规则

我国相关法律法规根据监管类别不同，制定了五种进出口货物报关规则。

1.一般进出口货物报关

一般进出口货物是指在进出境环节缴纳了应征的进出口税费并办结了所有必要的海关手续，海关放行后不再监管的进出口货物。除保税监管货物、特定减免税的进出口货物外，其他的进出口货物都属于一般进出口货物。

按照我国海关相关规定，一般进出口货物报关须经过进出口申报、缴纳税费、配合检查、提装货物四个环节。

进出口企业可以自主选择在任一海关申报。进口申报期限为自装载货物运输工具申报进境次日起的14天内完成。逾期申报需要向海关缴纳滞报金，超过3个月未申报的一般货物，或不宜长期保存的货物，由海关提取依法变卖。出境申报期限为货物运抵海关监管区后至出口装货前的24小时。

申报时应按规定提交要求的全部单证。

税费缴纳金额可以在"单一窗口"办理海关预录入时，利用系统计税服务工具计算得出，并根据规定，选择电子支付、柜台支付或汇总缴纳模式。

进出口企业或其报关代理人应当履行配合海关查验义务。海关对存在禁限管制、侵权、伪报瞒报品名规格数量，以及情报反映存在走私嫌疑的货物依法进行准入查验，对归类、价格、原产地等税收征管存在风险的货物实行验估检验。海关查验岗依照布控查验和实货验估指令实行现场检查时，配合查验义务人必须配合。

经海关作出结束监管决定的货物，允许货物提离海关监管现场或装运出境，即放行货物。海关放行货物时，一般在进口货物提货凭证上或出口货物装货凭证上加盖海关放行章。对海关不予放行的货物，报关人应当根据海关要求作进一步处理。

2.保税加工货物报关

保税加工货物是指经海关批准，未办理纳税手续，在境内加工、装配后复运出境的货物。保税加工货物主要是来料加工、进料加工贸易中的货物。

我国海关对保税加工货物主要实行两种监管模式：一是非物理围网监管，采用电子化加工贸易手册和电子账册监管。二是物理围网监管，采用电子账册监管，用于出口加工区和跨境工业园区等。

电子化手册管理主要以合同为单元进行监管，其基本报关程序是合同报备、进出口报关、合同核销。

对加工贸易园区物理围网内企业的电子账册监管，主要以企业为单元，建立联网电子底账，实行"一次审批、分段备案、滚动核销、控制周转、联网核查"监管。

进出口企业应当严格执行海关上述两种保税加工货物监管模式的各项规定。

3.保税物流货物报关

保税物流货物是指进出口货物经海关批准，未办理纳税手续进境，在境内存储后复运出境的货物，也称保税仓储货物。

根据保税存储后的货物实际去向，保税物流货物分两种业务模式：一是存储后复运出境，包括转口贸易货物，保税仓库中供应国际运输船舶、航空器的燃料、物料。二是存储后进入国内市场，包括用于维修外国商品的零部件、海关批准的未办结海关手续的其他货物。

海关对保税物流货物监管有两大类：一是非物理围网监管，对象包括保税仓库、出口监管仓库。二是物理围网监管，对象包括保税物流中心、保税物流园区、保税区、保税港区等。

海关对保税物流货物进出保税区域有具体的进区和出区报关要求，报关义务人必须遵照执行。

4.减免税货物报关

减免税货物是指根据相关法律，进出境时可以减征或免征关税的货物。《中华人民共和国海关法》将关税减免分为法定减免、特定减免和临时减免。

法定减免关税的货物大多与国际通行规则一致，一般无须办理减免审批手续。政策性的特定减免和临时减免，是经国务院批准的特定地区、特定企业、特定用途的进出境货物，减征或免征进出口关税。

我国海关对减免税货物的进出境报关有具体规定，报关义务人应依照执行。

5.暂时进出境货物报关

暂时进出境货物是指为了特定的目的经海关批准暂时进境或暂时出境，并在规定的期限内复运出境或进境的货物。

暂时进出境货物一般包括展会的展品、表演比赛用品、科研活动使用的仪器和设备、新闻活动使用的器材等。

对这类货物，一般在提供担保的条件下，可暂时免缴纳进出口关税。

暂时进出境货物的收发货人在申报时，应向主管地海关提交"暂时进出境货物确认申请书"，请求对暂时进出境货物进行确认。

对参加展览会、交易会等活动的展品，也可向中国国际商会或中国国际贸易促进委员会申请"暂准进口单证册"（Admission Temporaire，ATA Carnet），该手册是根据世界海关组织通过的《货物暂准进口公约》和《ATA公约》签发的，用于临时性进出缔约国的国际性通关，无须缴纳进出境关税的文件。

我国海关对临时进出境货物的申报有具体程序性规定，报关义务人应当遵照执行。

● 第三节　催证、审证和改证

在出口合同中买卖双方约定采用信用证支付货款时，一般会涉及催证、审证和改证等项工作。

一、催证

催证是指当进口人未按合同约定时间开来信用证或出口人根据货源和运输情况可能提前装运时，通过双方习惯通信方式催促进口人迅速开出信用证。当国外进口人遇到国际市场发生对其不利的变化或资金发生短缺情况时，就可能发生拖延开证或不开证情形，此时，出口人应催促对方迅速办理开证。特别是大宗商品交易或按国外进口人要求特制商品的交易，更应结合备货情况及时催证，避免货物已备妥，装运期已到，仍等证上门，贻误装运机会，造成船舶滞期，或因装运期和信用证有效期已过而导致展证、迟期收汇、索赔和货款落空等一系列后果，所以应重视按合同规定的装运时间，视情况采取适当方式进行催证。

二、审证

（一）审证的主体、依据与工作原则

审证（examination）是指对国外进口人通过银行开来的信用证内容进行全面审查，以确定是否可接受或需做修改的行为。

信用证审核主体有两个：一个是信用证的通知行，主要负责鉴别信用证的真伪，审核开证行资信状况、付款责任、索汇线路、向受益人简要提示信用证主要内容。另一个审核主体是信用证的受益人，需要全面审核信用证的各类条款。审证还包括对信用证修改书的审核。

信用证的审核依据主要有三个：一是买卖合同的相关约定；二是《UCP 600》的规定；三是《信用证审单国际标准银行实务》（《ISBP 821》）的规定。

审证必须全面、细致，对证中文字，不管是印就的、手写的、缮打的、盖章的、正面、反面、犄角旮旯以及面函、附件等均应全面审查，避免发生遗漏。此外，对信用证电开本和证实书也应全面核对，对模棱两可的字句、模糊不清的字体，均应向国外提出询问，取得确认。总之，必须做到万无一失。

（二）信用证审核要点

1.信用证本身的审核

（1）信用证的性质：是否是不可撤销的。《UCP 600》规定：信用证应当是不可撤销的（An issuing bank is irrevocably bound to honour as of the time it issues the credit.）

（2）适用惯例：是否申明适用国际惯例。例如："This credit is subject to the Uniform Customs and Practice for the Documentary Credits 2007 revision ICC publication No.600."

（3）信用证的有效性：检查证上是否存在限制生效或其他保留条款，是否为简电信用证。

（4）信用证当事人：开证行是否可靠，如有疑问，可要求加具保兑；开证申请人和受益人名称地址是否正确。

（5）信用证到期日和到期地点：一般应为装运后15天或21天，到期地点为出口商所在地。

2.专项审核

（1）信用证金额、币种、付款期限规定是否与合同一致。

（2）商品名称、货号、规格、数量规定是否与合同一致。

（3）装运期、装运港、卸货港、分批装运、可否转船的规定是否与合同一致。

（4）提交单据的审核：各种单据的出具人、正副本份数、有无特别限制、单据条款与合同规定是否一致、前后是否矛盾。

3.信用证常见问题

（1）信用证性质

① 限制生效；

② 没有保证付款的责任文句；

③ 未规定惯例适用（必须指定）；

④ 未按合同加具保兑；

⑤ 密押不符。

（2）信用证有关期限

① 无到期日（有效期）的规定；

② 到期地点在国外；

③ 到期日与装运期矛盾；

④ 装运期、到期日、交单期规定与合同不符；

⑤ 装运期或有效期的规定与交单期矛盾；

⑥ 交单期限过短。

（3）信用证当事人

开证申请人、受益人名称、地址不符。

（4）信用证金额、币种

① 金额不足（应特别注意是否达到溢短装上限）；

② 金额大小写矛盾；

③ 币种与合同规定不符。

（5）汇票

① 付款期限与合同不符；

② 以非开证行作为付款人。

（6）分批装运和转船

① 与合同规定不符；

② 禁止分批装运和转船。

（7）货物

① 品名、规格不符；

② 数量不符；

③ 包装不符；

④ 单价不符；

⑤ 贸易术语不符；

⑥ 贸易术语与合同条款有矛盾；

⑦ 单价与总额不符；

⑧ 证中引用的合同号码和日期错误；

⑨ 漏列溢短装规定。

（8）单据

① 发票种类不当；

② 商业发票要求领事签字；

③ 提单收货人一栏填制要求不当；

④ 提单抬头和背书要求矛盾；

⑤ 提单运费条款与合同成交条件不符；

⑥ 正本提单全部或部分直寄买方；

⑦ 运输工具限制过严；

⑧ 要求的单据无法做到；

⑨ 保险规定与合同规定不符。

三、改证

（一）信用证修改及其性质

修改信用证（amendment）简称改证，是指对信用证作出修改的行为。受益人在审证中发现无法接受的条款，应当要求卖方申请开证行修改信用证。买卖合同履行过程中出现的要求开证行延展信用证的装运期、交单期和失效期行为称为"展证"（extention），该行为也属于改证。

对开证行而言，信用证是不可撤销的有条件付款承诺。因此，信用证一经开出，开证行就受其约束，开证行不可修改，更不可撤销该信用证。《UCP 600》第10条规定，除第三十八条另有规定外，未经开证行、保兑行（如有）以及受益人同意，信用证既不能修改也不能撤销。对同一修改通知中的修改内容不允许部分接受，部分接受修改内容当属无效。即使是开证行按照受益人要求对信用证作出修改，并将该修改通知给受益人，在受益人告知通知行他接受该修改前，原信用证仍然是有效的。

对受益人而言，要求修改信用证行为是对收到的信用证的拒绝表示，一旦接受了开证行的修改，原信用证对应条款即告失效。此外，开证申请人申请修改信用证也需要向开证行支付服务费用。再者，当市场出现不利于进口人变化时，商业信誉不好的卖方可能趁此机会拒绝修改信用证，借机不履约，也可能发生开证行因故拒绝修改情况。因此，应认真对待信用证修改，该修改的，必须修改，可不改的，不要要求修改。例如，合同规定允许分运，而信用证注明不允许分运，如果货物已全部备齐，一次装运无困难，可不必要求改证。同时应避免发现一处改一次的"一证多改"现象。

（二）信用证修改的主要内容

信用证修改内容主要有以下两类：

1.信用证与买卖合同规定不符

信用证某些规定与合同不符的原因主要有两种：一种是笔误。这种笔误可能产生于开证申请人在填写开证申请书的过程中，也可能产生于开证行开证的过程中。对于这种不符点，只要受益人提出修改，开证申请人是比较容易去改正的。另一种不符是开证申请人有意添加造成的。对于这种添加可视具体情况采取不同方法处理，如果这种添加对受益人不利或无法实现，则可拒绝接受，并要求对方改正；如果这种添加对受益人有利，则可以暂时保留，但需要取得买方的书面确认，毕竟这种添加是对买卖合同的变更。应当注意，信用证与买卖合同是两个不同的法律性文件，两者的法律关系也不同，因此，不能轻易认为信用证条款是对买卖合同的必然变更。

2.对安全收汇有威胁的条款或词句

这类条款或词句我们称其为软条款。常见的软条款大致可归纳为以下四种：

① 变相可撤销信用证条款：根据这类条款，在某种条件得不到满足时（如未收到对方的汇款、信用证或保函等），开证银行可利用条款随时单方面解除其保证

付款责任。

②暂不生效条款：这类条款通常规定，信用证开出后并不生效，要待开证行另行通知或以修改书通知方可生效。带有未生效条款的软条款信用证，如果遇到开证行不通知生效，不发修改书，开证申请人不出具证书或收据，不来验货，不通知船公司、船名等情况，该信用证的开证行保证付款责任就形同虚设。如果出口商再根据买卖合同提前支付一定金额的履约金，就有被诈骗的可能。

③开证申请人控制条款：信用证中规定一些非经开证申请人指示而不能按正常程序进行的条款，如发货需等申请人通知，运输工具和起运港或目的港需申请人确认等。

④无金额信用证：信用证开出时无金额，通过修改增额或只能记账，而不发生实际现汇支付。

（三）信用证修改的相关规定

信用证修改涉及开证申请人、开证行、受益人，还有通知行，修改有时还会经过几次才能完成，因此我们需要了解相关的规定。

（1）原信用证的效力

信用证是开证行与受益人之间的金融协议，一个已生效的信用证，未经双方同意，任何一方对其作出的变更都是无效的。事实上，信用证全部内容通知到受益人之后，无须受益人立即对其表示接受，《UCP 600》第十条第（1）款规定：除本惯例第三十八条另有规定外，凡未经开证行、保兑行（如有）以及受益人同意，信用证既不能修改也不能撤销。可见，信用证开立之后，开证行即受其约束。如果受益人对该证的条款无异议，日后的交单议付行为即为其接受的意思表示。

如果受益人对信用证某些条款提出修改，原证未被修改部分仍然有效；修改意见未被开证行同意并作出修改通知，原证被提出修改部分仍然有效。《UCP 600》第十条第（3）款规定：在受益人向通知修改的银行表示接受该修改内容之前，原信用证（或包含先前已被接受修改的信用证）的条款和条件对受益人仍然有效。因此，受益人对信用证提出修改，并不必然导致信用证被修改，只有修改建议被开证行接受并通过修改通知表示出来，该修改建议才发生效力，原证被修改部分才失去效力。

（2）开证行修改书的效力

开证行修改书一经发出即发生效力，不论该修改通知是否已经到达受益人。《UCP 600》第十条第（2）款规定：自发出信用证修改书之时起，开证行就不可撤销地受其发出修改的约束。保兑行可将其保兑承诺扩展至修改内容，且自其通知该修改之时起，即不可撤销地受到该修改的约束。然而，保兑行可选择仅将修改通知受益人而不对其加具保兑，但必须不延误地将此情况通知开证行和受益人。

（3）受益人对开证行修改的接受

受益人对开证行的修改应当作出书面或行为表示，未经此种表示，该项修改对受益人不发生效力。《UCP 600》第十条第（3）款规定：受益人应发出接受或拒绝接受修改的通知。如受益人未提供上述通知，当其提交至被指定银行或开证行的单据与信用证以及尚未表示接受的修改的要求一致时，则该事实即视为受益人已作出接受修改的通知，并从此时起，该信用证已被修改。

同时，《UCP 600》第十条第（5）款规定：不允许部分接受修改，部分接受修改将被视为拒绝接受修改的通知。因此，当对开证行修改书提出部分修改时，受益人应当要求开证行对其修改书全部内容重新作出确认。

此外，根据《UCP 600》第十一条的规定，经证实的修改的电信文件将被视为有效的修改，任何随后的邮寄证实书将被不予置理。若该电信文件声明"详情后告"（或类似词语）或声明随后寄出的邮寄证实书将是有效的修改，则该电信文件将被视为无效的修改。开证行，也只有开证行，必须随即不延误地开出有效的修改，且条款不能与电信文件相矛盾。

《ISBP 821》在预先考虑事项部分对信用证修改及修改申请也作出了如下提示：

第Ⅲ条规定：信用证和有关的任何修改书的条款与条件独立于基础销售合同或其他合同，即便信用证或修改书明确提及了该销售合同或其他合同。在约定销售合同或其他合同条款时，有关各方应当意识到其对完成开证或修改申请的影响。

第Ⅳ条规定：如果对开证或修改申请、和信用证开立或有关的任何修改的细节予以谨慎注意，审单阶段出现的许多问题都能够得以避免或解决。开证申请人和受益人应当审慎考虑所要求提交的单据、单据由谁出具、单据的数据内容和提交单据的期限。

第Ⅴ条规定：开证申请人承担其开立或修改信用证的指示模糊不清带来的风险。在申请人没有明确表示相反意见的情况下，开证行可以必要或合适的方式补充或细化那些指示，以便信用证或有关的任何修改书得以使用。开证行应当确保其所开立的任何信用证或修改书的条款与条件没有模糊不清，也没有互相矛盾。

第Ⅵ条规定：开证申请人和开证行应当充分了解《UCP 600》的内容，并认识到其中的诸如第3条、第14条、第19条、第20条、第21条、第23条、第24条、第28条i款、第30条和第31条等条款的约定方式，可能产生出乎预料的结果。例如，在多数情况下，信用证要求提交提单且禁止转运时必须排除《UCP 600》第20条c款的适用，才能使信用证规定的禁止转运发生效力。

第Ⅶ条规定：信用证或有关的任何修改书不应要求提交由开证申请人出具、签署或副签的单据。如果开立的信用证或修改书还是含有此类要求，那么受益人应当考虑其合理性，并判断满足该要求的能力，或者寻求适当的修改。

信用证的修改路径是：受益人应当向买方提出信用证修改要求，由买方向开证行申请修改。申请修改函中应当逐条准确列明修改项目，清楚告知不接受什么，改成什么。在SWIFT系统中，信用证修改书有固定格式。开证行按照该格式向通知行发出信用证修改通知书，再由通知行将修改书通知给受益人。

改证或展证必须尽早办理，以避免影响按时装运。只有在收到开证行信用证修改通知并审核接受后才能装运，避免发生货物已装运，信用证的内容未改，造成银行拒付的后果。

● 第四节 租船订舱、投保和装运

按照 CIF、CFR 或 CPT、CIP 贸易术语成交的出口合同，运输合同由出口人负责签订。按照 FOB、FCA 贸易术语成交的合同，运输合同由买方签订。本节以海运为例，讲解租船订舱和装运业务环节涉及的主要内容。卖方在收到信用证、信用证修改书经审查无误后，应尽快办理租船订舱、投保和装运等项工作，争取早装运、早收汇。

一、租船订舱和装船

大宗货物需要整船运输的，应当在租船市场寻找合适的船只，与船舶出租人订立航次运输合同。为避免因运力供给紧张，找不到适当船只，租船合同应当在收到信用证后，及早订立。普通货物，可采用国际上广泛使用的"金康"格式合同。

小批量的件杂货或集装箱货物，应当匹配合同装运期和船公司船期表，及早自己，或通过货运代理公司向班轮公司订舱。班轮公司官网和货代官网都公布有船期表，列明航线、船名、抵港日期、截止收单日期、装船日期、挂靠港口等项内容。订舱人可通过比较，选择合适的班轮订舱。

在数字化时代，班轮订舱一般直接在班轮公司官网或货代官网上进行。订舱人（在运输合同中称为托运人）在官网上的订舱委托书（Booking Note）上传托运人和收货人、货物、装卸港口和装运期等信息，班轮公司（运输合同中称为承运人）审核可以接受后，向托运人发出配舱回执，包含装货单（shipping order，S/O）、大副收据/场站收据（Dock Receipt，D/R）等单据，分配提单编号、告知入货货场或集装箱堆场及入货日期，此时，运输合同即告订立。

完成订舱后，卖方应当办理报检报关手续，并根据承运人或船代指示向码头仓库进货，等待船只到港。船舶靠泊后，凭经海关查验放行的装货单装船。装船完毕后，由船上的大副签发大副收据（mate's receipt），载明收到货物详细情况。然后，托运人凭大副收据向船代交付运费和换取提单。

二、投保

按照 CIF、CIP 或目的地交货贸易术语成交的出口合同，在装船之前由出口人及时向承保人/保险公司购买海洋货物运输保险，按照 FOB、CFR、FCA、CPT 等贸易术语成交的合同，买方应为自己的利益购买海洋货物运输保险。投保应按买卖合同和信用证规定，选择承保人/保险公司。我国本土保险公司承保时，大都采用 CIC 条款，国外承保人/保险公司承保时，大多采用 ICC 条款。

购买保险时需要填写投保单。各保险人的投保单（或称保险申请书）格式不尽相同，但应具备以下基本内容：

（1）投保人名称、地址、联系方式；

（2）货物名称及品质描述；

（3）运输标识；

（4）包装及数量；

（5）投保金额；

（6）运输工具；

（7）启运地/目的地及或装卸港口；

（8）投保险别；

（9）启运日期和投保日期；

（10）投保人签字。

承保人/保险公司接受投保要约后，大多以签发保险单的形式确立保险合同。

三、发出装船通知

在货物装船后，应在信用证规定的时间内，按信用证规定的内容和方式向买方发出装船通知（shipping advice）。特别是按 FOB、CFR、FCA、CPT 贸易术语成交的出口合同，由买方办理保险，卖方应及时向买方发出装船通知，以便对方能按时办理投保。否则，由于我方未及时或未发出装船通知，对方未能办理保险，如货物在运输过程中遭受损失，应由出口方承担责任。装船通知的内容一般包括信用证号、合同号、货物名称、数量、毛重、尺码、净重、总值、船名、提单日期、提单号、装货港、目的港、预计抵达时间等。

● 第五节　单据缮制

不论采用何种结算方式，向买方提交出口单据都是卖方的基本义务之一。信用证结算贯彻"单单相符、单证相符"原则，银行审单只注重单据表面是否相符，因此，正确制单尤为重要。在信用证结算条件下，货物装运后，出口人需在信用证交单期内，尽早按照信用证的规定，正确缮制要求的单据，并在交单期内，将单据送交指定的银行办理收汇。此外，还要保证单据内容正确、完整，符合有关规定和商业习惯，要及时制单。本节以信用证审单原则为依据，讲解主要出口单据缮制要求与方法，其他结算方式下的单据可以参照缮制。

信用证支付方式下收汇单据可按作用不同分为以下几种：

（1）商业单证。这类单证主要有商业发票、装箱单/重量单、运输单证、保险单等。

（2）官方单证。这类单证主要有原产地证、出口许可证、检验证书、海关发票等。

（3）金融单证。这类单证主要指商业汇票。

（4）其他单证。这类单证指根据买卖合同或信用证规定需要准备的装运通知、船公司的船舶证明、出口商证明等。

一般来说，信用证都有提交正本单据和副本单据的规定。《UCP 600》第 20 条 b 款规定，除非信用证另有规定，银行将接受下述方法制作或看来是按其方法制作的单据作为正本单据：（1）影印；（2）自动或电脑处理；（3）复写。但该单据须注明为正本，必要时并经证实有效。

另一个一般性问题是开证行在信用证中设置"单据上需显示信用证号码"的条款。该条款是出于便利归集单据的目的而设立的，以防交单中一份或多份单据散失。但此项规定也导致大量拒付案例，违背了信用证便利贸易的业务初衷。2023年修订后的《ISBP 821》在预先考虑事项部分，进一步明确"银行条款不可拒付"原则，只要开证行收到了全部单据，那么单据上未显示或错显示信用证号码的情形便不构成拒付理由。

以下是几种主要单据的缮制要点及注意事项。

一、汇票

为保证汇票制作符合法律和有关信用证的国际惯例要求，必须了解其相关规定。

（一）《票据法》对汇票内容的强制性要求

汇票是出票人签发的，委托付款人在见票时或者在指定日期无条件支付确定的金额给收款人或者持票人的票据。根据《票据法》第二十二条的规定，汇票必须记载下列事项：

（1）表明"汇票"的字样。

（2）无条件支付的委托。

（3）确定的金额。

（4）付款人名称。

（5）收款人名称。

（6）出票日期。

（7）出票人签章。

另外，汇票通过背书将汇票权利转让他人行使时，必须记载被背书人名称。

（二）《ISBP 821》对汇票的要求

1.汇票付款人的规定

B1段规定：在信用证要求汇票的情况下，汇票付款人应当为信用证规定的银行。

2.汇票付款期限的规定

B2段规定：

A款：汇票显示的付款期限应当与信用证条款一致。

B款：当信用证要求汇票的付款期限不是即期或见票后定期付款时，应当能够从汇票自身数据确定付款到期日。

例如，当信用证要求汇票的付款期限为提单日期后60天，且提单日期为2023年5月14时，汇票的付款期限应当以下面一种方式显示：

i."提单日期2023年5月14日后60天"；或者，

ii."2023年5月14日后60天"；或者，

iii."提单日期后60天"，且在汇票表面的其他位置注明"提单日期2023年5月14日"；或者，

iv."出票后60天"且出票日期与提单日期相同；或者，

v."2023年7月13日"，即提单日期后60天。

C款：当汇票的付款期限提及，例如，提单日期之后60天时，装船日期将视为提单日期，即便装船日期早于或晚于提单出具日期。

D款：当使用"从……起（from）"和"在……之后（after）"确定付款到期日时，到期日将从单据日期、装运日期或信用证规定的事件日期的次日起计算，例如，从5月4日起10天或5月4日之后10天，均为5月14日。

E款：

i.当信用证要求提单，而汇票付款期限做成，例如，提单日期之后60天或从提单日期起60天，且提交的提单显示货物从一条船卸下后再装上另一条船，并显示了不止一个注明日期的装船批注，表明每一装运均从信用证允许的地理区域或港口范围内的港口装运时，其中最早的装船日期将用以计算付款到期日。例如，信用证要求从任何欧洲港口装运，且提单显示货物于5月14日在都柏林装上A船，于5月16日在鹿特丹转运装上B船，汇票应当显示在欧洲港口的最早装船日期，即5月14日后的60天。

ii.当信用证要求提单，而汇票付款期限做成，例如，提单日期之后60天或从提单日期起60天，且提交的提单显示同一条船上的货物从信用证允许的地理区域或港口范围内的多个港口装运，并显示了不止一个注明日期的装船批注时，其中最迟的装船日期将用以计算付款到期日。例如，信用证要求从任何欧洲港口装运，且提单显示部分货物于5月14日在都柏林装上A船，其余部分于5月16日在鹿特丹装上同一条船，汇票应当显示在欧洲港口的最迟装船日期，即5月16日后的60天。

iii.当信用证要求提单，而汇票付款期限做成，例如，提单日后60天或从提单日起60天，而一张汇票下提交了多套提单时，其中的最迟装船日期，将用以计算付款到期日。

3.汇票的付款到期日

B4段规定：当汇票使用实际日期表明付款到期日时，该日期应当反映信用证条款。

B5段规定：当汇票付款期限做成，例如，"见票后60天"时，付款到期日按如下规则确定：

A款：在相符交单的情况下，付款到期日为向汇票的受票银行，即开证行、保兑行或同意按指定行事的指定银行（"付款银行"）交单后的60天。

B款：在不符交单的情况下：

i.当该付款银行未发送拒付通知时，付款到期日为向其交单后的60天；

ii.当该付款银行为开证行且其已发送拒付通知时，付款到期日最迟为开证行同意申请人放弃不符点后的60天；

iii.当该付款银行是开证行以外的一家银行且其已发送拒付通知时，付款到期日最迟为开证行发送的单据接受通知书日期后的60天。当该付款银行不同意按照开证行的单据接受通知书行事时，开证行应当在到期日承付。

C款：付款银行应当向交单人通知或确认付款到期日。

B6段规定：上述付款期限和付款到期日的计算方法也适用于延期付款信用证，或某些情形下的议付信用证，即不要求受益人提交汇票时。

4.银行工作日、宽限期、付款的延迟

B7段规定：款项应于到期日在汇票或单据的付款地以立即能被使用的资金支付，只要该到期日是付款地的银行工作日。当到期日是非银行工作日时，付款将顺延至到期日后的第一个银行工作日。付款不应出现延迟，例如，宽限期、汇划过程所需时间等，不得在汇票或单据所载明或约定的到期日之外。

5.汇票的出具和签署

B8段规定：

A款：汇票应当由受益人出具并签署，且应注明出具日期。

B款：当受益人或第二受益人变更了名称，且信用证提到的是以前的名称时，只要汇票注明了该实体"以前的名称为（第一受益人或第二受益人的名称）"或类似措辞，汇票就可以新实体的名称出具。

B9段规定：当信用证仅以银行的SWIFT地址表示汇票付款人时，汇票可以相同的SWIFT地址或该银行的全称显示付款人。

B10段规定：当信用证规定由指定银行或任何银行议付时，汇票付款人应当做成指定银行以外的一家银行。

B11段规定：当信用证规定由任何银行承兑时，汇票付款人应当做成同意承兑汇票并愿意按指定行事的银行。

B12段规定：当信用证规定：

a.由指定银行或任何银行承兑，且汇票付款人做成了该指定银行（其不是保兑行），且该指定银行决定不按指定行事时，受益人可以选择：

i.如有保兑行，以保兑行为汇票付款人，或者要求将单据按照交单原样转递给保兑行；

ii.将单据交给同意承兑以其为付款人的汇票并按指定行事的另一家银行（只适用于自由兑付信用证）；或者

iii.要求将单据按照交单原样转递给开证行，在此情形下，随附或不随附以开证行为付款人的汇票。

b.由保兑行承兑，且汇票付款人做成了该保兑行，但交单不符，且该保兑行决定不恢复保兑时，受益人可以要求将单据按照交单原样转递给开证行，在此情形下，随附或不随附以开证行为付款人的汇票。

6.汇票的金额

B13段规定：汇票金额应当为交单下要求支款的金额。

B14 段规定：如果汇票同时显示大小写金额，那么大写金额应当准确反映小写金额，且应注明信用证规定的币别。当大小写金额矛盾时，大写金额将作为文款金额予以审核。

7.汇票的背书

B15 段规定：如果需要，汇票应当背书。

8.汇票的更正与更改

B16 段规定：汇票上数据的任何更正，应当看似已由受益人以额外的签字或小签加以证实。

B17 段规定：当汇票上不允许数据更正时，开证行应当在信用证中明确规定。

9.以申请人为付款人的汇票

B18 段规定：信用证不得开立成以开证申请人为付款人的汇票兑付。然而，当信用证要求提交以申请人为付款人的汇票，作为一种规定单据时，该汇票应当只在信用证明确规定的范围内予以审核，其他方面将按照《UCP 600》第14条f款的规定审核。

（三）汇票的内容和填制要领

（1）汇票编号。该编号最好与相应的发票编号一致，以便核对。

（2）出票日期和地点。信用证项下，出票日期一般为提交银行议付的日期。

（3）汇票金额。汇票金额和币别应与信用证规定一致。如果信用证规定按发票金额100%开立，则汇票金额与发票金额一致；如果信用证规定按发票金额百分之多少开立，汇票金额应当按规定开立，差额部分通常为佣金；如果全部货款部分为托收、部分为信用证下支付，则信用证下的发票仍为100%，汇票金额按信用证规定开立。此外，汇票金额需要分别小写和大写，应注意保持金额一致。

（4）汇票的到期日。汇票的到期日即为汇票的付款日期。对于即期汇票，应在英文 at 和 sight 之间的付款期限处加打星号"**********"；对于见票后若干天付款的，在付款期限处加打"××× days after sight"；对于汇票出票日后若干天支付的，在付款期限处加打"××× days after date"；对于提单日之后若干天支付的，在付款期限处加打"××× days after the B/L date"；定期付款的，在付款期限处加打具体日期。

（5）收款人。信用证下，该项内容一般填打议付行名称；托收下，填打托收行名称。

（6）付款人。该项在汇票中的英文"To"之后填打。信用证下，汇票的付款人应当为开证行或其指定银行。例如，信用证规定"drawn on us""drawn on ×××bank"。也有信用证规定"drawn on applicant"的，在信用证中开证行保证付款条件下也是可以接受的。

（7）出票人。出票人必须是信用证的受益人。可转让信用证被转让时，出票人可以是第二受益人。

（8）对价条款。该项内容为非强制内容，可填打货物名称、数量等货物描述。

（9）出票条款。该项目内填打信用证编号、开证行和开证日期。

（10）签字。《票据法》、《UCP 600》和《ISBP 821》规定，汇票必须经出票人签字。

二、商业发票

（一）商业发票的性质与种类

1.商业发票的性质

货物买卖中的商业发票（commercial invoice）是出口人对进口人开具的详细表明装运货物信息、单价与总值的货物总清单，是收付款凭证。商业发票是唯一带有价款价目的商业单据，其他商业单据如装箱单、运输单据、保险单据、原产地证明等，都是商业发票的支持单据。商业发票也是开立汇票的依据，是销售货物的凭证，可作为买卖双方记账的依据和报关纳税的依据。

根据《ISBP 821》的规定，商业发票的名称不必与信用证规定一致，只要从内容上看具备商业发票的特征即可。例如，信用证要求出具"商业发票"，但实际上出具了"发票"，应当视为相符交单。

2.商业发票的格式与内容

商业发票无统一格式，信用证也常常不对它的内容作出详细要求。但为了让一份单据在本质上具备发票的特征，发票还是应当具备必要的内容。《中华人民共和国发票管理办法》第三条规定："本办法所称发票，是指在购销商品、提供或者接受服务以及从事其他经营活动中，开具、收取的收付款凭证。"《中华人民共和国发票管理办法实施细则》第七条规定："发票的基本内容包括：发票的名称、发票代码和号码、联次及用途、客户名称、开户银行及账号、商品名称或经营项目、计量单位、数量、单价、大小写金额、税率（征收率）、税额、开票人、开票日期、开票单位（个人）名称（章）等。"

3.发票的种类

正式发票有多种，商业发票是由卖方向买方开具的用于双方交接货物、结算货款的发票；海关发票（customs invoice）是用于进口国海关确认关税优惠或审查公平估价的发票，这类发票在非洲、南美洲和大洋洲等一些国家海关常用，都有标准格式。其名称包括："Appropriate CertifiedCustoms Invoice""Combined Certificate of Value and Origin（C.C.V.O.）""Certified Invoice in Accordance with ×××Customs Regulation""Signed Certificate of Value and Origin in Appropriate Form"等；税务发票（Tax Invoice）是用于税务入账和计征税款的发票；最终发票（final invoice）是用于最终付款的发票；领事发票（consular invoice）是用于证实货物原产地，经进口国领事馆签证的发票；宣誓发票（sworn invoice）是要求在商业发票上加列宣誓语句的发票。例如，We hereby swear that the contents of this invoice are true and correct. 此类发票不应当载有"Errors and Omissions Excepted（E.&O.E.）"（有错当查）字样。

（二）有关国际惯例对商业发票制作的规定

《UCP 600》第十八条对商业发票作了以下规定：

（1）必须在表面上看来系由受益人出具（第38条另有规定者除外）。

（2）必须做成以申请人的名称为抬头（第38条（g）款另有规定者除外）。

（3）发票币别与信用证币种相同。

（4）无须签字。

（5）按照指定行事的被指定银行、保兑行（如有）或开证行可以接受金额超过信用证所允许金额的商业发票，倘若有关银行已兑付或已议付的金额没有超过信用证所允许的金额，则该银行的决定对各有关方均具有约束力。

（6）商业发票中货物、服务或行为的描述必须与信用证中显示的内容相符。

《ISBP 821》对发票作了如下规定：

关于发票的名称，C1段规定：

a.当信用证要求提交"发票"而未做进一步描述时，提交任何类型的发票（如商业发票、海关发票、税务发票、最终发票、领事发票等）都满足要求。但是，发票不得表明"临时""预开"或类似名称。

b.当信用证要求提交"商业发票"时，提交名称为"发票"的单据也满足要求，即便该单据含有供税务使用的声明。

关于发票出具人，C2段规定：

a.发票应当看似由受益人，或者由已转让信用证项下的第二受益人出具。

b.当受益人或第二受益人变更了名称，且信用证提及的是以前的名称时，只要发票注明了该实体"以前的名称为（第一受益人或第二受益人的名称）"或类似措辞，发票就可以新实体的名称出具。

关于货物、服务或履约行为的描述及发票的其他一般性事项，C3段规定：发票显示的货物、服务或履约行为的描述应当与信用证中的描述一致，但不要求如镜像一致。例如，货物细节可以在发票的多处显示，当一并解读时，其显示的货物描述与信用证中的描述一致即可。

C4段规定：发票上的货物、服务或履约行为的描述应当反映实际装运或交付的货物、提供的服务或履约行为。例如，当信用证的货物描述要求装运"10辆卡车和5辆拖拉机"，但只装运了4辆卡车时，只要信用证不禁止部分装运，发票可以显示只装运了4辆卡车。发票注明实际装运货物（4辆卡车）的同时，还可以包含信用证规定的货物描述，即10辆卡车和5辆拖拉机。

C5段规定：发票显示与信用证规定一致的货物、服务或履约行为描述的同时，还可以显示与货物、服务或履约行为相关的额外信息，只要这些信息看似不会指向货物、服务或履约行为的不同性质、等级或类别。例如，当信用证要求装运"绒面革鞋子"，但是发票将货物描述为"仿造绒面革鞋子"；或当信用证要求"液压钻机"，但是发票将货物描述为"二手液压钻机"时，这些描述表示货物的性质、等级或类别出现了变化。

关于发票的内容，C6 段规定：

a.发票应当显示：所装运或交付的货物、所提供的服务或履约行为的价值。

b.单价（当信用证有规定时）。

c.信用证中表明的相同币别。

d.信用证要求的任何折扣或扣减。

C7 段规定：当信用证规定货币为美元，发票中货币显示为$时，应视为该发票符合《UCP 600》的规定。

C8 段规定：发票可以显示信用证未规定的预付款、折扣等的扣减。

C9 段规定：当信用证规定了贸易术语作为货物描述的一部分时，发票应当显示该贸易术语，而当信用证规定了贸易术语的出处时，发票应当显示贸易术语的相同出处。例如，信用证规定贸易术语为"CIF Singapore Incoterms 2020"，发票不应显示贸易术语为"CIF Singapore"或"CIF Singapore Incoterms"。但是，当信用证规定贸易术语为"CIF Singapore"或"CIF Singapore Incoterms"时，发票可以显示贸易术语为"CIF Singapore Incoterms 2020"或任何其他版本。

C10 段规定：诸如与单据、运费、保险费相关的额外费用和成本，应当包含在发票上显示的贸易术语所对应的价值之内。

C11 段规定：发票无须签署或注明日期。

C12 段规定：发票显示的货物的任何总数量和其重量或尺寸，不应与其他单据显示的同一数据相矛盾。

C13 段规定：发票不应显示：

a.超装（《UCP 600》第三十条 b 款另有规定除外），或者

b.信用证未规定的货物、服务及履约行为。即便发票包含了信用证规定货物、服务或履约行为的额外数量为免费，或者样品和广告材料为免费，这仍然适用。

C14 段规定：发票上显示的信用证规定的货物数量可以在5%的溢短装浮动幅度之内。货物数量最高+5%的变动，且不允许交单项下所要求的支付金额超过信用证金额。货物数量的5%溢短装浮动幅度，不适用于下列情形：

a.信用证规定货物数量不应超过或减少；或者

b.信用证以包装单位或商品件数规定货物数量。

C15 段规定：当信用证未规定货物数量，且禁止部分装运时，发票金额在少于信用证金额最大5%的幅度内，将视为发票涵盖全部货物数量，不构成部分装运。

上述国际惯例对发票的要求是制作发票的基本准则。

（三）商业发票的内容及填制要领

商业发票是出口方开给进口方的销售价目清单。对于出口商而言，它是出口收汇、出口报检/报关的必要单据；对于进口商而言，它是进口商凭以核对货物和价值、商业记账和核算的依据。它也是进口商报关的必要单据。

各出口公司的商业发票格式有所不同，但基本内容大致相同。商业发票的内容及填制要点如下：

（1）出票人。出票人的名称、地址应当醒目、正确；应当与信用证的描述完全一致，与其他单据的表述一致。可转让信用证下，银行可以接受由第二受益人出具的发票。出票人表示方法有两种：一种是由发票的票头直接表示；另一种是通过发票的签署来表示。

（2）抬头人。抬头人即信用证的申请人。《UCP 600》第十八条第1款规定，发票的抬头人必须与信用证的申请人一致。根据《UCP 600》第三十八条第8款的规定，可转让信用证下，银行可以接受第二受益人的发票中以第一受益人替换原证申请人。

（3）发票日期。发票日期为发票的签发日期。除提单日期外，发票日期应当是所有交付单据日期中最早的。根据《UCP 600的》规定，该日期可以早于信用证开立日期，但在实务中，因为实际装船货物数量可能与托运数量不一致，所以最好在提单签发之后再开立发票，这样，发票日期不大可能早于信用证日期。

（4）信用证/合同信息记载。为明确发票对象，应当在发票中引用信用证信息，包括信用证号码、开证行、开证日期、启运地/目的地，以及合同信息，包括合同编号、合同日期、运输工具名称、价格条件等。该项记载应当准确无误。

（5）货物描述。货物描述包括运输标识、品名、质量、数量。在所有交付单证中，发票对货物的描述应当是最详细的，应当与信用证规定严格一致。

（6）单价和总值。单价和总值是发票的重要项目，必须准确计算，正确缮打。同一发票内记载多项商品时，金额和数量的横乘、竖加不应存在矛盾。发票总值应当不超过信用证金额上限。

在信用证的单价、数量和总金额之前有"大约"规定时，被修饰项允许10%的增减，无修饰项不得增减。

关于数量增减，即使信用证没有增减幅度规定，也允许有5%的数量增减，但以包装单位或个数计数的货物，或信用证明文规定不得增减者除外。该数量的5%增加并不必然允许信用证总金额增加。

在信用证对数量和金额规定有增减幅度时，该信用证下的不同颜色或不同规格货物，可以分别适用该增减幅度，但各自的增减幅度不得调剂借用，即使调剂后总金额未超过信用证总金额也不允许。

（7）信用证对发票记载的额外要求。对这类要求按照要求照打即可。

（8）佣金、折扣和预付款的处理。如果信用证要求发票价为净价，则应在发票上作扣减计算，分别列明含佣价、佣金额和净价。如果信用证未做规定，只要含佣总金额扣除佣金后不超过信用证总金额即可接受。如果部分货款已经证外预付，发票中应当列明总金额、预付金额、议付金额。

佣金扣除可用下列方式表示：

Qty.	Unit price	Amount
CIFC3	Singapore	
200pcs	US$100	US$20 000.00

Less 3% commission：　　　　　　　US$600.00

CIF NET VALUE：　　　　　　　　US$14 000.00

（9）发票的签署。尽管《UCP 600》规定发票无须签署，但商业习惯上一般都对发票进行签署，但如果信用证本身要求必须签署，或发票无票头时，签署就成为必要项目，用以表明出票人。

（10）发票证明文据。如果信用证规定了发票证明文据，按照信用证规定照打即可。

三、提单

提单是信用证要求单据中最重要的单据之一，应当严格按照信用证、《UCP 600》和《ISBP 821》的相关要求缮制。

（一）《UCP 600》第二十条关于提单审核的规定

1.关于提单的内容

根据《UCP 600》第二十条第1款的规定，提单无论其称谓如何，其表面上应具有以下内容：

（1）显示承运人名称并由下列人员签署：承运人或承运人的具名代理或代表，或者船长或船长的具名代理或代表。承运人、船长或代理的任何签字必须分别表明其承运人、船长或代理的身份。代理的签字必须显示其是否作为承运人或船长的代理或代表签署提单。

（2）通过下述方式表明货物已在信用证规定的装运港装载上具名船只：预先印就的措辞，或注明货物已装船日期的装船批注。提单的出具日期将被视为装运日期，除非提单包含注明装船日期的装船批注，在此情况下，装船批注中显示的日期将被视为装运日期。如果提单包含"预期船"字样或类似有关限定船只的词语时，装上具名船只必须由注明装运日期以及实际装运船只名称的装船批注来证实。

（3）注明货物将从信用证中规定的装货港运至卸货港。

（4）表明正本提单的签发份数。

（5）提单应当含有承运条件或含有参阅承运条件的出处（简式或背面空白的提单），但银行对此类承运条件内容不予审核。

（6）未注明运输单据受租船合约约束。

2.关于转运的定义

根据《UCP 600》第二十条第2款的规定，转运意指在信用证规定的装货港到卸货港之间的海运过程中，将货物由一艘船卸下再装上另一艘船的运输。

3.关于转运的规定

根据《UCP 600》第二十条第3款的规定，只要同一提单包括运输全程，则提单可以注明货物将被转运或可被转运。银行可以接受注明将要发生或可能发生转运的提单。即使信用证禁止转运，只要提单上证实有关货物已由集装箱、拖车或子母船运输，银行仍可接受注明将要发生或可能发生转运的提单。对于提单中包含的声明承运人保留转运权利的条款，银行将不予理会。

4.关于清洁提单

根据《UCP 600》第二十七条的规定，银行只接受清洁运输单据。清洁运输单据指未载有明确宣称货物或包装有缺陷的条款或批注的运输单据。"清洁"一词并不需要在运输单据上出现，即使信用证要求运输单据为"清洁已装船"的。

（二）《ISBP 821》对提单缮制的相关规定

1.《UCP 600》第 20 条的适用

E1 段规定：如果信用证要求提交港至港提单，则提单应该符合《UCP 600》第 20 条规定；该提单不应含有"租船合同"。

2.提单的名称

E2 段规定：提单无须标明"海运提单"（marine bill of lading）、"海洋提单"（ocean bill of lading）、"港至港提单"（port-to-port bill of lading）或类似名称，即使信用证如此命名所要求的单据也不必理会。

3.提单的签发

E3 段规定：

a.提单可由承运人或船长以外的任何实体签发，只要其内容符合《UCP 600》第 20 条的要求。

b.如信用证规定"货运代理提单（Freight Forwarder's Bill of Lading）可以接受"或"运输行分提单（House Bill of Lading）可接受"或类似措辞，则提单可由出具人签署，不必注明其签署身份或承运人名称。

E4 段规定：如信用证规定"货运代理提单不可接受"或"运输行分提单不可接受"或类似措辞，除非信用证对提单如何出具和签署作出明确要求，否则该规定对提单的名称、格式、内容或签署没有任何意义，该规定将不予理会，所提交的提单需按照《UCP 600》第 20 条的要求予以审核。

E5 段规定：

a.提单需按照《UCP 600》第 20 条（a）款（i）项要求的方式签署，并注明承运人名称及其承运人身份。

b.提单由承运人的具名分支机构签署的，视为由承运人签署。

c.提单由代理人代理或代表承运人签署的，除需表明该代理人名称，还需表明其签署身份为"承运人（承运人名称）代理"或"承运人（承运人名称）代表"或类似措辞（"××× as agent for ×××，as carrier" or "××× as agent on behalf of ×××，the carrier"）。

d.提单由船长签发的，船长签字需表明"船长"（master or captain）身份，无须注明船长姓名。

e.提单由船长签发的，船长签字可包含显示船名的印章（通常称为船章，ship's stamp）。即使该印章同时包含船东名称，仍将视为由船长签署。

f.提单由代理人代理或代表船长签署的，除需表明代理人名称外，还需表明其签署身份为"船长代理"或"船长代表"或类似措辞（"××× as agent for the master or captain" or "agent on behalf of the master or captain"），无须注明船长姓名。

4. 装船批注、装船日期、装货港口

E6 段规定：

a. 预先印就"已装船"的提单，其出具日期将被视为装运日期，除非其上载有单独注明日期的装船批注，此时，该装船批注日期将被视为装运日期，不论其早于或晚于提单的出具日期。装船批注日期也可显示在提单的指定栏位或方框中。

b. 尽管信用证可能要求提单表明港至港运输，但是：

i. 如提单显示与装货港相同的收货地，例如，收货地为鹿特丹集装箱堆场，装货港为鹿特丹，且在前程运输栏位或收货地栏位未显示前程运输工具；或者

ii. 如提单显示不同于装货港的收货地，例如，收货地为阿姆斯特丹，装货港为鹿特丹，且在前程运输栏位或收货地栏位未显示前程运输工具，那么，

（a）如提单预先印就"已装船"字样，则其出具日期将被视为装船日期，无须再添加装船批注；

（b）如提单预先印就"收妥待运"字样，则提单需载有注明日期的装船批注。该装船批注日期将被视为装运日期。

c. 尽管信用证可能要求提交表明港至港运输，但是如果提单：

i. 显示不同于装货港的收货地，并且显示有前程运输工具，则不论提单预先印就"已装船"还是"收妥待运"字样，该提单都应载有注明装船日期、船名和信用证规定的装货港的装船标注。装船批注的日期将被视为装运日期。

ii. 在前程运输栏位或方框内显示有前程运输工具，则不论提单是否显示收货地，或预先印就"已装船"或"收妥待运"字样，该提单都需载有注明日期、船名和信用证规定的装货港的装船批注。装船批注日期将被视为装运日期。

d. 当提单显示，例如，"当收货地栏位已被填写时，则该提单上任何'装船'、'已装船上'或类似措辞的批注，将被视为货物已装载到从收货地至装货港口的前程运输工具上。"或类似措辞，且收货地栏位已被填写，则该提单须载有包括日期、船名和信用证规定的装货港的装船批注。该装船批注日期将被视为装运日期。

e. 信用证规定的具名装货港应显示在提单的装货港栏位。然而，只要注明日期的装船批注证明货物在"收货地"栏位下的港口装上具名船只，则该具名装货港也可填写在标有"收货地"的栏位中。

f. 提单须显示信用证规定的装货港。信用证规定装货港时会注明该港口的所在国家，提单无须注明该国家名称。

g. 如信用证规定装货港的地理区域或港口范围，则提单须显示实际装货港，该港口须位于该地理区域或该港口范围之内，而无须显示该地理区域。

h. 如提单显示有一个以上装货港，则无论其是否预先印就"收妥待运"或"已装船"字样，该提单都须载有装船批注，并注明每个装货港对应的装船日期。

E7 段规定："已装运，表面状况良好"（Shipped in apparent good order）、"已装

载船上"（Laden on board）、"清洁已装船"（Clean on board）或其他包含"已装运"或"已装船"字样的用语，与"已装船发运"（Shipped on board）用语效力相同。

5. 卸货港

E8 段规定：

a. 信用证要求的具名卸货港应显示在提单的卸货港栏位。

b. 具名卸货港也可显示在标有"最终目的"或类似措辞的栏位中，只要有批注证明卸货港就是最终目的地栏位中的港口。

E9 段规定：信用证中提的卸货港口所在国家名称无须显示在提单中。

E10 段规定：如信用证规定了卸货港的地理区域或卸货港范围，则提单须显示实际卸货港，且该港口需在规定的地理区域内或港口范围内。提单无须显示该地理范围。

6. 正本提单

E11 段规定：

a. 提单须注明所出具的正本份数。

b. 标注有"第一正本"（First Original）、"第二正本"（Second Original）、"第三正本"（Third Original），或者，"正本"（Original）、"第二联"（Duplicate）、"第三联"（Triplicate）或类似字样的提单均为正本。

7. 收货人、指示方、托运人、背书及被通知人

E12 段规定：如信用证要求提单收货人为具名实体（即做成记名提单或托运单（straight' bill of lading or consignment），而不是"凭指示"或"凭具名实体指示"，则提交的提单不得在该具名实体前或具名实体后注明"凭指示"或"凭某人指示"字样，不论该字样是打印的还是预先印就的。

E13 段规定：

a. 如提单收货人为"凭指示"或"凭托运人指示"，则该提单须经托运人背书。该背书也可由非托运人作出，只要该背书是代理或代表托运人作出。

b. 如信用证要求提单表明收货人为"凭具名实体指示"，则该提单不得显示货物直接交付给该具名实体。

E14 段规定：

a. 如信用证规定了一个或多个被通知人的详情，提单也可如此。

b.

i. 如信用证未规定被通知人详情，提单可以任何方式显示任何被通知人详情。

ii. 如信用证未规定被通知人详情，当开证申请人详情（包括地址和联系方式）作为被通知人显示在提单上时，该详情不得与信用证所述相矛盾。

E15 段规定：如信用证要求提单表明收货人为开证行或开证申请人，或凭开证行或开证申请人指示，或通知开证申请人或开证行，则提单就须显示开证行或开证申请人的名称，但无须显示信用证可能规定的开证行或开证申请人的地址和任何联系细节。

E16 段规定：当开证申请人地址和联系方式显示为收货人或被通知人详情的一部分时，不得与信用证规定相矛盾。

8. 转运、部分装运与交单期限的确定

E17 段规定：转运系指在货物从信用证规定的装运港至目的港的运输过程中，将货物从一船只卸下，再装上另一船只的行为。如提单没有显示此种卸货与重装，则不属于信用证与《UCP 600》提及的转运。

E18 段规定：货物装载于一艘以上船只进行运输的，构成部分装运，即使这些船只在同一天出发，并前往同一目的地。

E19 段规定：

a. 如信用证禁止部分装运，且提交的多套正本提单均表明，该批货物系从信用证规定的（或允许的）多个港口装运的，则每套提单都须显示其涵盖的货物运输是由同一船只，经同一航程前往同一卸货港。

b. 如信用证禁止部分装运，但按前款规定提交的多套提单显示有不同的装船日期，则须以其中最迟的那个装船日期计算交单期限，且该装船日期须在信用证规定的最迟装运日期之前或当日。

c. 如信用证允许部分装运，且提交的多套正本提单作为同一面函项下单一交单的一部分，并且载有装在不同船上或不同航程的同一船上的不同装运日期，则须以其中最早的日期计算交单期限，且所有这些日期须在信用证规定的最迟装运日期之前或当日。

9. 清洁提单

E20 段规定：提单不得载有明确声明货物或包装有缺陷的条款。例如："包装无法满足海上航程"（packaging is not sufficient for the sea journey）即为此类条款，但"包装可能无法满足海上航程"（packaging may not be sufficient for the sea journey）并非明确声明货物或包装状况有缺陷的条款。

E21 段规定：

a. 即使信用证要求提单标明"清洁已装船"或"清洁"字样，"清洁"字样也不必在提单上显示。

b. 提单上"清洁"字样的删除，并非明确声明货物或包装状况有缺陷。

10. 货物描述

E22 段规定：提单上的货物描述可使用与信用证规定的货物描述不相矛盾的统称。

11. 卸货港交货代理人

E23 段规定：如信用证要求提单显示卸货港交货代理人或类似机构的名称、地址和联络细节，其地址无须位于卸货港，也无须位于卸货港所在国家。

12. 提单的修改与变更

E24 段规定：提单上数据内容的任何更正须经证实。该证实须在表面上看似由承运人、船长或其任一具名代理人所为，该代理人可以与出具或签署该提单的代理人不同，只要表明其作为承运人或船长的代理人身份。

E25 段规定：不可转让的提单副本上含有的与其正本上相同的数据内容更正无须证实。

13. 运费与额外费用

E26 段规定：提单显示的运费支付声明无须与信用证规定等同一致，但不得与该单据、任何其他规定的单据或信用证中的数据内容相矛盾。例如：当信用证要求提单加注"运费在目的地支付"（freight payable at destination）时，提单可标注"运费到付"（freight collect）。

E27 段规定：

a. 如信用证规定运费以外的费用不可接受，则提单不得显示运费以外的费用已经或将要产生。

b. 表明运费以外的费用，可以通过明确提及该额外费用或使用与货物装卸费用相关的贸易术语的方式表示。例如但不限于："船方不负责装货"（Free In）、"船方不负责卸货"（Free Out）、"船方不负责装卸货"（Free In and Out）及"船方不负责装卸货物和积载"（Free In and Out Stowed）。

c. 提单提到可能加收的费用，例如：延迟卸货产生的费用、滞期费、集装箱滞箱费等，不属于显示运费以外的额外费用。

14. 凭多套提单放货

E28 段规定：提单不得明确声明，该提单项下货物必须凭该单据及其他一套或多套提单一并交回船方才可交付，除非所有提及的提单构成同一信用证项下同一交单的一部分。例如，"YYY 号和 ZZZ 号提单所涵盖的×××号集装箱项下货物，只能被交付给交回全部提单的单个商人"，此种表述即被视为在交付货物前，必须交回与所述集装箱或包装单位相关的其他一套或多套提单的明确声明。

（三）缮制提单时应注意的问题

1. 提单的种类

信用证一般都要求提供全套清洁的、已装船的提单（full set of clean and on board B/L），如果提供的提单不是清洁的、已装船的，银行不予接受。

2. 提单的托运人

信用证如无特殊规定，应以该信用证的受益人为托运人。

3. 提单的收货人

提单的收货人（consignee），即提单抬头，根据信用证的不同要求，其填打内容也不一样，一般有以下几种：

（1）信用证无明确规定，收货人可以填打"to order"，并由受益人背书。

（2）信用证规定收货人一栏应做成"to order""to order of shipper"时，按来证要求照打，但须由受益人背书。

（3）信用证规定"to order of ×××bank"，应该在提单收货人栏填打"to order of ×××bank"，然后由受益人背书。

（4）信用证规定"to order of negotiating bank"，提单收货人可填"to order of ×××Bank"（议付行名称），由受益人背书，交单后再由议付银行背书。

（5）信用证规定"endorsed in blank"，收货人一栏填写"to order"，由受益人空白背书；信用证规定"endorsed to ×××"，收货人一栏填写"to order"，受益人要做记名背书，即在提单背面除受益人背书外，还应打上"delivered to ×××"。

4.提单的被通知人

收货人或其在目的港的提货代理人即为被通知人。在提单上要详细列明被通知人名称、地址以及联系方式。若信用证未明确规定被通知人，提单填写开证申请人的详细名称与联系方式。

5.提单上的货物名称、唛头、份数、日期

提单上的货物可用笼统或概括名称。如合同规定是"蓝色网球鞋"，在提单货物名称一栏填打"胶鞋"即可。

提单唛头一般按信用证规定照打。如果信用证的唛头无目的港，可以加上目的港。散装货无唛头，提单唛头栏中打上"N/M（no mark）"及"散货（cargo in bulk）"字样。

提单的份数，如信用证规定是全套（full set）提单，按照信用证上要求的份数，如没有，按照提单上显示的全部份数提交。

如果提单上没有额外加注"装船批注"（on board notation，即加盖的货物于某年某月某日已清洁装船的印章），提单签发日期即作为装船日期，装船日期应与信用证要求相符。

6.提单的目的港

提单的目的港应按照信用证规定填写，并注意与 CIF、CFR 贸易术语中的目的港相符。

7.提单的运费

提单的运费一栏按照信用证规定填写"freight prepaid"或"freight to collect"或"freight payable at destination"，FOB 成交情况下不能填写"freight prepaid"。航次租船情况下签发的提单，可填写"freight payable as per charter party"。

8.其他要求

（1）使用托盘运输时，在提单上的件数栏填托盘数量，并在括号内加注货物包装件数。提单上的货物重量以千克表示，尺码以立方米表示，并要提供装托盘之前货物实际重量和尺码及装托盘后的重量和尺码。例如：

no. of packages	gross weight	measurement
21 pallets	18 355 kgs	44.214m³
(500 cases)	(17 500 kgs)	(36.000 m³)

（2）在同一张提单有两种以上包装单位时，应分别填写。例如，在100件货物中，有70件木箱装、30件纸箱装。此时，在提单上应分别表示如下：

no. of packages	*gross* weight	measurement
70 woodon cases	2 100 kgs	3 500m^3
30 cartons	750 kgs	1 500m^3
100 packages	2 850 kgs	5 000m^3

（3）包装货物在装船过程中，如发生漏装少量件数，可在提单唛头件号前面加"Ex（except）"字样，以表示其中有缺件，例如，"Ex2Nos.1—100"，表示在 100 件中，缺少 2 件，实有 98 件。但是，短装货物属于违约行为，信用证结算还可能导致单证不符，应通过补货、征求买方同意、修改信用证等方式加以解决。

四、保险单

CIF 或 CIP 条件下成交的，保险单常常是合同下和信用证下要求的单据，制作时应根据《INCOTERMS 2020》、信用证要求、《UCP 600》和《ISBP 821》正确出具。

（一）《INCOTERMS 2020》的规定

根据《INCOTERMS 2020》的规定，卖方投保时的投保金额最低应当为发票金额的 110%。

（二）《UCP 600》的规定

《UCP 600》第二十八条规定，向银行提交的保险单应当满足以下条件：

（1）保险单据应当由保险人或其代理人出具并签署。由其代理人签署的，必须标明其系代表保险公司或承保人签字。

（2）如果保险单据表明其以多份正本出具，所有正本均须提交。

（3）暂保单将不被接受。

（4）保险单据日期不得晚于发运日期，除非保险单据表明保险责任不迟于发运日生效。

（5）投保险种、金额与币种应与信用证一致。如果信用证对投保金额未作规定，投保金额须至少为货物的 CIF 或 CIP 价格的 110%。保险单据的风险区间至少涵盖从信用证规定的货物监管地或发运地开始到卸货地或最终目的地为止。

（6）保险单据可以注明受免赔率或免赔额（减除额）约束。

（三）《ISBP 821》的规定

根据《ISBP 821》的规定，保险单据及承保范围，除了需要满足《UCP 600》第二十八条规定外，还应满足以下要求：

K1 段规定：信用证要求提交保险单据，比如保险单、预约保险项下的保险证明或保险声明，这表示该单据的审核将适用《UCP 600》第二十八条。

关于保险单据的出具人、签署及正本保险单据，K2 段规定：

a.保险单据应当看似由保险公司或承包商或其代理人或代表出具并签署。例如，"×× Insurance Ltd"出具并签署的保险单据即看似已由保险公司出具。

b.当保险单据看似由保险公司的代理人或代表代替保险公司或承保商签署，该代理人或代表的名字无须显示在保险单据上。

c.当出具人为"保险人"身份时，保险单据无须显示出具人为保险公司或承保商。

K3段规定：只要保险单据已由保险公司或承保商或其代理人或代表签署，保险单据就可以在保险经纪人的信笺上出具。保险经纪人可以作为具名保险公司或具名承保商的代理人或代表签署保险单据。

K4段规定：保险单据由代理人或代表签署时，应当注明其所代理或代表签署的保险公司或承保商的名称，除非保险单据的其他地方已经表明了保险公司或承保商。例如，当"×× Insurance Ltd"已经表明其为保险人时，保险单据可以由"John Doe（作为代表）代表保险人"或"John Doe（作为代表）代表×× Insurance Ltd"签署。

K5段规定：当保险单据要求由出具人、被保险人或具名实体副签时，保险单据必须副签。

K6段规定：只要保险公司在单据的其他地方表明了保险公司，保险单据在签署栏中就可以仅显示保险公司的商号，例如，当保险单据在签署栏中显示由"××"出具并签署时，在其他地方显示"×× Insurance Ltd"及其地址和联络细节，则可以接受。

K7段规定：

a.当保险单据表明由一个以上的保险人承保时，该保险单据可以由一个代表所有保险人的代理人或代表签署，或由一个保险人代表所有共同保险人签署。在后一种情况下，例如，保险单据由"×× Insurance Ltd作为牵头保险人，代表共同保险人"出具并签署。

b.尽管第K2、K3和K4段有规定，当保险单据表明由一个以上的保险人承保时，其无须显示每个保险人的名称或各自的承保比例。

K9段规定：当信用证要求保险单据出具一份以上的正本，或者保险单据显示其已经出具了一份以上的正本时，所有正本都应当提交并看似已经签署。

关于保险单的日期，K9段规定：保险单据不应表明提出索赔的有效期限。K10段规定：

a.保险单据不应显示保险生效日期晚于装运日期。

b.当保险单据显示出具日期晚于装运日期（《UCP 600》第十九条至第二十五条所定义的）时，应当以附注或批注的方式清楚地表明保险生效日期不晚于装运日期。

c.保险单据显示保险基于"仓至仓"或类似条款已经生效，且出具日期晚于装运日期，并不表示保险生效日期不晚于装运日期。

K11段规定：在保险单据没有出具日期和保险生效日期的情况下，副签日期也将视为证实了保险生效日期。

关于保险金额和比例，K12段规定：当信用证未规定保险金额时，保险单据应当以信用证的币别，至少按《UCP 600》第二十八条f款ii项规定的金额出具。对保险金额的最高比例没有限制。

K13段规定：保险金额不要求保留两位以上的小数。

K14段规定：保险单据可以表明保险受免赔率或免赔额（扣减额）约束。然而，当信用证要求保险不计免赔率（irrespective of percentage）时，保险单据不应含有表明保险受免赔率或免赔额（扣减额）约束的条款。保险单据无须注明"不计免赔率"。

K15段规定：当从信用证或交单清楚得知要求支款的金额仅是货物总价值的一部分（例如，由于折扣、预付款或类似情形，或部分货款延付）时，保险金额的计算必须以发票或信用证所显示的货物总价值为基础，并符合《UCP 600》第二十八条f款ii项的要求。

K16段规定：同一运输的同一险别应当由同一份保险单据所承保，除非提交了承保相关部分保险的一份以上的保险单据，且每份保险单据都以百分比例或其他方式明确地表明：

a.每一保险人承保的金额；

b.每一保险人将分别承担各自的保险责任，且不受其他保险人在该次运输下可能已承保的保险责任的影响；并且

c.保险单据对应的承保金额的合计总数，至少为信用证要求或者《UCP 600》第二十八条f款ii项规定的保险金额。

关于承保险别，K17段规定：

a.保险单据应当承保信用证要求的险别。

b.即使信用证可能明确规定应承保的险别，保险单据也可以援引除外条款。

K18段规定：当信用证要求承保"一切险"时，无论保险单据是否标明"一切险"标题，即使其表明特定险别除外，提交载有任何"一切险"条款或批注的保险单据即满足要求。保险单据表明其承保《协会货物条款（A）》，或者，在空运项下其承保《协会货物条款》（空运），即符合信用证要求"一切险"条款或批注的条件。

关于被保险人和背书，K19段规定：保险单据应当是信用证要求的形式，如有必要，还应当由要求索赔或有权索赔的实体背书。

K20段规定：

a.信用证不应要求保险单据出具成"凭来人"或"凭指示"。信用证应当显示被保险人的名称。

b.当信用证要求保险单据出具成"凭（具名实体）指示"时，保险单据无须显示"凭指示"字样，只要保险单据表明该具名实体为被保险人，或者表明将赔付给该具名实体且没有明确禁止背书转让即可。

K21段规定：

a.当信用证对被保险人未做规定时，保险单据不应表明将赔付给信用证的受益人，或开证行和申请人以外的其他机构，或其指示的一方，除非保险单据已经由受

益人或该机构作了空白背书，或背书给了开证行或申请人。

b.保险单据应当出具或背书成其索赔权利在放单之时或放单之前得以转让。

关于保险单据的一般性条款和条件，K22段规定：银行不审核保险单据的一般性条款和条件。

关于保费，K23段规定：保险单据上任何有关保费支付的事项，银行不予理会，除非保险单据上注明"保险单据无效，除非保费已付"，且显示保费未付。

（四）保险单的主要内容与转让

保险单据的主要内容与投保单基本相同，不同的是，保险单据由保险人签发，并注明保单编号、签发日期、保险费和理赔地点等内容。

根据保险法律，投保人可以通过背书，将保险单据的受偿权利转让给被背书人。

五、装箱单和重量单

装箱单和重量单（packing list and weight memo）是用来补充商业发票内容的，便于国外客户在货物到达目的港时，检查核对货物，同时也供进口国家海关查验进口货物。

（一）《ISBP 821》的相关规定

对于装箱单，《ISBP 821》作了如下规定：

M1段规定：当信用证要求提交装箱单时，提交的单据包含货物包装的任何信息以满足其功能，并表明信用证规定的名称，或标明相似名称，或没有名称，即符合要求。

对装箱单的出具人，M2段规定：装箱单应当由信用证规定的机构出具。M3段规定：当信用证没有规定出具人名称时，装箱单可以由任何机构出具。

对于装箱单的内容，M4段规定：当信用证规定了明确的包装要求时，且没有规定与其相符的单据，装箱单如有提交，其提及的有关货物包装的任何数据不应与该要求矛盾。M5段规定：只要装箱单的出具人不是受益人，其就可以显示不同于其他一种或多种规定单据上注明的发票号码、发票日期和运输路线。M6段规定：银行只审核总量，包括但不限于总数量、总重量、总尺寸或总包装件数，以确保相关的总量与信用证中和任何其他规定单据上显示的总量没有矛盾。

对于重量单，《ISBP 821》规定如下：

N1段规定：当信用证要求提交重量单时，提交的单据包含货物重量的任何信息以满足其功能，并表明信用证规定的名称，或标明相似名称，或没有名称，即符合要求。

关于重量单的出具人，N2段规定：重量单应当由信用证规定的机构出具。N3段规定：当信用证没有规定出具人名称时，重量单可以由任何实体出具。

关于重量单的内容，N4段规定：当信用证规定了明确的重量要求时，且没有规定与其相符的单据，重量单如有提交，其提及的有关货物重量的任何数据不应与该要求矛盾。N5段规定：只要重量单的出具人不是受益人，其就可以显示不同于其他一种或多种规定单据上注明的发票号码、发票日期和运输路线。N6段规定：银行只审核总量，包括但不限于总数量、总重量、总尺寸或总包装件数，以确保相关的总量与信用证中和任何其他规定单据上显示的总量没有矛盾。

（二）装箱单/重量单的主要内容和填制要领

（1）单据名称。《ISBP 821》规定，如果信用证要求提供某种单据，只要单据的内容符合要求即可，没有名称或使用不同的名称的都可接受。

（2）卖方/买方。填制要求与商业发票相同。

（3）商业发票编号。填制与其对应的商业发票编号。

（4）启运地/目的地。与商业发票相同。

（5）货物描述。应与商业发票一致。

（6）货物包装、数量、毛重、净重、尺码。应当详细描述，但应保持与商业发票一致。

（7）签署。与商业发票相同。

六、原产地证明及其他单据

（一）原产地证明及其种类

原产地证明简称原产地证，一般可分为普通原产地证和普惠制原产地证。

1.普通原产地证

普通原产地证（certificate of origin）是由权威机构签发的证明货物原产地和制造地的证明文件。不使用海关发票或领事发票的国家，要求提供产地证明用以确定对货物征税的税率。有的国家限制从某个国家或地区进口货物，也有要求以原产地证来确定货物来源国的。

我国出口货物根据合同或信用证要求，签发原产地证的单位有两个：一个由海关所属的进出口商品检验机构出具；另一个由中国国际贸易促进委员会出具。

2.普惠制原产地证

普惠制原产地证（generalized system of preference certificate of origin form A）是普惠制的主要单据。凡对给惠国出口一般货物，须提供这种产地证。由我进出口公司填制，并由中国进出口商品检验机构出具，作为进口国减免关税的依据。

在普惠制单据中，可能要求下列单据：

（1）纺织品产地证（certificate of origin textile products），适用于纺织品类，由出口地检验检疫机构出具。

（2）纺织品出口许可证（export licence textile products），适用于配额纺织品，由地方外贸局出具。

（3）手工制纺织品产地证（certificate in regard to handlooms, taxtile handcrafts and traditional textile products of the cottage industry），适用于手工制纺织品类，由检验检疫机构出具。

（4）纺织品装船证明（shipment certificate textile products），适用于无配额的毛呢产品，由出口地外贸局出具。

（二）有关国际惯例的要求

对于原产地证的制作，《ISBP 821》作出了如下要求：

L1 段规定：当信用证要求提交原产地证明时，提交看似与所开发票的货物相关且证实货物原产地，并经签署的单据，即满足要求。

L2 段规定：当信用证要求提交特定格式的原产地证明，比如 GSP Form A 格式时，应当仅提交特定格式的单据。

对于原产地证明的出具人，L3 段规定：

a.原产地证明应当由信用证规定的机构出具。

b.当信用证没有规定出具人名称时，原产地证明可以由任何机构出具。

c.当信用证要求提交由受益人、出口商或制造商出具的原产地证明时，只要原产地证明相应注明受益人、出口商或制造商，提交的原产地证明由商会或类似机构，比如但不限于行会、行业协会、经济协会、海关和贸易部门等类似机构出具也满足要求；当信用证要求提交由商会出具的原产地证明时，提交的原产地证明由行会、行业协会、经济协会、海关和贸易部门等类似机构出具也满足要求。

关于原产地证明的内容，L4 段规定：原产地证明应当看似与所开发票的货物相关联，例如，通过下列方式：

a.与信用证规定相符的货物描述，或与信用证所规定的货物描述不相矛盾的统称；或者

b.援引其他规定单据或原产地证明不可分割的附件上的货物描述。

L5 段规定：当原产地证明显示收货人信息时，其不应与运输单据中的收货人信息相矛盾。但是，当信用证要求运输单据出具成"凭指示"、"凭托运人指示"、"凭开证行指示"、"凭指定银行（或议付行）指示"或"收货人：开证行"时，原产地证明可以显示收货人为信用证中除受益人以外的任何一个具名实体。当信用证已经转让时，收货人可以是第一受益人。

L6 段规定：原产地证明可以显示信用证受益人或其他规定单据上所显示的托运人以外的实体为发货人或出口商。

L7 段规定：当信用证规定货物原产地而没有要求提交原产地证明时，规定单据上对货物原产地的任何援引不应与规定的原产地相矛盾。例如，当信用证规定"货物原产地：德国"而没有要求提交原产地证明时，任何规定单据显示了不同的货物原产地，将视为数据矛盾。

L8 段规定：只要原产地证明显示的出口商或发货人不是受益人，其就可以显示不同于其他一种或多种规定单据上注明的发票号码、发票日期和运输路线。

原产地证明主要有一般原产地证明和普惠制原产地证明两种，都是用来证明商品原产国别的证书，后者在出口到给予普惠制国家时使用。

（三）原产地证明的内容和填制要领

（1）出口商：填写买卖合同的卖方或信用证下的受益人的详细名称和地址。

（2）收货人：填写买卖合同的买方或信用证下开证申请人的详细名称和地址。

（3）运输方式和路线：填写装货港口、最终卸港口和运输方式。

（4）运输标识和包装号码：应与商业发票的一致。

（5）货物描述、包装件数和包装种类：应与商业发票一致。

（6）HS编码：按照《商品名称和编码协调制度》中的编码填写，应与报关单中的商品编码一致。

（7）数量或重量：应当按照运输单证的数量或重量填写。

（8）发票号码和日期：按照相应的商业发票编号和签发日期填写。

（9）出口商声明：该项目由出口商签字盖章，并注明签字时间及地点。

（10）签证机关栏：由签证机构签字盖章并注明签字时间及地点。

上述填制要领应体现在原产地证明申请书中。

（四）其他单据的填制要领

1.一般性要求

对于船公司证明、品质证明、数量证明、受益人证明等信用证要求的文件都属于证明书、声明书类文件（Certificates，Certifications，Declarations and Statements）。这类文件的制作应满足《ISBP 821》的如下一般性要求：

A3段规定：当信用证要求提交证明书或证明、声明书或声明时，该单据应当签署。

A4段规定：证明书或证明、声明书或声明是否需要注明日期取决于所要求的证明书或证明、声明书或声明的类型、所要求的措辞和单据上所显示的措辞。

例如，当信用证要求提交由承运人或其代理人出具的证明书以证实船龄不超过25年时，为表明相符，该证明书可以注明：

a.船舶建造日期或年份，且该日期或年份不早于装运日期或装运所发生年份之前25年，此时没有必要显示出具日期；或者

b.信用证规定的措辞，此时要求显示出具日期，以证实自证明书出具之日船龄不超过25年。

A5段规定：当载有证明或声明的单据已经签署并注明了日期时，只要该证明或声明看似由出具并签署单据的同一实体作出，单据上的证明或声明无须另行签署或加注日期。

2.船公司证明

船公司证明是在卖方负责租船订舱情况下，买方为了进口报关、办理保险或防止卖方欺诈等，要求提供由船公司出具的证明文件，其主要内容应当包括船龄说明、船籍、装卸港口等，该证明应由船公司签字盖章。

3.装运通知

装运通知是由卖方向买方制作并发出的关于货物装运情况的通知，主要目的是让买方办理保险和了解货物装运情况。其主要内容应当包括船名、装货港口、装运货物名称及数量、提单号码、完成装货的时间、开行日期、预计抵达目的港时间等。

4.受益人证明

受益人证明指由受益人自己出证证明某项合同义务已经履行。其内容按照信用证要求制作即可。比如，要求证明载有要求内容的装运通知已经于何时通知或邮寄给买方；证明提单副本已经于何时空寄给买方。

对于受益人证明，《ISBP 821》规定如下：

P1段规定：当信用证要求提交受益人证明时，提交经签署的单据包含信用证所要求的数据和证明文句以满足其功能，并表明信用证规定的名称，或标明反映所要求证明类型的名称，或没有名称，即符合要求。

对于受益人证明的签署，P2段规定：受益人证明应当由受益人或受益人代表签署。

对于受益人证明的内容，P3段规定：受益人证明提及的数据，不应与信用证要求相矛盾。P4段规定：受益人证明上提及的数据或证明文句无须与信用证要求的等同一致，但应当清楚表明信用证规定的要求已经获得满足；也无须包含货物描述，或对信用证或其他规定单据的任何其他援引。

总之，在制单结汇过程中，应注意国际贸易惯例、各国政府及银行对各项单据的一般要求和特殊要求，并及时掌握变化情况，坚持预审单据的做法。只要做到上述要求，就可以大大减少不符点出单情况。

● 第六节　出口收汇

出口人在单据缮制完毕后，应按信用证的规定，在有效期和交单日期之内向议付银行办理出口收汇。目前银行采用的出口收汇方式有以下四种：

一、出口押汇

出口押汇，是指出口地的议付行在审单无误的情况下，按照出口企业出口押汇申请，以其提交的信用证下全套单据为担保，按照汇票面额扣除从议付日到实际收到国外货款之日的利息和手续费后，将汇票余额记入出口企业的外汇结算账户的行为。出口押汇的本质不是议付，而是出口地议付行给予出口企业的抵押贷款，在出口货款因故无法收回时，押汇银行有权将押汇款收回。

（一）出口押汇条件

由于银行接受押汇时，只凭信用证和出口企业提供的单据，对押汇银行来说有一定风险，所以接受押汇的银行都规定办理出口押汇的条件：

（1）开证行资信良好。

（2）单证相符。银行要求受益人提供的单据应做到"单单相符"和"单证相符"，不能出现不符点。

（3）可由接受办理出口押汇的银行执行信用证议付、付款或承兑。

（4）开证行所在国或地区不是政局动乱和经济危机以及外汇不充足的国家或地区。

（二）押汇申请书

出口企业办理出口押汇时，必须事先填写出口押汇申请书。出口押汇申请书一旦被银行接受，便构成了受益人与银行之间的权责合同。银行在要求出口企业签字的申请书中规定，除非银行是以付款行或保兑行身份付款，或开证行拒付是由于议付行过失造成的，否则开证行拒付时，议付行都可以冲账，立即从受益人账户中扣除议付行垫款并加收利息。

二、定期贷记

定期贷记是指出口地议付行根据向国外开证行或付款行索偿的邮程远近和银行审单时间，预先确定一个固定贷记期限，到期无论是否收妥货款，议付行主动向出口企业贷记货款。定期贷记的议付行不需要垫付资金，也不需要扣除汇票利息。

三、收妥贷记

收妥贷记是指出口地议付行经审查出口企业交来的单据无误后，将单据寄到国外的开证行或开证行所指定的付款行索取货款。由出口地议付行在收到货款后，贷记出口人外汇账户。

四、票据贴现

信用证项下远期汇票情况下，出口地银行对经过开证行或其他银行承兑的远期汇票，给予贴现，在扣除贴现利息和手续费后，将汇票余款贷记出口企业。贴现是票据买卖行为，贴现银行即使将来无法收回承兑票款，也无权向出口企业追索。

● 第七节　出口退税

一、相关法律变化

为完善出口收汇核销管理，防止外汇外流，国家外汇管理局曾于2003年8月5日印发了《出口收汇核销管理办法》以及相应的实施细则。该细则要求境内出口单位向境外出口货物，均应当办理出口收汇核销手续。出口企业办理出口收汇核销时，应该领取出口收汇核销单。2012年，国家外汇管理局、海关总署和国家税务总局联合颁布《关于货物贸易外汇管理制度改革的公告》（国家外汇管理局公告2012年第1号），决定自2012年8月1日起在全国范围内实施货物贸易外汇管理制度改革，并相应调整出口报关流程、简化出口退税凭证，同时废止了此前的相关法规，主要包括：

1.改革货物贸易外汇管理方式

自2012年8月1日起，取消出口收汇核销单，企业不再办理出口收汇核销手续。国家外汇管理局各分支机构对企业的贸易外汇管理方式由现场逐笔核销改变为非现场总量核查。外汇管理局通过货物贸易外汇监测系统，全面采集企业货物进出口和贸易外汇收支数据，定期比对、评估企业货物流与资金流总体匹配情况，便利合规企业贸易外汇收支。对存在异常的企业进行重点监测，必要时实施现场核查。

2.对企业实施动态分类管理

外汇管理局根据企业贸易外汇收支的合规性及其与货物进出口的一致性，将企业分为 A、B、C 三类。A 类企业进口付汇单证简化，可凭进口报关单、合同或发票等任何一种能够证明交易真实性的单证在银行直接办理付汇，出口收汇无须联网核查；银行办理收付汇审核手续相应简化。对 B、C 类企业在贸易外汇收支单证审核、业务类型、结算方式等方面实施严格监管，B 类企业贸易外汇收支由银行实施电子数据核查，C 类企业贸易外汇收支须经外汇管理局逐笔登记后办理。

外汇管理局根据企业在分类监管期内遵守外汇管理规定情况，进行动态调整。A 类企业违反外汇管理规定将被降级为 B 类或 C 类；B 类企业在分类监管期内合规性状况未见好转的，将延长分类监管期或被降级为 C 类；B、C 类企业在分类监管期内守法合规经营的，分类监管期满后可升级为 A 类。

3.调整出口报关流程

改革之日起，企业办理出口报关时不再提供出口收汇核销单。

4.简化出口退税凭证

自 2012 年 8 月 1 日起，报关出口的货物（以海关"出口货物报关单［出口退税专用］"注明的出口日期为准），出口企业申报出口退税时，不再提供出口收汇核销单；税务局参考外汇管理局提供的企业出口收汇信息和分类情况，依据相关规定审核企业出口退税。

在当前的管理制度下，企业需要登录国家外汇管理局网上服务平台 ASONE，网址为 http://asone.safesvc.gov.cn/asone/，进行公司信息注册，按照国家外汇管理局的货物贸易外汇管理指引规定，在专用网站上填报外汇收支相关信息，外汇管理局和银行联网实施经常项目下的外汇自动核销。

二、出口退税流程

为了增强我国出口产品在国际市场上的竞争力，根据国际惯例，我国实行出口退税制。

目前，国家大力推动贸易便利化措施，对传统的出口退税模式进行了彻底的改革。在"单一窗口"系统下，进出口企业、海关、检验检疫、银行、外汇管理机构、税务机构能够实现信息共享，各有关单位把必要的信息、原始单证填入或扫描进入系统。企业出口收汇后，税务部门根据共享的信息，在规定的时间内主动地将核定的出口退税款转账给出口企业。

为加快出口退税进度，2018 年 10 月，国家税务总局发布公告，全面推行无纸化退税申报，实现无纸化退税申报全覆盖。各地税务机关利用信息技术，实现申报、证明办理、核准、退库等出口退（免）税业务"网上办理"，方便出口企业办理退税，提高退税效率。

复习思考题

1.采用 CIF 条件和信用证支付方式的出口合同履行要经过哪些环节？

2.信用证一般审查哪些内容？

3.为什么说开证申请人承诺改证不能作为真正修改信用证的依据？

4.改证一般要经过哪个路线？应该注意什么问题？

5.当前我国出口结汇有哪几种办法？结汇与议付有何区别？

6.我国出口结汇通常要提供哪些单据？每种单据的作用和英文名称是什么？

7.简述订舱和投保手续。

8.当前我国出口结汇有哪几种方式？

拓展学习资源

1.《中华人民共和国海关法》

2.《中华人民共和国海关综合保税区管理办法》

3.《国家税务总局关于进一步便利出口退税办理 促进外贸平稳发展有关事项的公告》

第十六章
进口合同的履行

[学习目标与要求]

进口合同履行涉及对外付款保证手续、催装、审单、付款和接货报关、报验等项事宜。要掌握进口合同履行的各个环节内容和操作要领，能够保证进口货物按时、按质、按量顺利到达，应具备对国外卖方的违约行为索赔的能力。

开篇案例

【案情】

我国A某公司以CIF术语于2023年5月从澳大利亚进口巧克力食品2 000箱，以即期不可撤销信用证为支付方式，目的港为上海。货物从澳大利亚某港口装运后，澳大利亚出口商凭已装船清洁提单和投保一切险及战争险的保险单，向银行议付货款。货到上海港后，经A公司复验后发现下列情况：（1）该批货物共有8个批号，抽查16箱，发现其中2个批号涉及300箱内含沙门氏菌超过进口国的标准；（2）收货人实收1 992箱，短少8箱。（3）有21箱货物外表情况良好，但箱内货物共短少85公斤。因此，进口商A公司随即提出索赔请求。事实上，进口商常常因为货物的品质、数量、包装等不符合合同的规定而需向有关方面提出索赔。进口索赔时，需要提供充足的证据，如证据不足、责任不明或与合同索赔条款不符，都有可能遭到理赔方的拒绝。

【涉及的问题】

这是一则关于货物进口合同履行过程中，因货物品质、数量等重要条款与合同约定内容不一致而引发的进口合同纠纷与索赔问题，事实上，如果合同中已明确注明货物必须符合进口国的衡量标准则货物由于不符合规定而导致的损失应由出口方赔偿，反之则应由进口方自行承担；对于收货时出现的数量短少问题，鉴于船公司签发的是已装船清洁提单，因此短少的数量应由船公司负责，但如果已经投保了一般附加险，则可以以"偷窃提货不着险"向保险公司索赔；另外箱内货物的短少，由于船公司只负责审查货物外表情况是否良好，货物件数是否符合合同规定，其没有义务核实货物实质情况，所以货物内在瑕疵问题所导致的损失应向出口方索赔。

事实上，关于进口合同履行的各个环节内容和操作要领，能够保证进口货物按时、按质、按量顺利到达以及对国外卖方的违约行为具备索赔能力，在学习本章后都能得到答案。

● 第一节　办理付款保证手续

在进口业务中，应根据合同约定，及时开立信用证、备用信用证、保函，支付定金等对外付款保证手续。

一、开立信用证

凡是进口合同规定采用信用证支付的，经营进口业务的单位，应按合同约定，向银行提交开立信用证申请书，办理开证手续。

（一）开证申请人的保证

开证申请人需保证向开证行提供偿付该证下货款、手续费、其他费用及利息等所需外汇，保证在单证表面相符的条件下，开证行有权自行直接对外付款或承兑。除上述内容外，还须向开证行声明：该信用证如因邮电传递发生遗失、延误、差错，银行概不负责。该信用证如需修改，由开证申请人书面通知开证行。

（二）申请开立信用证的内容

（1）信用证性质。

（2）信用证有效期及信用证失效地点。

（3）受益人。

（4）转递银行：出口人当地银行。

（5）开证申请人。

（6）信用证总值。

（7）单据要求。

（8）装运说明和依据。

（9）装运港、目的港和装运期。

（10）分批装运和转船。

（11）包装条件。

（12）特殊要求与声明。

（三）申请开立信用证和修改信用证应注意的问题

（1）如果合同规定在卖方确定交货期后开证，进口人应收到卖方上述通知后再办理申请开证手续。如果合同规定在卖方领到出口许可证或支付履约保证金后开证，应在收到对方履行上述义务后或收到出口许可证影印本或银行转告保证金已收到后再申请开证。

（2）国外受益人要求修改信用证时，应慎重考虑，特别是要求延长装运期时，外贸经营单位应与订货单位共同商量，防止影响正常生产。有时受益人要求改变装运港口，在 FOB 条件下，注意改变的港口装船条件和港口吃水深度及特殊规定等，防止出现我方船进港困难，拖延船期，造成损失。

二、办理开立保函手续

在采用预付定金加银行保函的条件下，外贸经营单位应根据合同规定的内容和要求，填写开具保函申请书，向保证银行或其他金融机构申请开立保函。申请书的内容分为两部分：一部分是申请开立保函的条件，另一部分是申请人的保证。

（一）申请开立保函的条件

申请人开立保函的条件一般包括以下几个方面：

（1）开立保函的目的和开具的种类（包括保证金额）。

（2）受益人。

（3）保函有效期。

（4）保证责任。

（5）付款条件。

（二）申请人的保证

申请人保证在保函有效期内，如受益人按合同规定要求保证机构履行保函义务对外偿付时，保证机构无须事先征得申请人同意即可对受益人付款。申请人接到保证机构付款通知书后，当即办理结汇手续，将相应外汇归还保证机构。

在办理申请开立保函时，按规定备好以下附件：

（1）资金来源证件或担保。

（2）贸易合同（副本）或招标书（副本）或协议书（副本）。

● 第二节　运输、保险、审单付款及接货拨交

一、订立运输合同和催装

按 FOB 或 FCA 交货条件成交的进口合同，应由进口人负责订立运输合同。在订立运输合同后，应按规定的期限通知对方具体承运人、运输工具以及预计抵达装货地点日期，以便卖方备货装运。同时，还应随时了解和掌握卖方的备货情况，提示对方按时装运。对成交数量大或重要进口物资，可派人到出口地点检验监督装运。

二、保险

为避免货物在运输中遭受损失，按 FOB、CFR、FCA、CPT 贸易术语成交的进口合同，应由进口人购买保险。签订预约保险合同的，每批进口货物，在收到国外装运通知后，应按规定，将有关装运信息通知保险公司，即该批货物被承保。

三、审单和付款

按理，在信用证项下，开证行在收到议付行提交的单据后，经审核不存在不符点时，就应该径直履行付款义务。但习惯上，国内的开证行收到单据后，往往提交

给进口人再行审核。特别是议付行提交了存在不符点单据时，开证行会将单据转交进口人审核，并给出是否接受不符点付款的决定。所以，进口人应当根据单据审核原则，审核全套单据。

在托收项下，开证行收到国外单据和汇票后，开立进口付款通知书交给进口人，进口人应当根据合同约定，审核提交的单据是否相符，并在规定的时间内向银行作出是否付款决定。

在汇款项下，进口人接到卖方或其他机构转来的单据后，应当审核单据是否相符，并作出是否付款决定。应当付款的，按时到银行办理汇款。

四、进口报验和报关

凡列入检验检疫机构实施检验的商品种类表的进口商品、按照国家规定应当实施强制性检验的商品和合同约定由检验检疫机构出证的进口商品到货后，进口人应当按时向到达口岸的检验检疫机构报验。

进口货物到货后，进口人或其委托人在海关申报平台向海关申报货物进口，提交发票、提单及保险单等必要单证。需要转关的应当履行转关手续。

五、接货、验收和拨交

进口货物到港或到站后，由港站方负责卸货和收货。在卸货时港站会同进口理货公司和承运人代表，对货物进行检查，如发现短卸，及时填写"短卸报告"经承运人代表签字，作为日后向承运人提出索赔的依据。卸货中发现残损事故，应将货物存放在海关指定仓库，待保险公司会同检验检疫机构检验后作出处理。

完成进口清关手续的货物，进口人应凭提货文件到指定地点提取货物。需要向内地使用单位转运的，应订立国内货运合同，将货物及时运往指定目的地。

六、进口索赔

进口货物经检验检疫发现质量、数量、残损、卫生、环保等问题的，应根据买卖合同约定，凭约定的检验证书，或公证检验证书，准备索赔函，向买方或承运人索赔。收货人也可根据保险合同径直向保险单载明的保险理赔机构索赔，获赔后，作出委付书（abandonment），将向第三人索赔的权利让与保险人。

复习思考题

1.进口合同履行一般包括哪些环节？
2.进口索赔对象有几个？在什么情况下才向各对象索赔？

拓展学习资源

中国进口大豆货物品质问题的索赔路径

第三篇

国际贸易方式

第十七章
传统国际贸易方式

[学习目标与要求]

　　掌握直销、包销、经销、定销、代理、寄售、拍卖、招标与投标、期货交易、补偿贸易和加工贸易等贸易方式。熟悉每种贸易方式的特点与操作方法。

开篇案例

【案情】

　　某出口企业办理对外出口后，约定3个月后收到国外进口商支付的美元货款。该企业相应产生外汇风险敞口，面临未来人民币对美元汇率波动对出口收入的不确定性影响。针对外汇风险敞口，该企业可以在银行叙做远期结汇交易，提前确定3个月后的结汇价格，进而锁定出口收入。

【涉及的问题】

　　本案主要涉及传统国际贸易方式中的期货交易，外贸企业利用远期交易管理出口收入汇率风险，通过对本章相关套期保值知识的学习，可得知对外贸易和投融资活动中产生的具有真实、合规交易基础的外汇风险敞口，可以使用远期、期权等外汇衍生产品管理汇率风险。

　　除套期保值外，本章还将学到传统国际贸易的其他方式，学习完本章节将更加全面理解国际贸易方式。

● 第一节　直销、包销、定销与经销

一、直销

　　直销（direct sale）是指卖方直接与国外买方订立买卖合同的贸易方式。此种方式没有中间环节（即使有介绍业务的中间商佣金商，他们也不是合同当事人），

遇到问题双方直接商量解决国际贸易中，提高贸易效率，很受大众欢迎，被广泛采用。前面第一篇和第二篇中介绍的就是这种贸易方式。

二、包销

（一）包销的含义

包销（exclusive sales）是指由出口人通过与国外包销商签订包销协议的方式，给予包销人在一定时期、一定地区内经营某一种或某一类货物的独家专营权利。所谓独家专营权是指出口人在一定时期和一定地区内，只向包销人报价成交，销售某种货物，而包销人在此期间和在此地区内也不得经营他人的同样或类似的货物。

包销方式的特点是：出口人与包销人是属于售定性质的买卖关系，货物由包销人购买，自行销售，自负盈亏，包销人承担亏损的风险，它与一般直销方式的区别在于包销人在一时期和一定地区之内享有独家专营权。

（二）包销协议

包销协议有两种订立方法：一种是仅规定出口人与包销人的一般权利和义务，具体的包销货物数量、金额、价格、交货等内容需要订立买卖合同；另一种是包销协议即为买卖合同，亦即在买卖合同中规定给予国外商人独家专营权利。这种形式多为成交数额较大，合同期限较长的业务。

包销协议一般包括以下内容：

1.包销货物种类

在确定包销货物名称时，一般应明确具体，不宜笼统。在包销中，确定的货物种类具有排他性。货物种类确定后，出口人将不得把同类别的货物再向包销的地区销售。所以包销货物的范围不宜过大，应该在包销协议中具体订明包销货物的品种、牌号、货号、规格等。

2.包销专营权

专营权一般包括专卖权和专买权。所谓专卖权是指出口人将指定的包销货物在规定的地区和期限内给予包销人独家销售权利；所谓专买权是指包销人承担只向出口人购买指定的货物，而不得向第三者购买同样的货物。按照一般惯例，专营权的生效时间是以包销协议成立而生效，所以在采取包销方式时，应先订好包销合同后再订立包销协议，亦即先签订买卖合同，确定具体的成交数量后，再行使专营权，否则会造成被动。按照规定，双方政府之间贸易协定项下的货物，不受包销协议约束。

3.包销的期限

包销期限是包销商行使包销专营权的期限，应根据包销上的销售能力合理确定，期限过短，不利稳定包销商的销售信心，过长会束缚卖方。包销商的选择一般应经过直销一段时间后，挑选经营能力强的卖方作为包销商。初次订立的，以一年为宜。或者签订试验性条款，例如，"在本协议期满前三个月时，如一方提出，并经双方协商同意，可以延长一年，否则本协议应在期满日自动失效。"

4.包销地区范围

包销地区范围是指包销人行使独家专营权的地域范围。包销地区范围,可大可小,有的规定包销地区是中国港澳地区、欧盟国家;还有的只规定一个国家,甚至一个州或一个城市等。包销地区大小,应根据货物的特点、历史销售情况、客户的经营能力和我们的经营意图而定。

5.包销数量和金额

一般在包销协议中要规定承诺的包销数量和金额。此项数量和金额,既是包销商应承购的数量和金额,也是出口人供货的数量和金额,对双方有同等的约束力。如果包销人在规定的期限内未完成包销数量或金额,可规定出口人有权利取消包销协议。对于出口人来说,也应按协议提供货物。包销数量或金额规定多少,应视包销人的经营能力、市场容纳量和货源及经营意图来定。为了鼓励包销商推销,可以在协议中规定,超额销售给予一定的回扣或奖励金等。

6.作价方法

包销货物的作价方法可分为两种:一是一次作价。一次作价即在包销协议有效期限内,按固定的价格结算。无论市场价格如何波动,其固定价格不受影响。这种作价方法,对双方都有一定的风险,因此,除少数情况外,我们一般不采用这种作价方法。二是分批作价。分批作价有两种方法:一种是在协议有效期内,订立几个买卖合同,每个买卖合同的价格均按当时国际市场价格确定;另一种是在协议有效期内划分若干阶段,如每个月或每三个月或每半年双方协商一次确定价格,凡是在此期间出口货物均按双方确定的价格来定。在分批作价中,一般都采用第一种,这种方法比较灵活,对双方都有好处。

7.商标保护、广告宣传和市场报道

尽管包销双方是买卖关系,但它区别于一般买卖方式,其中表现在包销商有义务负责出口货物的商标保护、广告宣传和市场报道。广告宣传和市场报道费用,可规定由包销商负担。

8.违约补救

为了明确责任,协议应规定签约的一方如不履行协议或没能完全履行协议,致使另一方遭受损失,受损害的一方有权提出索赔,撤销协议。

(三)包销方式的利弊

包销方式有利有弊,在实践中,尽量扬长避短,发挥包销方式的积极作用。

1.对卖方有利方面

(1)包销商享有独家专营权,减少了在取得货源供应上的竞争,保证按期进货投放市场,增强其经营的信心和积极性,有利于扩大销售。

(2)包销商避免了分散经营、多头经营、削价竞销,有利于包销商稳价销售。同时,遇有同类货竞争时,包销商为了切身利益,可以采取措施,设法巩固和发展已有市场占有率。

(3)有助于做到按市场需求,均衡供货,并可随时了解消费者的反映,改善产品质量，提高消费者购买信心。

（4）包销协议有效期较长，有利于计划地安排生产、组织货源和出运工作，可以防止国外市场一时脱销，也可减少库存积压。

（5）可以利用包销商身居国外，对当地市场比较熟悉的有利条件，建立销售网络和渠道，扩大货物销售。

2.对卖方不利方面

（1）包销方式约束性较大，如果包销人经营能力差，或市场发生变化，可能出现"包而不销"或"包而少销"的情况，从而影响出口计划的完成。

（2）包销方式容易造成包销人凭享有独家专营权的地位，操纵或垄断市场，甚至对出口人进行压价。同时，减少了与其他客户业务联系的机会，对全面了解和掌握市场信息不利。

（四）采用包销方式应注意的问题

1.要根据市场、客户以及货物特点来确定是否采用包销方式，不能千篇一律

机械、电子、仪表、轻工日用品等货物，采用包销方式后，包销商建立专门部门为买主服务，供应备用件就可促进销售业务，但大宗货物则不宜采取这一方式。

2.确定包销的货物、规格、时间和地区范围时要慎重

对包销货物和规格的确定，一般不宜过多，避免造成垄断的局面。对包销时间的规定可以明确规定一个期限，如一年或两年，同时规定如包销商经营有方，成绩显著，可享受继续包销的优先权，一旦完不成任务，我方有权随时撤销包销协议。

3.对双方的权利和义务应作出明确规定

明确约定包销商承担在包销期内、包销地区不得经营其他来源的同样的、类似的或具有竞争性的商品；维护包销货物在包销地区的权益，如假冒商标侵犯我已注册的权利；努力宣传和推销货物；定期和不定期报道市场信息，实现最低包销数量和金额。

三、定销与经销

（一）定销

定销是指出口人在一定的国外市场，在一定的期限内，挑选几个客户，将同一货物分给别人经营，出口人给予定销商在价格、支付条件或折扣上一定的优惠，但定销商不享有货物销售的专营权利。出口人采用定销方式的目的是用它作挑选包销商的手段。

定销与包销的不同之处是：包销在一定地区和一定期限内，只有一个包销商，而定销则有几个商人同时经销；包销商享有独家专营权，而定销商则不享受经营的独家专营权。它们的相同之处是与出口人是售定性质的买卖关系，自行购货，自己销售，自负盈亏。

（二）经销

经销（distribution）是经销商通过与出口人签订买卖合同购得货物后，自行在任意市场上，以任意的价格将所购货销售出去，出口人与经销商是买卖关系。这种

关系在双方履行了买卖合同的义务后即告终止，这实际上就是直销。这种形式不需要双方签订经销协议。如果是出口人给经销商提供在国外一定地区或指定市场上，在一定期限内销售指定货物的权利，则属于包销或定销性质。

● 第二节 代 理

一、代理的含义

代理（agency）是指委托人（principal）、授权代理人（agent）以委托人的名义向第三方销售货物的行为。在代理方式下，委托人给予代理人在特定地区和一定期限内代销指定货物的权利。委托人与代理人之间是委托代销关系。代理商有积极推销货物的义务和享有收取佣金的权利。

二、代理的种类

代理按委托人对代理人授权之大小，可分为独家代理、一般代理和总代理等。

（一）独家代理

1.独家代理的含义

独家代理（exclusive agency or sole agency）是指委托人给予代理商在一定地区和一定期限内享有代销指定货物的专营权。只要在一定地区和规定的期限内做成该项货物的交易，除双方另有约定外，无论是由代理商做成或者是由委托人直接签订买卖合同，代理商都可按成交金额提取佣金。

2.独家代理协议

独家代理协议的内容包括以下几个方面：

（1）代理的货物名称。

（2）代理的地区范围。

（3）代理的期限。

（4）代理的专营权。一般规定代理商在一定地区和期限内，只能代理指定的货物，不得经营与代理货物相同或与代理货物有竞争性的货物；委托人也根据协议规定不能再安排另外的代理人在该地区进行业务。

（5）代理数量与金额。代理数量与金额对双方来说是属于争取完成的成交指标。但委托人为保证自身利益，防止代理商取得专营权之后，发生"代而不理"的情况，往往在协议中规定代理商在一定时期内必须完成的最低数量与金额，否则委托人有权撤销代理商的专营权。

（6）佣金。在代理业务中，佣金是委托人给予代理商推销货物的报酬。佣金率的高低以及计算方法和支付方法，直接关系到双方特别是代理商的利益，所以在代理协议上，要对上述内容予以明确规定。确定佣金率的多少，应视代理货物的特点、推销数量、市场习惯和经营意图而定。例如，属于滞销或竞争激烈、推销量较大的货物，佣金率可以高一些；相反，则可低一些。在规定佣金率的基础上，有的还可以规定在推销数量或金额超过一定限额后，按累计的方法计算佣金，即推销的累计数量和金额越大，佣金率越高。这对于鼓励代理商积极推销，扩大出口有一定作用。支付佣金的方法，可采用委托人在收汇后逐笔结算或定期结算或在货款中直接扣除等方法。

（7）商标保护、广告宣传和市场报道。代理商同包销商一样，按协议规定，有义务对推销货物的商标予以保护，并进行广告宣传和市场销售情况的报道。但对上述所支付的费用，有的规定由委托人支付；还有的规定由委托人与代理商共同分担支付。

3.独家代理的优越性

使用独家代理的优越性主要表现在以下几个方面：

（1）代理商不负担经营亏损的风险，但享有专营权利，多推销货物即可多得佣金，因此，有利于调动代理商经营委托人货物的积极性。

（2）在代理业务中，代理商只负责介绍业务关系，收取订单，委托人与买方直接谈判成交签订合同，因此，委托人掌握货物成交价格、数量和其他交易条件，比较主动，代理商一般不至于控制市场。

（3）独家代理经营比较集中，能发挥集中推销的作用。

但是，独家代理对委托人来说也有不利的方面，主要是独家代理商业务联系面窄，招揽生意的能力差，不能发挥推销作用，同样会造成"代而不理"的被动局面。

（二）一般代理

一般代理（agency）是指除代理商不享有独家代理的专营权利外，其他内容和独家代理相同，即委托人在一定地区和一定期限内选定一家或几家代理商作为一般代理商，根据推销货物的实际金额付给佣金。委托人直接成交的金额，不向代理商支付佣金。有人称这种代理是佣金代理（commission agency）。代理商与委托人的关系是单笔交易，并不需要双方签订协议。

一般代理与独家代理的主要区别有两点：一是独家代理商享有独家专营权，而一般代理商则不享受这种权利；二是独家代理商收取佣金的范围，既包括招揽生意介绍客户成交的金额，也包括委托人直接成交金额，一般代理商收取佣金的范围只限于介绍生意成交金额，委托人直接成交的则不另付佣金。

（三）总代理

总代理（general agency）是指代理商在指定地区不仅享有独家代理的权利，还代表委托人进行全面业务活动，甚至包括非商业性质的活动。

三、代理协议

代理协议是明确规定委托人与代理人权利与义务关系的法律性文件，一般包括以下内容：

1.委托人与代理人

2.授权范围

3.代理商品名称、种类

4.代理的国家或地区

5.授权商业代理权利

授权商业代理权利条款的规定主要依据商业代理的种类不同而有差异。如独家代理的代理人享受独家专营的代理权，而普通代理的代理人就没有这种权利，所以根据商业代理的不同种类来规定代理人享受的权利范围。

6.有效期及终止条款

7.佣金

8.非竞争条款

非竞争条款是指代理人在代理协议有效期内无权经营或代理与代理协议中规定的商品或与该商品具有竞争性质的商品，也无权为具有竞争性商品组织广告宣传等。

9.代理人完成最低成交金额条款

10.代理人开展商标注册和商品广告宣传

四、使用商业代理方式应注意的问题

1.要明确代理的性质

代理有两种做法：一是代理商负责推销货物，只为买卖双方的交易服务，合同由买卖双方签订，代理商收取佣金；二是代理人以买方的名义与委托人签订买卖合同或确认订单，在合同或订单上注明买主名称。

2.要明确代理人的义务

国际上的一般解释是要求代理人履行代理职责，代售货物的代理人非经委托人的授权对销售的货物不得给顾客以保证或其他允诺；代理人必须向委托人公开一切重要过程和事实，例如，向委托人公开买主的有关资料以供委托人决定是否接受其订单；代理人未经委托人允许，不得充当买主的代理人，谋取双方佣金。

3.要明确规定独家代理的权限

对权限的规定一般不宜过大，否则，代理商有可能以我们的名义进行不利于我方的活动。

● 第三节　寄售业务与拍卖业务

一、寄售业务

（一）寄售业务的含义与做法

寄售（consignment）是指委托人（寄售人）先将货物运至受委托人（代售人）的所在地，由代售人按协议规定，参照当地市场价格代为销售货物。货物出售后，货款按双方订立协议的规定交付给寄售人，因此，寄售业务是属于委托代销性质的。

寄售业务的特点是先凭协议出运货物，后成交销出。寄售人与代销人之间不是买卖关系，而是委托代销关系。寄售人在货物出售前，对货物具有所有权。按照一

般情况代销人对货物的风险和可能产生的费用不承担责任，但在实际业务中，有的寄售协议则规定货物在国外的费用、风险由代销人承担，由代销人对货物安全负责，并办理保险和支付费用。在此情况下，付给代销人的报酬就要相应提高，寄售人付给代销人的报酬采用佣金方式。

寄售的货物的作价办法可由双方商定；或采用规定最低限价的方法；或用随行就市由代销人掌握的方法；或双方规定结算价格，代销人有权决定售价方法；也可采取由寄售人逐笔确认的方法等。

采用寄售方式，可以掌握销售时机，随行就市出售现货。尤其对需要看货成交的土特产品、日用轻工业品或工艺品等的开辟市场、扩大销售更有利。但寄售方式对于寄售人来说风险和费用较大，货款收回较晚，所以采用寄售方式应对市场、货物、代销人进行周密考虑，不能贸然决定。

（二）采用寄售方式应注意的问题

采用寄售方式时应注意以下问题：

1.选好寄售地和代销人。在寄售前必须对寄售地的市场情况、当地政府的有关对外贸易政策、法令、运输仓储条件以及拟委托的代销人的资信情况、经营状况等作好调查研究。

2.对寄售货物的存放地点妥善安排。一般有这样几种办法：一是直接运交代销人存栈出售；二是先存入关栈，随售随取；三是将货物运进自由港或自由贸易区存放，确定买方后再行运出；四是直接将货物发往国外资信好的银行，由银行负责售货付款。

3.寄售货物存放海关仓库时，要注意存放期限。一般海关仓库的存放期限比较短，逾期有被拍卖的危险。

4.签好寄售协议，保证货、款安全。在协议中对货物所有权、代销人的权利和义务、决定售价的办法、货款的结算、各项费用的负担、佣金的支付等都应作出明确的规定。

二、拍卖业务

（一）拍卖的含义与方法

拍卖（auction）是国际贸易中的一种古老的货物买卖的贸易方式。它是指拍卖人在规定的时间和地点，通过公开叫价竞购的方式销售约定货物。

拍卖方式最早开始于古希腊时代，已有数百年的历史，至今仍然使用，经久不衰。其原因是这种方式可以解决其他贸易方式所不及的问题。如现场看货能解决买主对货物品质规格不标准化的货物质量的顾虑，这是函电成交所无法解决的问题。我国毛皮、裘皮衣服出口一直采用函电成交，近年来参加国际拍卖市场，如圣彼得堡裘皮拍卖中心，伦敦皮张、皮毛拍卖中心等，一大批货物扩大销售渠道，并为国家创造外汇收入。

国际拍卖按其叫价顺序不同，一般分为三种：第一种是减价拍卖方法，即拍卖人由高价向低价叫价拍卖，也称荷兰式拍卖（Dutch auction），如国际鲜花的拍卖就是采用这种方式。

第二种是加价拍卖方法，即由低价向高的叫价拍卖，它是国际拍卖中最普遍使用的方式，我国举办的中国裘皮拍卖（China fur auction）就是采用这种方式。

第三种是密封递价方法（sealed bids），即先由拍卖人公布每批货物的详细情况和拍卖条件等，然后由买主在规定时间和地点将自己的递价以密封信的形式交给拍卖人，拍卖人将货物售给递价最高者。

（二）适于拍卖的货物

拍卖是为适应特殊货物而采取的一种特殊交易方式，目前国际上采用拍卖方式买卖货物的类型主要有三种：

一是货物品质不易高度标准化或难以用科学方法对其品质进行精确检验以及难以用文字或语言对有关质量及规格进行准确描述的货物，例如，毛皮、烟叶、咖啡等。

二是价值昂贵，并且价格变化较大或难以准确估价的货物，如名人字画、古玩、金银首饰等。

三是工厂、企业倒闭的机械设备和资产的处理。这类货物，一般是旧机械设备或称二手货（second hand goods）。通常采用现场看货售定的交易条件，这种条件的特点是卖方不承担货物内在瑕疵和缺陷。

拍卖尽管是传统而古老的贸易方式，但在当今的国际贸易领域中又有新的发展，它已成为国际贸易不可忽视的交易方式。

（三）拍卖的业务环节

国际拍卖的做法按其实际业务工作内容大致可分为四个阶段：

1.准备阶段。凡是参加国际拍卖的卖方应将货物运到指定仓库。由拍卖行代为归类、分级、分批，再按实际交易需要印成拍卖商品目录，分发给买主，或向买主发布拍卖通知介绍有关商品种类、数量、拍卖等情况，邀请买主按照分发的商品目录到现场或仓库看货，挑选自己感兴趣的货物，以供拍卖购买货物时参考。

2.定价阶段。拍卖人一般在买主看货之后和正式拍卖之前与货主一起分析市场情况和讨论价格方案，最后制定出基础价格，作为拍卖人叫价时的依据。

3.正式拍卖阶段。正式拍卖必须在规定的时间和地点进行，这是拍卖业务中最重要的阶段，拍卖人按照商品目录规定的次序，逐批叫价成交。整个拍卖业务都是由专门从事拍卖业务的拍卖行或拍卖公司承担，由它们安排于规定时间和地点进行公开竞价购买。

4.拍卖成交、交货与付款阶段。拍卖成交后，拍卖人为防止可能出现的差错和误会一般要向买主发送成交通知书，也称销售确认书（written confirmation of sales），以便买主核对，成交通知书经买主确认签字后，即成为拍卖合同的书面依据。然后再由买主开具购货确认书（purchase confirmation），并按规定付款，凭栈单或提货单在规定的期限内，按仓库交货条件（exwarehouse）在指定仓库提货。

拍卖人在拍卖结束后，公布拍卖结果。有的拍卖市场在拍卖期间逐日公布拍卖进行的情况。这些报道反映了当时市场情况，是确定国际市场价格的重要依据。

在国际贸易中，每年通过拍卖方式销售的货物占世界出口额的5%~6%。个别货物所占比重大一些。如水貂皮和澳大利亚羊毛，大约90%的销售是采用拍卖方式进行的。

（四）采用拍卖方式应注意的问题

使用拍卖方式应注意以下几个问题：

1.调查研究，确定适当的拍卖基价

拍卖方式易受买主压价，对我不利，而对这些特点，我们在确定拍卖基价时应比函电成交价高一些，考虑压价系数。但是又不能定价太高，基价定高了，买主不叫价，根本不能成交，既赔了运费和仓租，又要向拍卖人支付佣金和其他费用，所以在确定基价之前要进行调查研究，把影响价格的各种因素予以分析和估计，确定一个合适的基本幅度。

2.选择适合拍卖的货物

在传统的拍卖货物中，找出其他贸易方式成交的利弊，选择采用拍卖方式成交效益大的货物参加拍卖。

3.要了解各个拍卖中心的习惯做法和规章制度

目前，世界上有几十个不同的货物拍卖场所，每个拍卖中心都有自己的习惯做法和规章制度。例如，支付货币的确定，不同的拍卖机构规定是不一样的：美国和英国的拍卖公司采用本国货币计价和付款；圣彼得堡拍卖公司规定使用美元；丹麦拍卖公司规定以本国货币计价，允许自由选择货币付款；我国裘皮拍卖会规定以港币计价，以美元付款。关于货物风险转移问题，每个拍卖公司也有不同解释。英国拍卖行规定"货物风险于货物成交时转移至买方"；芬兰毛皮拍卖公司规定"货物风险转移以拍卖官击槌时转移给买方"等。

4.应注意不利的弊端

如货主不能完全自由地按自己意愿进行交易，要受拍卖人的制约；拍卖费用较高；买主容易压价等。我们应针对上述问题采取相应的补救措施，避免处于被动局面。

● 第四节　招标与投标

一、招标与投标的含义

（一）招标投标的含义

招标（invitation to tender or call for tender）和投标（tender or submission of tender）是一种贸易方式的两个方面，在进出口业务中，常概括为招标方式。这种贸易是指先由招标人（购货人）以公告或寄发招标书的方式邀请投标人（供货人或工程承包人）在指定的期限内递出报价。投标人则在规定的限期内填制投标单，通过代理人进行投标。最后由招标人在所有投标人中选择其中最有利者成交。

（二）招投标的特点

投标是按招标人在招标书或公告中提出的采购条件，由投标人一次递价成交，投标人一般递价是最低的底价，争取中标。双方没有交易洽商讨价还盘的过程。招标是由招标人向多家投标人发出投标邀请，所以投标人之间的幕后竞争十分激烈，而招标人常常处于主动的地位。另外，投标成交金额较大，招标人都规定有保留押金，待采购货物到达经检验合格后，再全额付款。

招标与投标业务在我国为发展中国家兴建核电站、石油开发、港口修建、机场扩建中常常使用，国际金融机构贷款项目采购也都要求采用招标方式。

二、投标的业务程序

投标的业务做法一般分为三个阶段，即招标阶段、投标阶段和开标签约阶段。

（一）招标阶段

国际招标分为公开招标与秘密招标两种，但大部分货物采购和兴建工程项目都采取公开招标方式。秘密招标仅限修建保密工程，向个别投标人进行招标。

公开招标方式要求招标人首先要在报纸、刊物或采取其他形式公布招标通知（announcement of tender），邀请投标人参加投标。招标通知要说明招标的项目、要求、条件和投标须知等。国际金融组织贷款项目采购招标的通知一般要求在指定的刊物刊登。在招标人发出通知后相继有投标人提出投标要求，招标人对参加投标的企业、公司进行资格审查，主要审查投标人的历史情况、经营范围、已往兴建项目、已往供货质量和客户反映、资金和信誉等情况。经审查合格后，招标人向取得投标资格者寄送标单。标单的主要内容有招标要求、合同格式、合同条款、货物说明和技术要求等。凡是接受标单准备投标的投标人必须向招标人缴纳投标保证金（bid bond）或通过银行向招标人出具保函，保证一旦中标一定签约。

（二）投标阶段

在这个阶段由投标人详细阅读和研究标单的全部内容和各项要求，在此基础上提出自己争取中标的各项条件，包括供货价格、交货期限、货物品质规格和各项技术要求等，并按照招标单的要求填写投标单，在规定期限内寄交给招标人，逾期无效。

（三）开标签约阶段

开标分为公开开标和秘密开标。公开开标是由招标人和公证人按照规定的时间和地点，当众拆开所有密封投标单，宣布其内容。凡是参加投标者都可派代表监视开标。秘密开标是由招标人自行选定中标人，开标之后，经有关评标人员评定，决定中标者。但是，在评标过程中，招标人如果认为所有投标者都不合格而未选定中标者时，可以宣布招标失败，拒绝全部投标，并且可以重新发布招标通知。如果选定中标者，由招标人与中标者签订供货合同。中标人尚需向招标人缴纳履约保证金或出具银行履约保函（performance L/G）。在评标中未中标者所缴投标保证金则应全部退还，银行出具的保函的责任即告终止。

三、使用投标方式应注意的问题

1.认真审阅招标文件，避免遗漏。按照国际投标的一般做法，投标文件是中标签订合同的一部分。对招标单的内容不完全清楚很难中标，即使中标也会给未来履约带来麻烦或可能造成经济损失。

2.在招标通知中规定须通过代理人进行投标时，必须事先在招标人所在国家选定代理人，并与其签订代理协议，订明我方投标的具体条件、代理报酬和不中标时应支付的手续费。

3.投标前，要了解招标国家对招标的规定的习惯做法，同时，还要落实货源。通过投标方式成交的货物，往往数量比较大，交货时间比较集中，如不能按时履约，将会造成不良影响，并须承担招标人因此而造成的经济损失。

● 第五节　期货交易

一、期货交易的含义

期货交易（futures trading）是指在商品期货交易所内，按照一定的规则对远期交割的商品期货标准合约进行买卖的一种交易方式。

期货交易遍及世界各地，在美国、中国大陆、中国香港、日本、英国、新加坡等国家和地区形成期货交易中心，如纽约、芝加哥、伦敦、上海、大连、利物浦、安特卫普、汉堡、鹿特丹、巴黎、米兰、加尔各答、中国香港、新加坡、墨尔本、神户等。

二、期货交易与现货交易的区别

现货交易分为即期交货与远期交货，买卖双方可以任何方式，在任何地点和时间进行实物交割。卖方必须交付实际货物，买方必须接受实际货物、支付货款。期货交易是在现货交易的基础上发展起来的，在期货交易中，期货合同所代表的商品多数是农副产品、金属矿产、能源等初级产品。

期货交易与现货交易主要区别是：

1.现货交易的标的物是实际货物；而期货交易的标的物是商品期货交易所制定的标准期货合同。

2.现货交易成交的时间与地点由买卖双方自行确定达成交易；期货交易只能在商品期货交易所内，按交易所的规则和开市时间进行交易。

3.现货交易的双方在政策和法律允许范围内，按"契约自由"原则签订买卖合同，合同条款是双方订立的，其内容局外人是不清楚的；期货交易是在公开、多边的交易所内，通过竞价或撮合的方式达成的，其合同条款是标准化的、公开透明的。

4.现货交易的卖方应按合同交付实际货物，买方按合同规定接受货物、支付货款；期货交易的双方不一定交割实际货物，而是支付或收取签订合同之日与合同履行交割之日的价格变化的差额。

5.在现货交易中，买卖双方达成交易之后，构成直接见面的货物买卖的法律关系；而期货交易的双方并不相互见面，合同履行也不需要双方接触，双方通过具备交易所会员资格的期货经纪商买卖和履行合同，并由清算所进行盈亏结算。

6.现货交易通过实物交割转移货物所有权；参加期货交易的人可以是任何企业或个人，参加期货交易的目的不同，有的是为了进行套期保值，有的是为了在期货市场上套取利润，有的专门从事买空卖空的投机生意。

三、期货交易的种类

依据交易者的不同目的，可以将期货交易分为两种：一种是通过卖出或买进商品交易所的标准期货合同，从价格变化的差价中追求利润，做买空卖空的投机生意；另一种是远期交割现货交易的交易者为了转移价格涨跌的风险，而进行的套期保值业务。

套期保值基本有两种类型：

（一）卖期保值

卖期保值（selling hedge）是指现货实物交易者，签订买入一批远期交货的实际货物合同后，为了避免在订立合同至交货时该商品的价格下跌而带来经济损失，在商品期货交易所里售出同一时期交货且数量相同的该商品的期货合同。这样，如果买进的实际货物因价格下跌受到经济损失，可以从卖出同样数量的期货合同交易因价格下跌而获得的盈利中得到补偿。

（二）买期保值

买期保值（buying hedge）是指现货实物交易者，签订卖出一批远期交货的实际货物合同后，为了避免在订立合同至交货时该商品的价格上涨而遭受经济损失，在商品交易所里买入同一时期交货且数量相同的该商品的期货合同。这样，如果卖出的远期交货的实际货物因价格上涨受到经济损失，可以从买入同样数量的期货合同交易因价格上涨而获得的盈利中得到补偿。

套期保值的主要作用是转移实际货物买卖价格发生变化可能遭受的经济损失的风险。其主要依据是实物现货的市场价格与期货的市场价格的变动趋势和幅度基本相同。当然，在具体实际业务中，有时受多种因素影响，可能二者之间的价格变化幅度有所不同，令套期保值的效果受到一定影响。

我国进出口中远期交货的大宗商品应该通过期货市场做套期保值，规避价格变动风险。出口中远期收汇的，也可在外汇期货市场做套期保值以规避汇率波动风险。

● 第六节　对销贸易

一、对销贸易的含义

对销贸易（counter trade），也称抵偿贸易、对等贸易或反向贸易等。它是指交易双方互为进口人或出口人，把进口与出口有机地结合起来，双方都以自己的出口货物来全部抵偿或部分抵偿从对方的进口货物。这种贸易方式起源于20世纪60年代末与70年代初，是苏联、东欧等经济互助委员会国家同西方发达国家之间进行贸易的一种做法。这种以进带出的做法是用来弥补贸易逆差和克服外汇不足困难的一种贸易方式。使用这种方式，对西方发达国家出口企业来说，要出售产品就必须承担购买对方产品的义务；从东欧各国来说，利用进口人的优势条件，促进西方发达国家企业接受他们的出口产品，将单进单出的贸易业务变成双方互来互往的双轨交易，但双方的交易不一定完全等量或等值。

二、对销贸易的种类及做法

对销贸易方式包括的内容很多，主要有易货贸易、回购贸易、互购贸易等。

（一）易货贸易

易货贸易（barter）是一种古老的贸易方式。它是指单纯的货物交换，不使用货币支付，也不涉及第三者。其基本做法是双方签订易货合同，规定双方交换的货物和时间。每一方既是自己出口货物的出口人，又是对方出口货物的进口人。双方交换的货物，可以是单项货物的交换，也可以是多种货物的综合易货或所谓一揽子易货，基本原则是双方交换的货物必须是等值的。

（二）回购贸易

回购贸易（products buy-back trade）是指出口一方同意从进口一方买回由其提供的机器设备所生产制造的产品。它与补偿贸易有很多相同之处，但二者的区别主要是出口方回购的产品仅限于由出口机器设备所生产的产品。其回购产品价值可能是出口机器设备的全部价值，也可能是部分价值，甚至可能超过其出口全部价值。

（三）互购贸易

互购贸易（counter purchase），又称互惠贸易（reciprocal trade）和平行贸易（parallel trade），是指出口的一方向进口一方承担购买相当于他出口货值一定比例的产品，即双方签订两份既独立又有联系的合同：一份是约定先由进口的一方用现汇购买对方的货物；另一份则由先出口的一方承诺在一定期限内购买对方的货物。

● 第七节　补偿贸易

一、补偿贸易的含义

补偿贸易（compensation trade）是指在信贷的基础上，从国外企业购进机器、设备、技术和各种服务等，约定在一定期限内，待项目投产后，以该项目生产的产品或其他货物或劳务或双方约定的其他办法偿还贷款。由于进口机器设备的企业偿还贷款本息是采用补偿办法，故称为补偿贸易。

补偿贸易的主要特点是：

（1）贸易与信贷相结合。购进机器设备的一方是在对方提供信贷的基础上购进所需要的货物，与易货贸易是不同的。

（2）贸易与生产相联系。补偿贸易双方是互相关心互相联系的，出口方往往关心工程项目的进展和产品生产情况，进口方也关心产品在出口方国家和其他市场的销售情况。

（3）设备进口与产品出口相联系。补偿贸易多数情况是利用其设备制造出来的产品进行偿还，一般不动用现汇。

（4）补偿贸易双方是买卖关系。设备进口方不仅承担支付货款的义务，而且要承担付息的责任，对机器设备或其他原材料具有所有权和使用权。

二、补偿贸易的种类

补偿贸易的形式和种类甚多，但主要有以下几种：

（一）直接产品偿付

这种方式或称为产品返销，是指出口机器设备的一方在签订出口合同时，必须承担按期购买一定数量的由其提供机器设备生产出来的产品，即购买直接产品的义务，进口的一方用直接产品分期偿还合同价款。这种补偿贸易的形式一般适用于购买机器设备和技术贸易。

（二）间接产品偿付

如果进口机器设备或技术制造的产品并非对方需要的或进口方国内有较大需要或进口机器设备不是生产有形产品等，双方约定，可以由进口方承诺分期供应一种或几种其他非直接产品进行偿付。

（三）部分产品和部分现汇偿付

进口机器设备或技术的一方可以用直接或间接产品偿还进口机器设备的部分价款，其余用现汇来偿付，也可以利用贷款偿付。

（四）通过第三国偿还

有时进口设备的一方，可提供的产品在出口机器设备一方的国内没有竞争能力，或者该国对这些产品的进口实行限制，在这种情况下，返销产品可以在第三国市场销售或由第三国购买转销其他市场。这种方式负责产品返销的商人往往不是提供机器设备或技术的一方，而是第三者，所以也称三角补偿贸易。

三、补偿贸易经济效益的可行性研究

补偿贸易是一项较复杂的贸易方式，它涉及贸易、生产和信贷等方面问题，同时需要考虑经济效益问题。对采用补偿贸易的工厂企业来说，要求通过这种贸易形式，带来比较理想的经济效益，因此，在决定投资以前，必须进行可行性研究，进行具体的经济效益核算。

经济效益的可行性研究，应计算以下几个指标：

（一）补偿贸易偿还能力

所谓偿还能力是指采用补偿贸易的工厂企业每年能够收入多少外汇，扣除生产成本及其他费用以后，偿还贷款需要多长时间，即偿还期限。其计算公式为：

$$偿还能力 = \frac{外汇总成本}{年外汇收入 - 年生产成本及费用}$$

外汇总成本包括进口机器设备的贷款、贷款利息和其他费用。由于外汇还本付息的方式不同，计算本息的方法亦不同。一般国际市场计息均按复利计算。

年外汇收入取决于出口产品的价格和数量。出口产品的价格是受国际市场供求关系的影响经常变化的；出口产品的数量一般是由市场供求和返销数量两个方面决定的。企业在计算外汇收入时应根据市场价格变化的规律及影响价格变化的因素，推算出一个平均价格，再根据每年的出口数量和平均价格，即可求出年外汇收入总额。

年生产成本及费用包括固定资产折旧、原材料、动力、水费、劳动工资及税金等。将上述金额按外汇牌价折成外汇，才能进行核算。

此外，还可用计算补偿贸易的偿还率的方法，分析比较各项补偿贸易的经济效益。所谓偿还率是指工厂企业偿还外资本息占使用外资创造外汇净收入的百分比。其计算公式为：

$$偿还率 = \frac{外汇总成本}{使用外资所得外汇净收入} \times 100\%$$

（二）补偿贸易换汇率

所谓补偿贸易换汇率是指使用1元人民币的国内资金所获得的外汇数量。其计算公式为：

$$补偿贸易换汇率 = \frac{外汇总收入}{国内人民币资金投入额(元)} \times 100\%$$

在计算补偿贸易换汇率时，如果超过全国出口商品平均换汇率，那么这项补偿贸易是不可行的。

（三）补偿贸易利润率

所谓补偿贸易利润率是指采用补偿贸易方式所获得利润的数量占总投资的百分比。其计算公式为：

$$补偿贸易利润率 = \frac{总收入 - 总成本}{总成本} \times 100\%$$

在计算补偿贸易利润率时，须将外汇总收入和其他外汇支出按外汇牌价折成人民币，以人民币统一计算利润率。

当然，补偿贸易是比较复杂的贸易方式，在进行经济效益的可行性研究时，可根据采用这项贸易方式的具体情况再选择一些能反映经济效益的其他指标予以核算，一定要在保证获得理想经济效益的基础上再对外洽商谈判和签约。

四、采取补偿贸易方式时应注意的问题

（1）要注意把购买机器设备同返销产品密切结合起来，做到购买或引进合理、可行，补偿有利，经济效益高，偿还期限短。返销的产品的规格、标准、数量及价格都应在合同中予以明确规定。

（2）要注意购买机器设备的同时，引进专利或专有技术，提高我国科学技术水平。有的采用补偿贸易方式的工厂企业只考虑购买机器设备，忽视引进软件技术这一重要内容。但外商一般不愿意转让其先进技术，我们可以以购买机器设备为前提，在谈判时争取获得一定先进技术。

（3）要注意使用对双方都有利的支付方式。补偿贸易的显著特点是要利用外资，必须先使用外国的机器设备后付本息，如果规定使用的支付方式违背了这个原则，就脱离了补偿贸易的概念，避免外商先使用我们的外汇资金的现象出现。同时，还要保证收汇及时、安全，避免外汇风险。

（4）选择补偿贸易项目要切实可行，注意经济效益。要选择生产型的项目，保证返销数量，企业自身要达到外汇平衡。一定要做好采用补偿贸易前期各项准备工作，对每个经济效益指标都要进行论证和评估。

（5）在补偿贸易合同中要明确双方的权利、义务和责任。在合同中除一般规定双方的权利与义务外，还要约束对方按时履约发货和购买返销产品，并对其不履约应有一定的补救约束措施，防止对方不履约和不按时履约给我们造成损失。

（6）选择资信好的外商作为合作对象。补偿贸易的合作对象资信如何对我们是十分重要的，除要求他有一定的资金和信誉外，还应有一定的融通能力。因为提供机器设备金额较大，需要自身贷款，如果融通渠道狭窄和能力较差，双方合作的前途是不会好的。在谈判前，我们应该通过中国银行或咨询公司对其资信进行调查研究，防止因盲目而造成被动。

（7）在签订补偿贸易合同时，要注意合同的合法性。合同各项条款，不得与我国现行法律和规定相违背，不能与对方国家政策相抵触。

（8）补偿贸易的返销产品不能影响我国正常向返销国出口，也不能顶替向这些国家出口的配额。

● 第八节 加工装配贸易

加工装配贸易可分为来料加工、来件装配、来图或来样生产三种形式。

一、加工装配贸易的含义及特点

加工装配贸易（processing and assembling trade）是指国外的厂商提供一定的原材料、零部件、辅助材料、包装材料和必要的机器设备以及生产技术委托我国的工厂企业按照对方要求的质量、规格、款式、型号和商标牌名进行加工、装配或制造产品，加工装配制造的成品由国外厂商负责包销，我方按合同规定收取工缴费或双方各自计价支付。

加工装配贸易的特点是：

（1）如果来料、来件、来图、来样不作价由加工方购买，其所有权属于国外厂商，加工装配方只有使用权；如果来料、来件、来图、来样由加工方购买，其所有权归属加工方，但国外厂商提供的机器设备除外。加工方必须保证成品与原材料、辅助材料和包装材料之间的比例关系。

（2）如果对来料、来件、来图等不作价，国外厂商应对上述内容和提供的机器设备承担风险。如国外厂商委托加工方代为投保，必须明确保险范围和期限，并将保险费计入加工成本或另外支付。

（3）加工装配贸易能够使贸易与生产紧密结合，互相联系。国外厂商既是提供原材料、零部件的厂商，又是接受或购买制成品的客户。国外厂商按合同规定及时提供原材料或配件，加工装配方按合同规定时间提供制成品，从而使贸易与生产有机联系。

（4）手续方便，形式比较灵活，协议双方可根据需要和可能，相互配合，发挥各自的优势。

二、加工装配贸易的形式

（一）来料加工

来料加工是指由国外厂商提供原材料、辅助材料、包装材料和必要的机器设备等，委托我方按照对方的要求生产加工成成品交给对方。

来料加工与进料加工就一字之差，但它们是有很大区别的，主要不同点是：

（1）来料加工是国外厂商提供原材料，由我方按其要求进行加工，成品全部交还对方，我方按规定收取工缴费；进料加工虽然是我们自营进口，生产出产品可能全部出口，也可能部分出口，还可能实行"进口替代"。

（2）来料加工的原材料进口与成品出口是连在一起的一笔业务，原材料的供应人往往是成品的接受人；而进料加工的进口原材料与出口成品无联系，是单进单出的两笔进出口业务。

（3）来料加工的双方，一般是委托加工关系，部分来料加工虽然包括我方提供部分原材料，在一定程度上存在买卖关系，但一般我方为了保证产品及时出口，都同对方签订承购全部产品的协议；进料加工的出口，我方与对方完全是买卖关系。

来料加工的形式和做法主要有以下几种：

（1）来料和成品不计价，由我方代为加工，然后向国外厂商收取约定的工缴费。

（2）来料和成品分别计价，使用对开信用证或付款交单的支付方式，即来料进口时，我方暂不付款，待生产成品出口收回款后，再向国外厂商支付原材料的价款或从成品货款中扣除原材料的价款。在采用这种形式时，一定要坚持"先收后付"的做法，达到利用外资的目的。

（3）国外厂商在提供原材料的同时，还提供必要的机器设备、工具等，它们的价款在成品货款中扣减，把来料加工与补偿贸易紧密地结合在一起，甚至国外厂商进行投资兴建工厂及提供一切加工设备，专门承接其加工业务，加工后上述设备由其收回或折价转售给我方。工厂和设备投资由我方分期偿还。

（二）来件装配

来件装配是指由国外厂商提供零部件、元器件和工具等，委托我方按其要求的规格、标准、型号和式样及商标等组装成成品交付对方。

来件装配形式很多，主要有以下几种：

（1）国外厂商提供全散件（complete knock-down，C.K.D.）或半散件（semi

knock-down，S.K.D.），由我方装配成成品。来件和成品分别计价，采用对开信用证或付款交单方式支付。

（2）国外厂商除提供零部件和元器件外，还为我方代购部分装配设备或测试仪器仪表等，其垫付的价款从工缴费中扣除。

（3）国外商人投资兴建工厂，建设和提供设备的价款，分期从我方所得工缴费中扣减。

（4）我国出口产品中因有个别零部件技术不过关，采取由订货的外国企业提供某种部件装入我国出口产品当中，其部件价款，则从我国产品出口货款中扣减。

（5）国外厂商只提供部分的部件、元件，由我方提供国产的部分元件、部件，实行合作生产，共同组装成成品。国外厂商除偿付工缴费外，还要支付我方的元部件价款。

（三）来图生产和来样加工

来图生产和来样加工，简称来图来样加工，是指由国外厂商提供产品的全套图纸、样品及部分加工技术或零件、工具等，由我方加工制造产品。产品可以全部返销也可以部分返销或就地销售。

来图来样加工业务主要是一些劳动密集型的一般加工工艺，我方技术人员看图或看样即可操作加工制造产品。西方发达国家劳动力昂贵，工缴费成本高，将加工生产业务转移到发展中国家，这是西方发达国家的厂商寻求生产和货源的渠道的一种手段，也是国际分工的一个组成部分。根据我国国情，通过来图来样加工，利用国外的加工工艺技术和产品销售渠道，有利于提高产品的生产水平，扩大出口货源，是发展出口贸易的一条重要途径。

三、加工装配工缴费标准的确定

加工装配业务无论来料来件作价与否都涉及工缴费问题。加工装配方收取工缴费是加工装配贸易的一个显著特点。如何确定工缴费标准是一个非常重要的问题。

制定合理的工缴费标准不能以国内加工水平来确定，而应以国际上同行业或相似行业的加工水平来确定。例如，对港澳地区开展加工装配业务时，工缴费的标准原则上应略低于港澳地区的工缴费水平，使外商有利可图，我们也不吃亏。

从事加工装配业务的生产企业，还应按照国内加工水平核算加工产品的成本，并与工缴费比较，以确定项目的可行性。加工装配生产企业，不仅要考虑外汇收入，还要注意成本核算，计算人民币是否亏损。

在由外商全部提供原材料和零部件的情况下，计算工缴费时，要包括工人和管理人员的工资、生产费用、折旧费、管理费、手续费、税金；如果使用我方商标，还要包括商标费；如果为加工装配业务成立新企业，还包括企业注册登记费。如果外商提供的是部分原材料和零部件时，我方补充的原材料或零部件的费用应包括在工缴费之内。

四、采用加工装配方式时应注意的问题

（1）在加工装配贸易中，国外厂商往往提供商标，要注意商标的合法性。为了避免因第三者控告侵权造成被动，可以在加工装配协议中规定："乙方（委托方）提供的商标保证具有合法性，如果有第三者控告加工装配产品的商标侵权，概由乙方与第三者交涉，与甲方（我方）无关，同时应承担由此给甲方造成的损失。"

（2）加工装配业务法律性较强，有关来料来件一定要按我国政策规定办理，并按有关法律办事。

（3）防止国外厂商只来料、来件，不购买成品或借故产品质量不合格等拒绝返销现象出现，可以采取由国外厂商出具银行保函或者采取"先收后付"的方法。

（4）加工装配收入，要在银行单独开立账户，单独结汇，以利于考核企业经营活动成果。有关开立账户、支付方式、结汇办法和信贷管理等方面问题，应按国家有关规定办理。

（5）加工装配的成品一定要保证全部返销国外，除非国家政策允许，否则不能在国内销售。

（6）选择加工装配项目要适当，不能与我国正常向返销国家出口货物品种相冲突，更不能以加工装配的产品顶替正常销售的配额。

复习思考题

1. 什么是包销？包销方式有何利弊。

2. 什么是代理？代理分几种？它们之间有何不同。

3. 什么是寄售业务？有何特点。

4. 什么是拍卖业务？国际拍卖有几种方式？国际拍卖一般分为几个阶段？

5. 什么是招标与投标。

6. 期货交易的含义是什么。

7. 什么是套期保值。

8. 什么是互抵贸易（对销贸易）？这种贸易方式有哪些做法。

9. 补偿贸易的含义和特点是什么。

10. 加工装配贸易的含义和特点是什么？它与进料加工有何区别。

案例

我国甲企业曾通过某进出口公司向境外乙制造商就甲、乙、丙三方联合建立电子配件厂签订了一项引进生产线的补偿贸易合同。合同规定，乙方负责提供全套生产设备，甲方以来料加工方式生产电子配件供给乙方，偿还设备的价款，丙方负责甲、乙、丙之间设备、产品交换环节的沟通，并为甲乙双方提供方便。在履约过程中，由于进口设备质量低劣，始终无法正常生产，三方矛盾日益尖锐，合作关系终于解体，即甲方束手无策，乙方不辞而别，丙方宣布退出合同。最后，甲方申诉仲

裁，仲裁机构裁决以乙方提供的40多万美元设备抵甲方的部分经济损失（甲方实际损失近150万美元），了解此案。请分析补偿贸易失败的原因。

分析：这起补偿贸易失败的最主要原因是合同条款存在"三不清"：一是技术设备规定不清，对设备的规格、型号、性能、产地和制造日期没有明确规定；二是检验条款不清，合同未提及检验，也无索赔期和品质保证期；三是对合同当事人的责任没有划分清楚。合同中没有维护甲方合法权益的条款，也没有约束乙方的条款，致使乙方随心所欲，单方终止合同。

拓展学习资源

国内期货交易所

第十八章

跨境电子商务

[学习目标与要求]

了解跨境电子商务的概况；掌握跨境电子商务的基本业务流程、操作方式与技能。

开篇案例

【案情】

受多重不确定性因素影响，我国外贸承压前行。传统制造和外贸企业正面临外需走弱、订单下降等多项挑战，企业寻找新出路的呼声日渐高涨。与此同时，跨境电子商务（以下简称跨境电商）在"买全球，卖全球"方面的优势持续释放，进出口额都实现了两位数的快速增长。传统外贸企业借助跨境电商模式加快外贸订单大规模出海，推动我国外贸实现高质量新增长。传统外贸模式下，做外贸需要经历报价、订货、付款方式、备货、包装、报关等多个中间环节，相比跨境电商来说不仅流程繁琐且账期长，再加上近年来外贸行业面临着原材料价格攀升、国际运价上行、劳工成本上升等多重挑战。鉴于此，思考一个问题：传统外贸企业能否依靠跨境电商实现数字化转型，重塑未来？

【涉及的问题】

本案例是有关传统外贸企业可否通过跨境电商方式实现数字化转型新突破问题，涉及何为跨境电商？跨境电商的业务流程、操作方式与技能是怎样的？

● 第一节　跨境电商概述

一、跨境电商的定义和分类

（一）跨境电商的定义

跨境电子商务（cross-border E-Commerce），简称跨境电商，是指分属不同关境的交易主体，通过电商平台达成交易、进行在线支付结算，并通过跨境物流送达商品，完成整个贸易过程的一种新型在线国际商业活动。

跨境电商的本质是电商在进出口贸易领域的运用，是国际贸易流程的电子化、数字化、网络化，在单一窗口——跨境电商服务平台（包括海关、检验检疫、税务、外汇等功能）上，依靠互联网和国际物流，直接对接终端，满足客户需求。跨境电商将电商与跨境贸易融合，正以其信息收集、去中介化和全球资源整合的成本优势与普惠性和"无边界"的市场优势，成为适宜电商产品跨境贸易的新业态。

（二）跨境电商的分类

按照交易主体和进出口方向的不同，跨境电商一般有两种分类方式。

1.按交易主体分类

按照交易主体的不同，可以将跨境电商分为B2B跨境电商（Business to Business，即企业对企业）、B2C跨境电商（Business to Customer，即企业对消费者）和C2C跨境电商（Customer to Customer，即消费者对消费者）三种类型。B2B跨境电商是指分属不同关境的企业之间运用电商平台达成交易、进行支付结算，并通过跨境物流送达商品、完成交易。B2C跨境电商是指企业直接面对分属不同关境的消费者个人开展在线销售产品和服务。C2C跨境电商是指分属不同关境的个人卖方对个人买方开展在线销售产品和服务。

2.按外贸进出口方向分类

按照外贸进出口方向不同，可以将跨境电商分为跨境进口电商和跨境出口电商。根据业务形态以及商业模式的不同，跨境进口电商与跨境出口电商又包含了不同的类型和模式。跨境电商的分类见表18-1。

表18-1　　　　　　　　　　　　　　　跨境电商的分类

模式		划分依据	模式特点	代表网站
按照交易主体分类	B2B	企业对企业	大批量、小批次交易，订单集中	阿里巴巴国际站、环球资源等
	B2C	企业对消费者	小批量、多批次交易，订单分散	阿里巴巴速卖通、亚马逊等
	C2C	消费者与消费者	小额交易、用户多	淘宝全球购、海蜜等
按照进出口方向分类	跨境进口	进口	模式多元化、机遇多、问题大	淘宝全球购、京东海外购等
	跨境出口	出口	区位、供应链因素作用较大	阿里巴巴国际站、兰亭集势等

二、跨境电商的特点

跨境电商作为一种新型的、日趋成熟的贸易方式，与传统的国际贸易和境内电商相比有一些独特性，具体表现为全球性、多边性、碎片化、高效性等特点。

1.全球性

从交易的范围来看，与境内电商不同，跨境电商的交易针对不同关境的交易主体，更加体现了互联网对于全球资源的整合能力。同时，与跨境电商贸易过程相关的信息流、资金流、物流已由传统的双边逐步向多边的方向演进，更体现出跨境电商的全球性。

2.多边性

从交易过程涉及的主体范围来看，与传统的电商不同，跨境电商的贸易过程不仅包括交易双方，还涉及海关、检验检疫、税务、外汇管理部门等主体，因此体现出多边协调、通力协作的特点。

3.碎片化

从交易过程中产品批量特征来看，与传统贸易不同，小批量的订单是跨境电商的特点。这是因为跨境电商能够使单个企业和单个企业甚至单个消费者之间直接进行交易，同时互联网的便捷性也为网上的小额批发以及零售提供了方便，因此，小批量、多批次的碎片化模式正在取代传统集装箱式的大额外贸交易模式，成为跨境电商的一个显著特点。

4.高效性

从整个交易流程的速度来看，传统的国际贸易主要由一国的进出口商通过另一国的进出口商集中进出口大批量货物，再通过境内流通企业经过多级分销，最后到达企业或消费者，表现出环节多、时间长、成本高的特点；而跨境电商可以通过电商交易与服务平台，实现多国企业之间、企业与最终消费者之间的直接交易，环节少、成本低，提高了国际贸易的效率，表现出高效性的特点。

三、跨境电商对传统外贸企业的影响

跨境电商是"互联网+"思维与传统贸易相结合的产物，这种新兴的对外贸易模式在蓬勃发展的过程中，缩短了产品从厂商到国外消费者之间的距离，重塑了对外贸易价值链，并通过对贸易市场、贸易主体、生产方式、贸易成本、贸易风险等方面的影响改变着传统的对外贸易企业。

1."互联网+"实现了传统贸易方式的创新

"互联网+外贸"的发展，为传统贸易企业，尤其是中小外贸企业提供了转变贸易方式的可能。这种新型的外贸模式能够使所有企业聚集在同样的平台下，改善了中小企业的发展环境，为中小企业进入国际市场提供了便利。一方面，通过跨境电商平台，企业能够随时发布产品信息，降低推广成本，并为国际市场提供更多的优质产品和服务，改变了传统贸易中的经销、代理等环节；另一方面，企业也可以及时快速地购买其所需的产品和服务，降低信息搜集成本，而节省下来的资金可以用于企业的研发和生产过程中，有利于提高企业市场效率。因此，"互联网+"改变了传统的国际贸易方式，使得生产资源和生产要素能够在国际贸易过程中得到更合理的分配，实现了对传统国际贸易方式的创新。

2."互联网+"实现了贸易链条的扁平化

在"互联网+"模式下,传统的国际贸易供应链更加扁平化。比如,对于传统的中小型出口企业而言,常见的贸易链条是生产商——出口中间商——进口中间商——各层次批发商/零售商——消费者。而跨境电商的开展使得传统贸易活动中一些重要的中间环节被弱化甚至替代,原来的中间商、批发商等环节的中间成本被挤压甚至完全消失,使传统贸易的供应链缩短,并呈现扁平化趋势。

3."互联网+"改变了传统的市场营销方式

在"互联网+"应用于对外贸易的实践过程中,国际贸易的市场营销方式也发生了巨大的变化。随着同行业竞争者越来越多,企业为了获得更多的竞争优势,需要通过多种营销手段来获得客户的认可。相比于传统的市场营销,跨境电商平台可以通过虚拟化的网络,缩短企业与消费者之间的距离,从而实现更加精准的个性化营销;同时,与传统的大规模广告营销等方式相比,"互联网+"的模式也可以利用先进的网络资源和技术,降低企业的市场营销成本,提高营销效率。因此,网络平台所引发的市场营销方式的改变给企业带来了极大的优势。

总之,"互联网+"将随着全球信息技术革命的推进出现更多新模式、新业态,成为产业竞争、贸易竞争乃至国家竞争的新常态,"互联网+"与传统贸易的融合实现了传统外贸企业贸易方式的创新,实现了外贸链条的扁平化,同时改变了传统的市场营销方式,为传统外贸企业转型升级创造了更有利的条件,进而为国家实现优进优出,加快实施共建"一带一路"倡议等国家发展战略提供了新的契机。

● 第二节　跨境电商的运营流程与营销

一、跨境出口电商的运营流程

跨境出口电商的运营流程如图18-1所示。

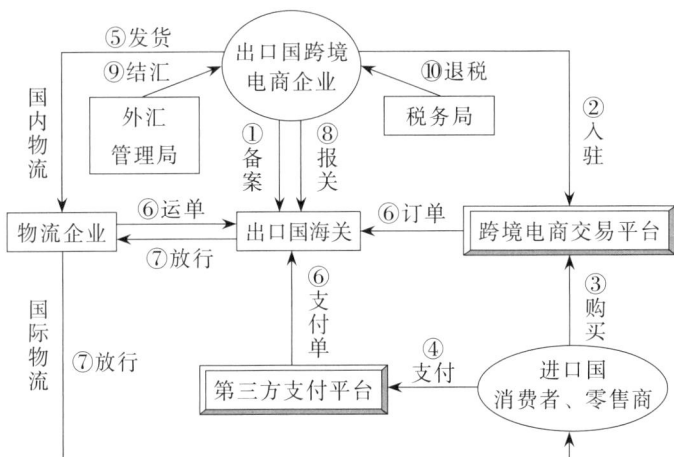

图18-1　跨境出口电商的运营流程

1. 企业、商品备案

企业及商品的备案申请向所属地海关申报后提交到海关管理平台，管理平台对企业各方面资质进行审核，通过审核后的跨境电商企业才能开展相应业务。在企业对商品进行备案时，需要先对商品进行预归类，商品备案申请包括商品的名称、HS编码、品牌、规格型号、主要成分等。

2. 入驻

出口国跨境电商企业经过资格审查入驻跨境电商交易平台。

3. 发起购买订单

进口国消费者或零售商在跨境电商交易平台上发起购买订单。出口国跨境电商企业将当日订单发送至跨境电商服务平台，该平台对订单的有效性进行检验。订单检验无误后，将订单信息发送至海关管理平台。

4. 消费者支付订单

进口国消费者通过接入跨境电商平台的第三方支付平台向出口国的企业付汇。订单成交的同时，第三方支付企业将支付信息发送至海关管理平台。

5. 发货信息

支付完成后，出口国跨境电商企业根据订单配置相应商品、封装邮包、打印邮件详情单并送交境内物流企业邮寄，物流企业将货物运送至邮政快件监管中心、邮政国际邮件处理中心、机场快件监管中心等海关监管仓库集中监管。检验检疫部门在货物进入出口国海关监管仓库前实施检验检疫监管。同时，物流企业将物流信息发送至海关管理平台。

6. 清单审核

海关管理平台将已收到的订单信息（订单）、支付信息（支付单）及物流信息（运单）与备案信息进行比对审核，比对不一致的清单予以退回。

7. 放行

审核之后，在海关监管下，将货物运输至国际邮件互换局或快件中心，监管完成查验后，海关在出口装货单上盖"海关放行章"，出口货物的发货人凭此章装船启运出境。通过国际物流将商品从出口国海关转运至进口国海关，再经过进口国物流企业的国内物流将商品送达进口国消费者或零售商手中。

8. 报关

在经过邮运或快件渠道出境后规定的时间内，出口国跨境电商企业或其委托第三方服务代理商将货品出境信息按"清单核放、汇总申报"的归并方式汇总成报关单数据向海关部门进行报关。

9. 结汇

出口国跨境电商企业依据跨境电商平台的支付信息向外汇管理局申请结汇。外汇管理局根据电子口岸报关单信息为企业办理结汇手续。随着日益增多的跨境支付需求，国家外汇管理局向一些符合条件的支付平台颁发跨境支付牌照，允许这些第三方支付机构为跨境电商的交易双方提供外汇资金收付及结售汇服务。

10.退税

依据报关退税单向国税局申请退税。国税局根据电子口岸报关单信息为企业办理退税手续，由此完成整个交易流程。

其中，退税的形式主要分为三种：一是免税并退税，即货物在出口销售环节不征增值税，对货物在出口前实际承担的税收负担，按规定的退税率计算后予以退税；二是出口免税不退税，即货物在出口销售环节不征增值税，而且因为这类货物在前一道生产、销售环节或进口环节是免税的，因此出口时该货物的价格中是不含税的，也无须退税；三是出口不免税也不退税，出口不免税是指国家限制出口的某些货物在出口环节视同内销，照常征税，出口不退税是指对这些货物不退还出口前实际负担的税款，适用这个政策的主要是税法列举限制出口的货物。

二、跨境进口电商的运营流程

跨境进口电商运营流程如图18-2所示。

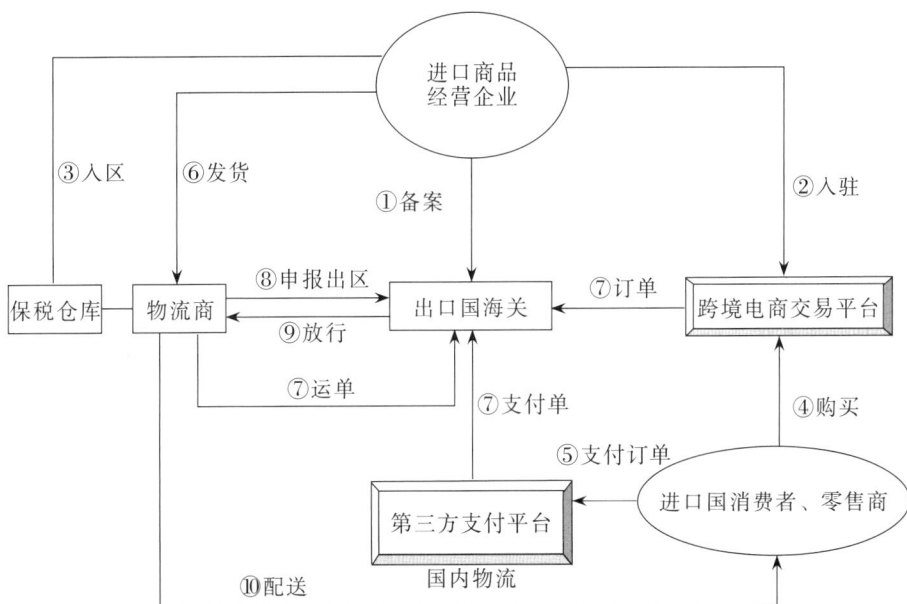

图18-2 跨境进口电商运营流程

1.企业、商品备案

企业及商品的备案申请向所属地海关申报后提交到海关管理平台，管理平台对企业各方面资质进行审核，通过审核后的跨境电商企业才能开展相应业务。在企业对商品进行备案时，需要先对商品进行预归类，商品备案申请包括商品的名称、HS编码、品牌、规格型号、主要成分等。

2.入驻

进口商品经营企业经过资格审查入驻跨境电商交易平台。

3.货物入区

销售进口商品的经营企业将商品以货运形式报关进境，经检验检疫部门查验合格后进入园区内的保税仓库存放。

4.发起购买订单

进口国的消费者或零售商通过接入跨境电商平台的第三方电商交易平台发起购买订单。跨境电商平台根据预先设定的数量、限额等交易规则对订单进行控制，并提示相应的税款。与此同时，跨境电商交易平台将订单信息发送至海关管理平台。

5.消费者支付订单

进口国消费者或者零售商通过接入跨境电商平台的第三方支付平台向进境商品企业支付货款。订单交易后，第三方支付平台将支付信息发送至海关管理平台。

6.发货信息

进境商品企业根据当日订单，将发运货物信息通过跨境电商平台传输给物流企业。同时，物流企业将物流信息发送至海关管理平台。

7.清单审核

海关管理平台将已收到的订单信息（订单）、支付信息（支付单）及物流信息（运单）与备案信息进行对比审核，比对不一致的清单予以退回。

8.申报出区

园区内的物流企业集中各企业的发运指令，理货后，向园区海关申报出区。

9.放行货物

园区内海关核注税费并查验之后放行货物。

10.货物配送

园区内海关放行货物之后由境内物流企业将货物配送到进口国消费者手中，完成整个交易流程。

三、跨境电商的营销

随着移动终端越来越普及，人们能够随时随地在社交网站上进行信息的共享和互动。社交媒体的迅速崛起使得社交媒体营销在企业中得到越来越多的运用。随着网络技术不断升级，用户不再仅限于浏览网站提供的信息，转而成为内容生产者，网络交互性更强，人们更多地使用社交媒体进行浏览、发表、分享信息，社交媒体作为企业营销的平台和手段之一，受到越来越多的重视。

（一）社交媒体营销

社交媒体营销（Social Media Marketing，SMM）是指利用社交媒体平台来提升企业、品牌、产品、个人或组织的知名度、认可度，以达到直接或间接营销的目的。

社交媒体是指一系列建立在现代互联网技术和意识形态基础上的网络应用，它允许用户对内容进行生产创造和交流。社交媒体有两个重要特点：一是内容生产；

二是互动。网络给予网民更多的主动权与自由选择权，用户更主动地创造内容，分享和互动，社交媒体已经深入人们的生活。

（二）搜索引擎营销

搜索引擎营销（Search Engine Marketing，SEM）是根据用户使用搜索引擎的方式，利用用户检索信息的机会尽可能地将营销信息传递给目标用户，目的是推广网站，吸引目标用户访问，提高企业知名度，产生商业价值。

随着互联网的普及和网络技术的不断更新，网络信息不断膨胀，用户获取信息的成本越来越高，而搜索引擎的出现解决了这一难题，大大降低了人们的信息搜索成本。与此同时，用户主动搜索的需求驱动符合现代拉式营销理念，搜索引擎营销成为目前使用最广泛的推广手段之一。

1994年，雅虎等分类目录型搜索引擎的出现标志着搜索引擎营销的诞生，而2000年点击付费模式的产生让搜索引擎营销获得了长足的发展，之后随着互联网的普及与互联网使用人数的增加，搜索引擎市场迅速扩张。

（三）电子邮件营销

电子邮件营销可以带来大量订单以及客户的高忠诚度，因此跨境电商企业要了解电子邮件营销的策略，使之为企业带来高投资回报。

● 第三节 跨境电商的支付

一、跨境电商支付的概念与特点

跨境电商的链条涉及交易、支付、通关、仓储和物流，其中支付是跨境电商的重要环节，银行与第三方支付机构的合作是这一环节的基础。跨境电商不断改写国际贸易支付的传统方式，线上支付方式将逐步代替传统线下支付方式，使国内外商户不必到银行办理结算业务，有效地降低买卖双方的交易成本。

（一）跨境电商支付的概念

跨境电商支付（cross-border E-commerce Payment）是指分属不同关境的交易主体，在进行跨境电商交易过程中通过跨境电商平台提供的与银行之间的支付接口或者第三方支付工具进行即时跨境支付的行为。跨境电商支付与跨境支付不同，跨境支付可以是电汇、托收、信用证等线下支付，也可以是基于互联网的线上支付，而跨境电商支付只是基于互联网的线上支付。

（二）跨境电商支付的特点

1.以互联网为载体

互联网技术的不断发展及其在商业领域的广泛应用，带来了传统国际贸易支付流程的改变和支付手段的创新，现今出现了众多类似PayPal、支付宝等的在线支付系统。根据DHL对消费者的调研报告，信用卡、网上支付系统、借记卡是消费者进行支付的主要渠道。无论是哪种支付渠道，跨境电商支付都是基于互联网技术。

2.支付手段多样化

传统的国际贸易支付方式已经满足不了人们快节奏、高效率的需求。在跨境电商的驱动下，各国的支付企业迅速发展。就全球而言，面向跨境电商卖家的支付手段并不少，每个支付工具优势各异，便捷性和实效性都不同。信用卡和PayPal是目前使用最广泛的国际网购支付方式，另外有一些具有地域特色的支付方式，如中国的支付宝、俄罗斯的WebMoney、荷兰的iDEAL、德国的Sofortbanking、中东和北非的CashU。

3.趋于多频次、小额度交易

随着互联网的普及和电商平台的发展，信息流动更加高效，跨境交易的买卖双方寻找交易机会、了解产品信息的成本越来越低，加上国际市场波动较大，买卖双方更倾向于多频次、小额度交易，从而降低国际贸易的风险。较低的交易风险使得买卖双方倾向于选择更灵活、简单的方式进行跨境电商支付，例如赊账交易、预付款等。

（三）跨境电商支付与传统国际贸易支付的区别

传统的国际贸易主要是采用线下汇款的方式，需要买卖双方到当地银行实地操作，先付款后发货，对于买家来说风险较高，容易产生不信任。而跨境电商支付主要采用线上支付方式，包括各种电子账户支付方式和国际信用卡，操作便捷、安全性强，手续费较低或免手续费，但是通常有交易额的限制，所以比较适合小额的跨境零售交易。跨境电商支付与传统国际贸易支付的区别见表18-2。

二、跨境电商支付与结算模式

在传统外贸出口增长乏力之际，我国跨境电商却呈现迅猛增长的势头，一跃成为我国外贸新的增长点，成为国际贸易的新方式和新手段，改变着传统国际贸易格局。跨境电商的业务模式与传统国际贸易不同，采用的支付结算方式也存在较大差异。

跨境电商支付与结算一般通过银行为跨境电商（货物贸易或服务贸易）交易双方提供跨境互联网支付结算，涉及外汇资金集中收付及相关结售汇服务。从目前支付业务发展情况看，我国跨境电商支付方式主要有两种：跨境支付购汇方式和跨境收入结汇方式。

（一）跨境支付购汇方式

1.第三方支付机构购汇支付

第三方支付机构购汇支付有两类：一类是以支付宝的境外收单业务为典型的代理购汇支付，另一类是以好易联为代表的线下统一购汇支付。

第三方支付机构购汇支付业务流程如图18-3所示。

表18-2 跨境电商支付与传统国际贸易支付的区别

支付方式 对比项	传统国际贸易支付		跨境电商支付	
	西联汇款	SWIFT电汇	卡组织	第三方支付
手续费	分级收费： 0.01~500美元，费用为15美元；500.01~1000美元，20美元；1000.01~2000美元，25美元；2000.01~5000美元，30美元；5000.01~10000美元，40美元	以某银行网银为例： 按照汇款金额的0.8‰收取，最低16元人民币/笔，最高160元人民币/笔。另有电信费100元人民币/笔，以及15~25美元的中间行扣费	以VISA为例： 全球转账，按照汇款金额的0.6%收取；刷卡消费，1%~2%手续费	以PayPal为例：2.9%~3.9%+3美元（普通）；5%+0.05美元（小额，如提现，另有提现费约35美元（金额不限）
以支付2 000美元为例，手续费	25美元	116元人民币；15~25美元+116元人民币（如经中间行）	12美元（转账）；20~40美元（刷卡消费）	58.3~78.3美元（注：部分个人之间的汇款免费，不含提现费）
以支付10美元为例，手续费	15美元	116元人民币；15~25美元+116元人民币（如经中间行）	60元人民币；0.1~0.2美元（刷卡消费）	0.55美元（注：部分个人之间的汇款免费，不含提现费）
交易时间	工作日9:00—16:00	工作日2:00—22:30	24小时，全天候	24小时，全天候
汇款币种	美元	多币种	多币种	多币种
入账形式	定点领取	直接入账	直接入账	直接入账
到账时间	15分钟	汇款后3~5天	1~2天（转账）	即时到账
适用范围	大金额跨境B2B交易		小额跨境零售交易	

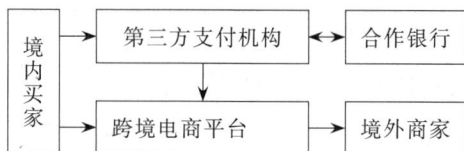

图18-3 第三方支付机构购汇支付业务流程图

支付宝的境外收单业务是针对境内个人零星购买国外商家的产品而开通的，它的具体购汇支付方法如下：支付宝将跨境电商平台上的这些以外币标价的产品根据实时外汇价格转换成人民币价格，境内个人支付给支付宝人民币，支付宝再代理购汇支付。在这一支付过程中，支付宝只是充当代理购汇手续的中间人，实际的购汇主体仍是个人买家。而好易联（广州银联）的统一购汇则是以广州银联公司名义，在线下通过外汇指定银行统一购汇，购汇的主体是好易联第三方支付平台。

2.境外的电子支付平台接受人民币支付

境外的一些电子支付公司希望拓展我国巨大的网上支付市场，于是支持用我国银行卡实现境外网上支付。

境外电子支付平台接受人民币支付流程如图18-4所示。

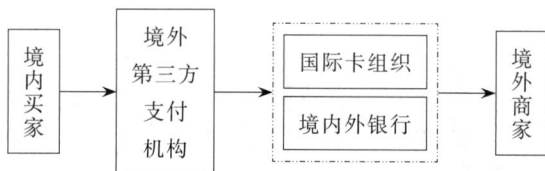

图18-4 境外电子支付平台接受人民币支付流程图

（二）跨境收入结汇方式

1.境内外第三方支付平台收款结汇

国外第三方支付公司目前都提供了直接提现到国内银行结汇成人民币的服务。这种提现服务可以是没有真实贸易背景的资金流入，容易造成管理上的漏洞。我国的第三方支付平台如支付宝目前已经开展真实贸易背景下的结汇服务，境外买家直接汇款到支付宝的境内银行账户，然后通过支付宝系统集中到银行结汇，付款给国内商家。

第三方支付机构收款结汇业务流程如图18-5所示。

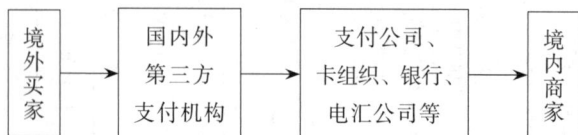

图18-5 第三方支付机构收款结汇业务流程图

2.汇款到国内银行结汇

通过汇款到国内银行，以集中结汇或以居民个人名义拆分结汇流入。这种流入具体可以分成两大类：第一类是比较有实力的公司的操作方法，在境内外有公司，通过两地公司间的资金转移，实现资金汇入境内银行，集中结汇后，分别支付给各个生产商，如图18-6所示。

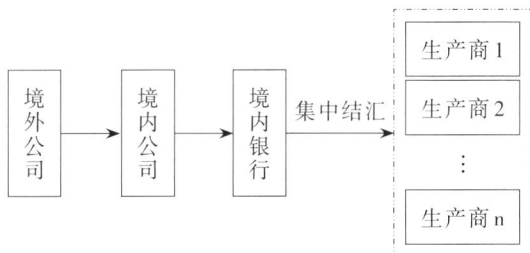

图18-6　通过汇款方式实现结汇流程图

第二类是一些规模较小的个体业主，他们通过自己在美国、中国香港的亲戚朋友把收益汇到境内，再以个人侨汇赡家款的名义结汇。

3.通过地下钱庄实现资金跨境流动和结汇

这种结汇方式是非法的，但是目前在虚拟游戏产品交易中仍大量存在。具体做法是国内服务提供商通过国外的PayPal账号提现到境外的银行，然后通过地下钱庄将款项转移到国内银行，实现结汇收入，如图18-7所示。

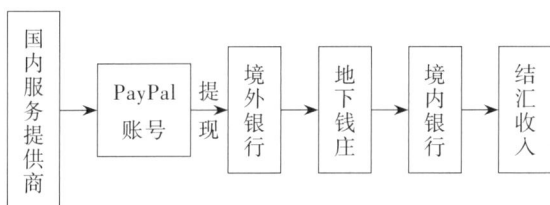

图18-7　通过地下钱庄实现收款结汇流程图

（三）跨境第三方支付流程

在通过第三方支付平台的交易中，境内消费者选购商品后，使用第三方支付平台提供的账户支付货款，并通知卖家货款到达、进行发货；买方检验物品商品后，就可以通知付款给卖家，支付平台再将款项转至卖家账户，具体步骤如图18-8所示：

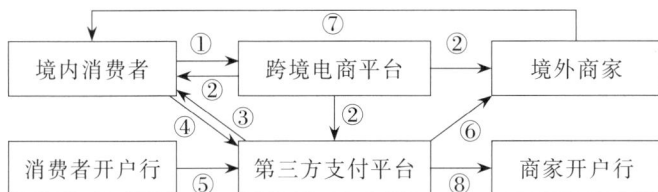

图18-8　跨境第三方支付流程

说明：①境内消费者登录跨境电商平台，选购商品，形成订单。

②跨境电商平台将订单信息反馈给境内消费者、第三方支付平台和境外商家。

③跨境第三方支付平台获取消费者的认证信息。

④消费者选择币种和支付方式，输入认证信息，确认支付。

⑤消费者开户行将指定货款划拨给跨境第三方支付平台。

⑥ 跨境第三方支付平台将支付信息反馈给境外商家。

⑦ 境外商家发货给境内消费者。

⑧ 消费者确认收货后，商家开户行向跨境第三方支付平台收取货款。

● 第四节　跨境电商物流

一、跨境电商物流概述

跨境电商是在国内电商的基础上发展起来的，是全球经济一体化、互联网络无国境化、国际贸易深化发展相互交织融合的产物，具体指交易主体位于不同国境，通过互联网平台在"线上"进行浏览、下单、支付等活动，再通过"线下"的跨境物流实现商品送达的一种电商模式。与国内电商和国内物流相比，它更为复杂，不仅涉及海关、检验检疫、汇率、国际金融等，还受到国际政治、经济、社会等因素的制约。

（一）跨境电商物流的定义和特点

跨境电商物流是指企业或其他主体在跨越不同国境或地区进行电商交易后，依托信息化技术，借助国际物流体系将产品从产地高效率、低成本地运送到消费地而进行的规划、实施和控制过程，最终目的是能够最大程度限度地满足消费者的需求。跨境电商物流有以下特点：

1.跨境电商物流面临的环境复杂

与国内的电商物流相比，跨境电商物流要解决物流环境、政策制度等存在的差异问题。同时，与传统的国际物流相比，更需要对接国际标准，寻求全球化的信息解决方案，因此，它具有复杂性。

2.跨境电商物流需要智能化手段支撑

跨境电商物流是随着跨境电商的兴起而逐渐形成的，它将物联网、大数据、云计算、自动化等智能手段运用于信息管理和运送过程中，实现精准化控制，提升物流运送效率。

3.跨境电商物流需要运作协同化

跨境电商物流不仅是货物简单运送的过程，它还需要运用快速响应机制保证协同，具体表现在商品库存、仓储、海关、运输及配送等物流功能上的协同，国内物流、国际物流和目的国物流衔接上的协同。

4.跨境电商物流追求客户体验最优

在跨境电商物流中，客户体验最优主要体现在以下几个方面：

第一，时效性。跨境电商物流要求将货物以最快的速度从商家运送到消费者手中，这就需要在整个物流过程中保证货物出库、跨国运输、仓储、配送的快速响应机制。跨境物流利用自身强大的网络覆盖力、运输和仓储能力真正实现物流的及时有效。

第二，安全性。跨境电商物流是将货物从一个国家运送到另一个国家或地区，与国内物流相比，周期长、空间距离远、运输过程复杂，因此，必须保证货物完整、安全地送达消费者。跨境电商物流通过物联网技术、GPS定位技术等将货物信息实时反馈给消费者，有效降低丢包率、破损率，保证货物的安全。

第三，信息化。跨境电商物流采用先进的信息技术和网络技术，包括物联网、云计算、商务智能等，保证物流的整个运输过程中物流信息在商家和消费者之间的快速传递和共享。

（二）跨境电商物流与传统电商物流、传统国际物流的关系

跨境电商物流是传统电商物流在跨国境运输中的应用，二者最主要的区别在于跨境电商物流的运输至少跨越了两个国家，运输过程要更为复杂，这其中不同国家文化、政策、税收的差异以及外汇牌价的波动都会影响到跨境电商物流。跨境电商物流需要改善与提升传统电商物流系统，不断在实践中找到最适合的物流传送体系，从而保障在货物传送的整个过程中，信息流、资金流、物流能够及时有效地满足各个环节的需要。

跨境电商物流与传统国际物流的区别在于：首先，跨境电商物流是依托于跨境电商交易而来的，它是为了完成跨境电商交易而进行的跨越国界的货物运输；其次，跨境电商物流能够得到国家政策的大力扶持，依托政府降低运输成本；最后，跨境电商物流运输方式更加多样化，运作流程也可以与电商平台相结合，做到实时信息化。二者的联系在于：跨境电商物流实体运输方式还是要依靠传统国际物流，如线路、运输工具的选择，它是传统国际物流的一部分。

二、跨境电商物流模式

跨境电商物流结合了国际物流与电商物流的优点，不断演化出自己的物流形式。跨境电商促进了全球范围内商品交易、资金的流通，随之发展起来的跨境电商物流促进了全世界物品的流通。因此，跨境电商物流也能够继承一些传统的物流形式，同时，又因为其有自身的发展特点，又会演化出新的商品流通形式。所有形式的最终的目的是降低运输成本和风险，提高效率，满足客户需求。

（一）跨境电商物流中的传统物流

1.企业间国际物流模式

传统的大宗商品国际物流模式以实现国际贸易为目标的，一般从国际贸易合同签订开始履行，直到国内物流企业承接货品终止。国际物流的一般运作流程如图18-9所示。

2.面向消费者的传统物流模式

面向消费者的传统物流模式包括邮政小包和国际快递。这两种方式早在跨境电商兴起之前就存在，主要用于跨国邮递。客户借助互联网，在跨境电商交易平台上下单之后，生产方可以选择这种传统跨国邮递方式将货物运送至消费地。这两种方式普遍应用于中小企业的B2C类跨境电商中。

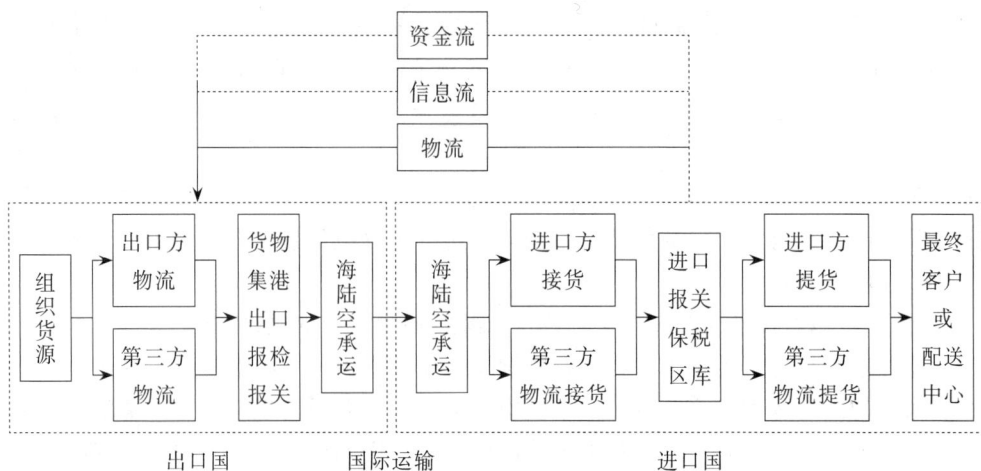

图18-9 国际物流的运作流程

（1）邮政小包。

邮政小包是指通过万国邮政体系采用个人邮包的方式实现商品的运输。这种方式的优势在于邮政系统覆盖范围较广、渠道多样，同时还享有国家补助，因此相比而言价格便宜。劣势在于邮政小包通常是以私人包裹方式出入境，不便于海关检查统计，退税比较麻烦，而且速度慢、丢包率高。根据不完全统计，中国出口跨境电商中70%的包裹都是通过这种方式运送出国的。

（2）国际快递。

国际快递主要依靠UPS、Fedex、DHL、TNT、EMS这五大国际快递公司，有时也会多家快递公司联运。与邮政小包相比，它的优势在于速度快、丢包率低、服务好；劣势在于价格昂贵，一般只有消费者强烈要求时效性的时候，出售方才会选择国际快递邮递，且运费一般由消费者自己承担。

传统物流的一般流程如图18-10所示。

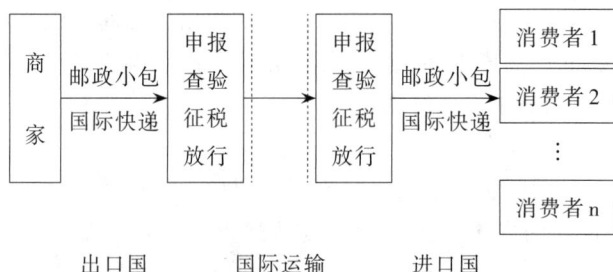

图18-10 传统物流的运作模式

（二）跨境电商物流中的新模式

1.集货物流模式

集货物流是指消费者在购买海外产品时，通过跨境电商交易平台下单，之后海外商家会将商品分拣、包装送至统一的货物转运地，等到运往同一消费国的商品累计至一定数量的时候，再将货物统一通过国际运输送至消费国的模式。转运地一般是由若干交易类的电商企业战略联盟成立的跨境物流运营中心。集货物流的优势在于这种模式能够降低运送成本，劣势在于运送时间更长、投入成本更大。

例如，米兰网在广州与成都自建了仓储中心，商品在仓储中心聚集后，通过与国际快递合作将商品发到国外买家；大龙网在深圳设立仓储中心，采用集中发货方式，既提高了整体效率，又降低了物流成本。集货物流运作流程如图18-11所示。

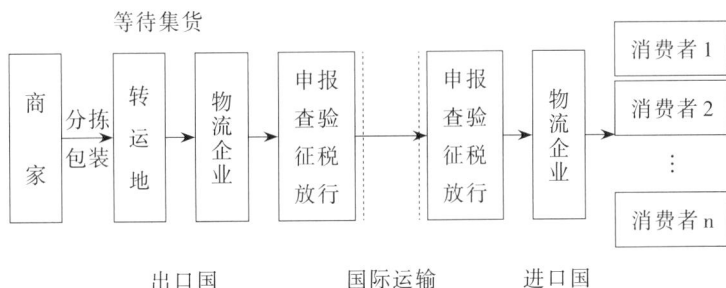

等待集货

```
┌────┐ 分拣 ┌────┐   ┌────┐   ┌────┐       ┌────┐   ┌────┐        ┌──────────┐
│    │ 包装 │    │   │物  │   │申报│       │申报│   │物  │        │ 消费者1  │
│商  │────▶│转  │──▶│流  │──▶│查验│──────▶│查验│──▶│流  │──▶     └──────────┘
│家  │     │运  │   │企  │   │征税│       │征税│   │企  │        ┌──────────┐
│    │     │地  │   │业  │   │放行│       │放行│   │业  │        │ 消费者2  │
└────┘     └────┘   └────┘   └────┘       └────┘   └────┘        └──────────┘
                                                                      ⋮
            出口国              国际运输            进口国          ┌──────────┐
                                                                 │ 消费者n  │
                                                                 └──────────┘
```

图18-11　集货物流运作流程

2.海外仓储模式

（1）海外仓模式。海外仓也称海外仓储，是近几年才兴起的跨境电商物流模式。它的主要流程是海外企业首先在商品消费国建立或租用仓库，将主要出售的商品借助国际运输运送到消费国并储藏在仓库中，同时借助互联网在跨境电商平台上出售商品，当交易建立之后从仓库中取出商品，进行分拣、包装，最后借助消费国的国内物流将商品送达消费者手中。与集货物流模式相比，海外仓一般是由平台或电商企业自主运营，只针对特定区域或企业提供服务。海外仓模式运作流程如图18-12所示。

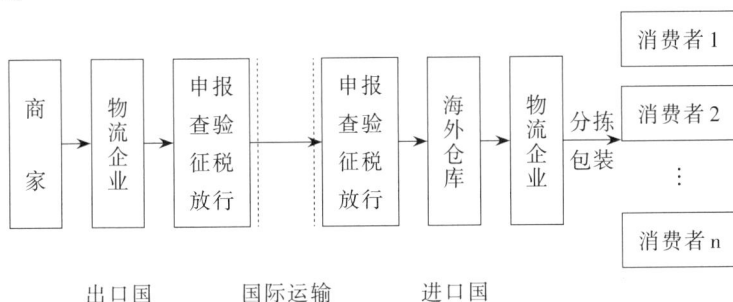

```
┌────┐   ┌────┐   ┌────┐   ┌────┐   ┌────┐   ┌────┐ 分拣  ┌──────────┐
│    │   │物  │   │申报│   │申报│   │海  │   │物  │ 包装  │ 消费者1  │
│商  │──▶│流  │──▶│查验│──▶│查验│──▶│外  │──▶│流  │──▶   └──────────┘
│家  │   │企  │   │征税│   │征税│   │仓  │   │企  │       ┌──────────┐
│    │   │业  │   │放行│   │放行│   │库  │   │业  │       │ 消费者2  │
└────┘   └────┘   └────┘   └────┘   └────┘   └────┘       └──────────┘
                                                                ⋮
          出口国       国际运输       进口国                ┌──────────┐
                                                           │ 消费者n  │
                                                           └──────────┘
```

图18-12　海外仓模式运作流程

与传统物流模式相比，海外仓模式的优势在于：由于商品提前借助国际运输运送到消费国并储藏在仓库中，因此能够快速响应订单，并且降低物流和时间成本。海外仓模式的劣势是：由于海外仓无法做到电商的零库存状态，因此容易产生库存积压；海外仓的建设成本和运营成本很大，所以只适合具有一定规模的企业。

例如，eBay与跨境物流企业万邑通（Winit）合作，针对平台卖家推出了Winit美国海外仓，鼓励卖家拓展北美市场。通过使用海外仓，卖家有效降低了物流成本。由于发货速度加快，卖家可以提高产品的售价，增加毛利，并且卖家的产品品类可以无限扩张，形成规模效应。

（2）边境仓模式。边境仓是依托边境口岸和跨境物流通道，针对跨境电商建立的具有多种服务功能的仓储配送系统，是海外仓的升级版。它与海外仓最大的区别在于：边境仓的仓库建立在消费国的邻国边境内，对于政治环境、政策不稳定的消费国而言，边境仓是一种较好的选择。

边境仓的优势是解决了海外仓商品积压又无法退回的困境，建设及运维成本比海外仓低；劣势是易出现由于时效差而影响配送服务体验。

例如，黑龙江俄速通国际物流有限公司是专业对俄跨境电商企业，由于俄罗斯政治、市场环境不稳定，又是重税国家，大宗货物要涉及大额的关税和繁琐的清关流程，因此，企业将边境仓建立在哈尔滨市，接到订单后，货物从边境出关，用邮政清关，保证了清关效率，有效降低了成本，同时也保障了货物的安全性。

（3）国际物流专线模式。国际物流专线是指进行跨境电商交易时对特定国家或地区采用的跨境专用物流线路，物流的起点、终点、线路、运输工具、时间、周期基本固定。目前国际上存在比较普遍的物流专线有美国专线、欧洲专线、大洋洲专线、俄罗斯专线等。其运作流程如图18-13所示。

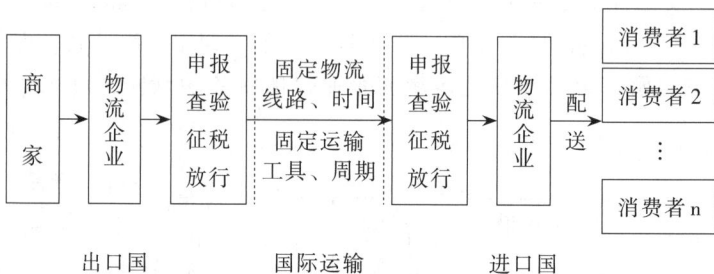

图18-13　国际物流专线模式运作流程

国际物流专线的优势在于耗时少于邮政小包，成本低于国际快递；其劣势在于国际物流专线在区域上限制较大，只能在特定的地区使用。除此之外，其对运输方式也有限制，目前采取的运输方式有航空专线、铁路专线、大陆桥专线、海运专线或多式联运专线等。

例如，韩国专线是以专一的国际快递航线，依托上海和韩国的快递网络优势，从事上海到韩国或韩国到上海门到门的快递服务，为厂商和各进出口公司提供海运、陆运、空运、仓储、报关、保险等国际物流服务，韩国专线有时效快、清关顺利等优点。

（4）自贸区或保税区物流模式。自贸区或保税区物流是指生产商首先将商品通过国际运输运送到消费国的自贸区或保税区的仓库储存，通过跨境电商平台进行商品交易，再对商品进行分拣、包装，通过消费国国内物流体系进行集中配送。其运作流程如图18-14所示。

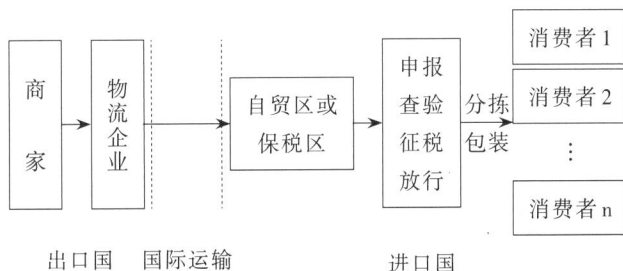

图18-14　自贸区或保税区物流模式运作流程

自贸区或保税区物流模式的优势在于：易于形成规模效益，从而能够降低物流成本；由于商品储存于消费国，能够缩短物流时间；能够享受自贸区或保税区的综合优势与优惠措施政策，并简化流程。

例如，亚马逊于2014年正式在上海自贸试验区设立国际贸易总部，发展跨境电商、跨境贸易，境外商品入境后暂时储存在自贸区内，消费者购买后以个人物品出区，包裹通过国内物流送达境内消费者，成本低、时效快，极大地提升了亚马逊在中国市场的竞争力。

对于跨境电商的卖家来说，首先，应该根据所售商品的特点（尺寸、安全性、通关便利性等）选择合适的物流模式，比如大件商品（例如家具）就不适合走邮政包裹渠道，更适合海外仓模式；其次，在不同情形下要灵活使用不同物流模式，若商品价格高、正处于热销中且顾客要求时效时，则适合选择海外仓，个性化定制的商品则更适合邮政小包；最后，售前要明确向买家列明不同物流方式的特点，为买家提供多样化的物流选择，让买家根据实际需求来选择适合自己的物流方式。

三、跨境电商中的单一窗口

（一）单一窗口概述

单一窗口是实现贸易便利化的基础性工程。目前，在世界范围内已经有超过40个国家建立了该工程。随着跨境电商的兴起，单一窗口作为贸易自由化、便利化的重要工具和渠道，其建设迫在眉睫。中国要想推进跨境电商的发展，建立单一窗口势在必行。

1.单一窗口的概念

联合国贸易便利化与电子业务中心33号建议书中对单一窗口的定义为：单一窗口是一种设施，它允许参与贸易和运输的相关各方在一个单一接入点提交标准化的信息和单证，以满足所有与进口、出口和转口相关的监管要求。简单来说，单一窗口建立贸易商和政府机构之间、政府机构与政府机构之间的贸易信息交换，是实现贸易监管的简化、协调与高效的单一公共平台。

2.单一窗口建设要素

在建设单一窗口时，明确单一窗口的建设要素有助于有效地界定服务和使用者的界限，建立统一的标准，使用适当的技术服务本国的跨境贸易。建设单一窗口的要素可以分为技术支持、法律法规、标准体系、关键角色、服务范围这五大要素，具体来说：

（1）技术支持。建设单一窗口的目的是方便本国贸易，在此条件下，技术的可行性决定了该单一窗口是否能够在本国起到预期的作用。国家可以通过不断地提升自身的技术水平来推动单一窗口的完善。例如，瑞典采取移动解决方案；马来西亚采取可扩展文件技术和框架技术等。

（2）法律法规。完善的法律法规体系是单一窗口建设过程中的重要环节。法律法规的作用是保障贸易合法、有效地进行，尤其是审批的各关键环节都需要法律授权，如电子报文、电子归档、数据保护等。

（3）标准体系。单一窗口审批的单据和数据需要以国际标准和建议为基础，以便能够与其他国际体系兼容。联合国欧洲委员会建议使用国际商会以及世界海关组织的标准，包括国际商会关于贸易单据样式的建议、贸易程序简化与统一的建议、国际贸易代码的建议、信息验证与信息交换安全的建议、世界海关组织关于文件格式和数据模型的标准等。

（4）关键角色。关键角色主要包括核心主导者、服务提供者、服务使用者。其中，核心主导者主要负责领导和协调单一窗口各项业务，多数情况下为权威的政府相关部门。服务提供者是能够为贸易双方提供单据和数据审核、转换与共享服务的一个整体系统，例如，许多国家在应用单一窗口之后，依旧顺延了最初的审核系统，成为单一窗口的服务提供者。服务使用者是各参加贸易的企业，如进出口贸易企业、货代、船代、船舶公司等。

（5）服务范围。服务范围是一个国家单一窗口建设之初需要明确的事项，国家需要整合已有的资源、考虑现行做法和参与方的需求与意愿，明确单一窗口的服务方向。

（二）单一窗口的模式

1.国际单一窗口的一般模式

联合国贸易便利化与电子业务中心在33号建议书中对国际上50多个国家的单一窗口模式作出总结，认为其主要分为单一机构、单一系统和公共平台三个种模式。

（1）单一机构模式。单一机构模式（single authority model）是指国家授权一个单一的政府机构来处理所有的进出口业务，该机构接受申请之后直接处理所有的申报、审批业务，统一协调并执行所有与对外贸易相关的监管，行动集中，协调高效。这种模式的特点是"机构集中，系统单一"。目前，应用单一机构模式的典型国家有瑞典和荷兰。

（2）单一系统模式。单一系统模式（single automated system model）是指建立一个统一的处理进出口业务的信息系统，搜集、整合、使用并传递与国际贸易相关的电子数据，处理相关的进出口业务，各监管机构仍相互独立。这种模式的特点是"机构独立，系统单一化"。单一系统模式可分为三类：综合处理系统、共享界面系统、二者合一的系统。

（3）公共平台模式。公共平台模式（auto-mated information transaction system model）是指通过建立一个面向贸易商的公共信息处理平台，实现贸易申报数据的搜集和反馈。企业仅需要填制电子表格就可以向不同的政府监管机构申报，申报内容经各监管机构的业务系统处理后以电子方式将结果自动反馈给企业。这种模式的特点是"机构独立，系统协作"。

2.我国的单一窗口模式

中国建立单一窗口借鉴了国外传统单一窗口的优点，即整合国家外贸相关机构，使得流程高度集中于一个统一的系统，从而缩短跨境电商企业的审批流程。除此之外，中国在建立单一窗口时不仅考虑了如何简化流程，同时也整合了跨境电商从创办到经营涉及的所有流程，逐步建立一个完善的跨境综合服务平台。中国（杭州）跨境电商综合试验区"单一窗口"成为具有中国特色的"单一窗口"新模式，其运营模式如图18-15所示。

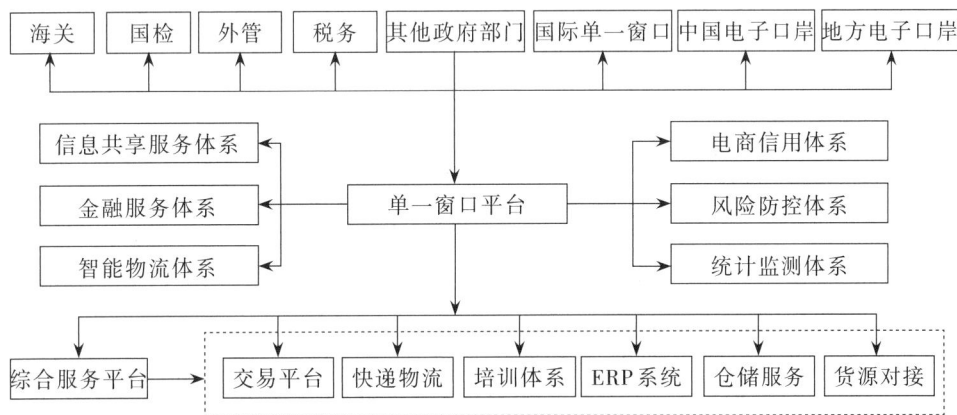

图18-15　杭州跨境电商综合试验区运营模式

单一窗口平台负责将"关""检""税""汇"等政府部门，以及其他地方和国家电子口岸联系起来，并通过若干综合服务平台，将服务拓展到"商""物""融"等方面，从而建立一个集信息共享服务体系、金融服务体系、智能物流体系、电商信用体系、风险防控体系和统计监测体系为一体的电商生态圈。通过线上"单一窗口平台"和"综合服务平台"，电商企业、物流企业、金融机构和消费者可连入平台寻求服务。同时，实现海关、国检、外管、税务等政府管理部门之间的"信息互换、监督互认、执法互助"，实现"一次申报、一次查验、一次放行"，通关全程无纸化，提高通关效率，从而实现跨境电商自由化、便利化、规范化发展。

（三）单一窗口中的政府职能

在我国的跨境电商中，国家对于出入境货物的关境管制、检验检疫、征税、外汇管制是必不可少的中间环节，因此了解国家的相关监管流程也是必不可少的。

1.检验检疫

出入境检验检疫的程序包括报检、计收费、抽样采样、检验检疫、卫生除害处理、签证与放行这六个部分。

（1）报检。报检是指有关当事人根据法律、行政法规的规定或对外贸易履约的需要，向检验机构申请检验、检疫、鉴定，获准出入境或取得销售使用的合法凭证及某种公证证明所必须履行的法定程序和手续。报检单位须加盖印章，并准确填写本单位在检验检疫机构备案或注册登记的代码。所列各项内容必须完整、准确、清晰，不得涂改。

（2）计收费。检验检疫机构根据依法对出入境货物实施检验、检疫、鉴定等业务的实际情况，结合《出入境检验检疫机构实施检验检疫的进出境商品目录》的检验检疫类别"M、P、R、N、Q、S、L"以及海关监管条件为"D"的分别计算。同批货物涉及多项检验检疫业务工作的，以其数量和重量、包装鉴定、安全监测等各为一项，分别计算、累计收费。

（3）抽样采样。对须检验检疫并出具结果的出入境货物，检验检疫人员需到现场抽取（采取）样品；所抽取（采取）的样品有的并不能直接进行检验，因此，需要对样品进行一定的加工，称为制样；样品及制备的小样经检验检疫后重新封识，超过样品保存期后销毁。

（4）检验检疫。检验检疫主要对进出口商品、人员等进行检验、鉴定和监督管理，对出入境动植物及其产品、运输工具、包装材料等进行检疫和监督管理，防止有害生物由国外传入或由国内传出；对出入境人员、交通工具、运输设备以及可能传播检疫传染病的行李、货物、邮包等物品实施卫生检疫和监督，防止传染病由国外传入或者由国内传出。

（5）卫生除害处理。检验检疫机构的卫生除害处理范围和对象包括：入出境的货物、动植物、运输工具、交通工具的卫生除害处理以及公共场所、病源地和疫源地的卫生除害处理等。卫生除害处理的方法主要包括：超声波、紫外线照射等物理方法和药物蒸熏除害、药物表面喷洒等化学方法。另外，人为措施有禁止入出境、过境和封存等。

（6）签证与放行。经检验检疫合格的出境货物，检务部门凭施检部门的检验检疫结果或签署的意见，向口岸检验检疫机构发放电子换证凭条，再由口岸检验检疫机构签发通关单。若外贸企业符合一定的资质和条件，如符合"绿色通道"等，也可以由属地检验检疫机构直接向口岸海关签发通关单。

2.海关监管的基本程序

海关对一般进出口货物进行监管，其业务程序是：接受申报、查验货物、征收税费、结关放行。

（1）接受申报。所谓申报，也可以理解成狭义上的报关，是指货物、运输工具和物品的所有人或其代理人在货物、运输工具、物品进出境时，向海关呈送规定的单证（可以是书面或者电子数据交换的方式）并申请查验、放行的手续。在一般正常情况下，进出口货物应当由收货人或其代理人在货物的出境地向海关申报，并办理有关出口海关手续。

（2）查验货物。进出口货物在通过申报环节后，即进入查验环节。海关查验是指海关依法确定进出境货物的品名、规格、成分、原产地、货物状态、数量和价格是否与货物申报内容相符，对货物进行实际检查的行政执法行为。进出口货物，除海关批准免验的货物以外，都应接受海关的查验。海关查验的方法有彻底检查、抽查、外形查验。

（3）征收税费。征税是指海关根据国家的有关政策、法规对进出口货物征收关税及进口环节的税费（海关代征税）。关税征收的过程是税则归类、税率运用、价格审定及税额计算的过程，即按照《中华人民共和国进出口税则》确定税则编号、确定使用的税率、审定完税价格、根据税费计算公式计算相应税额。

（4）结关放行。结关放行是指海关对经过查验的货物、运输工具、物品查验后，在有关单据上签印放行，或者开具放行通知单，以示海关监督结束，放行是口岸海关监督现场作业的最后一个环节。海关办理放行手续有两种方式：一是签印放行；二是销案，按照担保管理办法管理的进口货物或暂时进口货物，在进口收货人全部履行了承担的义务后，海关应准予销案。

3.海关的保税监管制度

关于海关保税监管制度，本书主要阐述海关对于保税区内暂存和转运货物的监管。"海关保税存储制"以经海关批准设立在海港、河港、车站、机场或其他地点的，并在海关监管下的仓库为依托，以储存货物为目的。

（1）海关对保税区与境外之间进出货物的监管。保税区与境外之间进出的货物，其进口关税和进口环节税收，除法律、行政法规另行规定的外，对保税区内生产性基础设施建设项目所需基建资源、企业自用的设备和加工产品的原材料、区行政管理机构自用合理数量的管理设备和办公用品及所需的维修零配件等予以免税。

（2）海关对保税区与非保税区之间货物的监管。从保税区进入非保税区的货物，按照进口货物办理手续；从非保税区进入保税区的货物，按照出口货物办理手续，出口退税按照国家有关规定办理。从非保税区进入保税区供区内使用的机器、设备、基建物资和物品，使用单位应当向海关提供上述货物或者物品的清单，经海关查验后放行。

（3）海关对保税区内贸易性货物的监管。保税区内的货物可以在区内企业之间转让、转移；双方当事人应当就转让、转移事项向海关备案。保税区内的转口货物可以在区内仓库或者区内其他场所进行分级、挑选、贴刷标识、改换包装形式等简单加工。区内企业在保税区内举办境外商品和非保税商品的展示活动，展示的商品应当接受海关监管。

4.税费的计算

进出口货物的税费计算遵从以下的计算公式。关税是以人民币为标准征收的。其离岸价格是以外币计算的，应由海关按照签发税款缴纳证之日国家外汇牌价的中间价折合人民币。税费额起征点为人民币10元。

（1）关税

实行从价税率的商品：关税=完税价格×关税税率

实行从量税率的商品：关税=商品数量×关税税率

实行其他税率的商品：关税情况见《海关进出口税则》

（2）进口环节税

进口环节税=（完税价格+关税）×进口环节税税率

（3）增值税

增值税=（完税价格+实征关税+实征消费税）×增值税税率

（4）消费税

消费税=〔（完税价格+实征关税）／（1-消费税税率）〕×消费税税率

复习思考题

1.跨境出口电商模式都有哪些？

2.简述跨境进出口电商的业务流程。

3.跨境电商支付的特点有哪些？

4.简述跨境电商支付与结算方式。

5.试述跨境电商第三方支付流程。

6.跨境电商物流的新模式有哪些？

7.试述海外仓模式运作流程。

8.试述自贸区或保税区物流模式运作流程。

案例

阿里巴巴：模式创新领跑者

作为中国电商的领军企业，阿里巴巴成绩卓越。如今，阿里巴巴实施"平台、金融、数据"三步走战略，阿里巴巴在国际化方面重点打造全球速卖通、天猫国际、海外淘宝三部曲。

一、全球速卖通——主要作出口零售

全球速卖通主打新兴市场，开设国际物流专线，帮助国内供应商直接对接全球终端零售商，小批量、多批次快速销售。其平台供商家免费使用，网站图片广告全部免费，商家可以利用经过实名认证的支付宝进行注册。此外，淘宝商家可以利用"淘宝代销"工具将淘宝或者天猫的商品放置到全球速卖通上销售，系统会自动将商品描述翻译成英文。

（1）行业分布。全球速卖通覆盖30个一级行业类目，其中优势行业主要有灯具、服装、手机通信、鞋包、美容健康、珠宝手表、消费电子、电脑网络、家居、汽车摩托车配件等。

（2）物流方面。目前90%左右的全球速卖通卖家选择国际小包，但存在时效性问题，周期长且会出现丢包等状况，全球速卖通正积极建设各国际专线，消除物流障碍。例如，针对俄罗斯物流体系不发达且需求量大的问题，菜鸟物流联合中国邮政推出速邮宝，开通了中俄航空专线，俄罗斯将成为全球速卖通全球本地化的国家示范样本。

（3）支付方面。为了解决卖家资金的周转问题，全球速卖通联合阿里金融，提供提前放款服务，如果卖家在速卖通上开店6个月以上且诚信水平达到平均水平，可参加提前放款。当国际买家将钱打到国际支付宝，在卖家发货后的大约5个工作日，全球速卖通可将80%～90%的金额事先付给商家。

二、天猫国际——领跑直购进口

天猫国际是目前中国首批允许境内个人以"直购进口"模式购买海外商品的跨境电商平台。平台主要定位在中高端的服装、婴幼儿用品、食品、运动用品、箱包等，商品通关全程电子化，产生的税费由商家承担。商家承诺所有商品是"100%海外原装正品，100%海外商家，100%海外直邮，100%国内退货"，在此基础上为消费者创造便捷的跨境购物体验，使有跨境购物意愿的消费者可以足不出户轻松方便地购买国际商品。平台界面全中文，交易按照人民币结算，支付宝支付，每件商品的关税和物流费用一目了然，在物流时效、用户体验、运作规范、诚信体系等方面具有明显优势。

三、"双十一"全球购——"全球买、全球卖"

随着阿里巴巴集团全球化战略的推进，2015年的全球化"双十一"主题确定为"全球购"，天猫国际、淘宝海外、全球速卖通均加入到阿里"双十一"购物狂欢节。"双十一"有200多个国家和地区的消费者，实现"全球买、全球卖"。

"全球买"主打全球最低价、全球包邮包税，由来自美国、欧洲、日本、韩国等25个国家和地区的5 000多个海外品牌领衔，覆盖母婴、美妆、食品、生鲜、服饰等全进口品类，以及百货、超市、快销平台、免税店等零售全业态，最大化保证国内消费者的进口商品购买体验。

"全球卖"则以俄罗斯、西班牙、英国、法国、以色列等国家和地区为主，以"一带一路"共建国家和地区领衔带动全球整体成交。"全球卖"主打的"双十一"折扣商品数量达到5 000万左右，有近5 000家国内商家参与。

杭州、宁波、广州、上海四大跨境试点城市承载天猫保税备货订单顺利清关的任务，即采取"保税进，行邮出"的模式。按照这个模式，商品需要提前备货到保税区，海关进行检验检疫预案和预检。而当商品备货到保税区完成，消费者在天猫国际下单该商品后，将在24小时内处理。然后从保税区发货，实现国内发货的物流体验，并借以实现"双十一"期间跨境进口保税订单"当日发货、批量送达"的目标。另外还支持美国三大海外仓的集货物流服务，支持欧洲、日本、韩国等订单量集中地区的海外直邮来保证"双十一"订单在最短时间内配送完毕。出口方面，通过中国香港邮政、吉林邮政分别在国内完成出境清关，通过瑞典邮政、e邮宝、EMS支持全球范围配送，并针对订单量集中的重点国家和地区推出专门物流保障。

拓展学习资源

海关总署公告退货中心仓模式

《海关总署关于在全国海关复制推广跨境电子商务企业对企业出口监管试点的公告》

主要参考书目

［1］中国国际商会，等．国际贸易术语解释通则2020［M］．北京：对外经济贸易大学出版社，2020.

［2］高祥．《国际贸易术语解释通则2020》理解与适用［M］．北京：对外经济贸易大学出版社，2021.

［3］沈四宝，王军，沈健．国际商法［M］．4版．北京：对外经济贸易大学出版社，2022.

［4］吴百福，等．进出口贸易实务教程［M］．8版．上海：格致出版社，2020.

［5］黎孝先，王建．国际贸易实务［M］．7版．北京：对外经济贸易大学出版社，2020.

［6］夏合群，夏菲菲，等．国际贸易实务模拟操作教程［M］．4版．北京：对外经济贸易大学出版社，2020.

［7］最高人民法院民事审判第二庭，研究室．最高人民法院民法典合同编通则司法解释理解与适用［M］．北京：人民法院出版社，2023.

［8］杨兴凯．跨境电子商务［M］．大连：东北财经大学出版社，2018.

［9］鲁丹萍，陈国雄．跨境电子商务理论与实务［M］．2版．北京：高等教育出版社，2021.

［10］吕红军，刘钊．报关实务教程［M］．4版．北京：中国商务出版社，2019.